Jörg Kilian, Thomas Niehr, Jürgen Schiewe
Sprachkritik

Germanistische Arbeitshefte

―

Herausgegeben von
Thomas Gloning und Jörg Kilian

Band 43

Jörg Kilian, Thomas Niehr,
Jürgen Schiewe

Sprachkritik

Ansätze und Methoden der kritischen Sprachbetrachtung

2., überarbeitete und aktualisierte Auflage

DE GRUYTER

ISBN 978-3-11-040181-3
e-ISBN (PDF) 978-3-11-040966-6
e-ISBN (EPUB) 978-3-11-042363-1
ISSN 0344-6697

Library of Congress Cataloging-in-Publication Data
A CIP catalog record for this book has been applied for at the Library of Congress.

Bibliografische Information der Deutschen Nationalbibliothek
Die Deutsche Nationalbibliothek verzeichnet diese Publikation in der Deutschen Nationalbibliografie; detaillierte bibliografische Daten sind im Internet über http://dnb.dnb.de abrufbar.

© 2016 Walter de Gruyter GmbH, Berlin/Boston
Druck und Bindung: CPI books GmbH, Leck
♾ Gedruckt auf säurefreiem Papier
Printed in Germany

www.degruyter.com

Vorwort

Die vorliegende Einführung in *Ansätze und Methoden der kritischen Sprachbetrachtung* fasst den aktuellen Stand der sprachwissenschaftlichen Forschung auf dem Feld der linguistisch begründeten Sprachkritik zusammen. Ihr liegt ein Begriff von »Sprachkritik« zugrunde, der diese als die linguistisch begründete – positive wie negative – Würdigung der menschlichen Sprache und ihrer Leistungen umreißt. In Bezug auf die Gegenstandsbereiche einer so verstandenen Sprachkritik konzentriert sich die Einführung auf Ansätze und Methoden zur kritischen Betrachtung der Leistungen des Systems, der Normen und des Gebrauchs grammatischer und lexikalisch-semantischer Strukturen der deutschen Sprache, und zwar hinsichtlich der Aneignung, Wahrnehmung, Erkenntnis und Darstellung der so genannten außersprachlichen Wirklichkeit. Die aktuellen Ansätze und Methoden der kritischen Sprachbetrachtung werden aus drei Perspektiven in den Blick genommen und dargestellt: aus der Perspektive der linguistischen Sprachkritik, aus der Perspektive der laienlinguistischen Sprachkritik und aus der Perspektive der didaktischen Sprachkritik.

Die Einführung wendet sich an Studentinnen und Studenten der Germanistik, Lehrerinnen und Lehrer des Fachs Deutsch und anderer Philologien, Hochschullehrerinnen und Hochschullehrer sowie an alle, die an einer linguistisch begründeten Sprachkritik interessiert sind. Die Kapitel 2 bis 4 schließen mit Aufgaben ab, die zur eigenen Erprobung der Ansätze und Methoden sowie zu deren Kritik einladen. Lösungshinweise zu diesen Aufgaben werden im Schlusskapitel gegeben.

Teile des Textes sowie einige Aufgaben haben wir auf Tagungen, in verschiedenen universitären Lehrveranstaltungen und auf Lehrerfortbildungen zur Diskussion gestellt. Den zahlreichen Kolleginnen und Kollegen, Studentinnen und Studenten, Lehrerinnen und Lehrern, die auf diese Weise an der Entstehung der Einführung mitgewirkt haben, sei an dieser Stelle Dank gesagt. Für die groß(artig)e Hilfe bei der Fertigstellung des Buches sei Ulrike Zander und Julia Dose (Kiel), Matthias Priesters und Frank Schilden (Aachen) sowie Dr. Jana Kiesendahl (Greifswald) namentlich gedankt.

Kiel/Aachen/Greifswald, im Sommer 2010

Jörg Kilian, Thomas Niehr, Jürgen Schiewe

Vorbemerkung zur 2. Auflage

Unsere Einführung in die Sprachkritik ist in Lehre und Forschung sehr gut angenommen worden. In der neuen Auflage haben wir, auch aus diesem Grund, die bewährte Gliederung der Darstellung in die Bereiche linguistische, laienlinguistische und didaktische Ansätze und Methoden der kritischen Sprachbetrachtung beibehalten. Die Kapitel sind überarbeitet und auf den aktuellen Forschungsstand gebracht worden; die zahlreichen Hinweise aus dem Kreis der Kolleginnen und Kollegen, Lehrerinnen und Lehrer sowie aus dem Kreis der Studentinnen und Studenten in unseren Seminaren waren uns dabei erneut eine große Hilfe, für die wir allen Dank sagen.

Grundlegend neu erarbeitet wurde das erste Kapitel, in dem wir das Konzept der »funktionalen Angemessenheit« als Grundlage einer linguistisch fundierten Sprachkritik herleiten und für die je spezifische Konturierung in den drei Hauptkapiteln fundieren. Speziell darauf bezogene Aufgaben und Lösungshinweise wurden den bewährten hinzugefügt, um die Tragfähigkeit dieses Konzepts auch in der Lehre prüfen zu können.

Kiel/Aachen/Greifswald, im Frühjahr 2016

Jörg Kilian, Thomas Niehr, Jürgen Schiewe

Inhalt

Vorwort —— V

1		»Funktionale Angemessenheit« als Grundlage der kritischen Sprachbetrachtung —— 1
1.1		Rhetorik und Sprachkritik —— 1
1.2		Drei Systematisierungen von Sprachkritik —— 4
1.3		Vorgehensweise und Schwerpunkte —— 14
1.4		Aufgaben —— 16
2		Linguistische Ansätze der Sprachkritik in Geschichte und Gegenwart —— 17
2.1		Zur Wissenschaftsgeschichte von Sprachkritik und Sprachwissenschaft —— 18
2.2		Sprachkritik als Wortkritik —— 23
2.2.1		Erkenntnisphilosophische Wortkritik bei Kungfutse und Platon —— 24
2.2.2		Joachim Heinrich Campes aufklärerische Fremdwortkritik —— 28
2.2.3		Moralische Wortkritik im *Wörterbuch des Unmenschen* —— 34
2.2.4		Political Correctness und feministische Sprachkritik/Genderlinguistik —— 38
2.2.5		Plastikwörter —— 41
2.2.6		Kritische Semantik —— 43
2.3		Sprachkritik als Stil- und Textkritik —— 46
2.3.1		Stil und die Möglichkeit von Stilkritik —— 46
2.3.2		Kriterien der Stil- und Textkritik —— 50
2.4		Sprachkritik als Diskurskritik —— 52
2.4.1		Die »Diskursanalytische Mehr-Ebenen-Analyse (DIMEAN)« und die Möglichkeit von Diskurskritik —— 54
2.4.2		Historische Diskurssemantik —— 56
2.5		Sprachkritik als Kritik kommunikativen Handelns —— 58
2.6		»Funktionale Angemessenheit« als Maßstab linguistischer Sprachkritik —— 62
2.7		Aufgaben —— 68
3		Laienlinguistische Sprachkritik —— 71
3.1		Zur Geschichte der Laienlinguistik —— 72
3.1.1		Der Allgemeine Deutsche Sprachverein —— 72
3.1.2		Gustav Wustmann —— 75
3.1.2.1		Formenlehre: Starke und schwache Deklination —— 77
3.1.2.2		Wortbildungslehre: Fremdwörter —— 77
3.1.2.3		Satzlehre: Bildervermengung —— 79

3.1.3	Eduard Engel —— 80	
3.1.4	Ludwig Reiners —— 85	
3.1.5	Georg Möller —— 88	
3.2	Aktuelle Vertreter und Tendenzen der laienlinguistischen Sprach- und Stilkritik —— 90	
3.2.1	Der Verein Deutsche Sprache —— 90	
3.2.2	Wolf Schneider —— 93	
3.2.3	Bastian Sick —— 96	
3.2.3.1	*anscheinend* vs. *scheinbar* —— 98	
3.2.3.2	*dieses Jahres* vs. *diesen Jahres* —— 99	
3.2.4	Dieter E. Zimmer —— 100	
3.3	Linguistische Beurteilung laienlinguistischer Sichtweisen —— 104	
3.3.1	Normative Wortkritik —— 105	
3.3.2	Normative Stilkritik —— 108	
3.3.3	Sprachkonservativismus —— 108	
3.3.4	Adressatenorientierung —— 110	
3.4	Aufgaben —— 111	
4	**Didaktische Sprachkritik —— 114**	
4.1	Zur Wissenschaftsgeschichte der didaktischen Sprachkritik in Deutschland —— 117	
4.1.1	Spuren didaktischer Sprachkritik im 19. Jahrhundert —— 118	
4.1.2	Spuren didaktischer Sprachkritik in den Methodenlehren und ersten Didaktiken des Deutschunterrichts nach 1945 —— 119	
4.1.3	»Sprachkritik als Lernziel« (um 1970): Didaktische Sprachkritik als Gesellschaftskritik —— 120	
4.1.4	»Reflexion über Sprache« (seit 1969): Didaktische Sprachkritik als Kritik am Grammatikunterricht —— 122	
4.1.5	Didaktische Sprachkritik ex negativo —— 124	
4.2	Didaktische Sprachkritik im weiteren (Sprachreflexion) und im engeren Sinne (Sprachbewertung) – Ansätze zu einer Neuorientierung —— 128	
4.2.1	Gegenstände bzw. Inhalte der didaktischen Sprachkritik —— 133	
4.2.2	Zur didaktischen Ordnung der Gegenstände bzw. Inhalte: Didaktische Sprachkritik als Kritik des sprachlichen Zeichens —— 136	
4.3	Didaktische Sprachkritik im Spannungsfeld von Kompetenzorientierung, Curricula, Methoden —— 140	
4.3.1	Zur Kompetenzorientierung der didaktischen Sprachkritik (Sprachkritikkompetenz) —— 141	
4.3.2	Zur curricularen Ordnung von Gegenständen und Kompetenzorientierungen der didaktischen Sprachkritik —— 144	
4.4	Zur Methodologie der didaktisch modellierten kritischen Sprachbetrachtung —— 149	

4.4.1	Methodische »Schrittfolgen« für die didaktische Sprachkritik —— 151	
4.4.2	Kriterien der sprachkritischen Entscheidung, Bewertung und Positionierung im Rahmen der didaktischen Sprachkritik —— 157	
4.4.3	Methoden der didaktischen Sprachkritik im Rahmen eines sprachdidaktischen Gesamtkonzepts – am Beispiel des Grammatikunterrichts —— 160	
4.4.4	Didaktische Sprachkritik und Kritik über Sprachliches hinaus —— 163	
4.5	Probleme und Potenziale der Forschung zur didaktischen Sprachkritik —— 166	
4.5.1	Empirische Forschung zur didaktischen Sprachkritik im Deutschunterricht —— 166	
4.5.2	Didaktische Sprachkritik in Bildungsplänen, Fachanforderungen, Kerncurricula, Mindeststandards —— 167	
4.5.3	Sprachkritik im Schulbuch —— 170	
4.5.4	Sprachkritik (im engeren Sinne) in aktuellen Einführungswerken und Handbüchern der germanistischen Sprachdidaktik —— 172	
4.5.5	Sprachkritik in der Lehrerinnen- und Lehrerbildung —— 172	
4.6	Aufgaben —— 173	

5 Lösungshinweise —— 179

Literatur —— 189

Abbildungen —— 209

Personenregister —— 210

Sachregister —— 212

1 »Funktionale Angemessenheit« als Grundlage der kritischen Sprachbetrachtung

Seitdem der Mensch eine Sprache hat, vermag er auch Sprachkritik zu üben. Die menschliche Sprache besitzt nämlich eine Eigenschaft, die es möglich macht, mit Sprache auf Sprache zu referieren. Von dieser »metasprachlichen Funktion« wird im alltäglichen Sprechen und Schreiben ständig Gebrauch gemacht. Sie ist zudem die Voraussetzung für sprachwissenschaftliches und sprachkritisches Arbeiten. Im Rahmen seines Sprachfunktionenmodells hat Roman Jakobson (1972: 107) die metasprachliche Funktion folgendermaßen beschrieben:

> Wenn immer der Sender und/oder der Empfänger sich vergewissern müssen, ob sie denselben Kode benutzen, ist die Sprache auf diesen *Kode* gerichtet: sie erfüllte eine *metasprachliche* (d.h. verdeutlichende) Funktion.

Charakteristisch für sprachkritische Äußerungen ist, dass sie sich nicht nur auf den sprachlichen Kode beziehen, sondern auch eine auf die Form oder den Inhalt der codierten Nachricht gerichtete Wertung enthalten. Somit kann unter »Sprachkritik« ganz allgemein die positive wie negative Würdigung der menschlichen Sprache und ihrer Leistungen sowie des Gebrauchs, der von ihr gemacht wird, verstanden werden. Diese Würdigung, soll sie nicht einfach zufällig und willkürlich sein, aber braucht einen Maßstab. Er ist, wie nachfolgend ausgeführt wird, bereits zu Beginn der schriftlichen Überlieferung metasprachlicher Reflexionen formuliert und begründet worden.

1.1 Rhetorik und Sprachkritik

Im abendländischen Kulturkreis beginnt eine explizite und nachhaltige Reflexion über Sprache und Sprachgebrauch vor ungefähr 2500 Jahren mit der Frage, wie denn mit »Streitigkeiten« und »Interessengegensätzen« von allgemeiner Bedeutung in der Öffentlichkeit umgegangen werden sollte (vgl. Ueding/Steinbrink 1994: 11). Die Antworten mündeten damals in theoretische Entwürfe zur Kunst der Beredsamkeit, in die Begründung der Rhetorik als Lehre von der »guten« Rede. Seither gilt, auch wenn Geschichte und Gegenwart durchaus Gegenbeispiele liefern, dass Konflikte auf zivilisierte Art und Weise mittels Sprache, mittels einer überzeugenden Rede, ausgetragen und rational gelöst werden können und auch sollen.

Die Antike hat mehrere umfangreiche Lehrgebäude der Rhetorik hervorgebracht, in denen Überlegungen zur sprachlichen Form der Rede stets ein prominenter Ort zugewiesen wird. Da Reden, wie jede Art von Sprachgebrauch, ganz unterschiedliche Anlässe und Adressaten, Inhalte und Intentionen besitzen, erfolgt die

Beschreibung ihrer sprachlichen Form allgemein, d.h. es werden universale Bestimmungskategorien für eine gute Rede benannt, die im je konkreten Fall individuell ausgefüllt werden müssen.

Eine solche allgemeine und innerhalb der Rhetorik zugleich zentrale Kategorie ist die »Angemessenheit einer Rede«, im Griechischen »prepon« (auch: passend), im Lateinischen »aptum«. Bereits Aristoteles (384-322 v. Chr.) schreibt dazu in seiner *Rhetorik* (1995: 181):

> Angemessenheit (πρέπον, aptum, decorum, proprietas) wird die sprachliche Formulierung besitzen, wenn sie Affekt und Charakter ausdrückt und in der rechten Relation zu dem zugrundeliegenden Sachverhalt steht. Die rechte Relation aber liegt vor, wenn man nicht über Erhabenes ohne Sorgfalt und über Geringfügiges erhaben spricht [...].

Nicht jede sprachliche Formulierung also passt zu jedem Sachverhalt. Der sprachliche Ausdruck muss »in der rechten Relation« stehen zu der Sache, die er bezeichnen soll, dann ist er »passend, angemessen«. Das griechische Wort *prepon* hat darüber hinaus auch die Bedeutung ›glänzen‹ und ›hervorleuchten‹, weshalb für Aristoteles das Angemessene immer auch eine Wertung enthält: So definiert »er z.B. die Vortrefflichkeit der Rede durch ihre Angemessenheit« und setzt »das Angemessene sogar mit dem Edlen« gleich. Wie umfassend die Kategorie der Angemessenheit bei Aristoteles gefüllt ist, zeigen die weiteren zusammenfassenden Ausführungen im *Aristoteles-Lexikon* (Höffe [Hg.] 2005: 491f.):

> In der Ethik verwendet Ar[istoteles] den Begriff *pr[epon]* zum einen im Zusammenhang mit der Großartigkeit. Großartig ist derjenige, der in großen Ausgaben den angemessenen Aufwand betreibt; das Angemessene richtet sich dabei nach Person, Situation und Objekt. Zum anderen bezeichnet Ar[istoteles] das Verhalten des Tugendhaften ganz allgemein als angemessen: Die ethischen Tugenden können dadurch definiert werden, daß man im sozialen Umgang jedem das Angemessene zuteil werden läßt. Der Ausdruck *pr[epon]* hat hier also eine ähnliche Funktion wie der des Mittleren. Beide dienen dazu, das Verhalten des Tugendhaften zu analysieren, ohne eine genaue inhaltliche Bestimmung dieses Verhaltens vorzunehmen. Das Angemessene ist zudem neben dem Mittleren und dem Möglichen ein Ziel der Erziehung.

Angemessenheit lässt sich bei Aristoteles also auf den sprachlichen Ausdruck beziehen und ist zugleich diejenige Größe, nach der sich Tugendhaftigkeit bestimmt. Sie ist eine allgemeine Kategorie, die zur Wertung konkreten sprachlichen wie sozialen Verhaltens dient, ohne dabei dieses Verhalten inhaltlich bereits vorzugeben oder festzulegen. Genau diese Bestimmung macht Angemessenheit zu dem idealen Maßstab für Sprachkritik, denn Angemessenheit setzt keine Normen, schreibt keinen bestimmten Sprachgebrauch vor, sondern steckt einen Rahmen ab, in dem Sprachgebrauch hinsichtlich seines »Passens« zu »Person, Situation und Objekt« beurteilbar, also kritisierbar, wird.

Dass für Aristoteles Angemessenheit auch ein Ziel von Erziehung ist, fußt auf dem rhetorischen Grundsatz, das sprachlich Gute nicht vom ethisch Guten trennen zu können: »Verwirklichung der Rede bedeutet zunächst Verwirklichung des Guten im Redner« (Ueding/Steinbrink 1994: 3).

Auch in dem Werk *De oratore* (*Über den Redner*) des römischen Anwalts und Schriftstellers Marcus Tullius Cicero (106-43 v. Chr.) kommt der Angemessenheit eine zentrale Bedeutung zu:

> Da alle Quellen für den Schmuck der Rede wenn schon nicht erschlossen, so doch bezeichnet sind, laßt uns nun sehen, was im Ausdruck angemessen ist, das heißt, was sich am ehesten geziemt. Dabei ist freilich klar, daß nicht ein Stil für jeden Fall und jeden Hörer, für jede beteiligte Person und jede Situation geeignet ist. Denn große Strafprozesse erfordern einen anderen Tonfall als Zivil- und Bagatellverfahren; Beratungen verlangen einen anderen Stil als Lobreden, Prozesse einen anderen als das Gespräch, die Trostschrift einen anderen als die Beschimpfung, die Untersuchung einen anderen als die Geschichtsdarstellung. Es kommt auch darauf an, wer zuhört, der Senat, das Volk oder die Richter, ob viele, wenige oder einzelne und welche Art von Menschen. Was die Person der Redner selbst betrifft, so ist darauf zu achten, in welchem Alter, welchem Amt und Rang sie stehen, ob Frieden oder Krieg herrscht, Eile oder Ruhe angezeigt ist. An dieser Stelle kann man deshalb wohl keine andere Regel aufstellen als die, den anspruchsvolleren, den schlichteren und ebenso den mittleren Stil je nach dem, was man behandelt, auszuwählen. Man kann dabei im allgemeinen dieselben Formen rednerischen Schmucks anwenden, bald intensiver, bald verhaltener. In jedem Falle hängt die Fähigkeit, das Angemessene zu tun, von der Kunstfertigkeit und der Begabung ab, das Wissen um das, was jeweils das Angemessene ist, von der praktischen Klugheit. (Cicero 1976: 3.210-212; zit. nach Schiewe/Kilian/Niehr [Hgg.] 2015: 41)

Für die Beurteilung des Angemessenen in der Rede unterscheidet Cicero die gleichen Dimensionen, die schon Aristoteles genannt hatte: »Anlass/Gegenstand«, »Publikum« und »Situation«. Sie sind von Manfred Kienpointner (2005), wie in Kapitel 2.6 ausführlicher dargestellt wird, als »Dimensionen der Angemessenheit« bestimmt und seiner theoretischen Fundierung einer **linguistischen Sprachkritik** im auch hier verstandenen Sinne zugrunde gelegt worden.

Bemerkenswert an Ciceros Ausführungen ist weiterhin, dass er zwischen dem Wissen, was angemessen ist, und der Fähigkeit, das Angemessene auch konkret zu tun, differenziert und damit wiederum eine Verknüpfung zwischen Ethik und Sprachgebrauch herstellt: Auf der »praktischen Klugheit« als ethischer Kategorie beruht das Wissen um das inhaltlich Angemessene in einer jeweils konkreten Kommunikationssituation, auf der »Kunstfertigkeit und der Begabung« als einer Kategorie der (sprachlichen) Performanz beruht die Fähigkeit, das Angemessene auch sprachlich-formal umsetzen zu können. Wiederum spielt die Erziehung – neben der Begabung – eine wichtige Rolle, denn sowohl praktische Klugheit als auch Kunstfertigkeit sind lehr- und lernbar.

Auch Quintilian (ca. 35-96 n. Chr.) schreibt in seiner *Institutio oratoria* (*Ausbildung des Redners*) der Angemessenheit und ihren Dimensionen eine entscheidende Rolle für die Wirkung einer Rede zu:

> [...] so ist es unsere nächste Sorge, *passend* zu reden; dies bildet, wie Cicero zeigt, den Vierten der Vorzüge des Ausdruckes, und er ist wenigstens meiner Meinung nach der allernotwendigste. Denn da ja der Redeschmuck vielgestaltig und vielfältig ist und sich zu jeder Rede in anderer Form schickt, wird er, falls er den Gegenständen und Personen der Rede nicht angemessen ist, die Rede nicht nur nicht besser zur Geltung bringen, sondern sie sogar entwerten und die Kraft der Gedanken, die sie enthält, gegen sie selbst richten. Denn was nützt es, daß ihre Worte gut lateinisch klingen, treffend gewählt und schön sind, ja auch mit Redefiguren und Rhythmen vollkommen ausgestattet sind, wenn sie nicht zu dem stimmen, was wir bei dem Richter erreichen und in ihm erzeugen wollen: Wenn wir die hohe Form der Rede in kleinen Fällen, die kleine, gefeilte in feierlichen, die strahlende in gedrückten, die glatte in rauhen, die drohende in bittenden, die gedämpfte in erregten, die trotzige und heftige in heiteren Situationen vor Gericht anwenden? (Quintilian 1995: 545; zit. nach Schiewe/Kilian/Niehr [Hgg.] 2015: 44f.)

Quintilian begründet noch einmal die Relevanz von Angemessenheit, betont über Aristoteles und Cicero hinaus aber zwei weitere wichtige Aspekte: zum einen stellt er die Angemessenheit der Rede über deren Richtigkeit (*aptum* – »*passend* zu reden« versus *latinitas* – »gut lateinisch klingen«), zum anderen betont er, dass die Wirkung einer Rede entscheidend von deren Angemessenheit abhängt.

Gerade diese beiden Aspekte sind für die heutige linguistische Sprachkritik von großer Bedeutung. Sie grenzt sich gegen andere Formen von Sprachkritik, insbesondere gegen die laienlinguistische Sprachkritik (vgl. Kap. 3), dadurch ab, dass sie dem eindimensionalen und dichotomischen Maßstab der sprachlichen Richtigkeit den mehrdimensionalen und graduellen Maßstab der Angemessenheit voranstellt. Und sie betont die Wirkungsfunktionen der Rede oder allgemeiner: des Sprachgebrauchs, die durch die Angemessenheit des sprachlichen Ausdrucks erzeugt werden.

Mit diesen aus den Rhetoriken des Aristoteles, Ciceros und Quintilians gewonnenen Bestimmungen kann als Ausgangspunkt für die nun folgenden Überlegungen festgehalten werden: Unter linguistischer Sprachkritik wird die kritische Reflexion und Bewertung von Sprachgebrauch auf der Grundlage des Maßstabs **funktionaler Angemessenheit** verstanden.

1.2 Drei Systematisierungen von Sprachkritik

Sprachkritik ist, wie ein Blick in deren Geschichte zeigt (vgl. Schiewe 1998; Schiewe/Kilian/Niehr [Hgg.] 2015), ein äußerst vielfältiges Phänomen, das sich nach ganz unterschiedlichen Kriterien systematisieren lässt. Die drei nun vorzustellenden Systematisierungsversuche unterscheiden sich in ihren Ansätzen und Ergebnissen, sind jeweils für sich genommen aber geschlossen und zeigen Merkmale sowie Ausprägungen von Sprachkritik auf, die in den nachfolgenden Kapiteln – zumindest teilweise – wieder aufgegriffen werden.

Hans-Martin Gauger unterscheidet in seinem Aufsatz *Was ist und was soll Sprachkritik?* aus dem Jahre 1995 fünf verschiedene Richtungen von Sprachkritik.

An den Anfang, auch historisch gesehen, stellt er die »philosophische Sprachkritik«. Sie rückt das »Problem der Erkenntnis ins Zentrum« und fragt »nach dem Verhältnis zwischen Sprache und Wirklichkeit« (Gauger 1995: 41; im Folgenden nur mit Seitenzahl zitiert). Ihr Ausgangspunkt ist das grundsätzliche Dilemma, in dem sich jedes Denken, jede Erkenntnis befinden, nämlich »daß Sprache einerseits Erkenntnis ermöglicht, andererseits aber auch behindert. Das Instrument der Erkenntnis – das einzige – ist gleichzeitig Behinderung« (41f.). Für die philosophische Sprachkritik ist deshalb ein »Mißtrauen gegenüber den Sprachen« (Gauger zitiert hier ein Wort des Dichters Paul Valéry) grundlegend: »Mißtrauen in die Sprache, Überwindung des gedanklich Unzulänglichen in der Sprache durch Beobachtung und Denken, wobei sich diese wieder der Sprache bedienen müssen« (42). Folglich hat sich die philosophische Sprachkritik mit der Frage auseinanderzusetzen, ob und in welcher Weise der Mensch die Wirklichkeit sprachlich schon immer vorstrukturiert. Konkret und zugespitzt geht es um die Frage, ob denn die Dinge überhaupt existieren und wenn ja, ob sie so existieren, wie es uns die Wörter für die Dinge suggerieren. Das Misstrauen gegenüber der Sprache als Mittel und Medium der Erkenntnis gründet sich letztlich auch darauf, dass die menschliche Sprache die »Dinge« niemals adäquat – um nicht zu sagen »objektiv« – erfasst und benennt. Gauger nennt hier »die Ungenauigkeit, die Unschärfe der Wortbedeutungen, schließlich die verzerrende Darstellung durch Metaphorik, Metonymie und Anthropomorphismen, auch den spezifischen Bau, die Beschaffenheit der Sprache oder der Sprachfamilie, in der man sich bewegt, der man sich denkend anvertraut« (42). Derartige Befunde über die Sprache und die sich daraus ergebenden Probleme für das Verhältnis von Sprache und Erkenntnis ziehen sich durch die Geschichte der Philosophie von Platon über die mittelalterliche Scholastik und die neuzeitliche Aufklärungsphilosophie bis hin zur »Sprachkrise der Moderne«, in der Friedrich Nietzsche, Fritz Mauthner und Hugo von Hofmannsthal die Frage nach der in Sprache enthaltenen »Wahrheit« noch einmal radikal – und im Ergebnis desillusionierend – stellen. Mit Beginn des 20. Jahrhunderts dann bilden Sprache und Sprachkritik eine Grundlage jeglichen Philosophierens.

Als zweite Richtung nennt Gauger die »moralische Sprachkritik«, die er – zumindest latent – auch als politisch betrachtet. Bezeichnenderweise bestimmt Gauger diese sprachkritische Richtung lediglich mit dem Hinweis darauf, dass sie »sich gegen Einzelnes in Sprache und Sprachverwendung« richte und sich nicht »primär auf den privaten Sprachgebrauch« beziehe (46). Ansonsten grenzt er sie gegen die philosophische Sprachkritik ab, nennt in der Hauptsache einzelne Autoren und Werke, die der moralischen Sprachkritik zuzuordnen sind, und unterzieht diese Form von Sprachkritik selbst einer grundlegenden Kritik. Das auf Karl Kraus zurückgehende Diktum der moralischen Sprachkritik nämlich, dass Sprechen und Denken eins seien, dass sich somit korruptes, unmoralisches, inhumanes Denken in der Sprache, insbesondere in ihren Begriffsbildungen zeige (als Beispiel nennt er den in den 1980er Jahren gebrauchten Ausdruck *Waffen-Mix* für *Nachrüstung* und fügt an, dass der Begriff *Waffen* heute durch *Völkervernichtungsmittel* zu ersetzen sei), lehnt Gauger (48f.) kategorisch ab: »was die Sprache verrät, läßt sich so leicht nicht sagen, und unsere Sprachkritiker sind hier vielfach kurzschlüssig und ungerecht« (48). Dennoch ist die moralische Sprachkritik genauso alt wie die philosophische. An ihren Beginn setzt Gauger (47) das Gespräch des chinesischen Konfuzius über die Richtigstellung der Begriffe, als neueres Beispiel nennt er Uwe Pörksens *Plastikwörter. Die Sprache einer internationalen Diktatur* von 1988 (vgl. dazu Kap. 2.2.1 und 2.2.5).

Die dritte von Gauger benannte Richtung ist die »literarische Sprachkritik«. Ihr geht es »um die Dichtung selbst, um ihre Möglichkeit« (49). Da Sprache das materielle Medium der Dichtung ist, stellt sich stets die Frage, wie sich die Wörter der Sprache, die als »pures Material« schon immer »unvermeidbar Sinn« tragen (51), zu der in der Dichtung entworfenen Wirklichkeit verhalten. Ging es im 17. und 18. Jahrhundert vor allem darum, das ›treffende Wort‹, ›le mot juste‹, zu finden, mit dem die jeweilige Wirklichkeit genau zu bezeichnen sei, mündet die moderne Dichtung eher – wie auch die philosophische Sprachkritik – in eine Sprachskepsis: »Vom Vertrauen also in die Sprache als verläßlicher Brücke zum Wirklichen, über den Rückzug aus dem Wirklichen ins Sprachliche, das Vertrauen in die Sprache für sich selbst, Sprache als Rettung, bis zum Erlöschen auch dieses Vertrauens« (50). Neben den Sinn der Wörter tritt in der Dichtung – und damit auch in der literarischen Sprachkritik – dann ein spezifisches Merkmal von Sprache: »das schöne Wie, die schöne Form«, Ästhetik also: »Sinn, Rhythmus, Klang kommen zusammen« (51). Literatur, so fasst Gauger zusammen, sagt mit und durch Sprache »auf schöne Weise etwas *Wichtiges*« (51), und sie muss sich – kritisch – immer wieder die Frage stellen, wie dieses Wichtige sprachlich zum Ausdruck gebracht werden kann.

Die »philologisch orientierte Sprachkritik« als vierte Richtung wertet Gauger gleich zu Beginn als »eher unerfreulich«. Ihr gehe es »stets nur um einzelnes und vorzugsweise erstens um grammatische Richtigkeit, zweitens um sprachliche Reinheit, denn hierher gehört das Fremdwortproblem« (52). Beides, die grammatische Richtigkeit wie die sprachliche Reinheit, sind Themen, die in der Geschichte der Sprachkritik immer wieder an prominenter Stelle aufzufinden sind, die aber aus linguistischer Sicht vor dem Hintergrund des Sprachwandels und der Wirkungen des Sprachkontakts differenziert zu beschreiben und zu bewerten sind. Gerade diese differenzierte Beschreibung und Bewertung lässt die philologische Sprachkritik, die zu großen Teilen mit der »laienlinguistischen Sprachkritik« zusammenfällt und deshalb in Kapitel 3 ausführlich behandelt wird, aber vermissen.

Offenbar nur der Vollständigkeit halber führt Gauger (54) noch eine fünfte Richtung von Sprachkritik an: die »theologisch religiös orientierte«: »Auch im Religiösen finden wir eine Krise der Sprache und des Sprechens, auch hier ist Ungenügen am sprachlich Überkommen, auch hier rückt das Sprachthema ins Zentrum.«

Die Unterscheidung zwischen philosophischer, moralischer, literarischer und philologischer Sprachkritik erachtet Gauger als wichtig, »weil diese Richtungen, wegen ihrer verschiedenen Anlässe, Interessen und Intentionen *verschieden* zu beurteilen sind« (54), woraus folgt, dass auch die sprachkritischen Absichten selbst der Überprüfung bedürfen, also den sprachkritischen Richtungen noch eine »Kritik der Sprachkritik« hinzugefügt werden muss.

Gauger ordnet die genannten Richtungen der Sprachkritik drei großen Bereichen zu: der Lebenswelt, der Wissenschaft und der Kunst (54), wobei er folgende Charakterisierungen vornimmt:

> In der Lebenswelt und mit Blick auf sie erscheint Sprachkritik unter dem Gesichtspunkt der Kommunikation, wobei das Kriterium der Wahrhaftigkeit, der Glaubwürdigkeit, der Aufrichtigkeit dominiert. Darum geht es, wenn hier von Moral, Charakter, Politik und so weiter die Rede ist. [...] In der Wissenschaft geht es sprachkritisch um Sprache als Mittel des Erkennens und der Mitteilung des Erkannten. In der Kunst schließlich um Sprache als Medium und als Material, wobei Sprache ein Material *ganz anderer Art* ist, als es Farben und Töne sind, weil dieses der Lebenswelt entstammende Material schon für sich selbst Bedeutung hat. (54f.)

Die moralische und die philologische Sprachkritik finden sich vor allem in der »Lebenswelt«, also in der alltäglichen Sprache, in der für Gauger offenbar auch das Politische mit enthalten ist. Die philosophische Sprachkritik hat ihren Ort hauptsächlich in der »Wissenschaft« und die literarische Sprachkritik selbstverständlich in der »Kunst«.

Gauger nimmt darüber hinaus noch eine Unterscheidung auf einer anderen Ebene vor. Unter Rückgriff auf die von Ferdinand de Saussure begründete »synchronisch strukturelle Sprachwissenschaft« unterscheidet er zwischen »Sprachbesitz« und »Sprachäußerung«, denn es »ist ja, gerade in bezug auf Sprachkritik, ein erheblicher Unterschied, ob ich einzelne Sprachäußerungen kritisiere oder Elemente einer bestimmten Sprache unabhängig von ihrer Verwendung« (55). Die beiden Begriffe bestimmt er folgendermaßen:

> Sprachbesitz ist, was wir in unseren Köpfen haben als Möglichkeit des Sprechens und des Verstehens, auch wenn wir gerade *nicht* sprechen. Die Äußerung hingegen ist der konkrete Gebrauch, den ein Individuum von diesem Besitz, über den es verfügt, in einer jeweils so und so bestimmten Situation macht. Sprachäußerung ist also aktualisierter Sprachbesitz. Wichtig hieran ist nun [...]: beide, Besitz und Äußerung, kommen nur als individuelle vor. (55f.)

Sprachbesitz und Sprachäußerung betrachtet Gauger als »die beiden einzigen realen Vorkommensweisen des Sprachlichen« (57), so dass auch nur sie, nicht aber *die* Sprache Gegenstand wissenschaftlicher und kritischer Betätigung werden können. Zur »Kritik am Sprachbesitz« führt Gauger weiter aus:

> Der Sprachbesitz kann unter drei Aspekten kritisiert werden. Erstens unter dem Gesichtspunkt der Wahrheit; Sprache also als Instrument der Erkenntnis. Zweitens unter dem Gesichtspunkt des Kommunikativen. Drittens als mögliches Medium für Dichtung. Beim Gesichtspunkt Sprache als Instrument der Erkenntnis handelt es sich um die philosophische Sprachkritik. Diese Sprachkritik richtet sich zumeist auf die universellen Züge der Sprache, diejenigen also, die

> prinzipiell zur Sprache, zu ihrem ›Wesen‹, gehören. Anders die Sprachkritik hinsichtlich der kommunikativen Funktion: diese Sprachkritik ist praxisorientiert und hat unvermeidlich einen vergleichenden Zug, indem hier zwei oder mehrere Sprachen miteinander verglichen werden. [...] Unter dem dritten Gesichtspunkt, dem ästhetischen, kann ein Sprachbesitz zwar kritisiert werden, aber weit kann solche Kritik nicht führen, da in aller Regel Muttersprachlichkeit die Voraussetzung dichterischen Umgangs mit der Sprache ist. (57f.)

Für die Sprachäußerungen nennt Gauger insgesamt zehn unterschiedliche Aspekte, die sich allesamt auch in den von ihm unterschiedenen Hauptrichtungen von Sprachkritik finden lassen:

> Was die Sprachäußerungen betrifft, so können sie kritisiert werden unter dem Gesichtspunkt ihrer *grammatischen Korrektheit* (Grammatikalität). [...] In der Tat gehört zum Beherrschen einer Sprache nicht nur das korrekte Sprechen und Verstehen, sondern auch die Fähigkeit, vorgelegte Sätze als korrekt oder inkorrekt zu beurteilen, auch wenn diese Urteile nicht begründet werden können. Man kann zweitens Sprachäußerungen beurteilen unter dem Gesichtspunkt ihrer *Reinheit*, dies ist [...] das puristische Kriterium. Dazu kommt – drittens – der Gesichtspunkt der *Klarheit*: sind die Gedanken in den beurteilten Sprachäußerungen faßlich ausgedrückt, so dass sie leicht greifbar werden? Viertens der Gesichtspunkt der *Wahrheit*: ist das Ausgesagte wahr? [...] Von dem der Wahrheit ist der Gesichtspunkt der *Wahrhaftigkeit* verschieden: er geht auch über die ›aussagende Rede‹ hinaus. Wahrhaftig oder unwahrhaftig können zum Beispiel auch Fragen sein. Ist also – fünftes Kriterium der Beurteilung – die Äußerung wahrhaftig? Sechstens der Gesichtspunkt der *Schönheit*: sind die Äußerungen sprachlich schön oder unschön? [...] Ein siebter Gesichtspunkt ist der der *Angemessenheit*, es ist das ›aptum‹ der klassischen Rhetorik: entsprechen die Äußerungen dem, was in dieser konkreten Situation erwartet werden muß? Man kann achtens nach der *sprachlichen Komplexität* fragen: sind die Äußerungen einfach oder komplex in ihrem syntaktischen Aufbau? [...] Dann, neuntens, ein Kriterium, das wir ›Eigenprägung‹ nennen möchten: ist die Äußerung spezifisch geprägt durch ihren ›Produzenten‹? Ist sie charakteristisch? Zehntens ein Kriterium, das eine alte, aber irritierende Kategorie impliziert, die schwer einzuordnen ist, denn sie liegt eigentümlich quer zu den anderen Kriterien: das des *Stils*. Stil kann einerseits mit den Eigenschaften, die sich unter den genannten Kriterien herausstellen, etwas zu schaffen haben; andererseits sind jene Eigenschaften aber doch auch wieder neutral, was den möglichen Stil einer Äußerung angeht. Der Gesichtspunkt ›Eigenprägung‹ kommt der Kategorie Stil am nächsten. (58f.)

Am Ende seiner Systematisierung bezeichnet Gauger (61) Sprachkritik als »legitim« und »notwendig«, hebt aber zugleich auch hervor, dass es nicht darum gehen kann, »Vorschriften zu machen«. Er fordert für Sprachkritik einen »Raum rationalen Diskurses«, in dem es »nicht bloß um Anmutungen, um Gefühle, sondern um Gründe« (60) gehen müsse. Dieser Einschätzung schließen wir uns an; nicht anschließen allerdings können und wollen wir uns der Meinung Gaugers, dass Sprachwissenschaft von Sprachkritik völlig zu trennen sei, weil Wissenschaftlichkeit mit »Orientierungsverzicht« einhergehen müsse (vgl. 34f.). Gerade in Kapitel 4 wird zu zeigen sein, dass und wie die linguistische Sprachkritik mit ihrem Maßstab der funktionalen Angemessenheit als Teil einer – wissenschaftlichen – Didaktik nicht nur zu begründen ist, sondern für sie geradezu konstitutiv sein muss.

Walther Dieckmanns Versuch einer Systematisierung sprachkritischer Bestrebungen (zuerst Dieckmann 2006, nahezu identisch Dieckmann 2012: 135-147; aus letzterem im Folgenden nur mit Seitenzahl zitiert) zeichnet sich durch das Ergebnis aus, dass bei den recht unterschiedlichen Arten von Sprachkritik nicht immer die Kritik an der Sprache im Fokus steht. Nicht berücksichtigt wird in Dieckmanns wie in unserer Darstellung die Kritik an einzelnen Äußerungen einzelner Sprecher. Ein häufig zitiertes Beispiel für solch eine okkasionelle Sprecherkritik ist die Kritik an der Wortwahl des ehemaligen Vorstandssprechers der Deutschen Bank, Hilmar Kopper, der im Zusammenhang mit größeren Geldverlusten von *peanuts* sprach (135f.). Dieckmann beschränkt sich auf die wortbezogene Sprachkritik und unterscheidet dabei folgende Typen (137):

A) Kritik an der Wortform
B) Kritik an der (sprachlich bezeichneten) Sache
C) Kritik an der Struktur des Wortinhalts
D) Kritik am (sich in der Sprache spiegelnden) Bewusstsein
E) Kritik an der (sprachlich bewirkten) Verzerrung der Wirklichkeit.

Unter den ersten Punkt gehört die Kritik »an vielgliedrigen und komplexen Komposita, deren Struktur nur schwer erkennbar ist und die deshalb unter kommunikativ-funktionalen Gesichtspunkten (z.B. dem der Verständlichkeit) problematisch scheinen« (138). Neben dem von Dieckmann zitierten Beispiel *Ein-Eltern-Familie*, die unter grammatischen Gesichtspunkten kritisierbar werden könnte, ist hier ein Ausdruck wie *Organleihe* zu erwähnen, der in der *Süddeutschen Zeitung* vom 31.03.2004 unter dem Aspekt der mangelnden Durchsichtigkeit implizit kritisiert wird:

> Die deutsche Sprache in ihrer Freude am Zusammensetzen von Hauptwörtern schafft mitunter hübsche, freilich ein wenig verwirrende Begriffe – wie den Hundeführerschein oder die Organleihe. Letzteres ist nicht, wie man denken könnte, ein bizarrer Vorgang aus der Medizin, sondern ein Terminus aus der seltsamen Welt des deutschen Föderalismus. Er besagt, auf die Hartz-IV-Gesetze angewendet, dass eine Kommune eine Behörde an den Bund, die Nürnberger Arbeitsagentur nämlich, ausleiht und deren Weisungen unterstellt – unter Umgehung der Länder, die ja eigentlich für die Gemeinden zuständig sind.

Für die unter C) aufgeführte Kritik nennt Dieckmann keine Beispiele. Gemeint ist die Kritik »an der *Vagheit* von Wortbedeutungen bzw. an der *Inhaltsleere* oder dem *Leerformelcharakter* von Wörtern, in historischer Perspektive an der *Bedeutungsentleerung* als Folge eines erweiterten Referenzbereichs« (139).

Bei den Punkten B) und D) ist recht deutlich zu sehen, dass sich die Kritik nicht gegen die Sprache, sondern gegen bestimmte Sachen bzw. Denkweisen richtet. Als Beispiele für eine Kritik des Typs B) nennt Dieckmann die Kritik am Wort *Ahnenpass*. Eine solche Kritik richte sich nicht eigentlich gegen das Wort, sondern eher gegen die mit diesem Wort bezeichnete rassenideologische Praxis der Nazis, die Abstammung aller Staatsbürger in einem offiziellen Dokument verzeichnen zu lassen. Ähnliches gilt für Kritik des Typs D) und E). Als Beispiele nennt Dieckmann Wörter wie *ausländerfrei* (Typ D) und *Diätenanpassung* (Typ E) (vgl. 138ff.). Diese Typen der Sprachkritik sind aus Sicht der Sprachkritiker dadurch charakterisiert, »dass das Wort nicht zum Sachverhalt passt« (140). In beiden Fällen ist jedoch deutlich, dass sich die Kritik nicht oder zumindest nicht ausschließlich gegen die Sprache richtet. Bei der Kritik am Ausdruck *ausländerfrei* dürfte vornehmlich die zum Ausdruck kommende fremdenfeindliche Einstellung kritisiert werden. Insofern ist das Wort recht gut dazu geeignet, eine solche Einstellung zu verdeutlichen (141): »In dem Wort drückt sich das rechtsradikale Denken und Wollen recht präzise aus [...]. Das Kritikwürdige ist die am sprachlichen Ausdruck erkannte ausländerfeindliche Einstellung.« Und auch die Kritik an Ausdrücken wie *Diätenanpassung* beinhaltet neben der Kritik an einem als verschleiernd und verharmlosend empfundenen Ausdruck eine Kritik an einer als negativ empfundenen Sache. Dabei wird jedoch von den Sprachkritikern häufig außer Acht gelassen, dass unsere Sicht auf die Welt perspektivisch ist. Dies wird etwa durch Begriffspaare deutlich, in denen sich die unterschiedliche Perspektiviertheit von Wirklichkeitswahrnehmung deutlich widerspiegelt: Was für den einen *Terroristen*, das sind für den anderen *Freiheitskämpfer*. Und was der eine lieber als *schamlose Bereicherung* bezeichnen würde, das ist für den anderen lediglich eine (längst überfällige) *Diätenanpassung*. In solchen Fällen ist eine »objektive« Entscheidung nicht möglich. Dies liegt daran, dass unsere Erkenntnis der Dinge in der Welt immer auf Sprache angewiesen ist und eine sprachlich unabhängige, objektive Erkenntnis der Dinge folglich unmöglich ist (vgl. Niehr/Funken 2009: 136ff.). Sprachkritiker, die für sich beanspruchen, die jeweils richtige Ausdrucksweise zu kennen, behaupten damit implizit auch, über eine sprachunabhängige, »objektive« Sicht der Wirklichkeit zu verfügen. Nur diese nämlich ermöglichte es, zweifelsfrei zu entscheiden, welche (sprachliche) Sicht der Dinge zutreffend und welche verschleiernd, verharmlosend oder gar falsch ist.

Ein Beispiel für Sprachkritik, in der zahlreiche der hier angesprochenen Facetten zum Ausdruck kommen, ist die alljährlich stattfindende Wahl des *Unwortes des Jahres* (http://www.unwortdesjahres.net ‹31.01.2016›). Schaut man sich die »Unwörter« der Jahre 2005 bis 2015 an (*Entlassungsproduktivität, freiwillige Ausreise, Herdprämie, notleidende Banken, betriebsratsverseucht, alternativlos, Döner-Morde, Opfer-Abo, Sozialtourismus, Lügenpresse, Gutmensch*), so kann man unschwer feststellen, dass diese Kritik von der Voraussetzung ausgeht, dass hier jeweils Ausdruck und damit bezeichnete Sache nicht angemessen aufeinander zu beziehen seien. Neben diese Kritik tritt aber immer auch die Kritik an einer bestimmten Einstellung oder Sache. So berichtet beispielsweise die Tagesschau (http://www.tagesschau.de/inland/unwort106.html <15.03.2010>) über die Begründung für die Unwort-Wahl des Jahres 2009: »Die Wahrnehmung von Arbeitnehmerinteressen ›stört‹ zwar viele Unternehmen, sagte Schlosser. Dies als ›Seuche‹ zu bezeichnen, sei aber ein zumindest sprachlicher Tiefpunkt im Umgang mit Lohnabhängigen.« Unabhängig davon, wie man diese Begründung einschätzen mag, wird aus ihr deutlich, dass mit der

Kritik am Wort auch die Einstellung von Unternehmen gegenüber ihren gewerkschaftlich organisierten Angestellten, die sich in dem Wort *betriebsratsverseucht* kristallisiert, angeprangert wird. Dass also mit »sprach«kritischen Stellungnahmen immer auch im weitesten Sinne politische Ziele verfolgt werden, ist ein Aspekt, der v.a. in Kapitel 3 aufzugreifen sein wird.

Der Sprachwissenschaftler **Peter von Polenz** hat in einem 1973 erschienenen Aufsatz unter dem Titel *Sprachkritik und Sprachnormenkritik* das weite Feld der kritischen Sprachbetrachtung abgesteckt und die Phänomene »Sprache« und »Kritik« jeweils durch Binnendifferenzierungen für die linguistische und didaktische kritische Sprachbetrachtung konturiert (vgl. dazu auch Kilian 2001: 305ff.; 2008: 271ff.).

Bei der Binnendifferenzierung des Phänomens »Sprache« orientiert sich von Polenz auf der Grundlage sprachtheoretischer Entwürfe (u.a. von Ferdinand de Saussure, Eugenio Coseriu, Helmut Henne und Herbert Ernst Wiegand) an zwei Merkmalpaaren: »individuell«/»kollektiv« und »virtuell«/»realisiert«, aus deren Kombination sich vier Existenzweisen (von Polenz spricht von »Existenzformen«) von Sprache ableiten lassen:

	realisiert	virtuell
individuell	Sprachverwendung	Sprachkompetenz
kollektiv	Sprachverkehr	Sprachsystem

Sprache erscheint demnach als »Sprachverwendung« einzelner Sprecher/Schreiber (in der aktuellen Sprachwissenschaft wird für diese Existenzweise zumeist der Terminus »Sprachgebrauch« gewählt) und als »Sprachverkehr« einer Sprechergruppe oder Sprachgesellschaft. »Sprachverkehr« darf durchaus als Summe der Sprachverwendungen begriffen werden. Sprache erscheint ferner als »Sprachkompetenz« im Sinne der sprachlichen Fähigkeiten und Fertigkeiten eines Sprechers/Schreibers und als »Sprachsystem« im Sinne der Möglichkeiten, die eine Sprache ihren Sprechern/Schreibern für die Sprachverwendung im Sprachverkehr anbietet. Das Sprachsystem wird ausdrücklich nicht als Summe der Sprachkompetenzen, sondern als darüber hinausgehendes Diasystem definiert (vgl. von Polenz 1973: 122; im Folgenden nur mit Seitenzahl zitiert).

Insofern, als der einzelne Sprecher/Schreiber im Sprachverkehr nicht stets seine gesamte Sprachkompetenz zum Einsatz bringt, sondern eine je spezifische Auswahl trifft, und insofern, als der Sprachverkehr nicht lediglich eine realisierte Spiegelung des virtuellen Sprachsystems darstellt, sondern historisch und kulturell je spezifische Auswahlen aus den Möglichkeiten des Sprachsystems manifestiert, bedarf es einer Instanz, die die Auswahlen regelt. Diese Instanz wird als »Sprachnorm« bezeichnet. Die Sprachnorm »kann nicht zum Realisierten gerechnet werden« (124), ist also eine virtuelle Existenzweise von Sprache. Von Polenz übernimmt zu ihrer grundlegenden Bestimmung eine Definition Coserius (1971: 69): Die Sprachnorm ist demnach ein »System der obligatorischen Realisierungen der sozialen und kulturellen ›Auflagen‹«. Da unter »Norm« jedoch selbst vor dem Hintergrund dieser Definition sowohl das ›Normale, Übliche‹ wie auch das ›Normative, Gewünschte‹ verstanden werden kann, differenziert von Polenz innerhalb der Norm zwischen 1. einer »deskriptiven« Norm, die die Auswahlen des ›Normalen, Üblichen‹ regelt und zum »Sprachbrauch« (sic) führt, und 2. einer »präskriptiven« Norm, die die Auswahlen des ›Normativen, Gewünschten‹ regelt und zur »Sprachnorm« führt. Es gibt demnach »Sprachverwendungen«, die »deskriptiv« dem »Sprachbrauch« folgen, jedoch »präskriptiv« nicht der »Sprachnorm«. Bei der Verwendung von Formen wie *dem Rektor sein Auto* etwa sei dies der Fall (vgl. 127f.).

Das Modell erhält somit folgende Gestalt (vgl. 127; dort steht die Spalte »realisiert« rechts, was jedoch nicht sachgerecht ist, da die »realisierte« Existenzweise dann enger an die »präskriptive« gebunden wäre als an die »deskriptive«. Grauhervorhebung von uns; Verf.):

	realisiert (konkret)	virtuell (abstrakt)		
		metasprachlich institutionalisiert		objektsprachlich-funktionell
		deskriptiv	präskriptiv	
individuell	SPRACH-VERWENDUNG			SPRACHKOMPETENZ
kollektiv	SPRACHVERKEHR	SPRACHBRAUCH	SPRACHNORM	SPRACHSYSTEM

Helmut Henne (1975: 87) hat in seiner Kritik dieses Ansatzes u.a. darauf hingewiesen, dass »auch die Sprachkompetenz einen individuellen, und das heißt je unterschiedlichen Teilbereich Sprachbrauch und Sprachnorm zugewiesen« bekommen müsste. Dem ist, namentlich vor dem Hintergrund einer Differenzierung des Phänomens der »Kritik« der Sprache, beizupflichten. Denn wiewohl das auf den »Sprachbrauch« und die »Sprachnorm« sich auswirkende Resultat kritischer Sprachbetrachtungen stets kollektiv wirksam sein muss, ist jede metasprachliche Handlung zuallererst die Handlung eines Individuums. Der Begriff der »Sprachnorm« ist denn auch bei von Polenz zu eng als institutionalisierte Sprachnormierung begriffen und von den Urteilen des individuellen Sprechers/Schreibers getrennt. Und auch die Differenzierung zwischen »deskriptivem Sprachbrauch« und »präskriptiver Sprachnorm« ist in dieser Form nicht haltbar, denn es handelt sich in beiden Fällen um sprachliche Normen im Sinne Coserius. Wer sagt: »So heißt das (nicht)«, was nach von Polenz »deskriptiv« ist, der formuliert nicht weniger eine Norm als der, der sagt: »So sollte man (nicht) sagen«, was nach von Polenz »präskriptiv« ist. Auch eine Festlegung des »Sprachbrauchs« auf subsistent existierende »deskriptive« Ist-Normen und der »Sprachnorm« auf statuiert existierende »präskriptive« Soll-Normen ist nicht durchzuhalten, da auch jeder »Sprachbrauch« im Zweifelsfalle eingefordert und statuiert werden kann. So spielt z.B. im Spracherwerb das »Erlernen des Gebrauchs einer symbolischen Form in ihrer konventionellen kommunikativen Funktion« (Tomasello 2003: 175) – und das heißt: des »Sprachbrauchs« – eine bedeutsame Rolle. Es liegt auf der Hand, dass der »Sprachbrauch« hierbei im sozialen Sinne durchaus präskriptiven Charakter hat: Maßstab für die Bewertung und Beurteilung des Erlernens der konventionellen kommunikativen Funktion ist das, was auf der Grundlage des »Sprachbrauchs« sowohl »üblich« als auch »gewünscht« ist.

Es scheint daher angemessener, den Übergang zwischen »Sprachsystem« und »Sprachverkehr« bzw. zwischen »Sprachkompetenz« und »Sprachverwendung« (»Sprachgebrauch«) von der Differenzierung zwischen »deskriptiv« und »präskriptiv« zu befreien und insgesamt variationslinguistisch zu fassen. Ausgehend von Coserius Definition der Sprachnorm als »System der obligatorischen Realisierungen der sozialen und kulturellen ›Auflagen‹« (Coseriu 1971: 69) erscheint dann »Sprachnorm« als »Varietätennorm« und »Sprachbrauch« als »Diskursnorm«. So gibt es, um das berühmteste Varietätenbeispiel in Bezug auf Sprachnormen zu nennen, die geschriebene deutsche Standardsprache als eine »Varietätennorm«, deren Auswahlen aus den Möglichkeiten des Sprachsystems relativ eng an dessen Regelwerk orientiert sind. Innerhalb besonderer Situationstypen und Diskurse werden jedoch konventionell noch zusätzliche, spezifische Auswahlen getroffen, die als »Diskursnormen« zusammengefasst werden können und sich kollektiv als »Register«, individuell als »Stil« zeigen (vgl. Kilian 2008: 273).

Der skizzierten Differenzierung des Phänomens »Sprache« entsprechend differenziert von Polenz schließlich das Phänomen »Kritik«. Er unterscheidet zwischen

- »Sprachverwendungskritik«: »Hier werden einzelne Sätze bestimmter Sprecher, oder ihre Teile, manchmal ganze Texte, nach dem Verhältnis zu anderen Realisierungen für das gleiche Gemeinte beurteilt.« Diese Form der Sprachkritik sei »das tägliche Geschäft der Sprachlehrer« (129);
- »Sprachverkehrskritik«: Darunter versteht von Polenz die »Kritik an den mit dem Sprachbrauch nicht übereinstimmenden Teilen des Sprachverkehrs« (131), wie sie etwa von Gustav Wustmann betrieben worden sei (vgl. Kap. 3.1.2);
- »Sprachkompetenzkritik«: Sie erscheine als »Kritik an der sprachlichen ›Begabung‹ einer Person« und werde »institutionell geübt in Sozialisationsprozessen wie denen in Schule und Beruf« (133);
- »Sprachsystemkritik«: Hier sei »zu unterscheiden zwischen der Kritik an den Möglichkeiten aller natürlichen Sprachen überhaupt [...] und der Kritik an einer einzelnen Sprache« (133);
- »Sprachbrauchskritik«: Sie hinterfragt kritisch das sprachlich Übliche und Normale und könne auf diese Weise »zur Befreiung vom kollektiven Denken und zur Nutzung aller noch ungenutzten Möglichkeiten der Sprache« führen (140ff.); die kritischen Sprachbetrachtungen Leibniz' und Mauthners etwa können als besonders berühmte Beispiele genannt werden;
- »Sprachnormenkritik«: Ihr vornehmster Gegenstand sei die Kritik der normativen »Restriktion freier Variation« (151; im Original gesperrt). »Freie Variation ist die Alternative zwischen zwei auf der Ausdrucksseite der Sprache verschiede-

nen Realisierungen einer sprachlichen Einheit, wobei die Wahl der einen oder anderen Variante auf der Inhaltsseite mit keinem Bedeutungsunterschied verbunden ist« (151). Ein Beispiel dafür sei die Kritik an der normativen Restriktion der freien Variation zwischen *brauchen* mit *zu* und *brauchen* ohne *zu*. In diesem Zusammenhang spricht von Polenz (152) auch eine wichtige methodologische Warnung aus: »Linguistische Normenkritik darf sich allerdings nicht damit begnügen, nur den Sprachbrauch gegen die Sprachnorm geltend zu machen. Argumente aus dem Sprachsystem (durch Strukturanalyse), ferner auch aus der allgemeinen langfristigen Entwicklungstendenz des Sprachsystems [...] sollten die Priorität vor Argumenten aus der statistischen Frequenzuntersuchung haben.«

Insbesondere in Bezug auf die »Sprachnormenkritik« wendet sich von Polenz mehrfach an die »Deutschlehrer«. Dieser Aspekt wird in Kapitel 4 wieder aufzugreifen sein.

1.3 Vorgehensweise und Schwerpunkte

Sprache war aufgrund ihrer metasprachlichen Funktion von Beginn an nicht nur ein Mittel der Kommunikation, sondern stets auch ein Gegenstand der Kritik. Frühe schriftliche Überlieferungen wie die Reflexion des chinesischen Philosophen Kungfutse oder des griechischen Philosophen Platon bestätigen diese Einschätzung. In **Kapitel 2** wird zunächst eine Auswahl derartiger sprachkritischer Entwürfe skizziert und charakterisiert. Für die Zeit bis zum Ende des 18. Jahrhunderts kann zwar noch nicht von **linguistischer Sprachkritik** im heutigen Sinne gesprochen werden, aber zahlreiche sprachkritische Ansätze auch vor der Begründung der Sprachwissenschaft im frühen 19. Jahrhundert kreisen um Themen, die noch heute Gegenstand der Linguistik (oder Sprachwissenschaft – beide Begriffe werden hier synonym benutzt) sind und vermutlich auch bleiben werden. Auf diese Themen wird die entsprechende Darstellung fokussiert. Diese Vorgehensweise bringt es mit sich, dass wichtige Autoren der philosophischen und politischen Sprachkritik wie Gottfried Wilhelm Leibniz, Johann Gottfried Herder, Wilhelm von Humboldt, Carl Gustav Jochmann, Friedrich Nietzsche, Fritz Mauthner, Hugo von Hofmannsthal oder Karl Kraus nicht explizit berücksichtigt werden. Ihre sprachkritischen Positionen können anhand von Ausschnitten aus ihren Werken erschlossen werden mithilfe des Sammelbandes *Texte zur Sprachkritik und Sprachreflexion* (Schiewe/Kilian/Niehr [Hgg.] 2015), der als Ergänzung zu diesem Arbeitsheft empfohlen sei.

Eine historisch und auch heute noch recht dominante Form der kritischen Beschäftigung mit bestimmten sprachlichen Erscheinungen und Veränderungen ist die **laienlinguistische Sprachkritik**. Sie wurde und wird teils von Einzelpersonen, teils von Vereinen in eigenen Publikationen und über die Massenmedien betrieben.

Diese Art der Sprachkritik läuft parallel zur Sprachwissenschaft und zur linguistischen Sprachkritik. In **Kapitel 3** wird sie ab der 2. Hälfte des 19. Jahrhunderts exemplarisch dargestellt. Als roter Faden dient dabei ein Themenbereich, mit dem sich die Vertreter der laienlinguistischen Sprachkritik seit jeher intensiv auseinandergesetzt haben: der Fremdworteinfluss auf die eigene Sprache. Weiterhin sollen argumentative Traditionslinien der laienlinguistischen Sprachkritik aufgezeigt werden, die seit mehr als einhundert Jahren existieren und auch in aktuellen Publikationen noch einen Platz finden.

Didaktische Sprachkritik ist ein relativ junger Zweig der linguistisch begründeten kritischen Sprachbetrachtung. Zwar kann einigen historischen Ansätzen der kritischen Sprachbetrachtung eine gewisse sprachdidaktische Komponente durchaus zugesprochen werden, z.B. der Sprachreflexion in Otfrids von Weißenburg *Evangelienbuch* aus dem 9. Jahrhundert (vgl. Banneck 2012), sodann der kritischen Betrachtung von Sprache und Sprachgebrauch in Gottfried Wilhelm Leibniz' *Ermahnung an die Deutschen, ihren Verstand und ihre Sprache besser zu üben* Ende des 17. Jahrhunderts (Leibniz 1983) oder Joachim Heinrich Campes volksaufklärerische Fremdwortverdeutschung um 1800 (Campe 1790b; 1794; vgl. Schiewe 1988). Derlei frühe sprachkritische Ansätze (vgl. die Texte in Schiewe/Kilian/Niehr [Hgg.] 2015) zielten indes allenfalls mittelbar auf eine Beförderung des sprachlichen Lernens und der sprachlichen Bildung einzelner Sprecher/Schreiber. Das eigentliche Ziel dieser sprachenpolitisch und »volkspädagogisch« inspirierten Sprach(en)kritik war es, gegenüber den alten biblischen »Hauptsprachen« Hebräisch, Griechisch und Latein hervorzuheben, dass auch die deutsche Sprache die Menschen zu kommunikativen und kognitiven Leistungen befähigen kann. Daraus ließ sich dann der Beitrag ableiten, den die genannten Autoren (und noch zahlreiche weitere) zum systematischen Ausbau der deutschen Sprache in unterschiedlichen gesellschaftlichen Kommunikations- und Praxisbereichen leisteten. Von didaktischer Sprachkritik in einem engeren Sinne der wissenschaftlichen Modellierung kritischer Sprachbetrachtungen zum Zweck des sprachlichen Lernens und der sprachlichen Bildung kann erst mit den Auseinandersetzungen um den *Bildungsplan für das Fach Deutsch an den Gymnasien des Landes Hessen* aus dem Jahr 1969 gesprochen werden. Die Darstellung in **Kapitel 4** wird sich, nach einem kurzen Blick auf die Vorgeschichte, auf diese jüngere und jüngste Geschichte der didaktischen Sprachkritik konzentrieren und dabei herausarbeiten, dass ein sprachkritisches Bewusstsein Mittel und Zweck des sprachlichen Lernens und der sprachlichen Bildung ist.

Mit dieser thematischen Auswahl ist zugleich das Feld abgesteckt, auf dem die vorliegende Einführung den Begriff »Sprachkritik« angesiedelt sieht: Es geht um Ansätze und Methoden der kritischen Sprachbetrachtung, die linguistisch begründet oder zumindest begründbar sind, weil ihnen das Prinzip der funktionalen Angemessenheit inhärent ist. Diese Ansätze sind zu unterscheiden von solchen der laienlinguistischen Sprachkritik und »Sprachpflege«, die die Existenz einer nicht kritisierbaren und unverändert »richtigen« Norm einer Sprache voraussetzen.

Die linguistische Sprachkritik steht in enger Verbindung mit dem Begriff »Sprachkultiviertheit«, wie ihn Nina Janich (2005: 31) bestimmt hat. Demnach

> gilt als Teil des Konzeptes der Sprachkultiviertheit die Ausbildung eines ›Sprachbewusstseins‹, unter dem ich die Distanzierungsfähigkeit vom routinierten Sprachhandeln verstehe, die als Sprachbewusstheit immer dann aktualisiert werden kann, wenn es nötig ist [...]. Sprachbewusstsein als Teil von Sprachkultiviertheit ist deshalb ein sinnvoller Anspruch an jeden Sprecher, weil erst die Fähigkeit, nicht nur routiniert Konventionen zu folgen, sondern auch aufmerksam und in diesem Sinne bewusst und situationsbezogen über die Art des eigenen sprachlichen Handelns zu entscheiden, zu echter Eigenverantwortlichkeit und damit Mündigkeit führt. Sprachkultiviertheit impliziert damit auch das Recht, sich bewusst für eine bestimmte Art von Sprachgebrauch zu entscheiden, bedeutet also keinesfalls, vor allem grammatisch korrekt oder gar entsprechend ganz bestimmter Stilmaximen zu sprechen/zu schreiben. Vorausgesetzt wird nur, dass man aufgrund eigener Kommunikationserfahrungen und der beschriebenen Kompetenzen zu reflektieren imstande ist, wie man (mit wem und wann) spricht, welche Konsequenzen diese Form des Sprachgebrauchs in der Kommunikation mit anderen aufgrund sprachlicher Normen im Sinne sozialer Erwartungshaltungen haben kann und dass man für sein sprachliches Handeln, eben weil es ein Handeln und kein Verhalten ist, verantwortlich gemacht werden kann bzw. wird.

Eine Sprachkritik, deren Grundlage die funktionale Angemessenheit ist, hilft Sprachbewusstsein auszubilden und damit Sprachkultiviertheit zu erzeugen. Damit ist sie zugleich auch ein Weg zur Sprachkultur:

> Sprachkritik als Teil einer anwendungsbezogenen Sprachwissenschaft betreiben heißt, Sprachbewusstsein zu fördern mit dem Ziel, Sprachkultur zu pflegen, auszubauen und zu sichern. (Lanthaler [u.a.] 2003: 3)

Weiterführende Literatur: Dieckmann (2012); Gauger (1995); Janich (2005); von Polenz (1973).

1.4 Aufgaben

A 1.1
Nach welchen Kriterien nehmen Gauger, Dieckmann und von Polenz ihre Systematisierungen von Sprachkritik vor? Lassen sich diese Kriterien linguistischen Methoden oder Teilgebieten zuordnen?

A 1.2
Grenzen Sie die Begriffe »Sprachkritik«, »Sprachbewusstsein«, »Sprachkultiviertheit« und »Sprachkultur« gegeneinander ab und setzen Sie sie anschließend unter Berücksichtigung des Begriffs »funktionale Angemessenheit« zueinander in Beziehung.

2 Linguistische Ansätze der Sprachkritik in Geschichte und Gegenwart

Sprachkritik als reflektierende und urteilende Tätigkeit des menschlichen Geistes ist in allen Phasen der Kulturgeschichte und vermutlich auch in allen Kulturkreisen zu finden. Von heute her blicken wir zurück auf Texte aus zweieinhalb Jahrtausenden geschichtlicher Überlieferung, in denen sprachkritische Äußerungen und Entwürfe auszumachen sind. Bereits an den Systematisierungsversuchen, die in Kapitel 1.2 referiert wurden, ist deutlich geworden, dass nicht alle diese Entwürfe als »linguistische Ansätze« bezeichnet werden können, denn sie entsprechen nicht unbedingt heutigen linguistischen, also sprach*wissenschaftlichen* Erkenntnissen. Da die theoretischen und methodischen Grundlagen der Sprachwissenschaft erst vor ungefähr zweihundert Jahren, zu Beginn des 19. Jahrhunderts, gelegt wurden, soll jedoch, um nicht alle »vorwissenschaftliche« Sprachkritik früherer Zeiten ausblenden zu müssen, der Begriff »linguistische Ansätze« hier in einem weiten Sinne verstanden werden: In diesem Kapitel werden Ansätze aus der Geschichte der Sprachkritik vorgestellt und charakterisiert, deren Gegenstände und Themen auch für eine heutige, linguistisch fundierte Sprachkritik nicht nur noch immer relevant, sondern zum Teil sogar grundlegend sind. Grundsätzlich nämlich lässt sich als Ausgangspunkt für eine Konturierung von Sprachkritik der geschichtliche Zugang wählen, denn er vermag das theoretische, methodische und thematische Fundament für die hier darzustellenden »Grundlagen kritischer Sprachbetrachtung« zu liefern. Zudem wird sich zeigen, dass »funktionale Angemessenheit« als der im Zentrum dieses Arbeitsheftes stehende Maßstab für Sprachkritik in zahlreichen früheren Entwürfen zumeist implizit, gelegentlich aber auch schon explizit von Bedeutung war.

Den Beginn der Darstellung »linguistischer Ansätze« von Sprachkritik bildet ein Überblick über die »Wissenschaftsgeschichte von Sprachkritik und Sprachwissenschaft« (Kap. 2.1). Dort soll verdeutlicht werden, in welchem Verhältnis die *Beschreibung* von Sprache und die *Kritik* von Sprache gestanden haben und wie dieses Verhältnis heute, aus dem Blickwinkel der Sprachwissenschaft, gesehen wird. Daran schließt sich eine Skizze der Geschichte der Sprachkritik an, die hier als eine Geschichte der Kritik sprachlicher Einheiten (Wort, Text, Diskurs, kommunikatives Verhalten) entworfen wird. Die Trennung dieser Einheiten spiegelt weitgehend den geschichtlichen Verlauf, auch wenn sie sich nach heutigem Verständnis nicht trennen lassen, sondern teilweise aufeinander aufbauen: Texte bestehen aus Wörtern (in Sätzen), Diskurse aus Texten (und Wörtern in Sätzen) und kommunikatives Verhalten realisiert sich stets auf der Wort-, Text- und Diskursebene.

Am Anfang der Geschichte der Sprachkritik steht die **Wortkritik** (Kap. 2.2). Sie hat bis heute – zumeist in Gestalt der »Fremdwortkritik« (vgl. Kap. 3) – Bestand und nimmt in der folgenden Darstellung auch den größten Raum ein. Mit der Wortkritik geht – so bereits in der antiken Rhetorik – eine **Stil- und Textkritik** (Kap. 2.3) einher. Sie gewinnt für den deutschen Sprachraum jedoch erst mit der Erschließung neuer Funktionsbereiche der Sprache (Bibelübersetzung, Deutsch als Wissenschaftssprache, deutschsprachige Belletristik) ab dem 16. Jahrhundert an Gewicht. Von der Textkritik ist es dann nicht mehr weit zur **Diskurskritik** (Kap. 2.4). Auch wenn der Begriff »Diskurs« erst vor knapp vierzig Jahren in die Sprachwissenschaft eingeführt wurde (vgl. Niehr 2014: 12-15) und die Diskurslinguistik als Methode erst seit kurzem etabliert ist (vgl. Spitzmüller/Warnke 2011), kann bereits für frühere Zeiten – spätestens seit Beginn des 18. Jahrhunderts – eine Form von Sprachkritik ausgemacht werden, die sich als Kritik von Diskursen beschreiben lässt.

Die **Kritik am kommunikativen Handeln** (Kap. 2.5) liegt quer zu den drei bislang genannten sprachlichen Einheiten, weil hier stärker auf den Gebrauch dieser Einheiten als auf die Einheiten selbst, also ihre Form und ihre Funktion, abgehoben wird. Letztlich ist diese Trennung, wie auch die Unterscheidung von »Wort«, »Text« und »Diskurs«, aber eine künstliche, die nicht dem Gegenstand »Sprache« zukommt, sondern lediglich methodisch für den Zugriff auf die Gegenstände der Sprachkritik zu rechtfertigen ist. Wie im abschließenden Kapitel 2.6 »›Funktionale Angemessenheit‹ als Maßstab linguistischer Sprachkritik«, das die in den vier vorausgehenden Kapiteln 2.2. bis 2.5 skizzierte Geschichte sprachkritischer Ansätze auswerten und zusammenfassen soll, darzulegen sein wird, müssen die Einheiten »Wort«, »Text«, »Diskurs« und »kommunikatives Handeln« wieder miteinander verknüpft werden, um kritische Sprachbetrachtung als umfassendes Konzept einer »linguistischen Sprachkritik« mit dem Maßstab der »funktionalen Angemessenheit« ausweisen und begründen zu können.

2.1 Zur Wissenschaftsgeschichte von Sprachkritik und Sprachwissenschaft

Das *Metzler Lexikon Sprache* definiert »Sprachwissenschaft« als »wiss[enschaftliche] Disziplin, die sich mit der Beschreibung und Erklärung von Sprache, Sprachen und sprachl[icher] Kommunikation befaßt« (Glück 2000). Relevant an dieser Definition sind die Charakterisierungen *Beschreibung* und *Erklärung*, denn sie stehen im Gegensatz zu *Bewertung* oder *Beurteilung*, die in der Regel für den Begriff »Sprachkritik« (vgl. Sauer 2000) in Anspruch genommen werden. Weiten wir die Lexikon-Definition etwas aus und fassen wir »Sprachwissenschaft« als eine theoretisch wie praktisch ausgerichtete, methodenbasierte, intersubjektiv überprüfbare Beschreibung und Erklärung des Gegenstandes »Sprache« in allen seinen Facetten und Bezügen (vgl. Schiewe 2003a: 402), dann wird man der gesamten Beschäftigung mit Sprache von den Anfängen der Überlieferung im 6. Jahrhundert v. Chr. bis zum Beginn des 19. Jahrhunderts nicht das Prädikat »sprach*wissenschaftlich*« zusprechen können. Alle »Sprachreflexion« (dieser Begriff soll inklusiv für alle Arten der Beschäftigung mit Sprache stehen) war bis dahin eine Mischung aus Beschreibung,

Erklärung und Bewertung bzw. Beurteilung. Die Trennung zwischen deskriptiven und (im weitesten Sinne) normativen Aussagen, also die Unterscheidung zwischen dem Beschreiben und Erklären von Sprachregularitäten als sprachwissenschaftlicher Tätigkeit und der Bewertung dieser Regularitäten als sprachkritischer Tätigkeit, war der Sprachreflexion bis zum beginnenden 19. Jahrhundert nicht geläufig. Zugespitzt ließe sich formulieren, dass bis dahin alle Sprachreflexion stets Sprachkritik war, und zwar in dem alten Sinne von »Kritik«, wie wir ihn noch Ende des 18. Jahrhunderts in Adelungs *Grammatisch-kritischem Wörterbuch* finden:

> **Die Kritik**, *plur.* die -en, aus dem Griech. und Lat. *Critica.* 1) Die Kunst oder Wissenschaft, die richtige Leseart und den Sinn der alten Schriftsteller zu bestimmen, und in weiterer Bedeutung, die Fertigkeit etwas nach den Regeln der Kunst zu beurtheilen, und die Wissenschaft derselben; ohne Plural. 2) Die Anwendung derselben in einzelnen Fällen, die Beurtheilung nach den Regeln der Kunst; mit dem Plural. (Adelung 1793-1801, Bd. 2: Sp. 1792)

»Kritik« also meinte im 18. Jahrhundert die Fertigkeit, einen Gegenstand erstens in der ihm entsprechenden Weise zu erfassen (»richtige Leseart«) und ihn zweitens »nach den Regeln der Kunst« zu beurteilen. In dem Begriff der Kritik war also beides enthalten: die »nach den Regeln der Kunst« erfolgende und zur »richtigen Leseart« führende *Beschreibung* eines Gegenstandes *und* die *Beurteilung* des Gegenstands auf der Grundlage dieser Beschreibung. Jede explizite und systematische Beschäftigung mit Sprache – sofern sie nach den »Regeln der Kunst« vorgenommen wurde – war im 18. Jahrhundert also stets auch Sprachkritik.

Der Bruch erfolgte zu Beginn des 19. Jahrhunderts, als eine neue Form der Sprachreflexion begründet wurde, die sich nun auch explizit »Sprachwissenschaft« nannte. In der *Vorrede* zu seiner *Deutschen Grammatik* (1819) hat Jacob Grimm (1890: 36) den bis dahin gültigen Begriff der »Kritik« aufgegriffen und ihn dem neuen Programm entsprechend differenziert:

> Sobald die critik gesetzgeberisch werden will, verleiht sie dem gegenwärtigen zustand der sprache kein neues leben, sondern stört es gerade auf das empfindlichste. weisz sie sich hingegen von dieser falschen ansicht frei zu halten, so ist sie eine wesentliche stütze und bedingung für das studium der sprache und poesie.

Den beurteilenden, also den »gesetzgeberischen« Teil der »Kritik« verbannt Grimm aus dem bisherigen Verbund und lässt nur noch den beschreibenden Part als »wesentliche stütze und bedingung für das studium der sprache«, also für die Sprachwissenschaft, zu. Hubert Ivo (1989: 589) macht an dieser Stelle den Punkt aus, der »ein neues Verständnis von Wissenschaft« markiert, nämlich

> den der Abwendung von einem Verständnis der Wissenschaft als auf praktische Zwecke unmittelbar bezogen (eine gesetzgeberische Sprachwissenschaft will als solche unmittelbar praktisch wirken, indem sie sagt, was gelten soll) hin zu einer, die, von praktischen Rücksichten frei, nur darauf zielt, neue wissenschaftliche Gesetze [zu] entfalten. Wissenschaftliche Gesetze aber können in Grimms Verständnis nur historische sein.

Die neue, wesentlich von Jacob Grimm mitbegründete »historische Sprachwissenschaft« wurde zu Beginn des 19. Jahrhunderts ergänzt durch Wilhelm von Humboldts Programm einer »vergleichenden Sprachwissenschaft« (vgl. v.a. dessen Akademievorlesung *Ueber das vergleichende Sprachstudium in Beziehung auf die verschiedenen Epochen der Sprachentwicklung* von 1820; Humboldt 1979), so dass wir für unsere Fachgeschichte heute von der »historisch-vergleichenden Sprachwissenschaft« des 19. Jahrhunderts sprechen und mit ihr auch den Beginn der Sprachwissenschaft als *Wissenschaft* ansetzen.

Die Folgen dieser Ausgliederung der Sprachwissenschaft aus der Sprachkritik, wie man historisch exakt, wenngleich ein wenig ungewöhnlich klingend, formulieren muss, lassen sich auch an der unterschiedlichen Institutionalisierung beider Formen von Sprachreflexion ablesen. Zu Beginn des 19. Jahrhunderts wurde an den Universitäten eine nationalsprachliche Philologie etabliert, in der seitdem Sprachwissenschaft (das »Sprachstudium«) als eine akademische Disziplin konturiert und betrieben wird. Demgegenüber siedelte sich die Sprachkritik, also der bewertende Teil der Sprachreflexion, im öffentlichen, nicht-akademischen Bereich an. Geübt wurde sie vor allem in Sprachvereinen und insbesondere von Lehrern und Einzelpersonen aus dem Bildungsbürgertum (vgl. Kap 3). Werner Neumann (1988: 12) charakterisiert die Situation gegen Ende des 19. Jahrhunderts folgendermaßen:

> Der Allgemeine Deutsche Sprachverein, 1885 gegründet, tritt mit der universitär und akademisch etablierten Fachwissenschaft in eine aufschlußreiche Arbeitsteilung. Weit weniger exklusiv als der Kreis der Hochschullehrer und Studenten, erst recht der der Akademiemitglieder, hat er direkten Kontakt mit den allgemeinen Interessen und den wirklichen oder vermeintlichen Bedarfsträgern für sprachliche Bewertungen, Regelungen und Erklärungen. Über diese von ihm verbreiteten Bewertungen und Erklärungen, sei es bei sogenannten Fremdwörtern, bei Schwankungsfällen, Neuerungen und Undurchsichtigkeiten, eröffnen sich ihm beträchtliche Einflußmöglichkeiten auf die öffentliche Meinung, die zum Teil bis in die Gegenwart nachwirken.

Die angesprochene »Arbeitsteilung« bezieht sich zunächst auf die Art der Aussagen über die Sprache: Die Sprachwissenschaft *beschreibt, was ist (und war)* die Sprachkritik *bewertet* und sagt, *was sein soll*. Beide üben zugleich Verzicht – die Sprachwissenschaft verzichtet auf Wertungen, die Sprachkritik auf Deskription. Was sie dennoch miteinander verbindet, ist der gemeinsame, zu Beginn des 19. Jahrhunderts entwickelte Sprachbegriff: Sprache ist ihnen ein selbsttätiger Organismus (vgl. Köller 2012: 266-310).

Darüber hinaus aber erfolgte die »Arbeitsteilung« auch noch auf einem anderen Gebiet, das Jacob Grimm bereits angedeutet hatte und das sich in den Zitaten Ivos und Neumanns explizit findet: Die Sprachwissenschaft konzentrierte sich in der Beschreibung der Sprache auf deren »Gesetzmäßigkeiten«, also auf die quellenbasierte Rekonstruktion der geschichtlichen Entwicklung der Sprache als Organismus bis zu ihrem zeitgenössischen Zustand, und sie betrieb die Rekonstruktion der indogermanischen Sprachverwandtschaften, deren Entdeckung überhaupt erst zur Begründung der historisch-vergleichenden Sprachwissenschaft geführt hatte. Die Sprachkritik dagegen besetzte im Laufe des 19. Jahrhunderts das Feld der Praxis, der Anwendung sprachwissenschaftlicher Erkenntnisse auf Fragen und Probleme, die sich aus dem Zustand der Sprache bzw. des Sprachgebrauchs ergaben. Damit löste sich auch der frühere sprachreflexive Verbund von – wie wir heute sagen würden – Grundlagenforschung und angewandter Praxis auf. Infolge ihres Verzichts auf Wertungen verlor die Sprachwissenschaft auch ihre Zuständigkeit für praktische Fragen des Sprachgebrauchs. Sie überließ dieses Terrain nun weitgehend der Sprachkritik.

Mit der Einführung des Strukturgedankens in die Sprachwissenschaft durch Ferdinand de Saussures *Cours de linguistique générale* (1916) zu Beginn des 20. Jahrhunderts und der Etablierung dessen, was wir heute als »moderne Linguistik« bezeichnen, änderte sich an dieser Arbeitsteilung prinzipiell nichts. Die sich im 19. Jahrhundert formierende Sprachkritik allerdings, soweit sie laienlinguistisch und philologisch (im Sinne Gaugers; vgl. Kap. 1.2) ausgerichtet war, entfernte sich noch weiter von der Sprachwissenschaft, denn sie hielt an dem im 19. Jahrhundert begründeten Begriff der Sprache als einem Organismus fest. Sie übernahm das neue strukturalistische Postulat von der Sprache als einem regelhaften System arbiträrer und konventioneller Zeichen ebenso wenig wie die methodischen Unterscheidungen zwischen *langue* und *parole* sowie zwischen *Synchronie* und *Diachronie*. Während es der Sprachwissenschaft nun vornehmlich darum ging, das Sprachsystem (*langue*) zu rekonstruieren, hielt die Sprachkritik an dem Begriff der Sprache als einem Organismus fest, der »erkranken« und »verfallen« kann und deshalb »geschützt« und »gepflegt« werden muss.

Wie extrem der Gegensatz zwischen (moderner) Linguistik und (publizistischer bzw. feuilletonistischer) Sprachkritik war, zeigte sich in den 1960er Jahren. Als Reaktion auf bestimmte Sprachprägungen durch die Nationalsozialisten erschienen zunächst in der Zeitschrift *Die Wandlung* (1945-49) sprachkritische Glossen, die die Autoren Dolf Sternberger, Gerhard Storz und Wilhelm E. Süskind später in Buchform unter dem Titel *Aus dem Wörterbuch des Unmenschen* (zuerst 1957, 3. Aufl. 1967, Nachdruck 1986) zusammengefasst haben. Zu Beginn der 1960er Jahre, als an den Universitäten in Deutschland die neue strukturalistische Linguistik als bestimmendes Paradigma von einer jungen Generation von Linguisten eingeführt wurde, kam es zu einer öffentlich-publizistisch geführten Auseinandersetzung zwischen Sprachkritikern und Sprachwissenschaftlern. In diesem »Streit um die Sprachkritik« (die wichtigsten Publikationen sind dokumentiert in Sternberger/Storz/Süskind 1986: 225-339; vgl. auch Schiewe 1998: 242-249; Dodd 2007: 42-62; von Polenz 2005), der hauptsächlich zwischen dem Publizisten Dolf Sternberger und dem Linguisten Peter von Polenz geführt wurde, ging es um zwei unterschiedliche Sichtweisen auf den Gegenstand »Sprache«, um die Methoden ihrer Erforschung und um das Verhältnis des Sprachwissenschaftlers bzw. des Sprachkritikers zur Sprache. Diese

Unterschiede seien an zwei Zitaten der beiden Kontrahenten verdeutlicht. Peter von Polenz beschreibt die Aufgaben der Sprachwissenschaft in seinem Aufsatz *Funktionsverben im heutigen Deutsch* (1963; hier zitiert nach Sternberger/Storz/Süskind 1986: 247f.) folgendermaßen:

> Die *Sprachwissenschaft* hat sich von der Sprachpflege und Sprachkritik meist ferngehalten, weil sie aus methodologischen Gründen jede subjektive Wertung ihres Forschungsobjekts scheut. Hinter allem, was Sprachpflege und Sprachkritik als »Modeerscheinung«, »Sprachverderb« oder gar »Entartung« werten, sucht der Sprachwissenschaftler zunächst einmal »Entwicklungstendenzen« zu erkennen, denn er hat bei seinen sprachgeschichtlichen Studien die Erfahrung gemacht, daß sprachliche Neuerungen eine Sprache nicht zerstören, sondern meist nur Anzeichen eines allgemeinen Strukturwandels sind. Auch Neuerungen, die man selbst als Sprachteilhaber ablehnt, im eigenen Sprachgebrauch meidet und vor denen man als Sprachlehrer warnt, darf man als Sprachwissenschaftler nicht von vornherein auf den Aussterbeetat setzen oder bagatellisieren. Die Sprachentwicklung richtet sich weniger nach den wechselnden zeitgenössischen Werturteilen als vielmehr nach den verborgenen strukturellen Verhältnissen, die solche Neuerungen verursacht haben und weiterwirken lassen. Die schwierige Aufgabe der Sprachwissenschaft ist es, hinter den »Wucherungen« die allgemeinen Entwicklungstendenzen und sprachstrukturellen Ursachen zu erkennen.

An anderer Stelle, in dem Aufsatz *Sprachkritik und Sprachwissenschaft* aus dem Jahre 1963 (zitiert nach Sternberger/Storz/Süskind 1986: 306), formuliert von Polenz seine sprachwissenschaftliche Position noch deutlicher:

> [...] ihre [der wissenschaftlichen Sprachbetrachtung; die Verf.] eigentliche Aufgabe ist es, Struktur und Entwicklungsgesetze der Sprache als *langue* zu erforschen. [...] Fehler und Fehlentwicklungen gibt es in der Sprache als *langue* nicht.

Dolf Sternberger erblickt dagegen in der Unterscheidung zwischen *langue* und *parole* und der Konzentration der Sprachwissenschaft auf die *langue* eine verhängnisvolle Reduktion. Die Trennung von »Sprache als System« und »Sprache als Gebrauch« lehnt er ab. Bezogen auf Ferdinand de Saussure schreibt er in dem Aufsatz *Gute Sprache und böse Sprache* (zitiert nach Sternberger/Storz/Süskind 1986: 314): »Dieser Linguist studiert jede Sprache, als ob sie gar nicht gesprochen würde, als ob sie tot wäre.« Und weiter heißt es dann:

> Die Absonderung der Sprache vom sprechenden Menschen bildet also offenbar das methodische Prinzip dieser Art Wissenschaft. Sie scheint zu verfahren wie der Sammler von Käfern und Schmetterlingen, der diese Wesen abtötet und aufspießen muß, bevor er sie untereinander vergleichen kann. So wird es gut verständlich, daß entschlossene Linguisten sich weigern, die Maßstäbe des Rechten und Schlechten, Schönen und Häßlichen, Guten und Bösen zu bedenken, welche doch fortwährend in der Sprache wirken, sofern sie von Menschen gesprochen wird (ich sage: fortwährend – und nicht etwa nur dann, wenn bewußte Sprachkritik getrieben wird). Sie vollziehen ihre Operationen an der Leiche der Sprache, und sie wollen es auch nicht anders. Sie haben nicht bloß die sogenannten Werte und Werturteile ausgeklammert, was ja zum guten wissenschaftlichen Ton gehört, sondern sie haben den sprechenden Menschen ausgeklammert, vielmehr die Sprache vom Sprechen und vom Sprecher abgeschnitten.

Eine Annäherung zwischen diesen beiden Auffassungen fand nicht statt, so dass schließlich die öffentliche Diskussion versiegte. Die Folge aber war ein noch stärkeres Auseinanderfallen von Sprachwissenschaft und Sprachkritik, ja eine nahezu völlige Verbannung der Sprachkritik aus dem Bezirk der Sprachwissenschaft. Gleichwohl wurde Sprachkritik weiterhin betrieben, in der Öffentlichkeit als laienlinguistische Sprachkritik, und oftmals gar im erklärten Gegensatz zur Sprachwissenschaft und ihren Methoden (vgl. Kap. 3.2).

Innerhalb der Sprachwissenschaft gibt es seit den 1980er Jahren Bestrebungen, auf der Basis struktureller Sprachbeschreibung und unter Berücksichtigung der Erkenntnisse der Pragmatik (insbesondere der Sprechakttheorie Austins und Searles sowie der Grice'schen Konversationsmaximen) eine Sprachkritik zu begründen, die linguistischen, also »wissenschaftlichen« Ansprüchen genügen soll. Verbunden sind diese Konzeptionen mit den Stichwörtern »kommunikative Ethik« (Hans Jürgen Heringer), »Analyse von ›Kommunikationskonflikten‹« (Rainer Wimmer) und »reflektierter passiver Sprachgebrauch« (Werner Holly). Ihr wesentlicher Anspruch ist es, »nicht-normativ« vorzugehen, also im Rahmen von Analyse und Deskription zu verbleiben. Kersten Sven Roth (2004: 7-16) hat gezeigt, dass diese Ansätze als sprach*kritische* Ansätze gescheitert sind (wenn auch nicht als sprachwissenschaftliche Beschreibungen und Analysen, denn als solche haben sie zweifellos ihren Erkenntniswert), und zwar deshalb, weil sie mit dem Anspruch, auf Wertungen verzichten zu wollen, angetreten sind (vgl. unten: 58f.).

Es wird nun zu überlegen sein, wie eine Sprachkritik konzipiert sein muss, die sich als linguistisch begründet versteht und zugleich doch Werturteile formuliert.

Weiterführende Literatur: Cherubim/Walsdorf (2005); Gardt (1999); Leweling (2005); Schiewe (2003a); (2016).

2.2 Sprachkritik als Wortkritik

Historisch gesehen setzt Sprachkritik ein als Wortkritik. Lange Zeit hatte die sprachkritische Reflexion über Wörter ein wesentliches Kennzeichen: Sie betrachtete das Wort als ein einzelnes Sprachzeichen isoliert, also nicht im Zusammenhang von Rede oder Text, ohne einen syntagmatischen Kontext. Folglich nahm Wortkritik das im Wort angelegte Verhältnis zwischen der Ausdrucks- und der Inhaltsseite (signifiant/signifié), seine Form und seine Bedeutung, in den Blick und fragte danach, ob die Bezeichnung zu der Vorstellung des bezeichneten Gegenstands oder Sachverhalts passt, ob sie den Inhalt adäquat zum Ausdruck bringt. Wie die folgenden Schlaglichter auf einige ausgewählte Ansätze der Wortkritik zeigen, ergeben sich aus diesem Verfahren durchaus wichtige Erkenntnisse, zugleich aber werden auch seine Grenzen deutlich.

2.2.1 Erkenntnisphilosophische Wortkritik bei Kungfutse und Platon

Nicht erst im abendländischen Kulturkreis, in der griechischen und römischen Antike, wurde intensiv über Sprache reflektiert und zugleich auch Sprachkritik betrieben. Bereits der 551 bis 479 v. Chr. lebende chinesische Philosoph Kungfutse (Konfuzius) hat in seinen *Gesprächen* einen kurzen Text hinterlassen, der an den Beginn einer Beschäftigung mit Wortkritik gestellt werden muss. Er handelt von der »Richtigstellung der Begriffe« und wird nachfolgend vollständig zitiert:

> Dsï Lu sprach: »Der Fürst von We wartet auf den Meister, um die Regierung auszuüben. Was würde der Meister zuerst in Angriff nehmen?« Der Meister sprach: »Sicherlich die Richtigstellung der Begriffe.« Dsï Lu sprach: »*Darum* soll es sich handeln? Da hat der Meister weit gefehlt! Warum denn deren Richtigstellung?« Der Meister sprach: »Wie roh du bist, Yu! Der Edle läßt das, was er nicht versteht, sozusagen beiseite. Wenn die Begriffe nicht richtig sind, so stimmen die Worte nicht; stimmen die Worte nicht, so kommen die Werke nicht zustande; kommen die Werke nicht zustande, so gedeiht Moral und Kunst nicht; gedeiht Moral und Kunst nicht, so treffen die Strafen nicht; treffen die Strafen nicht, so weiß das Volk nicht, wohin Hand und Fuß setzen. Darum sorge der Edle, daß er seine Begriffe unter allen Umständen zu Worte bringen kann und seine Worte unter allen Umständen zu Taten machen kann. Der Edle duldet nicht, daß in seinen Worten irgend etwas in Unordnung ist. Das ist es, worauf alles ankommt.« (Kungfutse 1976)

Kungfutse, der Meister, berührt bereits in dem ersten Glied seiner Schlusskette – der Verbindung zwischen Begriff und Wort – ein Grundproblem von Semiotik und Semantik. Mit »Begriff« meint er hier offenbar das, was in Ferdinand de Saussures Lehre vom Zeichen als *signifié* (Signifikat, Bezeichnetes), *concept* (Konzept), Vorstellung, Inhalt fungiert, mit »Wort« das, was unter *signifiant* (Signifikant, Bezeichnendes, Bezeichnung), *image acustique* (Lautbild), Wortkörper, Ausdruck gefasst wird (vgl. de Saussure 2001: 78). Wenn also das (begriffliche) Konzept, der Inhalt, nicht stimmt, dann kann auch der Ausdruck, der Wortkörper, nicht stimmen. Kungfutse nimmt hier offenbar an, dass die Verknüpfung zwischen der Inhaltsseite und der Ausdrucksseite eines Wortes nicht beliebig, also arbiträr, und bloß von Konventionen geregelt ist, sondern dass der inhaltlich gefasste Begriff auch einen bestimmten ausdrucksseitigen Wortkörper bedingt. Mit seiner Schlussfolgerung, dass die Begriffe stimmen müssen, damit auch die Wörter und in der Folge die Handlungen stimmen, zielt er offenbar auf die Qualität der kognitiven Kategorisierungen (Konzepte), die wir in den Begriffen vornehmen. Diese Qualität lässt sich prinzipiell in verschiedenen Bezügen bestimmen: in Bezug auf die außersprachliche Wirklichkeit (»Wie kategorisieren wir gedanklich einen Gegenstand oder Sachverhalt?«), in Bezug auf andere, benachbarte Kategorien (»Welche gedanklichen Abgrenzungen nehmen wir zwischen Gegenständen und Sachverhalten vor?«), schließlich in Bezug auf die kommunizierenden Menschen, die mit Wörtern die Kategorien repräsentieren (»Trifft das Wort den gemeinten Begriff für alle Menschen (einer Sprachgemeinschaft)?«). Wenn wir Kungfutse so interpretieren, haben wir in diesem kleinen Textstück eine Theorie des sprachlichen Zeichens angelegt, die, ganz im modernen Sinne (vgl. dazu das Zeichenmodell von Morris 1972: 9ff.), semantische (Bezug zur Wirklichkeit), syntaktische (Bezug zu anderen Wörtern und Kategorien) und pragmatische (Bezug zum den kommunizierenden Menschen als Zeichenbenutzer) Aspekte des Wortes zum Thema macht.

Bereits hier deutet sich eine Grundhaltung an, die wir in der Geschichte der Sprachkritik als Wortkritik immer wieder finden werden: Im Wort (der Ausdrucksseite) ist ein Hinweis auf den damit verbundenen Begriff (die Inhaltsseite) gegeben, so dass sich Wörter auf die Angemessenheit ihrer Repräsentation des Begriffs und der im Begriff gefassten Wirklichkeit überprüfen, also kritisieren lassen.

Um die Frage, in welchem Verhältnis die Wörter zu den mit ihnen bezeichneten Gegenständen stehen, geht es explizit in dem Dialog *Kratylos oder über die Richtigkeit der Namen* des griechischen Philosophen Platon (428/427-348/347 v. Chr.), der am Anfang der abendländischen Sprachkritik steht. Platon lässt in diesem Dialog seinen Lehrer Sokrates mit Hermogenes und Kratylos diskutieren, die bezüglich des Verhältnisses von Name und Sache, von Wort und Gegenstand, zwei unterschiedliche Auffassungen vertreten. Der Dialog setzt damit ein, dass Sokrates von Hermogenes diese beiden Auffassungen in Form von Thesen erläutert bekommt:

> Kratylos hier, o Sokrates, behauptet, jegliches Ding habe seine von Natur ihm zukommende richtige Benennung, und nicht das sei ein Name, wie einige unter sich ausgemacht haben etwas zu nennen, indem sie es mit einem Teil ihrer besonderen Sprache anrufen; sondern es gebe eine natürliche Richtigkeit der Wörter, für Hellenen und Barbaren insgesamt die nämliche. (Platon 1957: 126)

> Ich meines Teils, Sokrates, habe schon oft mit diesem und vielen andern darüber gesprochen und kann mich nicht überzeugen, daß es eine andere Richtigkeit der Worte gibt, als die sich auf den Vertrag und Übereinkunft gründet. Denn mich dünkt, welchen Namen jemand einem Dinge beilegt, der ist auch der rechte, und wenn man wieder einen andern an die Stelle setzt und jenen nicht mehr gebraucht, so ist der letzte nicht minder richtig als der zuerst beigelegte [...]. Denn kein Name irgendeines Dinges gehört ihm von Natur, sondern durch Anordnung und Gewohnheit derer, welche die Wörter zur Gewohnheit machen und gebrauchen. (Ebd.: 127)

Übertragen in linguistische Terminologie, münden diese beiden Thesen in folgende Frage: Sind die Wörter, verstanden als sprachliche Zeichen, willkürlich, also arbiträr, so dass ihre Bedeutung nur auf den Konventionen der Sprachgemeinschaft beruht (*nomos*-These), oder aber entsprechen sie den Dingen, wird ihre Bedeutung von der Natur dessen, was sie bezeichnen, bestimmt (*physei*-These)?

Platon verfolgt mit dieser Frage vorrangig ein erkenntnistheoretisches Interesse. Wenn die *physei*-These zutrifft und es eine »natürliche Richtigkeit« der Wörter gibt, sie also die Natur, das Wesen der mit ihr bezeichneten Sache wiedergeben oder abbilden, dann muss es auch möglich sein, mittels Sprache eine Erkenntnis von den Dingen, der Wirklichkeit (im philosophischen Verständnis: der Wahrheit) zu erlangen. Trifft hingegen die *nomos*-These zu und die Namen besitzen lediglich eine

»konventionelle Richtigkeit«, dann kann eine solche Erkenntnis nicht aus der Sprache gewonnen werden. Am Ende des Dialoges gelangt Sokrates, indem er sich an Kratylos wendet, zu folgendem Ergebnis:

> Auf welche Weise man nun Erkenntnis der Dinge erlernen oder selbst finden soll, das einzusehen sind wir vielleicht nicht genug, ich und du; es genüge uns aber schon, darin übereinzukommen, daß nicht durch die Worte, sondern weit lieber durch sie [die Dinge] selbst man sie erforschen und kennenlernen muß als durch die Worte. (Ebd.: 180)

Zur Erkenntnis der Dinge gelangt man also nur, indem man die Dinge selbst untersucht, nicht aber die Wörter, die diese Dinge bezeichnen. Mit dieser Feststellung wird dem »Wortrealismus«, der Auffassung, dass die Dinge in den Wörtern »abgebildet« sind, eine Absage erteilt. Allerdings – und das haben die Gesprächspartner im Verlaufe des Dialogs ausgiebig an zahlreichen Beispielen erörtert – betrachtet Sokrates die Wörter als nicht völlig beliebig, sondern als Mischgebilde aus sachlicher (natürlicher) und konventioneller (verabredeter, gewohnheitsmäßiger) Richtigkeit (vgl. Pörksen 1994c: 185). Da die Wörter aber im Verlaufe ihrer Geschichte einen Form- und auch einen Bedeutungswandel durchgemacht haben, ist die natürliche Richtigkeit, sofern es sie im Ursprung der Sprache einmal gegeben hat, nicht mehr zu erkennen. An den Überlegungen, die Sokrates im folgenden Zitat zur Bedeutung des Namens *Poseidon* anstellt, sei diese Position erläutert:

> Poseidon nun mag wohl deswegen so benannt worden sein von dem, der ihn zuerst so nannte, weil ihn im Gehen die Gewalt des Meeres aufhielt und ihn nicht weiter schreiten ließ, sondern ihm gleichsam eine Fessel wurde für seine Füße. Daher nannte er den diese Gewalt beherrschenden Gott »Poseidon«, weil er ein *posidesmos* war, und das i ist vielleicht nur der Schicklichkeit wegen zum ei verlängert. Vielleicht aber wollte er auch das nicht sagen, sondern es waren anstatt des s zwei ll, weil nämlich der Gott ein *polla eidos* ist, vieles weiß. Vielleicht heißt er aber auch der Erschütternde, *ho seion*, und das p und d sind nur hineingesetzt. (Platon 1957: 145)

Sokrates also begreift den Namen *Poseidon* als ein aus zwei Wörtern (Zeichen) zusammengesetztes Wort, als Kompositum. Aus der Kombination der beiden Wörter ergibt sich eine neue Bedeutung, die einen Hinweis auf eine Eigenschaft oder gar das »Wesen« des Trägers jenes Namens gibt. Allein aber schon die Tatsache, dass Sokrates hier, abgeleitet aus den griechischen Bestandteilen, drei verschiedene Möglichkeiten anführt (*Poseidon* als ›Fußfessel‹, als ›Vielwissender‹ und als ›Erschütternder‹) und dabei einräumen muss, dass die Lautung des Namens offenbar durch Hinzufügung oder Veränderung einzelner Laute in den Grundwörtern verändert worden ist, lässt die Erklärung nicht sonderlich überzeugend, vielleicht sogar in ihrer Grundhaltung als ironisch erscheinen. Zum einen ist offenbar die ›wesenhafte‹ Eigenschaft des Gottes Poseidon nicht eindeutig erkenn- oder bestimmbar (ist er nun eine Fußfessel, ein Vielwissender oder ein Erschütternder?), zum anderen ist nicht klar, welche Grundbestandteile der Name *Poseidon* nun enthält (ist es *posides-*

mos, polla eidos oder *ho seion*?). Das etymologische Verfahren, das Sokrates hier (zunächst für Eigennamen) und auch an anderen Stellen (für Gattungsnamen) des Dialogs anwendet, bietet zwar denkbare Hinweise auf mögliche Bedeutungen. Eine Aussage darüber, ob im Namen auch die Eigenschaft richtig erfasst und ausgedrückt ist, kann jedoch nicht eindeutig getroffen werden.

Dennoch scheint Sokrates der Auffassung zu sein, dass es eine »gewisse« Richtigkeit der Namen oder Wörter, jedenfalls einer Gruppe von Wörtern, gibt. Er unterscheidet grundsätzlich – so ja auch bei *Poseidon* – zwischen »Stammwörtern« (einfachen Wörtern) einerseits und abgeleiteten und zusammengesetzten Wörtern (Ableitungen, Komposita) andererseits. Man könnte auch von »primären« und »sekundären« Zeichen sprechen. Die primären Zeichen sind nicht weiter in kleinere Bedeutungsbestandteile zerlegbar (es sei denn, man schreibt den Lauten Bedeutung zu, was im Dialog erwogen, schließlich aber wieder verworfen wird), sie müssen also als arbiträr gelten und sie sind folglich auch nicht kritisierbar. Anders hingegen die sekundären Zeichen, die aus primären Zeichen zusammengesetzt oder von ihnen abgeleitet sind. Nehmen wir als Beispiele für primäre Zeichen *Haus* und *Tür*, für sekundäre Zeichen *Haustür* (als Kompositum) oder *häuslich* (als Ableitung). Die beiden primären Zeichen, das zeigt auch ein Vergleich mit anderen Sprachen, sind zweifellos arbiträr. *Haustür* als sekundäres Zeichen allerdings enthält, kennt man die Bedeutung der beiden Bestandteile, einen Hinweis auf den bezeichneten Gegenstand – man kann ihn aus den beiden miteinander kombinierten primären Zeichen bis zu einem gewissen Grade erschließen: in diesem Fall ›Tür eines Hauses‹. Würden wir diesen Gegenstand beispielsweise mit dem Ausdruck *Hausdach* bezeichnen, dann käme eine andere, nicht zutreffende Vorstellung, ein anderer Begriff, zustande. Sekundäre Zeichen also sind ›teilmotiviert‹, denn das Verhältnis zwischen Ausdruck (Wortgestalt) und Inhalt (Wortbedeutung) ist bei ihnen nicht völlig beliebig. Grundsätzlich vergleichbar, wenn auch aufgrund des Wortbildungsmorphems *-lich* etwas komplizierter zu motivieren, verhält es sich mit *häuslich*.

Aus dem Blickwinkel einer pragmatischen, gebrauchsorientierten Sprachauffassung wäre folgendermaßen zu formulieren: Sekundäre Zeichen sind durch den Zeichenbenutzer ›motivierbar‹, denn er entscheidet darüber, ob er sie als arbiträre Etiketten für den Gegenstand auffasst oder ob er versucht, ihre Bedeutung aus den Bestandteilen (den darin enthaltenen primären Zeichen) zu erschließen. Trotz dieser Möglichkeit, sekundäre Zeichen – wie man auch sagen könnte – »wortgesteuert« zu denken (vgl. Kainz 1972) und damit einen Zusammenhang zwischen Wort bzw. Ausdruck und Bedeutung bzw. Gegenstand herzustellen, wird der Gegenstand im Wort niemals vollständig abgebildet, da wir immer mit Bedeutungswandel sowie mit einer »Demotivierung« der Zeichen rechnen müssen. Wer denkt bei *Gegenstand* als Entsprechung für *Objekt* (wörtlich übersetzt ›das Entgegengeworfene‹) beispielsweise noch daran, dass uns als (erkennendem) Menschen etwas ›entgegensteht‹, oder bei *Aktentasche*, dass es eine ›Tasche für Akten‹ ist, zumal man in ihr auch andere Gegenstände transportieren kann? Wenn die Gegenstände konkret und uns geläufig sind, benötigen wir – nachdem wir die Bezeichnung gelernt und ein Konzept ausgebildet haben – in der Regel nicht mehr die Hilfe des Ausdrucks, setzen wir nicht mehr eine Wortsteuerung des Denkens ein, sondern wir denken – und sprechen – »sachgesteuert«. Anders hingegen mag es bei Abstrakta oder Neubildungen sein: *Personalbereinigung, Abwrackprämie, Wachstumsbeschleunigungsgesetz, Sozialverträglichkeit*, um nur einige Beispiele aus dem neueren Sprachgebrauch zu nennen. Derartige Wörter sind denn auch oftmals Gegenstand der Sprachkritik.

Aus den Überlegungen des Dialogs *Kratylos* ist für eine wortorientierte Sprachkritik das Ergebnis festzuhalten, dass Wörter nur in eingeschränktem Maße kritisiert werden können. Ein Urteil nach den Maßstäben »richtig« oder »falsch« ist aufgrund des Sprachwandels und der Gebrauchsabhängigkeit von Wortbedeutungen, die mit einer weitgehenden Demotivierung eventuell einstmals motivierter Wörter einhergehen kann, nicht möglich. Gleichwohl kann eine Bezeichnung bestimmter Sachverhalte in Gestalt motivierter Komposita von bestimmten Sprechergruppen durchaus gewollt oder ihnen zumindest willkommen sein (vgl. zum Beispiel den Ausdruck *Entsorgungspark* als Bezeichnung für jenen Ort, an dem Atommüll *entsorgt* wird). In solchen Fällen wird Sprachkritik als Wortkritik zumindest in einem ersten Schritt möglich, nämlich dann, wenn man im Sinne Kungfutses fragt, ob denn der Begriff und mit ihm das Wort als Bezeichnung einer Vorstellung von einem Gegenstand oder Sachverhalt stimmen – oder auch: passen. An derartigen Wörtern kann Sprachkritik geübt werden, allerdings stets unter Berücksichtigung der Kontexte, in denen diese Wörter gebraucht werden, und nur nach dem Maßstab gradueller Kategorien wie »besser« oder »schlechter«, treffender noch: »angemessener« oder »unangemessener«.

2.2.2 Joachim Heinrich Campes aufklärerische Fremdwortkritik

Auf dem Prinzip der ausdrucksseitigen Motivierung oder Motivierbarkeit von Wörtern beruht insbesondere der Fremdwortpurismus, also jene sprachkritische Richtung oder Haltung, die sich die Verdeutschung von Fremdwörtern zum Ziel gesetzt hat. In der Sprachgeschichte und der Geschichte der Sprachkritik beginnt der Purismus programmatisch – einzelne Bestrebungen gab es allerdings bereits im Mittelalter und in der Frühen Neuzeit – im 17. Jahrhundert als Teil der »Spracharbeit« der barocken Sprachgesellschaften (vgl. Hundt 2000; Conermann 2013). Seither tritt er bis in die Gegenwart in verschiedenen Formen, mit verschiedenen Motiven und Zielen auf (vgl. Kap. 3; Schiewe 1998: 125-176).

An dieser Stelle soll lediglich eine bestimmte Ausrichtung, der »aufklärerische« Purismus Joachim Heinrich Campes (1746-1818), in den Blick genommen werden. Wenn nämlich Verdeutschungsbestrebungen überhaupt als eine linguistisch zu rechtfertigende Form von Sprachkritik angesehen werden können, dann nur in jener aufklärerischen Absicht Campes, der eine allgemeine Verständlichkeit der Sprache anstrebte.

Als sich Joachim Heinrich Campe 1790 einer intensiven und nahezu bis an sein Lebensende andauernden Beschäftigung mit der deutschen Sprache zuwandte, besaß er bereits einen Namen als Reformpädagoge, Jugendbuchschriftsteller und Verleger. Der Anlass, sich mit sprachlichen Themen, insbesondere mit der Verdeutschung von Fremdwörtern, zu beschäftigen, hatte sich aus Beobachtungen und Erfahrungen während der Französischen Revolution ergeben. Im August 1789 war Campe nach Paris gereist, um, wie er schrieb, das »Leichenbegängniß des französischen Despotismus« (1790a: 4) unmittelbar mitzuerleben. In seinen *Briefen aus Paris zur Zeit der Revolution geschrieben*, die vor der Buchausgabe von 1790 auch in einer Zeitschrift, dem *Braunschweigischen Journal*, erschienen waren, hatte er unverhohlen seine Sympathie für das revolutionäre Geschehen und seine Hoffnung geäußert, dass es auch in Deutschland zu grundlegenden politischen Veränderungen kommen möge.

Campe strebte jedoch keine Revolution an, sondern setzte auf Reformen. Gleichwohl wurde er – es war die Zeit des Absolutismus – genötigt, auf weitere politische Äußerungen zu verzichten. Die Obrigkeit nämlich hatte die Befürchtung, »daß in einer Zeit, in der Schriften politischen Inhalts gefragt waren wie nie, öffentliche Diskussionen um die rechte Staatsform, um Menschenrechte und dergleichen gefährliche Gegenstände ausuferten«, konkret befürchtete man »eine Infizierung des ›großen Haufens‹ mit Gedanken, die ihm nicht zukamen« (Fertig 1977: 49). Campe wandte sich nun der Verdeutschung von Fremdwörtern zu und löste damit zwei Probleme zugleich: Erstens demonstrierte er nach außen hin eine Art politischer Läuterung, indem er sich – offenbar ganz patriotisch und ansonsten völlig unpolitisch – der *Verdeutschung* von Fremdwörtern zuwandte, zweitens aber verbreitete er gerade durch seine Verdeutschungen politisches, ja teilweise revolutionäres Gedankengut. Im revolutionären Frankreich nämlich hatte er folgende aufschlussreiche Beobachtung gemacht:

> Mit Erstaunen bemerkte ich vor einigen Tagen, daß die Broschüre, welche ein solcher Straßenclub von Wasserträgern, Savoyarden und anderem Pariser Pöbel sich vorlesen ließ, einer von den Entwürfen der »Déclarations des droits des Hommes« war, welche einige Mitglieder der Nationalversammlung in Vorschlag gebracht hatten und drucken ließen, bevor die Versammlung darüber zu Rathe gegangen war und entschieden hatte. Lastträger sich mit den Rechten der Menschheit unterhalten zu sehn, welch ein Schauspiel! (Campe 1790a: 51)

In Deutschland, so meinte Campe, wäre es undenkbar, dass die unteren Schichten des Volkes in vergleichbarer Weise über politische Gegenstände hätten reden und sich verständigen können. Den Grund hierfür sah er darin, dass die deutsche Sprache gerade im Bereich des politischen, aber auch des wissenschaftlichen und des religiösen Wortschatzes sehr viele Fremdwörter vor allem griechischen, lateinischen und französischen Ursprungs aufwies, deren Bedeutung dem größten Teil des weitgehend noch ungebildeten Volkes unbekannt bleiben musste. Würde man ein Fremdwort jedoch verdeutschen, so könne der bezeichnete Gegenstand oder Sachverhalt durch die »Erklärung« mittels bekannter Wörter unmittelbar verdeutlicht werden. Bereits in Campes erster sprachkritischer Arbeit *Proben einiger Versuche von deutscher Sprachbereicherung* (1790b: 286f.) wird deutlich, dass er genau diese Eigenschaft und Wirkung insbesondere von Komposita und Ableitungen, die die Verdeutschungen oder, wie im folgenden Fall, Übersetzungen zumeist sind, nutzte:

> **Fraternité** – Als ich zu Paris im August 1789 nicht bloß dies Wort häufig hörte, sondern auch die Gesinnung, die dadurch angedeutet werden soll, in dem damals so friedlichen, freundlichen und liebreichen Betragen der neuen Republikaner gegen einander beobachtete, und das Beobachtete meinen Landsleuten erzählen wollte: that es mir leid, in unserer, sonst so herzlichen Sprache kein Wort dafür zu finden. »Wie fange ich es denn nun an, dachte ich da bei mir selbst […], um ihnen begreiflich zu machen, was das sey?« Am Ende wagte ich's, und prägte **Brüderlichkeit**.

Die Bedeutung von *fraternité* ist nur zu erschließen, wenn man über Kenntnisse des Französischen verfügt. *Brüderlichkeit* dagegen kann als eine Ableitung verstanden werden, der die Bedeutung des ›Verhaltens wie unter Brüdern‹ zukommt. Das gleiche Prinzip wirkt auch in dem folgenden Beispiel aus der gleichen Schrift (Campe 1790b: 295), wobei in den Erläuterungen noch ein wichtiger zusätzlicher Gedanke genannt wird:

> **Revolution** – **Umwälzung**; also **Staatsrevolution** – **Staats=umwälzung**. Diese Uebersetzung […] wurde neulich in einer Recension meiner Briefe aus Paris geschrieben, verworfen; vielleicht weil der Recensent von allem, was Revolution heißt, uns Deutsche so fern zu halten wünscht, daß wir nicht einmal ein Wort dafür in unserer Sprache haben sollten. Allein, daß man eine Sache nennen kann, führt ja nur zu dem Begriffe von der Sache, nicht nothwendig zu der Sache selbst. Denn wäre dies, so müßten wir ja in Deutschland auch lange schon **Gemeingeist** (public spirit) gehabt haben, weil wir schon lange ein Wort dafür hatten.

Campe verdeutlicht hier die von ihm beabsichtigte Wirkung von Verdeutschungen: Ein verdeutschtes Wort wie *Staatsumwälzung* ist ausdrucksseitig motiviert, seine Bedeutung (Umwälzung des Staates, also Veränderung der Staatsform) lässt sich erschließen, so dass unmittelbar ein »Begriff«, ein gedankliches Konzept, gebildet werden kann (vgl. hierzu auch Henne 2013). Verdeutschungen liefern eine Erklärung der Sache oder des Sachverhalts, auch wenn die Sache oder der Sachverhalt dadurch nicht realisiert werden. In seiner Schrift *Ueber die Reinigung und Bereicherung der Deutschen Sprache* benennt Campe (1794: 196) diesen Zusammenhang und seine Absicht ganz explizit:

> So lange ein Volk noch keinen Ausdruck für einen Begriff in s e i n e r Sprache hat, kann es auch den Begriff selbst weder haben noch bekommen. Nur diejenigen unter ihm können ihn haben oder bekommen, die der fremden Sprache kundig sind, welche das Wort dazu leiht. Dies

ist der Gesichtspunkt, aus welchem die Reinigung unserer Sprache von fremden Zusätzen zu einer so überaus wichtigen Angelegenheit wird.

Um Campes Position linguistisch zu beschreiben, kann auf das semiotische Dreieck von Ogden/Richards ([1923] 1974) zurückgegriffen werden.

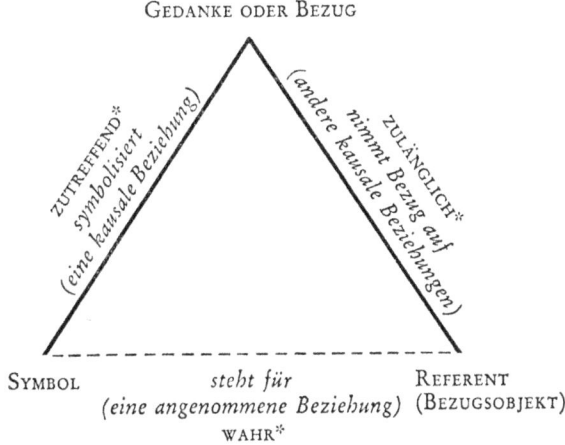

Abb. 1: Semiotisches Dreieck (aus Ogden/Richards [1923] 1974: 18)

Demnach ist für Campe Sprache ein System von Zeichen (Wörtern), das dann voll funktionsfähig ist, wenn alle Sprecherinnen und Sprecher dieses System beherrschen. Diese Beherrschung hat zur Voraussetzung, dass zwischen der Ausdruckseite eines Wortes und dem bezeichneten Gegenstand oder Sachverhalt eine – in der Regel arbiträre – Verbindung besteht, die zumeist über die Vorstellung, das gedankliche Konzept oder in Campes Terminologie: den »Begriff«, hergestellt wird. Ein solches gedankliches Konzept kann aber nur aufgebaut werden, wenn das Wort als Bezeichnung für einen Gegenstand/Sachverhalt gelernt worden ist. Für den alltäglichen Wortschatz erfolgt dieses Lernen während des Spracherwerbs relativ unproblematisch durch Erfahrung im Gebrauch. Anders ist es hingegen bei Fachwortschätzen, zu denen auch Teile des politischen Wortschatzes gezählt werden können. Sie müssen explizit vermittelt und erlernt werden. Fehlt eine solche Vermittlung, die zumeist in der Schule, im Studium und in der Berufsausbildung erfolgt, dann bleibt das jeweilige Konzept »leer«, denn eine Verbindung zwischen Wort und Gegenstand/Sachverhalt kann nicht hergestellt werden. Der Umstand, dass Wörter leere Hülsen bleiben, denen weder ein Begriff noch ein Gegenstand/Sachverhalt zugeordnet werden kann, verschärft sich letztlich noch dann, wenn es sich im Sinne Campes um Fremdwörter handelt, die zumeist im System der Sprache isoliert stehen und von ihrer Form her nicht an andere Wörter angeschlossen und in der Folge auch semantisch nicht erschlossen werden können.

Genau diesen ausdruckseitigen Anschluss an den sonstigen Wortschatz und die sich daraus ergebende Möglichkeit der Bedeutungserschließung stellt Campe mit seinen Verdeutschungen nun her, indem er – in Form von Komposita und Ableitungen – neue Wörter bildet, deren Gesamtbedeutung als Komposition oder Ableitung sich die Sprachteilhaber aus den ihm bekannten Wörtern bzw. Wortbestandteilen direkt erschließen können. Er motiviert damit also die Verbindung zwischen dem Wort (Ausdruck) und dem Begriff (gedankliches Konzept), was zugleich eine Erklärung des bezeichneten Gegenstands/Sachverhaltes bewirkt. Auf diese Weise entsteht eine durchsichtige, die Bedeutung von Wörtern selbsterklärende Sprache.

Ein letztes Beispiel mag diesen Zusammenhang und Campes Absichten erläutern. In seinem 1801 erstmals erschienenen und 1813 erweiterten *Wörterbuch zur Erklärung und Verdeutschung der unserer Sprache aufgedrungenen fremden Ausdrücke* versucht er in den Artikeln *Aristocrat* und *Aristocratie* einige Übersetzungsvorschläge zu liefern, meint dann aber, dass man die »Abstammung des Wortes Aristocratie« beiseite lassen und sich auf die damit bezeichnete Sache konzentrieren solle. »Wenigstens habe ich«, schreibt Campe (1813: 126), »aus dem Wirrwarr von Aristocratie usw. mich nicht eher herausfinden können, bis ich jene Ausländer seitwärts liegen ließ, die Sache selbst, die Staaten scharf ins Auge faßte, und mir den Fall dachte, daß ich sie einem Deutschen, der kein Griechisch wüßte, mit einheimischen Ausdrücken bezeichnen sollte.« In Form eines Schaubilds erklärt er anschließend die verschiedenen Staatsformen:

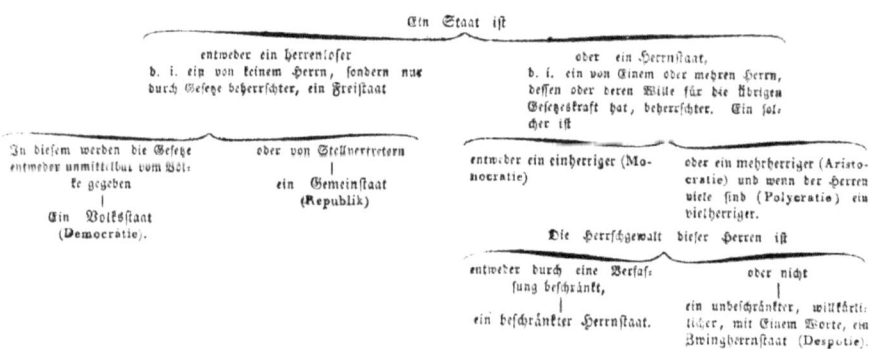

Abb. 2: Eintrag *Aristocrat*, *Aristocratie* in Campe (1813: 126)

Campes Verdeutschungen der Bezeichnungen für die Staatsformen sind sprechend und in ihrer politischen Aussage bezeichnend, auch wenn ein Ausdruck wie *vielherriger Herrnstaat* wohl eher kurios anmutet. Es fällt auf, dass er den sachlichen Zusammenhang, in dem die fremdsprachlichen Wörter stehen, in und mit seinen Übersetzungen auch im Deutschen abzubilden versucht. Campe verfährt somit – methodisch gesehen – synchron, auf der Ebene des Sprachsystems. Es kommt ihm darauf an, diese Wörter im Systemzusammenhang des Deutschen zu motivieren, um auf diese Weise ihren kommunikativen Wert zu erhöhen. Zusammenfassend kann man also sagen: Verständlichkeit für jeden Deutschsprechenden ist Campes Ziel, Durchsichtigkeit mittels sekundärer Zeichen und Sprachgleichförmigkeit, Analogie also, sind die Mittel, mit denen er dieses Ziel zu erreichen sucht.

Mit seinem Versuch, alle Fremdwörter in Form von sekundären Zeichen zu verdeutschen, hat Campe zweifellos die Leistungsfähigkeit der Sprache und vermutlich auch die der Sprecher überschätzt. Eine völlig durchsichtige und damit motivierte Sprache, worauf das Ideal einer »reinen« Sprache letztlich hinauslaufen würde, ist weder wünschenswert noch notwendig, ja es würde dem Charakter der Sprache, deren Zeichen eher Stellvertreter- denn Abbildfunktion haben, zuwiderlaufen. Gleichwohl haben sich von seinen ca. elftausend Verdeutschungsversuchen ungefähr – so eine vorsichtige Schätzung – zweihundert durchgesetzt und sind in den noch heute gebräuchlichen Wortschatz eingegangen. Aufschlussreich allerdings ist, dass es dadurch kaum zu einer »Reinigung« der deutschen Sprache gekommen ist, wohl aber zu einer »Bereicherung« (vgl. Daniels 1979). Zumeist nämlich wurde das Fremdwort neben der neuen Verdeutschung beibehalten, wobei es dann – wie an den Beispielen *Zerrbild* und *Karikatur*, *Zartgefühl* und *Delicatesse* oder *Stelldichein* und *Rendezvous* zu sehen ist – zu einer Bedeutungs- oder Stildifferenzierung kam.

Dass dieses von Campe verfolgte aufklärerische Prinzip, Allgemeinverständlichkeit mit Hilfe einer Verdeutschung von Fremdwörtern anzustreben, durchaus eine Wirkung haben kann, erkennt man an dem Schicksal des *Allgemeinen Deutschen Sprachvereins* (ADSV) zur Zeit des Nationalsozialismus (vgl. auch Kap. 3). Der ADSV hatte sich 1933 sogleich auf die Seite der Nationalsozialisten gestellt, musste aber bald schon beklagen, dass die Fremdwortverdeutschung nicht zu deren Programm gehörte: »Sonst weiß die nationalsozialistische Bewegung«, heißt es in deren Zeitschrift *Muttersprache* (Jg. 48, 1933: 385), »rascher und gründlicher Schäden in Volk und Staat abzustellen, Volksschädlinge zu beseitigen. [...] Den Angriff gegen die vermanschte Sprache hat sie noch nicht mit der ihr sonst eigenen Tatkraft unternommen.« Gleichwohl behielt man unbeirrt den seit der Gründung des ADSV eingeschlagenen Weg bei, Verdeutschungen vorzuschlagen und diese Vorschläge auch auf politisch zentrale Wörter des Nationalsozialismus auszudehnen:

Propaganda sollte in *Werbe* verdeutscht werden, schon um der Schlichtheit halber. [...] Wir sind davon überzeugt, daß unser Goebbels noch einmal so freundlich lächeln wird, wenn der Führer ihn in *Werbeminister* umtauft. Wir wollen doch als deutsche Volksgenossen und Anhänger unseres Volkskanzlers von Herzen gern für unsere herrliche Sache und eine wahre Volksgemeinschaft *werben* und nochmals *werben*, aber nicht sie *propagieren* oder *propagandieren*. (Ebd.: 400)

Man kritisierte weiterhin beispielsweise das Wort *Garant*, in der Form *Garanten der Zukunft* ein Schlagwort der Hitlerjugend, oder auch den Ausdruck *arisieren*. Für *Konzentrationslager* schlug man *Sammellager*, *Zwangslager* oder *Straflager* und für *Sterilisation* die Ausdrücke *Entmannung* oder *Unfruchtbarmachung* vor. Diese Übersetzungen folgten – die Wortbildung und Semantik betreffend – dem gleichen Prinzip, das auch Campe angewandt hatte. Doch die von Campe angestrebte Allgemeinverständlichkeit derartiger Wörter war von den Nationalsozialisten überhaupt nicht gewünscht. Sie setzten vielmehr darauf, dass Fremdwörter ein gewisses Prestige transportieren (*Propaganda, Garant*) oder aber dass sie Wissenschaftlichkeit, Fachlichkeit evozieren (*Sterilisation*). So verbot man denn auch mittels eines Erlasses im Jahre 1940 alle weiteren Verdeutschungsaktivitäten (vgl. von Polenz 1967: 137f.) und beendete damit eine nationalistisch gesinnte Bestrebung, die ungewollt aufklärerisch gewirkt hatte.

2.2.3 Moralische Wortkritik im *Wörterbuch des Unmenschen*

Kaum eine andere Zeit hat so viel Anlass zu Sprachkritik gegeben wie die des Nationalsozialismus. Die Macht der Nationalsozialisten gründete sich einerseits und in der Hauptsache auf eine Gewaltherrschaft, andererseits aber auch auf eine bewusste und teilweise sublime Form der Sprachlenkung (vgl. u.a. Maas 1984; Ehlich [Hg.] 1995). Eine erste, grundlegende Kritik an der Sprache des Nationalsozialismus, haben, wie in Kapitel 2.1 erwähnt, die Publizisten Dolf Sternberger, Gerhard Storz und Wilhelm E. Süskind bereits im Jahre 1945 vorgelegt, und zwar in Form von sprachkritischen Artikeln, die zuerst in der Zeitschrift *Die Wandlung* und später auch in Buchform unter dem Titel *Aus dem Wörterbuch des Unmenschen* (1957, Nachdruck der 3. Aufl. 1986) publiziert worden sind.

Dieses Wörterbuch enthält Artikel zu folgenden Stichwörtern: *Anliegen, Auftrag, Ausrichtung, Betreuung, charakterlich, durchführen, echt – einmalig, Einsatz, erarbeiten, Frauenarbeit, Gestaltung, Härte, herausstellen, intellektuell, Kontakte, Kulturschaffende, Lager, leistungsmäßig, Menschen, Menschenbehandlung, organisieren, Problem, Propaganda, querschießen, Raum, Ressentiment, Schulung, Sektor, tragbar, untragbar, Vertreter, Verwendung, Wissen um ...* und *Zeitgeschehen*. Die meisten dieser Wörter, vielleicht sogar alle, erscheinen uns heute unverdächtig, jedenfalls benutzen wir sie, ohne in ihnen – wie eventuell in den dort gar nicht aufgeführten *artfremd* oder *arisch* – nationalsozialistische Wörter, Wortbildungen oder Bedeutungsprägungen zu erkennen. Allerdings hatten die Autoren in erster Linie auch gar nicht den spezifisch nationalsozialistischen Sprachgebrauch im Blick. Sie nahmen vielmehr, wie sie schrieben, die »Unmenschlichkeit« bestimmter Wörter zum Anlass, vor einem Sprachgebrauch, dessen Existenz sie in, vor und nach der Zeit des Nationalsozialismus konstatierten, zu warnen.

Zur exemplarischen Illustration der Vorgehensweise soll der von Dolf Sternberger verfasste Artikel *Menschenbehandlung* näher betrachtet werden. Die Ausführungen beginnen mit dem Versuch, die Wortbedeutung aus der Wortform abzuleiten:

> »Menschenbehandlung« meint nicht die Behandlung irgendwelcher Wesen durch Menschen, sondern die Behandlung von Menschen durch irgendwelche Wesen. Die »Behandlung« ist transitiv auf Menschen gerichtet: man behandelt wen oder was? – man behandelt Menschen. Das ist schon verwunderlich genug. Fast möchten wir meinen, das Wort müsse darum aus dem Vokabular anderer als menschlicher Wesen stammen, etwa aus dem der Engel, von welchen vermutet werden kann, sie machten sich über die Art und Weise der Menschenbehandlung Gedanken – dort oben nämlich – wo sie leben und schweben, – oder aber aus demjenigen von Tieren, Haustieren zumal, der Pferde oder der Hunde, von welchen in anderem Sinn ebenfalls sich vermuten ließe, sie hätten Kunst- und Lebensregeln ausgebildet, wonach sie die Menschen behandelten, ihre jeweiligen Menschen, diese unverständlich fremden Wesen, die sie ihrerseits und umgekehrt zu beherrschen und zu behandeln vermeinen. Da wir aber weder die Sprache der Engel noch diejenige der Tiere kennen, so muß das Wort unfehlbar aus dem Vokabular der Menschen stammen und aus keinem anderen. (Sternberger/Storz/Süskind 1986: 126)

Sternberger zerlegt das Kompositum und bestimmt dessen Bedeutung als ›Behandlung des Menschen durch Menschen‹. Einen solchen Sachverhalt aber hält er für zumindest unangemessen, wenn nicht gar unmöglich, denn Wesen der gleichen Art können sich nicht »behandeln«. Folgerichtig fragt er anschließend nach der Bedeutung von *Behandlung*:

> In der »Behandlung« steckt die Hand. Die Hand kann streicheln und schlagen, liebkosen und züchtigen. Sie kann – oder: wir können mit ihr, mittels der Hände – handeln und behandeln. Als erstes Anwendungsbeispiel nennt Grimm unter dem fraglichen Stichwort: »Den Teig behandeln, bearbeiten, verarbeiten.« Da sieht man die Hände ihr Werk verrichten, wie sie drücken und kneten, sich hin und wider bewegen. Es ist das kleine, eingefügte »l« im Handeln und Behandeln, welches eben diese häufig sich wiederholende Bewegung und Betätigung ausdrückt. Wäre dies der Hand nicht so eigentümlich, so würde das Verbum nun »Handen« lauten (was es vielleicht auch einmal in grauer Zeit gegeben hat), wie das »Wandeln« auf das »Wenden«, das »Betteln« auf das »Beten«, das »Winseln« auf das »Weinen« zurückgeht. Aber nicht nur der Teig wird behandelt, das heißt wiederholt (mit den Händen) gedrückt und geknetet – nicht nur von Sachen, nein, auch von Personen kann man sagen, daß sie »behandelt« würden. Hier sind einige Grimmsche Beispiele: »Der Herr behandelt seine Untertanen hart«; »Man kann uns niedrig behandeln, aber nicht erniedrigen«; »Der Arzt behandelt einen Kranken«. Wenn und soweit Personen behandelt werden – so läßt sich aus den Exempeln schließen –, bringt schon das Verbum »Behandeln« offenbar eine eingeborene Neigung zu ungünstigen, unbehaglichen Verhältnissen mit sich – eine Affinität entweder zu schlechten, harten, gemeinen Subjekten oder aber zu schadhaften, ihrer lebensvollen Selbständigkeit schon beraubten Objekten der Behandlung: zu Verhältnissen der Unterdrückung oder zu Verhältnissen der hilflosen Krankheit, in jedem Fall und in irgendeinem Sinne zu Verhältnissen der Untertänigkeit oder Abhängigkeit. (Ebd.: 131f.)

Sternberger leitet hier aus der Wortform eine ursprüngliche Wortbedeutung ab, und er versucht mittels sprachgeschichtlicher Belege nachzuweisen, dass das Wort *Behandlung* sich entweder nur auf Gegenstände bezieht oder aber, wenn es auf Menschen angewandt wird, stets eine Entmündigung oder Unterdrückung des Menschen, der *behandelt* wird, vorausgesetzt wird und enthalten ist. Im Sprachgebrauch des Nationalsozialismus findet Sternberger zudem Wendungen wie *Behandlung der*

Fremdvölkischen im Osten oder *Menschen einer Sonderbehandlung zuführen*, was bekanntlich ein zynischer Euphemismus für den grausamen Massenmord war. Aus diesen Befunden zur Wortform, zur Etymologie und zum Gebrauch des Wortes folgert er:

> Dem Menschen ziemt es nicht, den Menschen zu behandeln. Ihm ziemt es aber, mit seinesgleichen umzugehen. Menschenbehandlung ist eo ipso so viel wie Menschenmißhandlung. Die rechte Menschenbehandlung aber ist der Umgang mit Menschen. (Ebd.: 136)

Die moralische Dimension dieser Kritik wird deutlich, wenn man noch eine weitere Aussage Sternbergers hinzunimmt:

> Der Unmensch waltet nicht erst seit heute und gestern, auch nicht in der Sprache. Die Neuerung besteht nur darin, daß er sich erst jüngst als Normalmensch etabliert hat. Zuvor war er stets deutlich zu erkennen, wenn der Herr den Knecht, der Meister den Gesellen, auch das böse Weib den armen Mann schmählich handelte oder behandelte. Indem aber »Menschenbehandlung« als eine nötige, wichtige und hohe Kunst gepriesen und gelehrt wird, indem also die »Behandlung« Gesellschaftsfähigkeit erlangt, maskiert sich der Herr und Sklavenhalter demokratisch, strebt er, die Untertänigkeit seiner Behandlungs-objekte [sic] vergessen zu machen. Aber die Sprache verrät stets ebensoviel, als sie verbirgt. (Ebd.: 133)

Auch Sternberger leitet hier aus der Wortbildungsbedeutung des Kompositums *Menschenbehandlung* den damit verbundenen Begriff (Vorstellung) und den bezeichneten Sachverhalt ab, wobei er seine Argumentation mit Belegen aus der Gebrauchsgeschichte des Wortes zu stützen versucht. Er postuliert zugleich ein in den Wörtern enthaltenes kollektives Gedächtnis, zu dessen moralischem Hüter er sich erklärt. In und mit Sprache, so meint er, erzeugen wir unsere geistige Sicht von Wirklichkeit. Aufgabe der Sprachkritik sei es, diese Sicht zu rekonstruieren und nach moralischen Maßstäben zu bewerten. In dem Aufsatz *Mass-Stäbe der Sprachkritik* (ebd.: 286f.) stellt er diesen Zusammenhang explizit her:

> Darum muß der Sprachkritiker ein Philologe und ein Moralist zugleich sein. Darum trifft er seine Unterscheidungen nicht allein nach ästhetischen Maßstäben des Schönen und Häßlichen, des Sinnlich-kräftigen und des Papierenen, des Guten und des Schlechten, auch nicht allein nach logischen Maßstäben des Richtigen und Falschen oder, feiner, des Stimmigen und des Unstimmigen, sondern zugleich und in alledem nach moralischen Maßstäben. Ich scheue mich nicht, es auszusprechen: In letzter Instanz nach Maßstäben des Guten und Bösen, insbesondere des Menschlichen und des Unmenschlichen. Und meine Behauptung, nein: meine Überzeugung ist, daß diese Maßstäbe der Sprache nicht fremd und äußerlich, sondern ganz und gar angemessen und eingewachsen sind – eben deswegen, weil die Menschlichkeit der Sprache ihr letztes und schärfstes Wesensmerkmal bildet, und weil man sich Geist und Sprache »nie identisch genug denken kann« – im Guten wie im Bösen.

Die Frage, ob moralische Qualitäten – Menschlichkeit und Unmenschlichkeit – in den Wörtern selbst enthalten sind oder aber ob sie nicht eine Eigenschaft der Handlungsweise von Sprechern sind, die diese Wörter zu bestimmten – humanen oder inhumanen – Zwecken gebrauchen, war auch ein Gegenstand des Streits um die Sprachkritik (vgl. oben: 21f.). Die linguistische Auffassung ging eindeutig in die Richtung, dass Wörter selbst unschuldig sind und dass Sternbergers Kritik im besten Falle Sprecher-, nicht aber Sprachkritik sei. Kritisieren könne man nicht Wörter, sondern nur Aussagen, die mit Wörtern getroffen werden – und für diese Aussagen sind die Sprecher verantwortlich, nicht aber die Wörter. So schreibt Peter von Polenz in seinem Aufsatz *Sprachkritik und Sprachwissenschaft* aus dem Jahre 1963: »Man darf nicht von den einzelnen Wortbedeutungen auf die ganze grammatische Kategorie schließen. Der grammatische Typus selbst ist moralisch wertneutral; Moral und Unmoral zeigen sich erst im Sprachgebrauch des einzelnen Sprechers« (ebd.: 304).

Sternberger und seine Mitautoren Storz und Süskind hatten letztlich jedoch gar nicht das isolierte Wort im Blick. Im zweiten Teil eines jeden Artikels leiten sie, wie eine gebrauchsorientierte Semantik auch, die Bedeutung des Wortes aus seinem Gebrauch in bestimmten Kontexten ab. Allerdings behaupten sie, dass die Kontextbedeutung im Laufe der Zeit in die Wortbedeutung eingehen und sie sogar dominieren könne. Diesen Befund bestätigt auch Harald Weinrich (2000: 35f.) in seiner Abhandlung *Linguistik der Lüge*, die erstmals 1966 erschien:

> Es besteht kein Zweifel, daß Wörter, mit denen viel gelogen worden ist, selber verlogen werden. Man versuche nur, solche Wörter wie »Weltanschauung«, »Lebensraum«, »Endlösung« in den Mund zu nehmen: die Zunge selber sträubt sich und spuckt sie aus. Wer sie dennoch gebraucht, ist ein Lügner oder Opfer einer Lüge. Lügen verderben mehr als den Stil, sie verderben die Sprache. Und es gibt keine Therapie für die verdorbenen Wörter; man muß sie aus der Sprache ausstoßen. Je schneller und vollständiger das geschieht, um so besser für unsere Sprache.

Weinrich macht aber deutlich, dass nicht alle Wörter lügen können, sondern nur solche, die zugleich auch »Begriffe« sind. Begriffe im Sinne Weinrichs kommen »erst durch einen Kontext zustande«, der einem Wort eine »Definition« gibt. Am Beispiel der nationalsozialistischen Prägung *Blut und Boden* zeigt er, dass solche Kontexte nicht unbedingt in Form einer satzförmigen Aussage gegeben sein müssen, sondern dass das verbindende Wort *und* (das für sich genommen natürlich nicht »lügt«) in diesem Fall bereits einen Kontext erzeugt. Gleiches wird man für ein Kompositum wie *Menschenbehandlung* annehmen können, das sich ja in den expliziten kontextstiftenden Ausdruck »Behandlung von Menschen durch Menschen« überführen lässt. Weinrich (ebd.: 37) kommt zu dem Schluss:

> Begriffe können folglich lügen, auch wenn sie für sich allein stehen. Sie stehen nämlich nur scheinbar allein. Unausgesprochen steht ein Kontext hinter ihnen: die Definition. Lügende Wörter sind fast ausnahmslos lügende Begriffe. Sie gehören zu einem Begriffssystem und haben einen Stellenwert in einer Ideologie. Sie nehmen Verlogenheit an, wenn die Ideologie und ihre Lehrsätze verlogen sind.

Mit dieser Einschätzung, dass lügende Wörter als lügende Begriffe auf eine verlogene Ideologie Bezug nehmen und deshalb kritisierbar sind, schließt sich der Kreis wieder: Am Ende einer Sprachkritik als Wortkritik steht immer die Frage, ob die Wörter und die mit ihnen verbundenen Begriffe (Vorstellungen) den Gegenständen und Sachverhalten, auf die sie verweisen, angemessen sind oder nicht.

2.2.4 Political Correctness und feministische Sprachkritik/Genderlinguistik

Neue Impulse erhielt eine wortorientierte Sprachkritik in den 1980er Jahren aus den USA. Im Rahmen von Bürgerrechtsbewegungen kam dort der Begriff **Political Correctness** (abgekürzt **PC**) auf, ohne dass daraus ein explizites und homogenes Programm sozialen Verhaltens entwickelt wurde. Bezogen auf die Sprache meint PC einen Sprachgebrauch, »der durch eine besondere Sensibilisierung gegenüber Minderheiten gekennzeichnet ist und sich der Anti-Diskriminierung verpflichtet fühlt« (Wierlemann 2002: 12). Vor allem im Umgang mit Minderheiten oder als Minderheiten bewerteten gesellschaftlichen Gruppen (Homosexuelle, Behinderte, Kranke, Alte, ethnische oder politische-soziale Gruppierungen) legt PC Wert darauf, dass als Bezeichnung keine (ab)wertenden Ausdrücke, insbesondere Stigma-Wörter (ausgrenzende, negativ konnotierte Bezeichnungen) verwendet werden (vgl. Erdl 2004). So wird beispielsweise das Wort *Neger* als diskriminierend und diffamierend abgelehnt (vgl. zum gesamten Kontext von Sprache und Rassismus u.a. Arndt 2006). In der Folge werden dann auch Wörter wie *Negerkuss* und *Mohrenkopf* (als Bezeichnung für eine Süßigkeit) als politisch nicht korrekt eingestuft und der Gebrauch von politisch korrekten Ersatzwörtern wie z. B. *Schaumkuss* oder *Schokokuss* gefordert. An dem Wort *Neger* entzündete sich 2013 eine in der Öffentlichkeit heftig geführte Debatte um eine diskriminierungsfreie Sprache in Kinderbüchern (vgl. dazu bereits Kilian 2007 sowie die Debatte reflektierend Hahn/Laudenberg/Rösch [Hgg.] 2015). Dass und in welcher Weise Political Correctness lexikographischen Niederschlag gefunden hat, konstatiert und untersucht Elsner-Petri (2015).

Die vor allem in den Medien geführte Diskussion um PC wird von der Sprachwissenschaft zumeist kritisch beurteilt (vgl. Kilian 2003b). Insbesondere Roth (2004: 237-260, v.a.: 259) hat modellhaft aufgezeigt, dass die von Vertretern der PC erhobene Forderung, als diskriminierend eingestufte Wörter zu eliminieren und durch neutrale Wörter zu ersetzen, einer linguistischen Prüfung nicht standhält und folglich als Konzept auch nicht in eine linguistisch begründete Sprachkritik eingehen kann. Wierlemann (2002: 206) schließt ihre Untersuchung mit einem Fazit, in dem Sprachkritik und PC miteinander in Beziehung gesetzt werden:

> Sprachkritik ist intentional darauf gerichtet, den Dialog über einen bestimmten Sprachgebrauch zu ermöglichen, ihn in Frage zu stellen und Alternativen anzubieten. Die Bezeichnung dieses Anliegens mit dem Begriff ›Correctness‹ dagegen impliziert etwas völlig Gegenteiliges:

> Es entsteht der Eindruck, der Sprachgebrauch unterliege von vornherein dem Bewertungsdualismus richtig/falsch, eine Klassifizierung, die nicht haltbar ist. Vielmehr sollte eine differenzierte Beurteilung die gesellschaftlichen und kommunikativen Gegebenheiten des Sprechaktes berücksichtigen. Die Klassifizierung der Sprechakte in Kategorien wie richtig/falsch bzw. ›politically correct‹/›politically incorrect‹ steht einem Dialog über den Sprachgebrauch und einer kritischen Reflexion entgegen. Die Bezeichnung von Sprachkritik als ›Political Correctness‹ widerspricht dem Ziel und dem Sinn von Sprachkritik in eklatanter Weise. Meines Erachtens sollte der Begriff ›PC‹ abgelehnt und nicht zur Bezeichnung von Sprachkritik verwendet werden, gerade auch in Hinblick einer Stärkung sprachkritischer Forderungen.

Auch wenn es gute Gründe dafür gibt, diffamierende Bezeichnungen bewusst zu machen und zu ihrer Vermeidung aufzurufen und anzuhalten (vgl. dazu Wengeler 2002), basiert das Konzept »PC« nicht auf dem rhetorischen Grundsatz der Angemessenheit, so dass es auch nicht in die linguistische Sprachkritik einzuordnen ist.

Ebenfalls aus den 1980er Jahren datiert die **feministische Sprachkritik**, deren Forderungen zunächst auf eine Gleichbehandlung von Frauen in der Sprache abzielten. Als Wortkritik – und nur diese soll hier kurz beleuchtet werden – hat sie sich vor allem gegen den generischen Gebrauch maskuliner Formen bei Personenbezeichnungen gewandt (vgl. die Anfänge bei Trömel-Plötz 1982 und Pusch 1984; strenger linguistisch und systematisch arbeitet Schoenthal 1989).

Die Verwendung eines generischen Ausdrucks wie beispielsweise *die Studenten* als Bezeichnung für eine gemischt-geschlechtliche Gruppe wurde von der feministischen Sprachkritik mit dem Argument kritisiert, dass hier eine sprachliche Asymmetrie vorliege. Ausgangspunkt war die Feststellung, dass in einem auf Personen referierenden Ausdruck eine Korrelation zwischen dem Genus (dem grammatischen Geschlecht) und dem Sexus (dem natürlichen Geschlecht) existiert – besser wohl: existieren sollte. Die fehlende ausdrucksseitige Kodierung des Femininums im generischen Maskulinum hätte zur Folge, dass Frauen auch auf der Inhaltsseite (Vorstellung) des Wortes nicht repräsentiert seien, auf jeden Fall – so die empirischen Befunde aus dem Beginn der Forschungen – sich nicht repräsentiert fühlten. Die feministische Sprachkritik hat daraus geschlossen, dass Frauen im generischen Maskulinum nicht »mitgemeint« sind.

Auch hier wird – wie schon bei Platon und Campe und dann veranschaulicht durch das semiotische Dreieck von Ogden/Richards (vgl. oben: 31) – eine Verbindung hergestellt zwischen der Ausdrucksseite eines Wortes, der durch sie evozierten Vorstellung und dem außersprachlichen Referenten, also der bezeichneten Person oder Personengruppe, im Fall von *die Studenten* eine Gruppe von Studenten und Studentinnen. Personenbezeichnungen sind also nicht arbiträr, sondern repräsentieren den Referenten – als Mann oder als Frau. Soll auf der sprachlichen Ebene zwischen Männern und Frauen Gleichberechtigung hergestellt werden, dann müssen – so die Forderung – Frauen auch explizit benannt werden, beispielsweise durch gesplittete Formen wie *die Studentinnen und Studenten* oder, wo das zu unökonomisch ist, beispielsweise durch das große Binnen-I wie in *die StudentInnen*.

Radikale Vorschläge haben gar die konsequente Feminisierung gefordert (also die Form *die Studentinnen* in allen Verwendungsweisen, auch wenn ausschließlich auf Männer referiert wird). Heute wird in institutionellen Zusammenhängen oftmals das substantivierte Partizip I *die Studierenden* als neutralisierende Form verwendet – eine Form, die allerdings in der Alltagssprache kaum Verwendung gefunden hat (vgl. z.B. *die Kassierenden, *die Verkaufenden) (vgl. zu weiteren Formen und zur Praxis geschlechtsübergreifender Personenbezeichnungen Pettersson 2011a).

Gleichwohl hat die feministische Sprachkritik in verhältnismäßig kurzer Zeit tatsächlich eine Veränderung des Sprachgebrauchs bewirkt. In institutionellen Kontexten gilt heute die Regel und teilweise sogar die gesetzliche Pflicht, Texte geschlechtsneutral zu formulieren bzw. beide Geschlechter explizit zu benennen (z.B. in Stellenanzeigen: G*esucht wird ein/e Redakteur/in ...*). Feste Normen, die auch sprachökonomischen Erfordernissen der Text- und Redegestaltung entsprechen würden, haben sich allerdings noch nicht herausgebildet.

In den letzten Jahren ist – ganz überwiegend jedenfalls – an die Stelle der feministischen Sprachkritik die »Genderlinguistik« (vgl. Günthner/Hüpper/Spieß [Hgg.] 2012) getreten, in der die biologische Kategorie »Sexus« durch die soziale Kategorie »Gender« ersetzt wurde. Geschlecht und Geschlechtsidentität sind nach dieser Auffassung gesellschaftliche Konstruktionen, die mittels Sprache und kommunikativem Verhalten inszeniert werden. In die Genderlinguistik integriert ist die »Queer Theory«, die »sprachliche Elemente normativ-binärer Geschlechterkonstruktion und sprachliche Manifestationen von Heterosexualität als Norm kritisch« hinterfragt (Motschenbacher 2012: 87). Das Bestreben, die Kritik an der etablierten gesellschaftlichen Konstruktion von Zweigeschlechtlichkeit auch sprachlich sichtbar zu machen und damit Denkgewohnheiten und Wissensordnungen aufzubrechen, drückt sich auf der (schrift)sprachlichen Oberfläche in der Verwendung des Unterstrichs (z.B. *Student_innen* oder, als dynamischer Unterstrich: *Stud_entinnen*) bei Personenbezeichnungen aus (vgl. den Überblick von Pettersson Ängsal 2011b). Hornscheidt (2007: 104f.) beschreibt die Funktion des Unterstrichs so:

> Der Unterstrich signalisiert Brüche und Leerstellen in als eindeutig vorgestellten Genderkonzepten und irritiert damit eindeutige Wahrnehmungen. Während das Binnen-I beispielsweise die Sichtbarkeit der Gruppe der Frauen in generischen Appellationen erhöhen soll, wird durch den Unterstrich auf die Leerstellen in ebendiesem dichotomischen Genderkonzept hingewiesen, die nicht alle gegenderten Lebensweisen erfassen kann. Durch den Unterstrich in personalen Appellationsformen wird somit die Vorgängigkeit und Natürlichkeit von Zweigeschlechtlichkeit in Frage gestellt.

Die feministische Sprachkritik und auch die Genderlinguistik sehen Sprache und Denken in einem engen Zusammenhang. Beide betrachten »Sprache einerseits als Spiegel, als Ausdruck historisch gewachsenen Denkens, Sprache andererseits als Hindernis, eine sich wandelnde oder schon gewandelte Wirklichkeit wahrzunehmen, Sprache aber auch als Hilfsmittel, an dieser Wandlung mitzuwirken« (Schoenthal 1989: 299f.). Hinter dem Konzept der feministischen Sprachkritik steht letztlich der schon bei Campe (vgl. Abschnitt 2.2) vorhandene Gedanke, mittels einer Veränderung der Sprache (Sichtbarmachung der Frau in der Sprache) zunächst ein verändertes Bewusstsein (Wahrnehmung und Akzeptanz der Frau als gleichberechtigtes Mitglied der Gesellschaft) und schließlich sogar eine Veränderung der gesellschaftlichen Wirklichkeit (gesellschaftliche Gleichstellung von Männern und Frauen) hervorrufen zu können. Grundsätzlich genauso, nur mit einer anderen Konstruktion von Geschlechtsidentitäten und mit anderen sprachlichen Mitteln, argumentiert die Genderlinguistik. Damit reiht sich auch dieses Thema ein in das traditionsreiche Forschungsfeld zum Zusammenhang von Sprache, Denken und Wirklichkeit (vgl. auch Kap. 4.4.4).

2.2.5 Plastikwörter

Im Jahre 1988 hat Uwe Pörksen ein von ihm mit **Plastikwörter** betiteltes Sprachgebrauchsphänomen beschrieben und als – so der Untertitel des Buches – »Sprache einer internationalen Diktatur« kritisiert. Gemeint sind Wörter wie *Beziehung, Entwicklung, Information, Kommunikation, Lösung, Partner, Problem, Rolle, Strategie, Struktur, System*. Pörksen kritisiert nicht diese Wörter schlechthin, sondern ihren Gebrauch in bestimmten Zusammenhängen, vor allem in der öffentlichen Sprache und in der Alltagssprache. Die meisten dieser Wörter haben in Fach- oder Wissenschaftssprachen, aus denen sie auch stammen, eine genau umrissene Bedeutung und Funktion. In der öffentlichen Umgangssprache, der Sprache der Medien, der Politikersprache, der Sprache der Experten aber mutieren sie, so Pörksens Befund, zu universalen – und auch internationalen – Bausteinen, mit denen die unterschiedlichsten Erfahrungsfelder und Gegenstandsbereiche sprachlich auf einen Nenner gebracht werden können.

Das Wort *Partner* beispielsweise ist vielfältig verwendbar: Es gibt Partner im Verkehr, in der Wirtschaft, in der Politik, bei Tarifverhandlungen, im (Ehe-)Bett, in der Schule und der Universität. Der Freund oder die Freundin, ein Land der Dritten Welt, die Bürger einer Stadt, die Stadt selbst, der Computer, der Nachbar, der Mensch am anderen Ende der Telefonleitung – sie alle können Partner sein oder zu einem gemacht werden. Partner *gehen eine Beziehung ein, kommunizieren miteinander, tauschen Informationen aus, erörtern Probleme* oder *haben Probleme, zu deren Lösung sie Strategien entwickeln*. Partner müssen *ihre Identität wahren* und *Entwicklungsprozesse ihrer Beziehung produktiv in die Struktur ihrer Partnerschaft integrieren*. Einmal aufgerufen, reihen sich die Wörter wie von selbst zu scheinbar sinnvollen Aussagen.

Pörksen erkennt in diesen Wörtern nicht einen bloßen Jargon oder lediglich Modewörter, sondern zentrale Elemente einer bestimmten Wirklichkeitserfassung. Zum einen transportieren sie ein wissenschaftliches Weltbild in die Alltagswelt und lassen deren spezifische Ausdrucksweise veraltet erscheinen: *Kommunikation* ist etwas anderes als *Gespräch*, *Information* etwas anderes als *Wissen*. Wenn man in Plastikwörtern konstatiert, dass *die Kommunikation zwischen Ehepartnern gestört ist*, stellt sich notwendigerweise das Bedürfnis nach expertenhafter Hilfe und die Vorstellung von wissenschaftlich gestützten Lösungsmöglichkeiten ein. Zum anderen können Plastikwörter dazu dienen, Wirklichkeitsmodelle zu entwerfen und deren Realisierung wie einen Naturvorgang auszugeben. Exemplarisch sei die Transformation eines authentischen Beispieltextes (1) aus dem Gebiet der Stadtplanung Freiburgs in den Sektor des Weinbaus (2) und nach Indien (3) zitiert (Pörksen 1988: 72ff.):

> (1) Darüber hinaus ist Freiburg zur weiteren Gestaltung und Entwicklung der räumlichen Struktur des Verdichtungsraums als Ort mit besonderen Entwicklungsaufgaben ausgewiesen. Durch den Ausbau der an einen hochrangigen zentralen Ort gebundenen Dienstleistungen soll Freiburg im Rahmen der Erfüllung übergeordneter kultureller, sozialer und wirtschaftlicher Aufgaben beitragen, die Funktionsfähigkeit des regionalen Verdichtungsraumes zu sichern und zu stärken.

Übertragen in den Sektor des Weinbaus ergibt sich folgender Text:

> (2) Darüber hinaus ist das Markgräflerland zur weiteren Gestaltung und Entwicklung der Geländestruktur des rebfähigen Areals als Landschaft mit besonderen Entwicklungsaufgaben ausgewiesen. Durch den Ausbau der an eine hochrangige zentrale Reblandschaft gebundenen Produktionsleistungen soll das Markgräflerland im Rahmen der Erfüllung agrarökonomischer Aufgaben beitragen, die Funktionsfähigkeit des rebfähigen Areals zu sichern und zu stärken.

Und auch für eine Stadt in Indien und sein Gesundheitswesen ergibt dieses Muster offenbar einen Sinn:

> (3) Darüber hinaus ist Koimbatur zur weiteren Gestaltung und Entwicklung der räumlichen Struktur des Gesundheitsversorgungsgebiets als Ort mit besonderen Entwicklungsaufgaben ausgewiesen. Durch den Ausbau der an einen hochrangigen zentralen Ort gebundenen medizinischen Dienstleistungen soll Koimbatur im Rahmen der Erfüllung übergeordneter gesundheitspolitischer Aufgaben beitragen, die Funktionsfähigkeit des regionalen Gesundheitswesens zu sichern und zu stärken.

Plastikwörter sind hochgradig abstrakt, so dass ihre Bedeutung nur schwer zu fassen und zu paraphrasieren ist. Ihre Allgemeinheit stiftet Konsens, sie wirken »mehrheitsfähig«. Pörksens (ebd.: 112f.) Diagnose lautet, dass sie »die Bauelemente von ungezählten Wirklichkeitsmodellen« sind:

> Ob von der Dritten Welt oder von Gesundheit, Landwirtschaft oder Stadtplanung die Rede ist – aus der Mühle der Plastikwörter lassen sich im Nu Modelle hervorwinden und Projekte entwickeln. Experten deklinieren den Grundwortschatz der Plastikwörter in den verschiedenen Sektoren durch. Einige von ihnen sind schon auf dem Weg zu Suffixen, zur grammatischen Kate-

gorie, sie neigen zur Serienbildung. Unsere Welt ist defizient, mobil und schließt zusammen zu immer neuen Strukturen: das ist der Sinn dieser Legosprache.

Zielte Campes Sprachkritik auf Wörter, deren Bedeutung aufgrund fehlender Bildung von vielen Menschen nicht verstanden werden konnte, beschreibt Pörksen das vermeintliche Verstehen von Wörtern, die dazu benutzt werden, bestimmte Vorstellungen zu erzeugen, um eine die Welt verändernde Politik zu betreiben. Macht und Herrschaft, so lässt sich aus der Funktionsbeschreibung der Plastikwörter ableiten, bedienen sich im Zeitalter der unbeschränkten Öffentlichkeit nicht mehr des Mittels der Sprachentrennung, des Ausschlusses bestimmter Bevölkerungsschichten aus bestimmten Wissens- und Kommunikationsbereichen. Sie nutzen vielmehr eine gemeinsame Sprache, deren Zentrum ein kleiner Vorrat von Wörtern ist, die demokratisch scheinen, aber diktatorisch wirken, denn sie sind »ein Paradebeispiel für *uneigentliche* Wörter«, die »nur eine scheinbar eindeutige Referenz« haben (Kalwa 2015: 196) und »deren Verlockung und Erfolg gerade darin besteht, dass ihre unauffällige und unmarkierte Wiederholung in den verschiedensten thematischen Zusammenhängen Frames etabliert, die wiederum zur diskursiven Bewältigung ganz unterschiedlicher Themen geeignet erscheinen« (Roth 2009: 90).

Mit seiner Abhandlung über *Plastikwörter. Die Sprache einer internationalen Diktatur* hat Pörksen auf eine Tendenz aufmerksam gemacht, die über den von ihm genannten Bereich hinaus beobachtbar ist und auch künftig linguistisch beschrieben werden sollte: die Stereotypisierung von Ausdrucksweisen in der öffentlichen Kommunikation. Darüber hinaus scheint der Begriff *Plastikwort* geeignet, produktiv in die diskurslinguistische Theoriebildung eingebracht zu werden (vgl. Roth 2009). Auch als Untersuchungsraster für wissenschaftliche Begrifflichkeiten lässt er sich, wie Kalwa (2015) für den Gebrauch der Termini *Theorie*, Methode und *Disziplin* innerhalb der Sprachwissenschaft zeigt, heranziehen. Vor diesem Hintergrund scheint »Plastikwort« das Potential zu einer noch ausbaufähigen sprach- und diskurskritischen Kategorie (vgl. Kap. 2.4) zu besitzen.

2.2.6 Kritische Semantik

Die sprachtheoretische Grundauffassung, »dass sich der Mensch mit Hilfe sprachlicher Zeichen Welt aneignet und (wieder)erkennbar macht«, teilt auch Jörg Kilian (2001: 301) für sein Konzept einer »kritischen Semantik«. Kilian geht davon aus, dass in einer Sprache semantische Normen existieren, die auf bestimmten Konzeptualisierungen – mit Wilhelm von Humboldt ließe sich auch von »Weltansichten« sprechen – von Welt und Weltausschnitten verweisen. So wird beispielsweise der *Wal* – was sich mit den Mitteln der Prototypen- und Stereotypensemantik zeigen lässt – standardsprachlich als ein »Fisch« (vgl. die Bildung *Walfisch*) konzeptualisiert, fachsprachlich wird er dagegen der Kategorie der »Säugetiere« zugeordnet.

Kilian (ebd.: 309f.) identifiziert für die deutsche Standardsprache – und auf deren Normen konzentriert sich die kritische Semantik – insbesondere drei Wortschatzbereiche, die »der Sprachgesellschaft konzeptionelle bzw. perzeptuelle Probleme bereiten können«:

(1) Wörter mit »differenten prototypischen Konzeptualisierungen«, die »Verschiebungen zwischen standardsprachlichem Stereotyp und in die Standardsprache übergreifender fachsprachlicher Expertenbedeutung aufweisen« (z.B. *Walfisch*, *Platzangst*, *ökologisch* bzw. *öko-*, *biologisch* bzw. *bio-*);

(2) Wörter mit »(differenten) ideologischen Konzeptualisierungen«, also ideologisch bedingte Bedeutungs- und Bezeichnungskonkurrenzen (z.B. *Kriegsdienst/Wehrdienst*, *Wildpflanze/Unkraut*, seit 2000 auch das politische Schlagwort *Leitkultur*);

(3) Wörter mit »historischen Konzeptualisierungen«, die »in der Gegenwart keine Referenzobjekte mehr besitzen«, aber eine »usuell gewordene Indikatorfunktion« auf frühere Bedeutungen und Verwendungen besitzen (z.B. *Führer*, *Endlösung*).

Im Gegensatz zu den meisten der bislang vorgestellten Ansätzen von Wortkritik beruht die von der kritischen Semantik vorgenommene Bewertung nicht auf ethisch-moralischen, politisch-ideologischen oder philologisch-sprachimmanenten Maßstäben. Kilian (ebd.: 312) will vielmehr »das Wort in der Welt der Sprechenden aufsuchen«, also empirisch gestützt arbeiten und zunächst die Gebrauchsbedeutungen dieser Wörter bestimmen. Auch damit ist ein wesentlicher Unterschied zu den bisher vorgestellten wortkritischen Ansätzen auszumachen: »Kritische Semantik ist Gegenwartssemantik und erstreckt sich nur auf das sprachgeschichtliche Zeitalter der Sprache« (ebd.), sie betrachtet also nur Wörter und Wortbedeutungen, die in der gegenwärtigen Standardsprache noch – wenn auch nicht unbedingt für alle Sprechenden – präsent sind. Zudem ist sie »dynamisch und dem Sprachwandel gegenüber offen« (ebd.), d.h. sie will Bedeutungen nicht festschreiben oder gar den Gebrauch von Wörtern verbieten, sondern Normkonflikte vor dem Hintergrund varietätenspezifischer und historisch sich wandelnder Gebrauchsweisen aufzeigen.

Das Verfahren der kritischen Semantik sei exemplarisch am Beispiel des Wortes *Endlösung* (vgl. ebd.: 313) aufgezeigt. Ausgangspunkt ist eine Recherche zum gegenwärtigen Gebrauch des Wortes in der Standardsprache, wie sie beispielsweise im COSMAS-Korpus des Instituts für Deutsche Sprache in Mannheim vorgenommen werden kann (www.ids-mannheim.de/cosmas2/). Einer solchen Recherche ist zu entnehmen, dass einem Teil der deutschen Sprecherinnen und Sprecher die nationalsozialistische Teilbedeutung dieses Wortes nicht mehr bekannt ist. Das Wort wird offenbar lediglich von seinen Bestandteilen her motiviert gebraucht, worauf der folgende Beleg (*Mannheimer Morgen*, 10.4.2000) hindeutet: »Bei diesem Artikel sollte erst einmal klargestellt werden, ob eigentlich Tempo 30 oder 50 als Endlösung für das innerörtliche Straßennetz angestrebt wird.« Gleichwohl dürfte einem größeren Teil der deutschen Sprachgemeinschaft das Wort *Endlösung* noch als lexikalisierter nationalsozialistischer Euphemismus bekannt sein, worauf auch die entsprechende, hier nach Kilian (ebd.) zitierte Angabe im *Duden Universalwörterbuch* (2001: 461, s.v. *Endlösung*) hindeutet: »**Endlösung**, die: a) (nationalsoz. verhüll) *(von den Nationalsozialisten geplante) vollständige Vernichtung der europäischen Juden.* b) (selten) *endgültige Lösung.*« Die Reihenfolge der Teilbedeutungen und die Frequenzangabe »selten« deuten darauf hin, dass die nationalsozialistische Teilbedeutung auch heute noch die Hauptbedeutung ist. Aus diesem empirischen Befund leitet Kilian (2001: 313) folgenden Schluss ab:

> Das Wort *Endlösung* ist im Wortschatz der deutschen Standardsprache mit nur einer lexikalisierten Teilbedeutung vertreten, und diese Teilbedeutung verweist das Wort in die Diskurswelt des Nationalsozialismus, hier hat es seine »bereichsspezifische Indikatorfunktion« [...]. Und solange dies der Fall ist, muss die kritische Semantik der deutschen Standardsprache die Erinnerung aufrecht erhalten; in anderen Fällen (z.B. *abholen*, *betreuen*) muss sie Wörter aber auch wieder freigeben, wenn die Varietätennorm der Mitlebenden eine historische Indikatorfunktion vergessen hat – dies unterscheidet die kritische Semantik vom historischen Wörterbuch.

Die kritische Semantik bewertet also Wörter, allerdings nicht als isolierte Sprachzeichen, sondern als Formen von Aneignung von Welt, die erst im Gebrauch ihre semantischen Dimensionen, also ihre (Teil-)Bedeutungen, erkennen lassen. Diese Bedeutungen empirisch und deskriptiv herauszuarbeiten, um sie dann »normenkritisch« (nicht »normativ«) zu bewerten, ist Aufgabe der kritischen Semantik.

Auf der Grundlage dieses Konzeptes können für eine wortorientierte Sprachkritik noch einmal einige wichtige Erkenntnisse zusammenfassend formuliert werden:
- Wörter lassen sich außerhalb eines Kontextes nur in sehr eingeschränktem Maße kritisieren. Nur dann, wenn sie sekundäre Zeichen (Komposita, Ableitungen, Metaphern) sind und damit ihre Bedeutung von der Ausdrucksseite her motivierbar ist, können sie Gegenstand von Sprachkritik werden.
- Entscheidend ist, dass zunächst die tatsächliche Gebrauchsbedeutung von Wörtern in varietätenspezifischen Kontexten ermittelt wird, um sie anschließend – sofern bestimmte problematische Konzeptualisierungen erkennbar sind – zum Gegenstand von Sprachkritik zu machen.
- Aufgabe einer wortorientierten Sprachkritik ist es nicht, vermeintlich »richtige« Bedeutungen von Wörtern normativ zu setzen, sondern Normkonflikte, die aus unterschiedlichen Gründen (varietätenspezifisch, historisch, ideologisch) existieren oder hervorgerufen werden können, im gegenwärtigen Gebrauch von Wörtern aufzuzeigen, bewusst zu machen und normenkritisch zu kommentieren.

Weiterführende Literatur: Gauger (1971); Dieckmann (2007); Schiewe (2002a); Klann-Delius (2005); Samel (2000); Pörksen (1988); Kilian (2001).

2.3 Sprachkritik als Stil- und Textkritik

Eine Kritik an Wörtern, so das wichtigste Ergebnis des vorherigen Kapitels, ist linguistisch begründet nur möglich, wenn Wörter in ihrem Gebrauch, also im Kontext, betrachtet werden. Der erste und wichtigste Kontext von Wörtern ist der **Text**, der ihr Umfeld ist und dessen Bestandteile sie sind. Mit dem Text ist die Ebene benannt, auf der Sprachgebrauch im Sinne sprachlichen Handelns tatsächlich stattfindet, denn wir sprechen nicht in Wörtern, auch nicht in Sätzen, sondern stets in Texten oder, wie es Peter Hartmann (1968: 212), einer der Begründer der Textlinguistik, ausgedrückt hat: »Es wird, wenn überhaupt gesprochen wird, nur in Texten gesprochen«. Diese Feststellung gilt auch für geschriebene Texte, denn in der Linguistik herrscht mittlerweile Einigkeit darüber, »dass Geschriebenes ebenfalls Element sprachlich-kommunikativen Handelns ist« (Fix 2008: 3).

Zu einem expliziten Gegenstand der linguistischen Beschreibung ist der Text erst im Rahmen der sich in den 1960er Jahren konstituierenden Textlinguistik gemacht worden. Ihre Vorläuferdisziplin war die Stilistik, die heute, wenn auch nicht vollständig, so doch zu großen Teilen, in die Textlinguistik integriert ist. Auf jeden Fall gilt die von Hans-Werner Eroms (2008: 79) getroffene Feststellung: »Für alle stilistischen Bewertungen ist letztlich der Text oder der Diskurs als umfassende Einheit die maßgebliche Instanz.« **Stil** ist somit immer auf Text bezogen in dem Sinne, dass Texte einen Stil haben und Stil immer nur im Textzusammenhang erfasst werden kann. Im Folgenden sollen einige Elemente und Möglichkeiten von Sprachkritik als Stil- und als Textkritik dargestellt werden.

2.3.1 Stil und die Möglichkeit von Stilkritik

Gotthold Ephraim Lessing (1979: 193) hat in seiner theologiekritischen Schrift *Anti-Goeze* (1778) einen für die Geschichte der Stilistik folgenreichen Gedanken formuliert: »Jeder Mensch«, schreibt er, »hat seinen eignen Stil, so wie seine eigne Nase«. Und: »Es kömmt wenig darauf an, wie wir schreiben: aber viel, wie wir denken«.

Bis zu Lessing war es die aus der Antike stammende, von Quintilian (1995) als eine systematische Erziehungslehre zum guten Redner konzipierte Rhetorik, die die Regeln der Texterstellung und Textgestaltung vorgab. Sie orientierte sich an Gattungen (ursprünglich der *Gerichts-*, *Fest-* und *politischen Rede*), nannte Wirkungsziele dieser Gattungen (*beweisen*, *erfreuen*, *bewegen*) und ordnete den Gattungen drei Stilebenen (*hoch*, *mittel* und *niedrig*) zu (vgl. Asmuth 1991). In Lessings Worten drückt sich ein Wandel aus, der weg von einer Gattungsrhetorik und hin zum Individualstil verläuft. Heinrich Heine (1972: 252) hat diese Einschätzung 1834 unter Rückgriff auf ein berühmt und einflussreich gewordenes Wort über Stil folgendermaßen auf den Punkt gebracht:

> Das schöne Wort Buffons »der Stil ist der Mensch selber!« ist auf niemand anwendbarer als auf Lessing. Seine Schreibart ist ganz wie sein Charakter, wahr, fest, schmucklos, schön und imposant durch die inwohnende Stärke.

»Le style est l'homme même« – dieses »schöne Wort« des Comte de Buffon (1954: 503) aus seiner 1753 anlässlich der Aufnahme in die Académie française gehaltenen Rede gilt heute als expliziter Ausdruck für den sich im 18. Jahrhundert wandelnden Stilbegriff. Zwei Merkmale sind es, die für die Charakterisierung der Stilistik besonders hervorzuheben sind: Zum einen wird in dem neuen Stilbegriff aus den klassischen fünf Schritten zur Redeherstellung (*inventio*, *dispositio*, *elocutio*, *memoria* und *actio*) der wichtigste dritte Schritt, die *elocutio* als Lehre von den Tropen und Figuren, herausgelöst und verselbstständigt. Zum anderen wird die Funktion der Sprache in der Rede und im Text neu bestimmt: Ging es der älteren Rhetorik um eine Entsprechung von Wort und Sache, darum, Erkenntnisse im Reden erst zu gewinnen, setzt der neue Stilbegriff des 18. Jahrhunderts die Entsprechung von Wort bzw. Ausdruck und Gedanke voraus. Somit dient der Ausdruck lediglich der Vermittlung, also der Kommunikation des bereits zuvor im Denken Erkannten. »On écrit, comme l'on pense« – man schreibt, wie man denkt, heißt es bei Buffon (ebd.: 501), und weiter: »Der Stil ist nur die Ordnung und Bewegung, in die man seine Gedanken bringt.« Genau das meint auch Lessing, wenn er sagt, es komme wenig darauf an, wie wir schreiben, aber viel, wie wir denken.

Mit dem Niedergang der (praktischen) Rhetorik im 18. Jahrhundert und dem Aufkommen einer (wissenschaftlichen) Stilistik wird Stil zunehmend zu einem sekundären Phänomen, zu einem bloßen »Kleid«, in das der Gedanke gehüllt werden muss, um kommunikabel zu werden. In der literarischen Ästhetik ist Stil ist am Ende des 18. Jahrhunderts »diejenige Vermittlungskategorie, die statt eine Wahrheit möglichst wirkungsvoll einzukleiden des Autors ›Eigentümlichkeit‹ [...] in sich aufnehmen und in das Sprachwerk einbringen sollte« (Abraham 1996: 120). Im Schulunterricht dagegen ist bereits Ende des 18. Jahrhunderts eine gegenläufige Tendenz festzustellen. Abraham (ebd: 121) stellt fest,

> daß sich das Interesse in der Aufsatzlehre nach 1770 zunehmend auf den »Prozeß des Produzierens« richtet, der jetzt [...] im selben Maße Aufmerksamkeit beansprucht, wie er sich dem direkten formativen Zugriff zu entziehen beginnt: Die Didaktiker des sprachlichen Ausdrucks im 19. Jahrhundert wenden sich immer systematischer der Frage zu, wie gerade der als gleichsam renitent empfundene Bereich stilistischer ›Freiheit‹ (gegenüber den leichter kontrollierbaren Bezirken Orthografie und Grammatik) in die Pflicht zu nehmen wäre; ihr stildidaktisches Ideal ist ein für alle Schüler einerseits und für alle Lebenslagen andererseits taugliches Modell des ›guten‹, des ›schönen‹ Ausdrucks – ein Modell, das möglichst wenig dem Zufall selbsttätiger Vorbildwirkung überläßt und möglichst weitgehend sowohl die musterhaften Texte der gesteuerten Rezeption als auch die rezipierenden Schüler der normativen Kontrolle unterwirft.

Im Rahmen der Deutschdidaktik entwickelte sich im 19. Jahrhundert somit eine »normative Stilformenlehre«, für die Abraham folgende Übersicht entworfen hat:

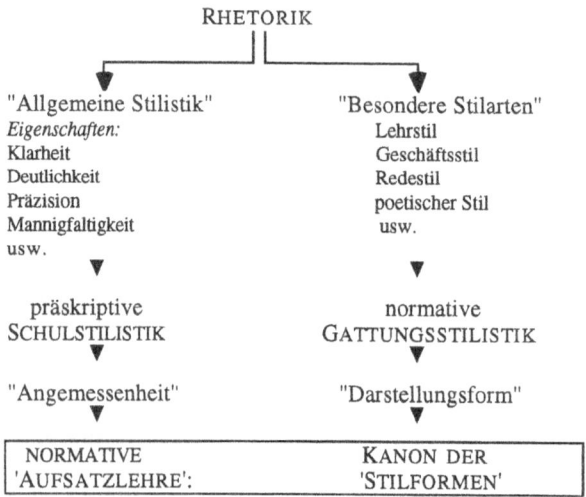

Abb. 3: Herausbildung der normativen Stilformenlehre (aus Abraham 1996: 123)

Die Kategorie »Angemessenheit« war aus der Rhetorik übernommen und als allgemeines stilistisches Prinzip normativ für Gebrauchstexte (Aufsatzlehre) gesetzt worden, jedoch in stark eingeschränkter Form, nämlich präskriptiv bezogen auf Gattungen, deren jeweilige Funktion auf die Darstellung eingeschränkt und normativ vermittelt wurde. So gab es denn, wie im Verhältnis von Sprachwissenschaft und Sprachkritik überhaupt (vgl. Kap. 2.1), auch im Themengebiet des Stils eine sich als sprachwissenschaftlich verstehende deskriptive und eine anwendungsbezogene, didaktische normative Richtung. Im 20. Jahrhundert kann für alle wissenschaftlichen Stilistiken als gemeinsames Merkmal die methodische Grundhaltung einer – bloßen – Deskription von Stil festgehalten werden: »Alle sprachwissenschaftlichen Stildefinitionen verfolgen das Ziel, den Stil von Texten deskriptiv zu erfassen«, schreibt Bernhard Sowinski (1991: 18). Ganz gleich, welchen wissenschaftlichen Stilbegriff man nimmt (Stil als »Expressivität«, als »Wahl«, als »Abweichung von der Norm«, als »Teilaspekt sprachlichen Handelns«; vgl. Sanders 1995; Sowinski 1999), stets geht es um die reine Beschreibung der sprachlichen Ausdrucksseite, die grundsätzlich als eine bestimmte Funktion des Inhalts, des Gedankens angesehen wird.

Diese Auffassung bestätigt auch Hans-Werner Eroms (2008: 39), wenn er in strukturalistisch-funktionalistischer Weise definiert: »Stil ist das auf paradigmatischer Opposition der Ausdrucksvarianten beruhende, syntagmatisch fassbare, effektive, einheitliche und je ausgewählte und unverwechselbare Merkmal von Sprache in je bestimmten Funktionsbereichen.« Zweifellos ist eine solche Definition für eine deskriptive Stilanalyse geeignet, für die Praxis der Stilkritik und – erweitert – der Textkritik allerdings lässt sie sich kaum verwenden.

Um die Möglichkeit und Problematik von Stilkritik zu verdeutlichen, sei auf eine der in Deutschland bekanntesten und zugleich umstrittensten Stillehren zurückgegriffen, auf Ludwig Reiners' *Stilkunst. Ein Lehrbuch deutscher Prosa* (1944, überarbeitete Fassung 1991). Dieses Buch ist keine wissenschaftliche Stilistik, sondern eine populäre Stillehre, weshalb an dieser Stelle auch nur der stilkritische Ausgangspunkt, nicht aber die Ausführungen zum Stil selbst aufgegriffen werden sollen (vgl. dazu kritisch Kap. 3.1.4 sowie Eroms 2008: 197-206). Reiners diskutiert dort in Form eines Briefwechsels die Frage, ob denn bestimmt werden kann, was »guter Stil« ist. Der eine Briefpartner, Franz, schreibt an L., also an Ludwig Reiners (1991: 43f.):

> Was kann eine Stilistik leisten? Sie kann verschiedene Stilmittel beschreiben – zum Beispiel Bild und Antithese, Humor und Ironie. Sie kann bestimmte Stiltypen unterscheiden – den breiten und den knappen, den schlichten und den ausgeschmückten Stil. Sie kann darlegen, welche Eigenarten der Stil Goethes oder Nietzsches besitzt, sie kann ermitteln, was daran Zeitstil oder was Individualstil ist, sie kann schließlich untersuchen, welche seelischen Hintergründe, welche geistesgeschichtlichen Zusammenhänge den Quellgrund der einzelnen Stilerscheinungen bilden; kurzum sie kann die Welt des Stils betrachten, so wie sie ist. Aber eines kann die Stilistik nicht: sie kann kein Urteil darüber abgeben, was guter Stil und was schlechter Stil ist; sie kann daher auch nicht vorschreiben, wie der Stil sein soll. [...] Die Wissenschaft muß auf Werturteile verzichten – nicht etwa weil Werturteile unwichtig sind, sondern im Gegenteil, weil sie oberhalb ihres Bannkreises liegen. Sie gehören in den Herrschaftsbereich der Politik, der Religion, der Weltanschauung. Mit dieser Wertaskese müssen wir Gelehrten uns in schlichter und anständiger Resignation abfinden.

Reiners (ebd.: 47) selbst nun antwortet, indem er nicht die wissenschaftliche, sondern eine didaktische, pädagogische, wertende, kritische Zugangsweise zum Phänomen »Stil« stark macht und ihre Möglichkeit und Legitimation nachzuweisen sucht:

> Wer ein Buch über Stilkunst schreibt, kann nicht etwa einige ästhetische Normen festsetzen, die aus jedem Einfallspinsel einen Sprachmeister machen. Er muß sich mit einem bescheideneren Ziel begnügen. Er kann nur Beispiele dessen, was ihm guter und schlechter Stil zu sein scheint, vor seine Leser hinstellen und in planmäßiger Analyse zu klären suchen, welche Eigentümlichkeiten den einen Stil schön und den anderen unschön machen und wie diese Eigentümlichkeiten mit der gesamten Struktur unserer geistigen Welt zusammenhängen. Er wird darlegen, daß und warum der eine Text nur Zeichen, nicht Ausdruck, nur geredet, nicht gestaltet ist oder warum wir einen anderen als lebendig empfinden und warum ein dritter nicht einmal dem bescheidenen Anspruch der Angemessenheit genügt. Er kann sodann seinem Leser »ansinnen«, diesen Werturteilen beizustimmen, und muß versuchen, sie ihm so evident, so augenscheinlich zu machen, daß er die »Beweise«, die die Ästhetik ihm freilich schuldig bleiben muß, weder vermißt noch beansprucht. Indem er das Gemeinsame aller jener Stilschöpfungen herausarbeitet, die uns schön erscheinen, indem er sie kontrastiert mit den Gebilden, die nach seinem Urteil mißglückt sind, wird er das Stilgefühl des Lesers schulen, und es wird sich sehr bald ergeben, daß auf dem Gebiet des Prosastils über die Fundamente des Urteils kaum ein Widerstreit besteht.

Reiners konzentriert sich hier lediglich auf ästhetische Urteile, noch dazu auf *den* – offenbar also einen einheitlichen – Prosastil. Gewiss befolgt er selbst im weiteren Verlaufe seiner *Stilkunst* die hier aufgestellten Grundsätze auch nur zum Teil. Dennoch enthalten seine Ausführungen hinsichtlich der Möglichkeiten und Formen von Werturteilen, also von Stilkritik, einige bedenkenswerte Aspekte:

(1) Axiom ist, dass es einen Zusammenhang von Wort und Gedanke – in Reiners' Terminologie: von »Zeichen« und »Ausdruck« – gibt.
(2) Zunächst hat eine Beschreibung von Stilmerkmalen zu erfolgen.
(3) Diese Merkmale werden anschließend subjektiv bewertet.
(4) Die Plausibilisierung der Bewertung erfolgt aufgrund von Sprach-, besser wohl Formulierungsvergleichen im Rahmen von Textsorten und Funktionsbereichen.
(5) Die Bewertung kann nicht »bewiesen«, wohl aber evident gemacht werden.
(6) Evidenz erzeugt Konsens.
(7) Evidenz und Konsens zusammengenommen erzeugen ein »Stilgefühl«, in das die Wertungen eingehen und das sich – so wäre zu ergänzen – positiv auf die Gestaltung von Texten auswirkt.

Der Aussage, dass Stilurteile nicht bewiesen werden können, sondern ihre Gültigkeit nur durch einen Konsens erhalten, ist durchaus zuzustimmen. Zudem kann man, im Sinne Reiners', mit Eroms (2008: 213) gesprochen, festhalten: »Die normative Stilistik lässt sich positiv als Korrekturinstanz für unangemessenes und uneffektives Sprechen und Schreiben auffassen. Sie markiert Formulierungen, die der ›allgemeinen Auffassung‹ von gutem Stil zuwiderlaufen.« Für eine linguistisch begründete Stil- und Textkritik muss allerdings gefragt werden, ob sich nicht doch explizite Kriterien für stilbezogene Werturteile formulieren lassen.

2.3.2 Kriterien der Stil- und Textkritik

In der Vergangenheit haben Sprach- und Stilkritiker nicht selten Ideale formuliert, auf die hin eine Sprache und insbesondere der Sprachgebrauch ausgebildet werden sollten (vgl. Pörksen 1994b; Leweling 2005). Gottfried Wilhelm Leibniz (1983: 27ff.) formulierte Ende des 17. Jahrhunderts die Ideale »Reichtum, Reinigkeit und Glanz«; Christian Thomasius (1691: 373), der die deutsche Wissenschaftssprache beförderte, nannte um 1700 »Deutlichkeit, Artigkeit und Zierrathen der Redner-Kunst«; Johann Christoph Gottsched (1762: 49ff.) sprach Mitte des 18. Jahrhunderts von »Reichtum und Überfluß, Deutlichkeit, Kürze oder Nachdruck«; Joachim Heinrich Campe (1794, vgl. den Titel der Schrift) forderte am Ende des 18. Jahrhunderts »Reinigung und Bereicherung«.

Anders als diese in der Vergangenheit für vollkommenes Deutsch aufgestellten Sprachideale, die noch in recht abstrakter Weise den Wortschatz, die Grammatik und die Textgestaltung in den Mittelpunkt rückten, muss eine heutige Stilkritik auf den Sprachgebrauch abzielen und dabei mehrdimensional angelegt sein, also ihre Bewertungen stets an medialen, situativen und funktionalen Aspekten des Sprechens und Schreibens ausrichten. In stilistischer Hinsicht spielt darüber hinaus auch die Kreativität eine wichtige Rolle, so dass neben dem Kontext und dem Sachbezug der Aussage auch die individuelle Ausdrucksfunktion berücksichtigt werden muss (vgl. Heinemann 2007; Fix 2008).

Für diese drei Bereiche sollen die Kriterien »Angemessenheit«, »Prägnanz« und »Variation« als Maßstäbe von Sprachkritik im Allgemeinen und Stilkritik im Besonderen gesetzt werden (vgl. Schiewe 2007). Dabei ist »Angemessenheit« als eine Art Grundkategorie aufzufassen, aus der sich streng genommen die anderen Kategorien ableiten lassen.

Wie bereits beschrieben (vgl. Kap. 1.1), geht der Begriff »**Angemessenheit**« auf das *prepon* und *aptum* der antiken Rhetorik zurück. Das *aptum* ist Teil der *elocutio*, des sprachlichen Ausdrucks, der in den fünf klassischen Produktionsstadien einer Rede die mittlere und damit eine herausgehobene Stellung einnimmt (vgl. Ueding/Steinbrink 1994: 213-229; Niehr 2015a). Innerhalb der *elocutio* steht das *aptum* neben der Sprachrichtigkeit (*latinitas*), der Klarheit (*perspicuitas*) und dem Redeschmuck (*ornatus*). Nach Cicero (vgl. oben: 3) sind es die Faktoren »Anlass/Gegenstand«, »Publikum« und »Situation«, an denen eine Rede ausgerichtet werden muss, wenn sie angemessen sein soll. Die Frage, in welcher Weise »Angemessenheit« die Grundlage und das Zentrum einer linguistischen Sprachkritik bilden kann und soll, wird in Kapitel 2.6 noch einmal aufgegriffen.

Neben Angemessenheit steht als zweites Kriterium »**Prägnanz**«. Da wir in Texten kommunizieren, die Realisierungen von Textmustern sind, ist es zur Erreichung der kommunikativen Ziele nötig, diese Texte so prägnant wie möglich zu gestalten. Prägnanz meint dabei zunächst Genauigkeit in der Wortwahl und in der Wahl grammatischer Mittel, die für die jeweilige Textsorte konstitutiv sind. So stellt beispielsweise der Gebrauch eines exklusiven Fachwortschatzes und einer Syntax, die die Person des Autors in den Hintergrund treten lässt, in vielen Fällen die Prägnanz eines wissenschaftlichen Textes her. Für einen populären Sachbuchtext dagegen ergibt sich Prägnanz eher aus einem allgemeineren, eventuell bildungssprachlichen Wortschatz, aus anschaulichen Beispielen und aus einer überschaubaren Syntax, in der der Autor als Textakteur durchaus auftreten darf (vgl. die Beispiele in Kap. 3.3.4). Darüber hinaus umfasst Prägnanz aber auch Konventionen sozialer Interaktion, die den Einsatz bestimmter Textsorten in bestimmten Kommunikationssituationen intentional steuern. Es geht also darum, nicht nur zu wissen, wie ein Text als Exemplar einer Textsorte zu gestalten ist, sondern auch darum, in welcher Kommunikationssituation welche Textsorte gewählt werden sollte. Beispielsweise sind die E-Mail oder die SMS mit ihren eher informellen sprachlichen Eigenheiten nicht für jeden Kommunikationszweck geeignet, oftmals garantiert nur der konventionelle Brief einen kommunikativen Erfolg (vgl. u.a. Dürscheid 2002; Kiesendahl 2006; Arendt/Kiesendahl 2011).

Angemessenheit und Prägnanz sind als Kriterien der Stil- und Textkritik an bestehenden Normen und Konventionen ausgerichtet (vgl. zum Normbegriff Hartung 1977). Um aber auch Individualität und Kreativität in der Gestaltung von Texten zu befördern und im Bewusstsein der Schreibenden zu verankern, ist als drittes Kriterium »**Variation**« erforderlich. Mit diesem Begriff ist zum einen der stilistische Spielraum angesprochen, den jeder Text als Realisation einer Textsorte lässt. Mit Variation ist aber auch gemeint, dass dort, wo es möglich ist und sinnvoll erscheint, von den festen Text- und Kommunikationsmustern abgewichen und dabei, ohne die Verständigung zu gefährden, sprachlich Neues, Überraschendes, Denkwürdiges erzeugt werden darf und sollte. Dieses Kriterium gilt v.a. für literarische Texte, die kaum unter dem Aspekt der Angemessenheit bewertet werden können (vgl. Fix 2008: 17), aber auch in Alltags- und Sachtexten vermag Variation – bewusst und dosiert eingesetzt – den Ausdruck zu beleben und ihm ein individuelles Gepräge verleihen (vgl. Dürscheid 2012 sowie Kap. 4.4).

Ein stilistisch guter Text ist folglich mehr als ein bloß sprachlich richtiger Text, und in manchen Fällen können und müssen sogar »Fehler« in Grammatik, Semantik und textstrukturellen Mustern und Konventionen gemacht werden, um einen Text zu verfassen, dem auch ein guter Stil eigen ist (vgl. Dürscheid 2005). Ein guter Stil ist in erster Linie ein angemessener Stil, darüber hinaus auch ein prägnanter und, wo möglich und sinnvoll, ein variierender Stil. Um gute Texte zu sprechen und zu schreiben, braucht man neben einem Wissen über die Regeln der Grammatik auch ein Wissen darüber, in welcher Situation man zu wem über welchen Gegenstand wie sprechen oder schreiben sollte, damit die Kommunikation glücken kann. Beides zusammen setzt ein Sprachbewusstsein voraus (vgl. Kap. 4.1.4), weshalb ein guter Stil auch ein bewusster Stil ist. Auch dort, wo man – was durchaus legitim ist – Routinen der Textproduktion auf der Grundlage von Textmustern folgt, sollte man sich bewusst sein, *dass* man ihnen folgt (vgl. Feilke/Lehnen [Hgg.] 2012).

Stil ist – zusammenfassend gesagt – die Möglichkeit, sich auf der Grundlage eines Textmusterwissens für eine je konkrete Realisierung eines Textes zu entscheiden, wobei man mit dem Willen, eine Wirkung zu erzielen, Bezug auf die Normen des betreffenden Textmusters nimmt. Bezugspunkte der Bewertung eines Textes und seines Stils also sind die existierenden Normen sowie die beabsichtigte Wirkung. Die Kriterien der Bewertung sind Angemessenheit, Prägnanz und Variation.

Weiterführende Literatur: Dürscheid (2012); Fix (1990); (2008); Hartung (1977); Heinemann (2007); Nussbaumer (1991).

2.4 Sprachkritik als Diskurskritik

Als ein weiterer, oberhalb der Textebene liegender sprachlicher Gegenstandsbereich wird seit gut dreißig Jahren der **Diskurs** theoretisch modelliert, methodisch begründet und praktisch erforscht (vgl. dazu die einschlägigen Einführungen Spitzmüller/Warnke 2011 und Niehr 2014a). Die in der Zwischenzeit etablierte, stark auf Michel Foucault (1973; 1974) bezogene Diskurslinguistik gründet zunächst auf der Einschätzung, dass der Diskurs eine »transtextuelle Ebene« darstellt, die durch vielfältige Bezüge zwischen Texten, durch »Intertextualität und thematisch-funktionale Kohärenz« (Warnke/Spitzmüller 2008: 14), realisiert ist. Texte sind demnach keine einzelnen und geschlossenen Erscheinungsformen von Sprache, sondern inhaltlich, formal und funktional im Rahmen von Diskursen miteinander verbunden. Erst in dieser Verbindung von Texten auf der Ebene des Diskurses treten »zeittypische Formationen des Sprechens und Denkens über die Welt« zutage, die sich mittels diskursanalytischer Verfahren erschließen lassen. Warnke/Spitzmüller (ebd.: 15) fassen deren Leistung wie folgt zusammen: »In diesem Verständnis ist Diskurslinguistik in erster Linie Teil einer Semantik, die verstehensrelevantes Wissen rekonstruiert, das jenseits intendierter Bedeutungen operiert.«

Bis zu diesem Punkt sind sich die verschiedenen Ansätze, die momentan den »Diskurs« in den Mittelpunkt ihres Erkenntnisinteresses stellen, vermutlich einig. Bereits in der Bestimmung dessen jedoch, was mit »Diskurs« eigentlich gemeint ist, gehen die Meinungen aber auseinander. Noch gravierender werden die Unterschiede, wenn nach dem (sprach)kritischen Gehalt und Anspruch der Diskursanalyse gefragt wird. Jene Richtungen, die sich selbst explizit als »kritisch« bezeichnen, sind aus Sicht der Linguistik eher innerhalb der Sozialwissenschaften zu verorten und üben mehr Gesellschafts- denn Sprachkritik (vgl. Niehr 2014a: 50-65). Diese Charakterisierung ist insbesondere für die von Siegfried Jäger (vgl. u.a. [1993] 2009; 2005) begründete »Kritische Diskursanalyse« sowie für die v.a. im englischsprachigen Raum angesiedelte und mit dem Namen Ruth Wodak (u.a. 2002; 2005) verbundene »Critical Discourse Analysis« getroffen worden. Warnke/Spitzmüller (2008: 22) urteilen über diese Ansätze folgendermaßen:

> Explizite Gesellschaftskritik ist aus einer streng sprachbezogenen Perspektive betrachtet allerdings kein primäres Ziel der Diskursanalyse, sie sollte zumindest nicht die alleinige Aufgabe der Diskurslinguistik sein, und sie ist auch nicht in allen Analysen gleichermaßen angebracht.

Auch wenn in der »Diskurslinguistik« (Spitzmüller/Warnke 2011) und der »linguistischen Diskursanalyse« (Niehr 2014a) weiterhin Einigkeit darüber besteht, dass »die Standards einer wissenschaftlichen Herangehensweise eingehalten werden müssen«, wozu insbesondere die »explizite Trennung von Deskription und Bewertung« gehört (ebd.: 64), wird, wie schon der Titel des Sammelbandes *Diskurslinguistik im Spannungsfeld von Deskription und Kritik* (Meinhof/Reisigl/Warnke [Hgg.] 2013) deutlich macht, über das (sprach)kritische Potential von Diskurslinguistik zunehmend nachgedacht. An dieser Stelle soll darauf jedoch nicht vertiefend eingegangen werden. Stattdessen werden nachfolgend nur kurz das Modell der »diskursanalytischen Mehr-Ebenen-Analyse« sowie die »historische Diskurssemantik« vorgestellt, und es wird angedeutet, wie ein sprachkritischer Ansatz auf der Grundlage der funktionalen Angemessenheit auch für Diskurse und die Diskurslinguistik gestaltet werden könnte.

2.4.1 Die »Diskursanalytische Mehr-Ebenen-Analyse (DIMEAN)« und die Möglichkeit von Diskurskritik

Das gegenwärtig umfassendste und innerhalb der Linguistik auch weitgehend konsensfähige Modell der diskursanalytischen Verfahrensweise haben Ingo Warnke und Jürgen Spitzmüller (2008) vorgelegt (vgl. auch Spitzmüller/Warnke 2011: 121-201). Diese »diskursanalytische Mehr-Ebenen-Analyse (DIMEAN)« versteht sich als eine integrative Methodologie, in die mehrere linguistische Ansätze eingegangen sind. Die Autoren unterscheiden (vgl. Warnke/Spitzmüller 2008: 44) drei Analyseebenen: die intratextuelle Ebene, die Ebene der Akteure und die transtextuelle Ebene. Die Analyse der »intratextuellen Ebene« orientiert sich an »klassischen« Einheiten: Wörtern, Propositionen, Textthema und Textstruktur. Auf der »Ebene der Akteure« werden Aspekte der Medialität und der Interaktionsrollen in den Blick genommen. Die »transtextuelle Ebene« schließlich erfasst die Dimension des Diskurses, indem u.a. intertextuelle Bezüge, Schemata, Topoi und Mentalitäten herausgearbeitet werden. Die einen Diskurs bildenden Texte stellen in diesem Modell das »Scharnier« dar, mit dem die verschiedenen sprachlichen Ausdrucks- und Handlungsebenen im diskursiven Geschehen verbunden sind. Texte sind somit einerseits die Grundlage von Diskursen, andererseits werden sie von den Regeln des Diskurses bestimmt.

Diskursanalyse, die »Wissen, Texte und alle Sorten kultureller Artefakte ebenso wie sprachliche und nicht-sprachliche Handlungen« untersucht, und Diskurslinguistik, die sich »mit allen vielschichtig strukturierten Aussagen- und Äußerungskomplexen, in denen Sprache als symbolische Form rekurrent verwendet wird oder beteiligt ist« (ebd.: 8f.), beschäftigt, verstehen sich als deskriptive Methoden. Ihre Aufgabe besteht darin, das umfassende und komplexe »Diskursgeschehen«, das sich auf den drei genannten Ebenen abspielt, zu rekonstruieren und damit letztlich bewusst zu machen. Einen kritischen Anspruch erheben Warnke/Spitzmüller für ihr Modell und damit auch für die Diskurslinguistik nicht, ja sie lehnen ihn sogar ausdrücklich ab. Sie (ebd.: 22f.) folgen vielmehr der Auffassung Andreas Gardts,

> der in der Diskurslinguistik zwar die Absicht erkennt, »hinter die semantische Oberfläche der Texte zu blicken«, der aber zugleich betont, dass das »aufklärerische und ideologiekritische Moment [...] keine Voraussetzung für diskursanalytisches Arbeiten« darstellt, »denn als Methode ist die Diskursanalyse nicht an solche Vorgaben gebunden« [Gardt 2007: 33]. Eine Diskursanalyse, die ihr politisches Engagement [...] zum Maßstab des erkenntnisleitenden Interesses am Diskurs macht, halten wir für reduktionistisch und für die Weiterentwicklung der Diskurslinguistik ebenso bremsend wie die Abkoppelung der ›deskriptiven‹ Diskurslinguistik

von der internationalen Diskussion und die Vernachlässigung sozialer Kontextualisierungen, der wir unter anderem über die Integration der Akteure in ein diskurslinguistisches Methodensetting entgegenwirken möchten. Dadurch soll auch gewährleistet werden, dass neben der Frage, wie gesellschaftliche Beziehungen, Identitäten und Macht durch Texte konstruiert sind, auch analysiert wird, wie diese Kontexte überhaupt erst eine diskursive Bedeutungskonstitution bedingen.

Sprachkritik in Gestalt von »Diskurskritik« – dieser Begriff gesetzt in Abgrenzung zur »kritischen Diskursanalyse« – zu betreiben, wird hier für die Diskurslinguistik also ausgeschlossen. Gleichwohl dürfte die Diskurslinguistik durchaus die Möglichkeit der Kritik bieten, ohne dabei einen außersprachlichen Maßstab wie »politisches Engagement« setzen zu müssen oder von einem bestimmten politischen Standpunkt aus »Gesellschaftskritik« betreiben zu wollen (vgl. Niehr 2015b, v.a.: 146-150).

Verlässt man die allgemeine Ebene des Diskurses und nimmt konkrete Sprachhandlungen im Rahmen von konkreten Diskursen über bestimmte Themen in den Blick, dann zeigt sich rasch, dass diese Diskurse nicht homogen sind. Je nach Zusammensetzung der Diskursgemeinschaft, ihrer Einstellungen und Interessen, können in einem thematisch gleichen Diskurs durchaus unterschiedliche Diskurspositionen existieren, die sich in einem unterschiedlichen Sprachgebrauch niederschlagen. So hat z.B. Jürgen Spitzmüller (2005a) für den Anglizismendiskurs in den 1990er Jahren gezeigt, dass dieser Diskurs in der deutschen Öffentlichkeit auf ganz andere Weise und mit ganz anderen inhaltlichen Positionen geführt wurde als in der Wissenschaft.

Derartige Beobachtungen, dass Diskurse in Teildiskurse gegliedert sind und dass diesen Teildiskursen eine jeweils eigene Art des Denkens und Sprechens zugrunde liegt, können zum Ausgangspunkt für eine Diskurskritik genommen werden. Wenn nämlich in den Teildiskursen auch jeweils andere Konstruktionen von Wirklichkeit zum Ausdruck kommen, dann konkurrieren diese unterschiedlichen Konstruktionen innerhalb des Gesamtdiskurses. Diese Konkurrenz wird auf der sprachlichen Ebene z.B. dadurch sichtbar, dass für einen Sachverhalt in verschiedenen Teildiskursen unterschiedliche Ausdrücke verwendet werden (im öffentlichen Teildiskurs über Anglizismen z.B. *Sprachverfall*, im wissenschaftlichen Teildiskurs dagegen *Sprachwandel*) oder aber ein Ausdruck mit jeweils unterschiedlichen Bedeutungen verwendet wird (z.B. *Sprache* als Organismus im öffentlichen und *Sprache* als System im wissenschaftlichen Teildiskurs).

Ein mit den Methoden der Diskurslinguistik unternommener Vergleich derartiger Teildiskurse enthält zumindest implizit auch ein kritisches Moment. Die diskurslinguistisch aufgedeckten Konstruktionen von Wirklichkeit konkurrieren nämlich nicht nur miteinander, sie kritisieren sich auch – direkt oder indirekt – gegenseitig. Indem die Diskurslinguistik also deskriptiv die (Teil-)Diskurse rekonstruiert, vermag sie auf zweierlei Weise einen Beitrag zur Sprachkritik zu leisten: Sie kann erstens die direkt in Diskursen geübte Sprachkritik aufzeigen und/oder sie kann das in Diskursen enthaltene sprachkritische Potenzial bewusst machen. Diskurskritik ist also ein in der Diskurslinguistik stets enthaltenes Moment, das methodisch lediglich fokussiert werden muss, um als kritisches Moment auch deutlich zu werden. Es ließe sich für diese Form der Diskurskritik auch von »impliziter Sprachkritik« sprechen, im Gegensatz zu einer »expliziten Sprachkritik« (vgl. Schiewe 2003b: 132f.), wie sie in den zuvor dargestellten Ansätzen betrieben wird.

Es bedarf also eines kontrastiven Ansatzes, damit die Diskurslinguistik auch ihren diskurskritischen Anteil wirksam werden lassen kann. Kontrastive Diskursanalysen zu einem bestimmten Thema können innerhalb einer Sprache und Sprachgemeinschaft betrieben werden. Gerade aber auch der Vergleich thematisch gleicher Diskurse in verschiedenen Sprachen birgt großes sprachkritisches Potenzial, das durch entsprechende kontrastive Analysen aufgezeigt werden sollte. Grundsätzliche Überlegungen zu einer »vergleichenden Diskurslinguistik« sind bereits von Böke [u.a.] (2000) angestellt und in Niehr (2004) praktiziert worden. In jüngster Zeit sind theoretische und methodische Ansätze zu einer, wie sie nun tituliert wird, »kontrastiven Diskurslinguistik« vor allem im Rahmen vergleichender deutsch-polnischer bzw. polnisch-deutscher Studien und auch Forschungskooperationen entwickelt worden (vgl. Czachur 2009; 2011: 149-160; 2013; vgl. auch Gür-Şeker 2012 mit einer deutsch-britisch-türkischen kontrastiven Studie). Über erste Ergebnisse einer kontrastiv diskurslinguistisch arbeitenden deutsch-polnischen Forschungskooperation berichten der Sammelband Lipczuk [u.a.] (Hgg.) (2010) sowie die Aufsätze Dreesen/Judkowiak (2011) und Arendt/Dreesen (2015). Es ist zu erwarten, dass diese Ansätze weiter ausgebaut werden auf jenem Weg der kontrastiven Diskurslinguistik, der nach Dreesen (2013: 182) dann beschritten wird,

> wenn erst der Analyseprozess des reziproken Perspektivenwechsels den Anlass, das Ausmaß und den Maßstab der Kritik für einen Gegenstand liefert, also die Gegenüberstellung zweier diskursiver Wissensordnungen unterschiedlicher Gesellschaften zur *conditio sine qua non* der Kritik wird [...]. Beispielsweise wird der Vergleich von polnischen und deutschen Wissensordnungen in Geschichtsbüchern zur Neuen Ostpolitik zu empirischer und immanenter Kritik, wenn der Perspektivenwechsel feste Assoziationen, Einseitigkeiten und Leerstellen in den jeweils eigenen Ordnungen des Wissens überhaupt erst bewusst macht und in der Folge Mängel in geschichtsdidaktischen Materialien nachgewiesen werden können.

2.4.2 Historische Diskurssemantik

Analysen von Teildiskursen im Deutschen sind im großen Umfang innerhalb jenes diskursanalytischen Ansatzes unternommen worden, der unter dem Namen »historische Diskurssemantik« firmiert. Er geht zurück auf das von Dietrich Busse (1987; vgl. auch 2013) entworfene Programm einer historischen Semantik, das in beträchtlichem Umfang und Gewicht in den Arbeiten von Georg Stötzel und seines Düsseldorfer Kreises (Karin Böke, Matthias Jung, Thomas Niehr, Martin Wengeler) eine spezifische Ausprägung erfahren hat. Als grundlegend für diesen später sowohl praktisch-empirisch als auch theoretisch weiterentwickelten Ansatz kann der Band *Kontroverse Begriffe. Geschichte des öffentlichen Sprachgebrauchs in der Bundesrepublik Deutschland* (Stötzel/Wengeler 1995) angesehen werden. Das dort ausgeführte Vorhaben wird folgendermaßen charakterisiert (ebd.: 2):

> Diese Geschichte des öffentlichen Sprachgebrauchs benutzt außer den traditionellen vor allem eine neue »Findungsmethode«, d.h. eine neue Methode der Auffindung und Auswahl des zu analysierenden Sprachmaterials, der Belege. Diese Methode beruht auf der Beobachtung, daß in öffentlichen Diskussionen der Sprachgebrauch selbst oft explizit oder indirekt zum Thema gemacht wird.

Die Thematisierung des Sprachgebrauchs selbst v.a. in den Medien als jenen Orten, an denen Öffentlichkeit sich konstituiert, ist eine Art von – expliziter oder indirekter – Metakommunikation, die auf einen konkurrierenden Sprachgebrauch bzw. auf »kontroverse Begriffe« hinweist. Derartige kontroverse Begriffe aufzufinden und sie zu beschreiben, ist die Grundlage der historischen Diskurssemantik. Sie arbeitet dabei mit Korpora von Texten, die einen thematischen Zusammenhang aufweisen (z.B. »Globalisierung«, »EU-Osterweiterung«, »Integration«, »Fremdwörter« u.a.m.) und aufgrund medialer, textsortenspezifischer und adressatenspezifischer Eigenheiten zu einem Diskurs zusammengefasst werden. Die Korpora – und damit auch die Diskurse – können sowohl diachron als auch synchron angelegt und untersucht werden. Untersuchungsgegenstand sind vor allem zentrale Begriffe, Metaphern, Topoi und Argumentationsmuster. Das Erkenntnisziel der historischen Diskurssemantik ist die Rekonstruktion der in den Diskursen angelegten (und sich ggf. verändernden) sprachlichen Konstituierung von Wirklichkeit:

> Wir wollen in unserer Sprachgeschichte Sprache in einer ihrer wesentlichen Funktionen aufzeigen: in der auf der Arbitrarität sprachlicher Zeichen beruhenden realitätskonstitutiven und handlungsorientierenden Funktion. [...] Wir wollen zeigen, wie Sprachgebrauch in das Handeln gesellschaftlicher Gruppen eingebettet ist, d.h. wir wollen zu konkreten Interpretationen der Rolle der Sprache im sozialen Handeln kommen. (Ebd.: 9f.)

Eine so konturierte Sprach- oder besser wohl Diskursgeschichte, die semantische Kämpfe um einen »richtigen« (im Sinne von ›zum Sachverhalt passenden‹) oder »angemessenen« Sprachgebrauch zum Gegenstand hat, macht deutlich, dass Sprachkritik konstitutiv ist für Sprachgeschichte. Zudem zeigt sie auf, dass semantische Kämpfe ein Kampf um Wörter sind, in denen Sichtweisen, Denkformen, Interpretationen von Ereignissen und Sachverhalten zu Konzepten, zu Begriffen gerinnen. Es ist etwas anderes, ob wir das historische Datum »8. Mai 1945« als *Kapitulation*, *Zusammenbruch*, *Stunde Null* oder als *Tag der Befreiung* bezeichnen, ob wir im Zusammenhang mit militärischen Handlungen von *Krieg* oder *Konflikt* oder von *Friedenseinsatz*, von *Angriffen* oder *Luftschlägen*, von *Missionen* oder *Operationen* sprechen. In solchen Wörtern legen wir unsere Sicht von Wirklichkeit fest und wir überliefern diese Sichtweise künftigen Generationen. Dabei sind natürlich die Inhalte, ist der Begriff entscheidend, wobei in der Regel der Begriff vom Wort aber nicht zu trennen ist (vgl. Niehr 2014b: 87ff.).

Die historische Diskurssemantik als – so die weitere Charakterisierung – »Methode zur Erforschung von Diskursen als Trägern kollektiven, sozialen Wissens« (Wengeler 2005: 268) erschöpft sich allerdings nicht in der Analyse von Begriffen (insbesondere von Leitvokabeln und Schlüsselwörtern). Sie berücksichtigt ebenso die Metaphorik und die Argumentationsmuster (vgl. exemplarisch ebd.: 271-280; umfassend Wengeler 2003; Niehr 2004) in Texten und Äußerungen, die zu einem Diskurs gehören. Damit liefert sie eine Methode, »insbesondere metasprachliche Aussagen als Indizien für Normkonflikte, in denen konkurrierende oder sich verändernde Wirklichkeitsinterpretationen offenbar werden« (Wengeler 2005: 273), zu interpretieren.

Die Diskurslinguistik insgesamt gesehen betreibt zunächst deskriptive Analysen, entwickelt aber zunehmend auch eine sprach- und diskurskritische Perspektive. Zweifellos besitzt sie ein solches Potenzial, denn sie vermag, wie Wengeler (ebd.: 280f.) schreibt, »bewusst zu machen, mit welchen sprachlichen Mitteln bestimmte Wirklichkeitskonstruktionen in bestimmten Zeiten etabliert werden und damit als ›kollektives Wissen‹ wichtiger gesellschaftlicher Teilgruppen oder als dominantes ›Wissen‹ einer Gesamtgesellschaft gelten können«. In Form einer solchen impliziten Sprachkritik stellen die kontrastive Diskurslinguistik und die historische Diskurssemantik ausbaufähige sprachkritische Ansätze dar (vgl. Niehr 2011a; 2013). Künftig wird jedoch noch verstärkt darüber nachzudenken sein, welche Rolle das Kriterium »Angemessenheit« im Rahmen einer solchen Diskurskritik spielen kann und soll.

Weiterführende Literatur: Busch (2007); Czachur (2013); Hermanns (1994); Spitzmüller (2005b); Warnke (2002).

2.5 Sprachkritik als Kritik kommunikativen Handelns

Nach dem Streit um die Sprachkritik in den 1960er Jahren (vgl. oben: 21f., 37) verebbten für einige Jahre sprachkritische Bemühungen, die als zumindest linguistisch gestützt gelten können, so dass sich Wimmer (1982: 290) zu der Feststellung veranlasst sah: »Die germanistisch-linguistische Sprachkritik ist in keinem guten Zustand, weder theoretisch noch praktisch.« Er selbst legte dann das Konzept einer »wissenschaftlichen Sprachkritik« (ebd.: 291) vor, deren Hauptaufgabe es sei, »zu einem reflektierten Sprachgebrauch beizutragen« (ebd.: 309). Einen solchen reflektierten Sprachgebrauch begründete er mit der Notwendigkeit, die aus sprachlichen Normkonflikten als Erscheinungen des alltäglichen Sprachgebrauchs entstehenden Kommunikationskonflikte mit Hilfe der Sprachkritik »zu kultivieren«. »Sprachkritische Arbeit«, so Wimmer (ebd.: 298), sei »Kultivierungsarbeit«. Sie habe in einem Sprachteilhaber die Fähigkeit und Bereitschaft zu erzeugen, »in relevanten Situationen die Regeln seines eigenen Sprachgebrauchs zur Diskussion zu stellen« (ebd.: 299). Die praktische Arbeit dieser Form »wissenschaftlicher Sprachkritik« bestand in Analysen von Kommunikationskonflikten, nicht aber in einer bewertenden Stellungnahme zu den darin verhandelten Normen.

Kersten Sven Roth (2004: 7-16) hat diesen und weitere Ansätze einer »nicht-normativen Sprachkritik« der 1980er Jahre einer grundlegenden Kritik unterzogen. Er sieht sie aus folgendem Grund als gescheitert an (ebd.: 15f.):

> Sie erfüllen nicht ihren eigenen Anspruch, eine Sprachkritik zu begründen, die sich auf Analyse beschränkt und ohne äußere Maßstäbe, letztlich ohne Wertungen auskommt. Es hat sich gezeigt, dass der Grund dafür, dass dieser Ansatz gescheitert ist, am Ansatz selbst liegt. Der Begriff ›linguistische Sprachkritik‹ wurde synonym verwendet mit dem Terminus ›wissenschaftliche Sprachkritik‹. Wenn man aber [...] ›wissenschaftlich‹ mit ›deskriptiv‹, also mit ›nicht-normativ‹ gleichsetzt, dann ist der Ansatz schon in seiner Bezeichnung ein Oxymoron. Sprachkritik ist wertende Metasprache. Nicht-normative Sprachkritik kann es von daher nicht geben.

Roth (ebd.: 79) akzeptiert für seinen eigenen Ansatz, den er eine »kooperativ-kritische Sprachwissenschaft« nennt, die »theoretische Trennung der deskriptiv-wissenschaftlichen von der normativ-kritischen Methode« und geht damit prinzipiell auch von einer Trennung zwischen »Linguistik« und »Sprachkritik« aus. Er begründet die Differenz mit der Notwendigkeit, dass Sprachkritik Bewertungen abgeben müsse, deren Kriterien mit den Mitteln der Linguistik nicht bestimmbar seien (vgl. ebd.: 77). Sprachkritische Bewertungskriterien müssen gesetzt werden, und zwar auf der Grundlage der Funktion von Sprache und Kommunikation innerhalb eines bestimmten Kommunikationsbereiches. Diese Funktion betrachtet er nicht »im Sinne einer empirisch bestimmbaren Größe, sondern als stets neu und revidierbar gesetzte theoretische Vorgabe« (ebd.).

Diese Grundüberlegungen bilden für Roth die Voraussetzung für die Entwicklung eines Modells der Sprachberatung im Bereich der politischen Kommunikation. Er geht dabei davon aus, dass »Sprachberatung« stets ein sprachkritisches Moment enthält, weil in der Beratung Urteile über den faktischen Sprachgebrauch abgegeben und Möglichkeiten seiner Verbesserung und Optimierung aufgezeigt würden. Als Funktionsbestimmung politischer Sprache und damit auch als sprachkritisches Bewertungskriterium gilt für Roth (ebd.: 78) das Konzept »Demokratie«:

> Diese Funktionsbestimmung kann immer nur pragmatisch und vorläufig erfolgen. Das Konzept ›Demokratie‹, das im hier relevanten Fall im Zentrum des politolinguistischen Interesses steht [...] und auf dem der außersprachliche Maßstab ihres normativen Anspruchs fußt, ist ein Richtungsbegriff mit idealem Charakter. Das ›Demokratische‹ ist demnach nicht analytisch ermittelbar, sondern ergibt sich aus einer normativen, ethisch-moralisch begründeten Setzung. Das Bewusstsein seiner Vorläufigkeit ist wichtiger Bestandteil eines kooperativ-kritischen politolinguistischen Beratungsbeitrags, der sich selbst nur als Teil eines pluralistischen Diskurses verstehen kann.

Politische Sprachberatung als Aufgabe der »Politolinguistik« (vgl. ebd.: 25-30) muss folglich auf zwei Säulen aufbauen (vgl. ebd.: 83): einer linguistischen, die für die Beschreibung zuständig ist, und einer sprachkritischen, die Wertungen vornimmt. Den Verlauf einer politolinguistischen Sprachberatung modelliert Roth wie folgt (vgl. ebd.): (1) erfolgt die »Beschreibung eines Sprach- bzw. Kommunikationsideals für demokratische Sprache«, was Aufgabe der Sprachkritik ist. (2) ist eine »Analyse und Beschreibung des faktischen Kommunikationsverhaltens im politischen Bereich« durchzuführen, was in den Zuständigkeitsbereich der Linguistik fällt. Damit die Politolinguistik im Sinne der Sprachberatung aktiv werden kann, muss ein kommunikatives »Problem« vorliegen und bestimmt werden. Dieses Problem wird anschließend dahingehend von der Sprachkritik bearbeitet, dass sie (3) »Empfehlungen zur Behebung dieses Problems« formuliert. Diese Empfehlungen werden von der Linguistik mittels ihrer Methoden und Erkenntnisse (4) einer »Überprüfung, Fundierung, Präzisierung» unterzogen oder aber, falls sie linguistisch nicht haltbar sind, verworfen. Am Ende des Modells steht dann der konkrete »Beratungsbeitrag«. Bildlich dargestellt sieht das »Modell zur Symbiose linguistischer und sprachkritischer Erkenntnisse« folgendermaßen aus:

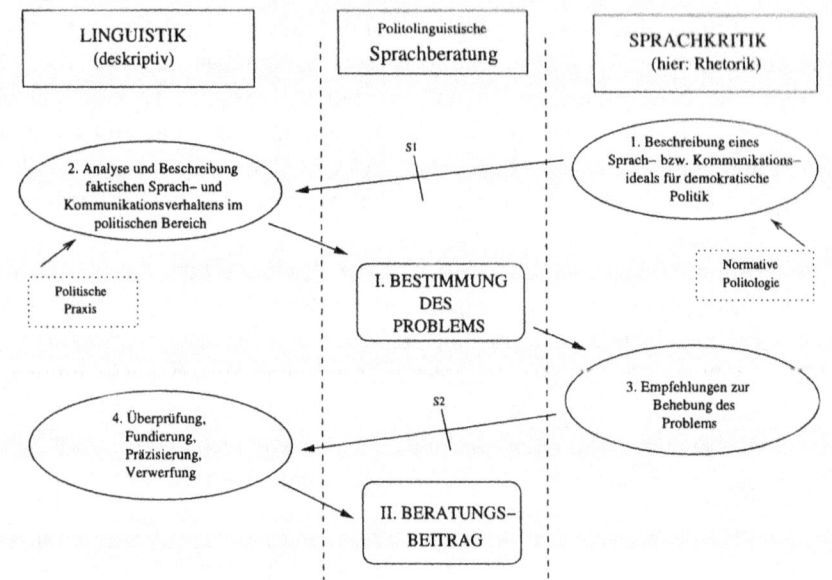

Abb. 4: Sprachberatungsmodell (aus Roth 2004: 84)

Roths Modell zielt ab auf eine Kritik kommunikativen Handelns, also des Sprachhandelns in bestimmten Kommunikationsbereichen. Für den Bereich der politolinguistischen Sprachberatung ist damit Folgendes gemeint:

> Der politische Sprachgebrauch entsteht aus ganz konkreten kommunikativen Erfordernissen, bildet sich auf Seiten der Sprecher im Hinblick auf eine entsprechende Funktion aus. Die Sprecher führen also Handlungen aus, von denen sie annehmen, dass sie eine bestimmte Wirkung erzielen; die wir hier für den Bereich öffentlicher politischer Sprache vorläufig mit dem Begriff ›Persuasion‹ umschreiben können. (Ebd.: 20)

Sprachberatung als eine sprachkritische Tätigkeit ist somit Kommunikationsberatung, der Versuch, konkretes sprachliches Handeln auf der Grundlage eines Sprach- und Kommunikationsideals zu beurteilen und bei Kommunikationsproblemen eine konkrete Empfehlung zur Behebung der Probleme zu geben. Linguistisch fundiert ist diese Beratung insofern, als die Linguistik als beschreibende Wissenschaft an dem konkreten Beratungs- bzw. Bewertungsgeschehen beteiligt ist, indem sie ihre Erkenntnisse über Sprache und sprachliches Handeln einbringt. Damit soll gesichert werden, dass die sprachkritischen Bewertungen mit dem linguistischen Erkenntnisstand vereinbar sind – eine Forderung, die die populäre Sprachkritik oftmals nicht erfüllt (vgl. Kap. 3).

Roth hat sein Modell an mehreren Beispielen exemplifiziert. Am Beispiel von Politikerkommunikation über Massenmedien (ebd.: 97-234), für die er ein an der klassischen Rhetorik orientiertes demokratisches Kommunikationsideal formuliert, kann er insgesamt 21 sprachkritische Empfehlungen aufstellen (ebd.: 173-201), die sich im Durchgang durch die linguistische Fundierung auch als linguistisch haltbar erweisen. Für die Forderungen der *Political Correctness* dagegen, die selbst ja eine Form von Sprachkritik darstellen und ein Kommunikationsideal formulieren (vgl. oben: 38f.), ergeben sich aufgrund der linguistischen Überprüfung eine Reihe von Modifizierungen, Revisionen und Präzisierungen (vgl. ebd.: 237-260).

Wie insbesondere auch die Beispiele aus der Beratungspraxis (vgl. ebd.: 263-279) zeigen, ist Roths Modell darauf angelegt, konkretes kommunikatives Handeln sprachkritisch zu bewerten. Es zeigt sich, dass dabei sowohl die Wort- (z.B. Schlüsselwörter) als auch die Stil- und Textebene (Metaphern, Topoi, Argumentationsstrukturen) dieses Handelns in den Bewertungsprozess einbezogen werden müssen. Bedenkt man, dass jede Kommunikationssituation, in der sprachliches Handeln stattfindet, in einen Diskurs (z.B. den über Einwanderung in die Bundesrepublik) eingebettet ist, muss folglich auch die Diskursebene berücksichtigt werden. Für die Beratungspraxis sind somit folgende Analyseschritte notwendig: Kontextanalyse (Diskursebene), argumentative Analyse (Stil- und Textebene), Sprachanalyse (Wortebene). Damit erweist sich eine Sprachkritik des kommunikativen Handelns als ein komplexer Prozess, der Wortkritik, Stil- und Textkritik sowie Diskurskritik miteinander kombiniert und in ein sprachkritisches Gesamtgeschehen integriert. Das Kriterium »Angemessenheit« ist auch in dieser Form von Sprachkritik, wie Roth (ebd.: 168) andeutet, bereits enthalten:

> Der Maßstab für die Angemessenheit sprachlich-kommunikativen Handelns ergibt sich stets aus der Verbindung zwischen dessen individueller Wirksamkeit im Sinne der jeweiligen Per-

suasionsziele und dem politisch-gesellschaftlichen Ideal. Eine regelhafte Formulierung konkreten Sprachhandelns erlaubt dieser Maßstab nicht. Ihre Aufgabe sieht die klassische Rhetorik entsprechend darin, Handlungs- und Wirkungsabsichten zu reflektieren, allgemeine Gesichtspunkte kommunikativer Herausforderungen aufzufinden und zu durchdenken, und dem Kommunikator so ein universelles Rüstzeug zum flexiblen Umgang mit konkreten Aufgaben und Situationen zur Verfügung zu stellen.

Mit Roths Überlegungen zur Angemessenheit sprachlich-kommunikativen Handelns und seiner Bezugnahme auf die antike Rhetorik lässt sich eine Verbindung zum Beginn dieses Kapitels herstellen. Angemessenheit ist in der Rhetorik die notwendige Grundlage für das Gelingen einer Rede und sie bildet den Maßstab der kritischen Beurteilung auf allen sprachlichen Ebenen: Wort, Text und Stil, Diskurs, Handlung. Dieses Kapitel abschließend soll deshalb ein zusammenfassender Blick auf den Begriff »funktionale Angemessenheit« und seine Rolle für die linguistische Sprachkritik geworfen werden.

Weiterführende Literatur: Dieckmann (1981); Niehr (2000); (2014b); Roth (2002); Ziem (2009).

2.6 »Funktionale Angemessenheit« als Maßstab linguistischer Sprachkritik

Der Begriff »Angemessenheit« ist mit der Gründung und Namensgebung der Zeitschrift *Aptum* explizit zum Zentrum und Indikator der linguistischen Sprachkritik gemacht worden. Die Herausgeber begründen ihre Wahl folgendermaßen (Schiewe/Wengeler 2005: 5):

> Wir wollen mit diesem aus der klassischen Rhetorik stammenden Begriff signalisieren, dass Sprachkritik dem Prinzip der Angemessenheit folgen muss. Angemessenheit heißt zunächst einmal nichts anderes als die Wahl jener sprachlichen Mittel, die einer Sprachverwendungssituation adäquat sind. Sprachkritik muss unter Berücksichtigung dieses Prinzips der Angemessenheit, des Aptums einer »Rede«, folglich flexibel sein. Es kann und darf ihr nicht um die Ermittlung und schon gar nicht um die »Verordnung« eines vermeintlich »richtigen« oder »falschen« Sprachgebrauchs gehen. Ihre Bewertungskategorien liegen auf einer gleitenden Skala, die die Angemessenheit der sprachlichen Mittel bezeichnet. Deren Endpunkte bilden die Kriterien »angemessen« und »unangemessen«, dazwischen kann nach »besser« oder »schlechter«, nach »angemessener« oder »unangemessener« graduiert werden. Entscheidend dabei ist, dass die Bezugspunkte des kritischen Werturteils explizit werden. Mit anderen Worten: Ein Sprachkritiker muss nicht nur begründen, warum er einen Sprachgebrauch als besser oder schlechter bewertet, er – oder sie, die Sprachkritikerin – muss auch sagen, welche Funktion des Sprachgebrauchs, welches Kommunikationsziel für den bewerteten Sprachgebrauch, akzeptiert oder dominant gesetzt wird. Nur so wird ein Urteil transparent, wird es von seinen Prämissen her nachvollziehbar und kann überzeugen – oder aber zum Widerspruch herausfordern. Das allgemeine Ziel von Sprachkritik, nämlich Sprachreflexion anzuregen und damit Sprachkultur zu fördern, wird auf diese Weise in beiden Fällen erreicht.

Diese allgemeinen Überlegungen korrespondieren mit einem grundlegenden Aufsatz Manfred Kienpointners (2005), erschienen im ersten Jahrgang von *Aptum*, in dem er die von Cicero formulierten Faktoren für Angemessenheit (vgl. Kap. 1.1) in ein grundsätzlich auf alle Texte anwendbares »Stildreieck« übertragen hat:

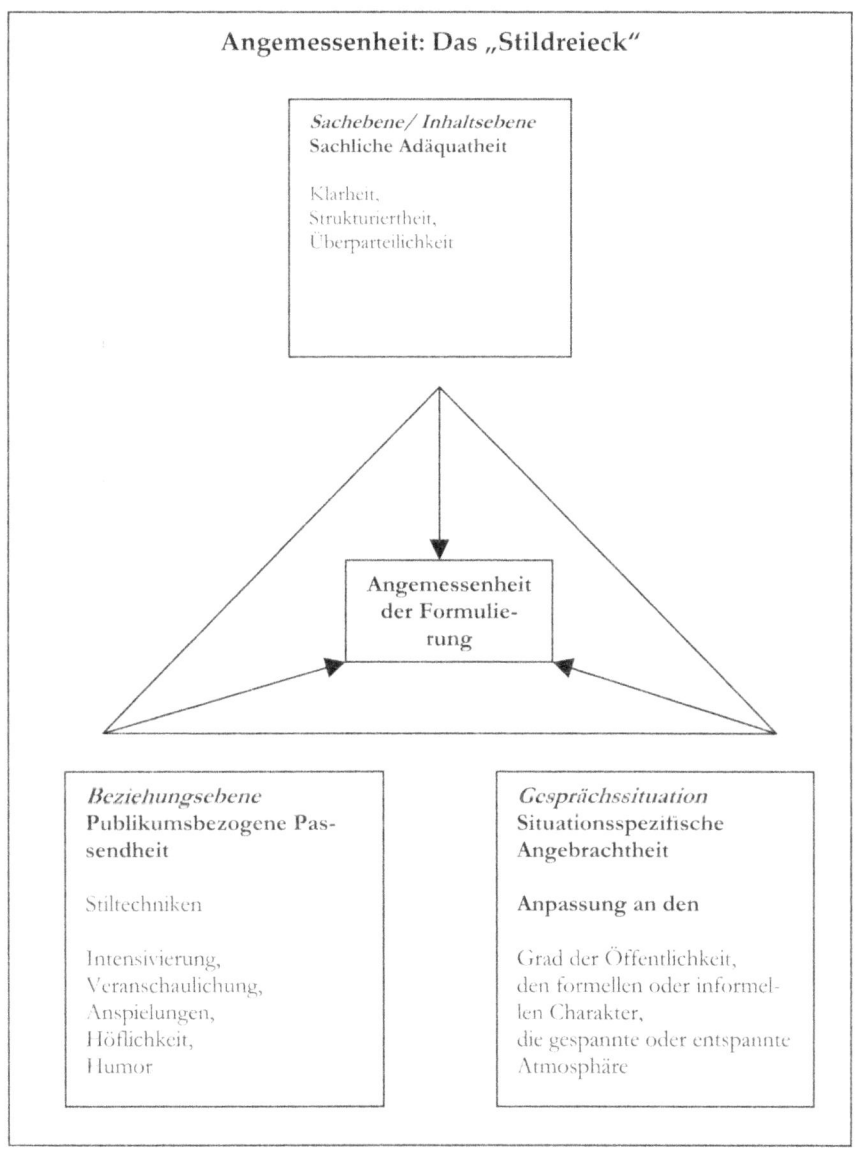

Abb. 5: Angemessenheit: Das Stildreieck (aus Kienpointner 2005: 195)

Die »Angemessenheit der Formulierung« unterscheidet Kienpointner (2005: 194) auf folgenden Ebenen:
- Sachebene/Inhaltsebene (sachliche Adäquatheit): Klarheit, Strukturiertheit, Überparteilichkeit etc.;
- Beziehungsebene (publikumsbezogene Passendheit): Stiltechniken wie Intensivierung, Veranschaulichung, Anspielungen, Höflichkeit, Humor etc.;
- Gesprächssituation (situationsspezifische Angebrachtheit): Anpassung an den Grad der Öffentlichkeit, den formellen oder informellen Charakter, die gespannte oder entspannte Atmosphäre etc.

Geht man, wie es für diesen sprachkritischen Ansatz postuliert wird, davon aus, dass ein »guter Text mit einem guten Stil« ein »angemessener Text mit einem angemessenen Stil« ist (vgl. zur Erweiterung dieses Ansatzes auf mündliche Äußerungen Arendt/Kiesendahl 2013), dann wird eine wertende Aussage immer relativ zu einer der genannten Ebenen erfolgen müssen. Man wird also nicht allgemein formulieren können, »dieser Text ist angemessen«, sondern »dieser Text ist angemessen hinsichtlich der Darstellung des Gegenstandes oder des Publikums oder der Situation«.

Diese Auffassung vertritt auch Ulla Fix (1995: 67), wobei sie allerdings das Kriterium der Angemessenheit (sie spricht von »Adäquatheit«) weiter differenziert. Da Angemessenheit stets einen Bezug zu – unterschiedlichen – Normen, die der sprachlichen Kommunikation zugrunde liegen, aufweist, müssen folgende Unterscheidungen vorgenommen werden:
- Angemessenheit hinsichtlich **instrumentaler Normen des Systems** wie grammatische Richtigkeit, semantische Stimmigkeit etc.,
- Angemessenheit hinsichtlich **situativer Normen** mit Bezug auf Empfänger, Sender, Medium, Gegenstand, Intention etc.,
- Angemessenheit hinsichtlich **ästhetischer Normen** mit Anspruch an Klarheit, Folgerichtigkeit etc., auf Wohlgeformtheit also,
- Angemessenheit schließlich hinsichtlich **parasprachlicher Normen**, die durch kulturelle Bedingungen gesteuert werden.

Wenn ein guter Text aus Sicht der Sprachkritik ein angemessener Text ist, dann kann es nicht darum gehen, lediglich eine Anpassung an diese Normen, also ihre Rekapitulation im Sprechen und Schreiben, anzustreben (vgl. Busse 1996). Da Normen jedoch abstrakt sind und sich auf ebenfalls abstrakte Textmuster beziehen, ist eine solche Einschränkung der Freiheit im jeweils konkreten Ausdruck, im Textexemplar also, auch nicht zu befürchten. Eben vor dem Hintergrund der Tatsache, dass wir in Texten kommunizieren, die immer ein Exemplar einer bestimmten Textsorte sind, der ein bestimmtes Textmuster zugrunde liegt, bleibt Raum für individuelle Gestaltung, für Variation. Insofern kann auch immer nur nachträglich, also für einen konkret vorliegenden Text, bestimmt werden, ob er einer Norm oder mehreren Normen gerecht wird und somit ein »guter« Text ist.

Vorgängig, also für die Produktion von (guten) Texten, hat Ulla Fix (1995: 70) Formulierungs- und Kommunikationsmaximen aufgestellt. Formulierungsmaximen heben auf die Normbezüge und die Gewichtung der verschiedenen Normen ab. Für einen Wissenschaftstext beispielsweise, der in erster Linie Erkenntnisse über einen Gegenstand darstellen will, könnte die Maxime lauten: »Formuliere deinen Text möglichst dem Gegenstand und der Intention (Vermittlung von Wissen) angemessen.« Für einen an Laien gerichteten populärwissenschaftlichen Text dagegen muss die Maxime variiert werden: »Formuliere deinen Text so, dass er den Voraussetzungen des Empfängers angemessen ist, d.h. motiviere ihn, schreibe verständlich.«

Auch allgemeine Kommunikationsmaximen können aufgestellt werden, deren Befolgung einen wesentlichen Anteil am Gelingen von Kommunikation hat. Fix (2008: 13f.) hat folgende Maximen, »die Teil unseres Alltagswissens über sprachliches Handeln sind«, formuliert:

- Der Sprachteilnehmer sollte sich bewusst machen, dass Sprache ein Mittel des Zugriffs auf die Welt ist und dass Denken und Sprechen in einem engen Zusammenhang stehen. *Maxime: Sei dir bewusst, dass klares Denken und klares Sprechen einander bedingen.*
- Der Sprachteilnehmer sollte sich auch dessen bewusst sein, dass Sprache als Mittel der Verständigung nur dann funktioniert, wenn man sich um gelungene Formulierungen bemüht. *Maxime: Willst du verstanden werden, dann formuliere genau das, was verstanden werden soll.*
- Der Sprachteilnehmer sollte wissen, dass das Sprachbewusstsein des Einzelnen am Stil seiner Äußerung ablesbar ist und dass er so auch selbst, ob er es will oder nicht, sein Verhältnis zur Sprache ausdrückt. *Maxime: Sei dir bewusst, dass dein Verhältnis zur Sprache und zur Kultur in deinem Sprachgebrauch deutlich wird.*
- Der Sprachteilnehmer muss wissen, dass die Art des Sprachgebrauchs, der Stil – gewolltes oder ungewolltes – Mittel der Selbstdarstellung ist. *Maxime: Sei dir bewusst, dass du durch deinen Stil immer etwas über dich selbst preisgibst.*
- Der Sprachteilnehmer muss wissen, dass er durch seinen Stil immer auch ausdrückt, welche Art von Beziehung zu seinem Partner er herstellen will. *Maxime: Sei dir bewusst, dass du über deinen Stil deine Partnereinstellung deutlich machst.*
- Wichtig ist das Wissen darum, dass durch Stil die Rezeption gelenkt wird. Von der Form hängt ab, ob ein Text leicht oder schwer zu verstehen ist, ob Rezipienten konzeptuelle Konflikte, z.B. das Entschlüsseln von sprachlichen Bildern, gern lösen. *Maxime: Erfolgreich zu kommunizieren bedeutet, sich auf die Rezeptionsbedürfnisse des Partners einzustellen.*

Auf der Grundlage derartiger Maximen der Angemessenheit hat Sprachkritik eine doppelte Aufgabe: Sie kann Texte, sprachliche Äußerungen, daraufhin bewerten, ob sie diesen Maximen folgen oder ob sie sie verletzen, sie kann also aufzeigen, ob die betreffenden Texte hinsichtlich ihrer Kommunikationsabsicht funktional oder dysfunktional sind. Und sie kann – gerade in didaktischen Kontexten (vgl. Kap. 4) – diese Maximen begründen und vermitteln, um auf diese Weise eine Sprachkompetenz in Form von Text(sorten)- und Kommunikationskompetenz zu befördern.

Linguistische Sprachkritik soll – das sei noch einmal wiederholt – dem Sprecher und der Sprecherin nicht vorschreiben, welcher Sprachgebrauch richtig oder falsch ist, aber sie kann ihm oder ihr bewusst machen, wann, wo, zu welchem Zweck welcher Gebrauch der Sprache angemessen ist. Eine solche Sprachkritik greift nicht durch Vorschriften in das Sprachverhalten der Menschen ein, wohl aber liefert sie wertende Orientierungen, die das Ziel haben, Kommunikation im Sinne »gelingender Kommunikation« zu befördern. Ein angemessener Sprachgebrauch setzt also Sprecher und Sprecherinnen voraus, die die Relevanz und Gewichtung bestehender Normen abwägen können und diese Normen gemäß der Kommunikationsabsicht zum Zwecke gelingender Kommunikation im jeweiligen Text realisiert oder aber gegebenenfalls auch abwandeln oder gar verletzen.

Um ein Beispiel zu nennen: Die feuilletonistische Sprachkritik behauptet einen »Sprachverfall« bei Jugendlichen, weil diese sich zunehmend eines reduzierten sprachlichen Ausdrucks in der SMS-, der E-Mail- und der Chat-Kommunikation bedienten. Eine linguistische Sprachkritik, die den Text und seinen Stil fokussiert, könnte diesem Urteil so nicht zustimmen. Sie würde, unter Rückgriff auf sprachwissenschaftliche Erkenntnisse, zunächst feststellen, dass dieser Sprachgebrauch nicht grundsätzlich reduziert ist, sondern in dem entsprechenden Medium aufgrund medialer Restriktionen und zugleich auch Möglichkeiten durchaus funktional ist oder zumindest sein kann (vgl. Dürscheid 2005; Kilian 2011a). Die linguistische Sprachkritik würde sich erst dann zu Wort melden, wenn festzustellen wäre, dass die SMS-Kommunikation auch in anderen Kontexten, nehmen wir als Extremfall ein Bewerbungsschreiben, für das andere Normen gelten, verwendet würde. Hier müsste und könnte dann das Kriterium der »Angemessenheit« greifen und sprachkritisch deutlich gemacht werden, dass ein solcher Sprachgebrauch in diesem Kontext dysfunktional ist, die kommunikative Funktion nicht erfüllt und das angestrebte Handlungsziel mit großer Wahrscheinlichkeit nicht erreicht wird. Noch massiver müsste die linguistische Sprachkritik auf den Plan treten, wenn festgestellt würde, dass Jugendliche nicht mehr über die Fähigkeit verfügten, unterschiedliche kommunikative Muster im mündlichen wie schriftlichen Bereich zu reproduzieren, wenn also die Kompetenz für die Produktion anderer und auch komplexerer Textsorten fehlte und sie kein aktives Textsortenwissen mehr besäßen. Dann nämlich wären nicht nur die kommunikativen Möglichkeiten eingeschränkt, sondern es wären im Großen gesehen auch die Sprachkultiviertheit und letztlich gar die Sprachkultur in Gefahr.

Sprachkultiviertheit nämlich besteht darin, die vielfältigen sprachlichen und kommunikativen Möglichkeiten adäquat, also angemessen, einzusetzen (vgl. Janich 2005; vgl. auch oben: 16). Sie bedeutet nicht die Ausrichtung des Sprachgebrauchs nach einer Norm der – zumeist schriftsprachlichen – Richtigkeit, sondern die Verfügbarkeit über möglichst viele Text- und Kommunikationsmuster sowie über das

Bewusstsein, diese Muster in der Kommunikation angemessen einsetzen zu können. Jan Georg Schneider (2007: 20) hat die »Fähigkeit, sprachliche Ausdrücke in bestimmten ›kommunikativen Praktiken‹ und in bestimmten Medien situationsangemessen verwenden zu können«, mit dem treffenden Ausdruck »Sprachspielkompetenz« benannt, der aus sprachkritischer Sicht eine »Sprachkritikkompetenz« (vgl. Kap. 4.1.4) an die Seite zu stellen ist.

Aus dem Gang durch eine Reihe linguistischer Ansätze der Sprachkritik lassen sich nun einige **Voraussetzungen** ableiten, die berücksichtigt werden müssen, wenn Sprachkritik nicht in Widerspruch zur Linguistik geraten will, sondern als wesentlicher Teil einer anwendungsbezogenen Sprachwissenschaft konstituiert und geübt werden soll (vgl. Maitz 2014; Wengeler 2014). Diese Voraussetzungen betreffen zunächst den Begriff von Sprache und damit verbundene Differenzierungen:

(1) Gegenstand von Sprachkritik ist ganz vorrangig der Sprach*gebrauch*, also das auf der Grundlage von Normen je konkrete Sprachhandeln.
(2) Sprache unterliegt einem Wandel. Wortbedeutungen, Textsorten und ihre Muster, Textsortenstile, Diskurse können sich ändern. Sprachkritik verfährt synchron und berücksichtigt die Diachronie insoweit, als sie den Sprechern oder einer Gruppe von Sprechern bewusst ist.
(3) Es gibt eine innere Mehrsprachigkeit, Varietäten, die eigene funktionale Sprachformen und Stile ausprägen. Sprachkritik muss die Varietätennormen berücksichtigen und darf sich nicht einseitig z.B. nur auf die schriftliche Standardsprache beziehen.
(4) Sprachliche Ausdrücke – Wörter, Äußerungen, Texte – erlangen ihre aktuelle Bedeutung immer in Kontexten. Eine sprachkritische Bewertung isolierter sprachlicher Ausdrücke entbehrt einer sicheren Begründung.
(5) Sprachkritik setzt keine Normen, sondern sie reflektiert Normen, macht sie bewusst und sucht bei Normkonflikten eine Orientierung zu geben.

Sprachkritik als eine bewertende Tätigkeit benötigt **Maßstäbe**, auf denen die Bewertung beruht. Diese Maßstäbe müssen im jeweils konkreten Fall eines sprachkritischen Bewertungsvorgangs expliziert werden, damit die Bewertung begründet erfolgt und nachvollziehbar wird. Allgemein lässt sich für den Status derartiger Maßstäbe vor dem Hintergrund des allgemeinen Ziels von linguistischer Sprachkritik folgender Umriss formulieren:

(1) Ziel von Sprachkritik ist es, mittels wertender Urteile, die als Orientierungen aufzufassen sind, sprachliches Handeln in Richtung auf »gelingende Kommunikation« zu befördern.
(2) Berücksichtigt man die zuvor aufgestellten Voraussetzungen, dann können sprachkritische Urteile nicht in der dichotomischen Kategorie von »richtig« und »falsch« gefällt werden.

(3) Angebracht erscheint eine Skalierung der sprachkritischen Urteile auf der Grundlage des Maßstabes von Angemessenheit. Die Urteile bewegen sich also auf einer gleitenden Skala zwischen »angemessen« und »unangemessen«.
(4) Bei der Anwendung des Maßstabes der Angemessenheit (eines Textes/einer Sprachhandlung) ist zu differenzieren zwischen den Dimensionen: »Angemessenheit bezüglich der dargestellten Sache«, »Angemessenheit bezüglich der Kommunikationssituation« und »Angemessenheit bezüglich des angesprochenen Publikums«.
(5) Dem Maßstab der Angemessenheit übergeordnet ist die Funktion des jeweiligen Kommunikationsbereiches, dem ein zu beurteilender Text/eine zu beurteilende Sprachhandlung angehört. Die Entscheidung, welche der drei Dimensionen von Angemessenheit für die sprachkritische Beurteilung dominant gesetzt wird, erfolgt auf der Grundlage der jeweiligen Funktion, so dass von »funktionaler Angemessenheit« zu sprechen ist.
(6) Die Funktion eines Kommunikationsbereiches korrespondiert mit einem Sprach- und Kommunikationsideal, das vor der sprachkritischen Beurteilung bestimmt und explizit benannt werden muss.

Eine Sprachkritik, die diesem allgemeinen Umriss folgt, ist eingebettet in das umfassendere Konzept von »Sprachkultiviertheit«, das Nina Janich (2005: 32) als »ein Bemühen um Kompetenzausbau« bestimmt hat. Weist man Sprachkritik die Aufgabe zu, zur Sprachkultiviertheit beizutragen, dann ist sie keine Tätigkeit ausschließlich (aber doch auch) von linguistisch geschulten Sprachkritiker(inne)n oder von sprachkritisch orientierten Linguist(inn)en, sondern ein Programm der sprachlichen Bildung für jeden Menschen. Sprachkritik als Teil der Sprachkultiviertheit bedeutet dann mit Janich (ebd.: 34),

> sich nicht nur selbstkritisch (aber auch selbstbewusst) mit Bewertungen des eigenen Sprachgebrauchs auseinander zu setzen, die von außen an einen herangetragen werden, sondern auch, sich selbst beim Bewerten der Äußerungen anderer bewusst zu machen, dass Bewertungsmaßstäbe immer relativ sind und Toleranz oder gemeinsames Aushandeln je nach Situation vernünftiger sein können als Sanktionierung. Bei jeder Form von Sprachkritik müssen die Bewertungsmaßstäbe demnach explizit und begründet werden können.

Weiterführende Literatur: Aptum. Zeitschrift für Sprachkritik und Sprachkultur (2015): Themenheft »Angemessenheit«.

2.7 Aufgaben

A 2.1
Auf S. 32 ist Joachim Heinrich Campes Systematisierung und Verdeutschung der Wörter für verschiedene Staatsformen zitiert. Stellen Sie die entlehnten Ausgangs-

wörter und die Verdeutschungen zusammen und diskutieren Sie die folgenden Fragen:
1. Aufgrund welcher sprachlichen Merkmale (Wortbildung, Semantik) erscheinen die Verdeutschungen verständlicher als die entlehnten Ausgangswörter?
2. Geben die Verdeutschungen die Bedeutung der entlehnten Ausgangswörter angemessen wieder? Berücksichtigen Sie dabei die auf S. 63f. dargestellten Ebenen der Angemessenheit (»Stildreieck« nach Kienpointner).

A 2.2
In Kiesendahl (2006: 283) ist folgende authentische E-Mail eines Studenten an eine Dozentin abgedruckt:

Von: student@web.de
An: dozentin@uni-greifswald.de
Datum: Montag, 10. Mai 2004 21:34
Betreff: <no subject>

Guten Abend, Frau [*Nachname*],
ich halte es für angebracht, mich für mein Fernbleiben am heutigen Montag zu entschuldigen. Aus vielerlei Gründen, die ich nicht ausführen werde. Was mir allerdings wichtig ist: ich bin seit einiger Zeit Opfer meines eigenen Rückens. Da auch dies im Grunde keinen weiteren Ausschweifungen bedarf, möchten Sie mir womöglich am kommenden Mittwoch sagen, was ich nachholen sollte, um es nicht mir und den anderen ersparen zu müssen?
Gute Nacht,
[*Vorname Nachname*]

Welche Merkmale dieser E-Mail stellen Ihrer Ansicht nach Normverletzungen dar? Versuchen Sie, für den E-Mail-Kontakt zwischen Studierenden und Lehrenden allgemeine Normen aufzustellen. Wenden Sie – in sprachkritischer Absicht – die Kommunikationsmaximen von Ulla Fix (vgl. oben: 64) auf diese E-Mail an.

A 2.3
Lesen Sie den Artikel »Betreuung« im *Wörterbuch des Unmenschen* von Sternberger/Storz/Süskind (1986: 31ff.). Stellen Sie die Argumente zusammen, mit denen das Wort dort kritisiert wird und versuchen Sie die Maßstäbe der Kritik herauszuarbeiten. Wenden Sie anschließend das Verfahren der »Kritischen Semantik« (vgl. oben: 44f.) nach dem dort für *Endlösung* zitierten Muster für die Wörter *Betreuung* und *betreuen* an.

A 2.4
In der Glosse *Zeitungsdeutsch und Briefstil* (1929) von Kurt Tucholsky (1975: 274-276) findet sich folgender »Liebesbrief«:

Geheim! Tagebuch-Nr. 69/218.
Hierorts, den heutigen
1. Meine Neigung zu Dir ist unverändert.
2. Du stehst heute abend, 7½ Uhr, am zweiten Ausgang des Zoologischen Gartens, wie gehabt.
3. Anzug: Grünes Kleid, grüner Hut, braune Schuhe. Die Mitnahme eines Regenschirms empfiehlt sich.
4. Abendessen im Gambrinus, 8.10 Uhr.
5. Es wird nachher in meiner Wohnung voraussichtlich zu Zärtlichkeiten kommen.

(gez.) Bosch, Oberbuchhalter

Beschreiben Sie die Stilmerkmale dieses Briefes und üben Sie Stil- und Textkritik.

A 2.5
Kersten Sven Roth hat für den Kommunikationsbereich der Politik das Sprach- und Kommunikationsideal »demokratische Sprache« formuliert (vgl. oben: 59f.). Versuchen Sie entsprechend ein Sprach- und Kommunikationsideal für die Kommunikationsbereiche »Wissenschaft« und »Presse« zu finden. Welche Probleme ergeben sich? Müssen evtl. mehrere Ideale formuliert werden? Wenden Sie das Modell von Roth unter Berücksichtigung der von Ihnen formulierten Ideale auf Beispieltexte aus der Wissenschaft und der Presse an.

A 2.6
Lesen Sie den Text *Das Wort für die Sache halten. Über den Begriff »Verlierer«* von Ingo Schulze (2009). Finden Sie die in Kapitel 2 vorgestellten Ansätze von Sprachkritik in diesem Text wieder? Halten Sie diesen Text für ein gelungenes Beispiel von praktischer Sprachkritik? An welchen Stellen des Textes und auf welche Weise realisiert Schulze Grundsätze der linguistischen Sprachkritik, wo geht er über sie hinaus?

A 2.7
Überlegen und begründen Sie, ob es für die gesprochene Sprache und für die digitale Kommunikation noch weitere oder ggfs. andere Dimensionen der Angemessenheit gibt als die von Cicero und Kientpointner genannten (Sache, Situation, Publikum). Gehen Sie bei Ihren Überlegungen von dem Aufsatz Arendt/Kiesendahl (2013) aus.

3 Laienlinguistische Sprachkritik

Unter »laienlinguistischer« Sprachkritik wird im Folgenden die Kritik an bestimmten Sprachnormen verstanden, die von Nicht-Linguisten meist ohne theoretisch-methodische Grundlage und ohne eine empirisch gesicherte Untersuchung des Sprachgebrauchs geäußert wird. Gemeint ist eine Kritik an Sprachgebrauchsnormen, der nicht linguistische, sondern meist ästhetische oder politische Motive zugrunde liegen:

> Mit der Sicherheit seiner festen Überzeugung weiß ein Sprachkritiker immer, was richtig ist oder – da die negative Kritik überwiegt – was falsch ist. [...] Seine Entscheidungen stützt der Sprachkritiker so gut wie nie auf linguistisch begründete Einsichten, er verläßt sich durchweg auf seine persönliche Ansicht: sein »Sprachgefühl«. Dies wäre nicht weiter schlimm, wenn unser Sprachgefühl als eine einigermaßen vorurteilslose Instanz gelten könnte. Indes, als Summe des erworbenen Sprachwissens und der lebenslangen Spracherfahrung eines Menschen, ist es in höchstem Grade subjektiv geprägt [...]. (Sanders 1992: 17)

Der Ausdruck »laienlinguistisch« soll jedoch keineswegs pejorativ verstanden werden, etwa in dem Sinne, dass Nicht-Linguisten kein Recht hätten, Sprachkritik zu betreiben. Vielmehr soll mit diesem Ausdruck zum einen eine bestimmte Gruppe sprachkritischer Akteure hervorgehoben und zum anderen eine bestimmte argumentative Ausrichtung von Sprachkritik charakterisiert werden.

Die argumentative Ausrichtung der in diesem Sinne als laienlinguistisch zu bezeichnenden Sprachkritik ist durch drei wesentliche Merkmale gekennzeichnet. Sie äußert sich erstens meist als Kritik an bestimmten Wortgebräuchen und/oder als Stilkritik (vgl. Niehr/Funken 2009; Sanders 1992: 31ff., 89ff.; Schiewe 2001). Zweitens – das werden die folgenden Ausführungen noch belegen – widersprechen ihre Ergebnisse bzw. Forderungen häufig grundlegenden sprachwissenschaftlichen Erkenntnissen. Drittens ist laienlinguistische Sprachkritik häufig durch Ad-hoc-Beschreibungen von Sprachverwendungen gekennzeichnet, die keine empirische Grundlage haben oder sogar empirischen Untersuchungen widersprechen.

Ein Überblick über laienlinguistische Sprachkritik zeigt, dass die Urteile von Laien und Linguisten häufig nicht miteinander zu vereinbaren sind (vgl. Burkhardt 2014; Maitz 2014; Sanders 1992: 81ff. und zu den Kolumnen Sicks Meinunger 2008). Einschränkend ist allerdings anzumerken, dass eine derartig motivierte Sprachkritik bisher nur punktuell analysiert wurde und möglicherweise auch gar nicht systematisch zu erforschen ist. Dies liegt v.a. daran, dass die hier angesprochenen sprachkritischen Bemerkungen häufig innerhalb kleinerer Texte wie z.B. Zeitungsglossen oder privaten Internetseiten zu finden sind. Eine Ausnahme machen die Stilratgeber, die zahlreich in Buchform vorliegen (vgl. Meyer 1993: 228ff.). Eine trennscharfe Abgrenzung von Sprachratgebern und Stillehren ist jedoch kaum möglich. Allerdings gibt es neben der von Einzelpersonen publizistisch geäußerten Sprachkritik auch laienlinguistische sprachkritische Bestrebungen, die institutionell verankert sind und sich auf Vereinsebene organisiert haben. Eine exemplarische Auswahl von Vertretern der laienlinguistischen Sprachkritik wird im Folgenden vorgestellt.

3.1 Zur Geschichte der Laienlinguistik

In diesem Kapitel werden wesentliche Motive laienlinguistischer Sprachkritik vom späten 19. Jahrhundert an skizziert und einige für die öffentliche laienlinguistische Diskussion ab dem 19. Jahrhundert zentrale Institutionen und Personen mit ihren wichtigsten Gegenständen und Argumenten vorgestellt (vgl. zur Geschichte der laienlinguistischen Sprachkritik Schiewe 1998; von Polenz 1999: 264ff. sowie Stukenbrock 2005; Sanders 1992; Griesbach 2006 und Pfalzgraf 2006). Da die Kritik des »Fremdworts« von Anfang an und bis in die Gegenwart einen Hauptgegenstand der laienlinguistischen Sprachkritik bildet, soll – soweit dies möglich ist – die Fremdwortkritik dem folgenden Überblick als roter Faden dienen (zur Geschichte des Purismus vgl. Kirkness 1975; Lipczuk 2007). Texte weiterer Sprachkritiker wie Nietzsche, Mauthner, Hofmannsthal, Kraus, Klemperer u.a., die in diesem Kapitel keine Berücksichtigung finden, werden in Schiewe/Kilian/Niehr (Hgg.) (2015) vorgestellt und erläutert.

3.1.1 Der Allgemeine Deutsche Sprachverein

Der »Allgemeine Deutsche Sprachverein« (ADSV) wurde 1885 gegründet, ausgehend von den Bestrebungen des Kunsthistorikers Herman Riegel (vgl. Blume 2013). Dieser war von 1871 bis zu seinem Tode Direktor des Herzoglichen Museums in Braunschweig und Professor für Geschichte der Baukunst. Riegel muss man sich als aggressiv, radikal und ausländerfeindlich vorstellen (vgl. von Polenz 1999: 271). Den ersten Zweigverein des ADSV gründete im Jahr 1885 Hermann Dunger, Germanistikprofessor in Dresden (vgl. die detaillierten Darstellungen bei Kirkness 1975, Bd. II: 369ff. sowie Stukenbrock 2007: 321ff.; Sauter 2000: 176ff. und Lipczuk 2007: 67ff.). Die wesentliche Zielsetzung des ADSV bestand darin, die deutsche Sprache von »unnöthigen fremden Bestandtheilen zu reinigen« (vgl. Schiewe 1998: 157). So gibt Riegel (1888: 4) als Merksatz aus: »Kein Fremdwort für das, was deutsch **gut** ausgedrückt werden kann.« Er sieht Fremdwörter als »ekelhafte Eindringlinge« und »Unkraut« (ebd.: 5) an, die der Sprache so sehr geschadet hätten, dass sie »im vorigen Jahrhundert tief herabgekommen war« (ebd.: 23). Es gelte daher »diesen jämmerlichen Unfug« (ebd.: 21) zu beenden: »Man muß ihn nur vermeiden wollen, und er ist vermieden« (ebd.).

Es gab zwar auch Vertreter des ADSV, die zumindest teilweise differenziert argumentierten. So findet man beispielsweise bei Dunger (1899: 10), dem Vorsitzenden des ersten Zweigvereins, das varietätenlinguistische Argument, dass insbesondere innerhalb der Domäne des Sports Anglizismen verwendet werden:

> Am üppigsten wuchert das englische Unkraut auf dem Gebiete des Sports und der Bewegungsspiele. Da hören wir von Record, d.h. einer eingetragenen Höchstleistung, Zielleistung, Meisterschaft (von lat. recordari, sich erinnern, gedenken [...]), von Turf, Tattersall, Steeple-chase, Handicap, von Trainers und Jockeys, von starten und kantern; das begünstigte Pferd, auf welches die meisten Wetten abgeschlossen werden, ist der Favourite, beim Rennen ereignet sich bisweilen ein Accident, d.h. es ereignet sich ein Ereignis, soll heißen ein Unfall, Unglücksfall, und den Schluß macht in würdiger Weise der Totalisator.

Andererseits argumentiert Dunger aber mit einem »Mangel an deutschem Selbstgefühl« (ebd.: 14) und kommt zu dem Schluss: »Der Deutsche muß auch in sprachlicher Beziehung mehr Rückgrat haben« (ebd.: 17), denn: »Die Sprache ist ein Heiligtum des Volkes. Jedes selbstbewusste Volk ehrt und liebt seine Sprache« (ebd.: 18).

Derartige Passagen deuten eine nationalistische Ausrichtung an, die in dem vielzitierten Ausspruch Herman Riegels gipfelt: »Gedenke, auch wenn Du die deutsche Sprache sprichst, daß Du ein Deutscher bist« (*Zeitschrift des Allg. Deutschen Sprachvereins* 1/1886: 2). Dies unterscheidet den Allgemeinen Deutschen Sprachverein von den Sprachgesellschaften des Barock, die sich v.a. mit der literarischen Sprache beschäftigten (vgl. Schiewe 1998: 64) und auch nicht einem »einseitigen Fremdwortpurismus« (von Polenz 1994: 119) das Wort redeten.

Der ADSV wurde schnell zum Wortführer und Organisator des Fremdwortpurismus in Deutschland und hat vielfältige Aktivitäten unternommen, wie z.B. Preisausschreiben, Aufrufe, Eingaben bei Behörden. Seit 1886 gab es eine eigene Vereinszeitschrift, die seit 1925 den Titel *Muttersprache* trug (vgl. Stukenbrock 2005: 323). Der Sprachverein wurde von Behörden häufig um Beratung gebeten, etwa für die Formulierung oder Neufassung von Gesetzen und Verordnungen. Er gab Verdeutschungsbücher heraus für eine Vielzahl von Sachgebieten (vgl. dazu und zum Folgenden von Polenz 1999: 268f.). Auch große Behörden arbeiteten im Sinne des ADSV: So wurden beispielsweise bei den Überarbeitungen der Postordnung des Deutschen Reiches zahlreiche »Fremdwörter« ersetzt (*Couvert* durch *Briefumschlag*, *Passagierbillet* durch *Fahrschein*, *Telefon* durch *Fernsprecher* etc.). Auch in Gesetzen und Verordnungen wurde vermehrt auf Verdeutschungen zurückgegriffen (*Abschrift* vs. *Kopie*, *Zustellungsurkunde* vs. *Insinuations-Dokument* etc.).

Ebenfalls in diesen Kontext gehört die im 20. Jahrhundert betriebene Verdeutschung grammatischer Termini, die sich im Deutschunterricht teilweise bis heute finden lassen:

Dingwort	<	Substantiv
Tätigkeitswort	<	Verb
Geschlechtswort	<	Artikel
Doppellaut	<	Diphthong
Leideform	<	Passiv

> Satzgegenstand   <   Subjekt
> Schrifttum   <   Literatur (vgl. von Polenz 1967: 125f.; 1999: 271f.)

Zu Beginn des ersten Weltkriegs wurde der Sprachpurismus des ADSV, seiner Anhänger und Sympathisanten immer drängender und chauvinistischer. Es kam zu öffentlicher Agitation bis hin zu menschenverfolgenden Aktionen. In der Zeitschrift des ADSV (29. Jg., Nr. 9) verkündete der Vorsitzende des Vereins, Otto Sarrazin, im September 1914:

> Das Volk stand auf, der Sturm brach los – der Sturm auch wider die Schänder der deutschen Edelsprache, wider das **alte Erbübel der deutschen Fremdtümelei**, wider alle würdelose Ausländerei, wider Engländerei und Französelei. Allerorten geht man mit Eifer, ja mit Begeisterung ans Werk, die **öffentlich** zur Schau getragenen fremdländischen Inschriften, Ladenschilder, Geschäftsanzeigen und -anpreisungen usf., diese traurigen Zeugen einstmaliger Erniedrigung Deutschland zu beseitigen und durch gutes Deutsch zu ersetzen. [...] Schmach über jeden Deutschen, der fürder seine heilige Muttersprache schändet! »**Gedenke, daß du ein Deutscher bist!**«

Die Zweigvereine des ADSV handelten damals auf lokaler Ebene in vielfältiger puristischer Weise: Es wurden Orts-, Straßen- und Flurnamen geändert, französische Beschriftungen in der Öffentlichkeit und in Geschäften geändert, die Speisekarten in Restaurants (die übrigens fortan nur noch *Gaststätte* und *Gasthaus* heißen sollten) wurden verdeutscht, und es wurde versucht, ein Verbot des Französischsprechens durchzusetzen (z.B. frz. Grußformel *Adieu!*) (vgl. ebd.). Die enorme Wirkung dieses Vereins ist jedoch weniger auf seine besonders gelungenen Verdeutschungen zurückzuführen als vielmehr in der allgemeinen Verbreitung deutschtümelnder Gesinnung zu suchen (vgl. ebd.: 272). Diese Grundhaltung des Allgemeinen Deutschen Sprachvereins, der sich ab 1923 »Deutscher Sprachverein« (DSV) nennt, radikalisierte sich in der Zeit des Nationalsozialismus. Schnell erfolgte eine »Gleichschaltung« mit dem Nationalsozialismus, die sich einerseits aus der Nähe von Deutschtümelei und Radikalnationalismus zur NS-Ideologie erklären lässt, andererseits aber wohl auch den Versuch bedeutete, verlorene Popularität zurückzugewinnen (vgl. von Polenz 1999: 277). Der DSV brachte seine Dienste eifrig in die neue faschistische Diktatur ein, verstand sich von nun als »die SA. unserer Muttersprache«, deren »völkische Pflicht« es sei, »das heilige erb- und blutgebundene Sprachgut zu säubern und zu reinigen und unverfälscht an unsere Nachfahren weiterzugeben« (*Muttersprache* 1934, H. 5, Sp. 146; vgl. Stukenbrock 2005: 325). Seit 1936 findet sich eine eindeutig rassistische Fremdwortkritik in der Vereinszeitschrift *Muttersprache*, die bis zur Gleichsetzung von Vulgär- und Gaunersprache mit dem Jiddischen reicht (vgl. die Beispiele bei von Polenz 1967: 128ff.) und die Leser auf Wörter »jüdischer Herkunft« aufmerksam macht. Eine große Vereinskrise führte der Verein im Jahre 1937 dann selbst herbei, als ein Vereinsmitglied feststellte, dass der Ehrenpräsident des Sprachvereins – nämlich Eduard Engel (vgl. Kap. 3.1.3) – ein »recht rühriger Jude« sei. Dies führte zu einer kuriosen argumentativen Kehrtwendung des

Vereins: »Wir lehnen es ab, den Gebrauch des Fremdwortes zum Maßstab vaterländischer Gesinnung zu machen« (Zitate nach von Polenz 1967: 134f.). Der Fremdwortpurismus wurde nun vom Vorstand nicht nur unterbunden, sondern sogar diskreditiert:

> Wir rücken weit ab von der haltlosen Verdeutscherei und Sprachschöpferei [...]. Auch das wissen wir, daß die vaterländische Gesinnung sich niemals beurteilen läßt nach dem Gebrauch von Fremdwörtern; man kann der vorbildlichste Deutsche sein und in diesen Dingen eine andere Haltung haben. (Muttersprache 52/1937, Sp. 254f.; zit. nach von Polenz 1967: 136)

Diese eilfertige Abkehr von der Fremdwortjagd hing offensichtlich damit zusammen, dass auch maßgebliche Naziführer den Verdeutschungsfanatikern nicht wohlgesonnen waren. Goebbels hatte bereits 1937 sein Missfallen gegenüber den Puristen zum Ausdruck gebracht (vgl. von Polenz 1967: 135), und im November 1940 wurde der Fremdwortpurismus sogar durch einen Erlass Hitlers offiziell für unerwünscht erklärt. Es hieß dort (zit. nach von Polenz 1967: 138):

> Der Führer wünscht nicht derartige gewaltsame Eindeutschungen und billigt nicht die künstliche Ersetzung längst ins Deutsche eingebürgerter Fremdworte durch nicht aus dem Geist der deutschen Sprache geborene und den Sinn der Fremdworte meist nur unvollkommen wiedergebende Wörter. Ich ersuche um entsprechende Beachtung.

Dieses Verbot ist dadurch begründet, dass die Nazis Fremdwörter für ihre Zwecke (Euphemisierung, »Magie des Fremdwortes«) sehr wohl zu nutzen wussten. Die Vertreter des Sprachvereins hingegen »bemerkten vor lauter Eifer nicht, daß sie die Sache auf die Spitze trieben und den politischen Praktikern unter den Nazis in die Quere kamen« (Greule/Ahlvers-Liebel 1986: 39). Mit Hitlers Erlass kann man jedenfalls ein (vorläufiges) »Ende des deutschen Sprachpurismus« (von Polenz 1967: 138) konstatieren.

3.1.2 Gustav Wustmann

Gustav Wustmann (1844-1910) wirkte als Gymnasiallehrer und Bibliothekar in Leipzig (vgl. Meyer 1993: 239ff.). Wustmann hat eine Fülle von Publikationen zu unterschiedlichen Themen verfasst. Neben zahlreichen Arbeiten zur Geschichte Leipzigs veröffentlichte er auch ein populäres Liederbuch mit dem Titel *Als der Großvater die Großmutter nahm. Ein Liederbuch für altmodische Leute*. In der Leipziger Zeitschrift *Die Grenzboten*, deren Redaktion er seit 1873 angehörte, erschienen Wustmanns Aufsätze, die Grundlage wurden für sein bekanntestes Buch *Allerhand Sprachdummheiten. Kleine Grammatik des Zweifelhaften, des Falschen und des Häßlichen. Ein Hilfsbuch für alle, die sich öffentlich der deutschen Sprache bedienen* (Wustmann 1891). Dieses Buch war außerordentlich erfolgreich und überlebte Wustmann, der am 22. Dezember 1910 im Alter von 66 Jahren in Leipzig starb, um viele Jahre. Es erschien zuletzt noch 1966 in 14. Auflage (vgl. Meyer 1993: 302f. sowie die Rezensionen von Henne 1965 und Juhász 1967).

In diesem Buch geht Wustmann davon aus, dass die deutsche Sprache auf einem Tiefpunkt angekommen sei und sich »in einem Zustande der Verwilderung« befinde (Wustmann 1891: 3; im Folgenden nur mit Seitenzahl zitiert). Anders als noch zur Zeit »unsrer großen Litteraturblüte etwa von 1770 bis 1830« (7) herrsche nun »Unbeholfenheit und Schwerfälligkeit, Schwulst und Ziererei, und [...] eine immer ärger werdende grammatische Fehlerhaftigkeit« (5). Zwar weist Wustmann in diesem Zitat auf die klassische Literatur hin, sein Verhältnis zur Sprache klassischer Dichter ist jedoch durchaus ambivalent (vgl. Meyer 1993: 287ff.). Auch ihnen meint er Fehler nachweisen zu können, und »ein Fehler bleibt ein Fehler, mag ihn geschrieben haben, wer da will« (17). Im Zweifelsfalle sei das (im Grunde also Wustmanns) Sprachgefühl die Instanz, die zu entscheiden habe, was der »richtige« Sprachgebrauch sei: »Maßgebend ist die Sprache der Dichter also dann, wenn sie nach G. Wustmanns Ansicht ›richtig‹ ist, das heißt seinem eigenen Sprachgefühl entspricht« (Meyer 1993: 288).

Für den zeitgenössischen schlechten Sprachzustand macht Wustmann in erster Linie das Deutsch der Zeitungen verantwortlich: Es sei so fehlerhaft, dass man den Eindruck habe, die Journalisten hätten »sich förmlich Mühe gegeben [...], auf engstem Raume möglichst viel und möglichst verschiedene Sprachschnitzer und Sprachgeschmacklosigkeiten anzubringen« (18). Wustmann macht dafür mehrere Ursachen aus: Einerseits gebe es in keinem Gewerbe der Welt »so viel Pfuscher, wie im Zeitungsgewerbe« (16), andererseits würden Zeitungen häufig auch von Menschen geschrieben, die keine deutschen Muttersprachler seien – was bei Wustmann durchaus auch antisemitisch gemeint war. Diese Menschen könnten zwar grammatisch korrekt schreiben, verfügten aber nicht über das nötige Sprachgefühl (vgl. 18f.). Außerdem sei auch der mangelhafte Deutschunterricht an Schulen für die Misere verantwortlich: »Wo stammen sie denn her, die Deutschverderber der letzten vierzig Jahre, wenn nicht aus der deutschen Schule?« (25) Infolge des schlechten Sprachzustands sei »in weitern Kreisen des Volkes das Bedürfnis nach Besserung vorhanden und wird sich hoffentlich noch steigern« (30). Hoffnung setzt Wustmann in den Sprachverein (vgl. Kap. 3.1.1). Aber auch »das vorliegende Büchlein« (30) soll den von Wustmann konstatierten allgemeinen Sprachverfall aufhalten helfen. Das Prinzip, das Wustmann als hilfreich ausgemacht hat, ist der sprachliche Konservativismus:

> In rein grammatischen Fragen ist der einzig richtige Standpunkt der konservative, d.h. man muß das bisherige richtige zu verteidigen und zu retten suchen, wo und solange es eingedrungnem oder eindringendem neuem und falschem gegenüber irgend zu retten ist; auch in anscheinend verzweifelten Fällen darf man die Hoffnung nicht aufgeben, durch Klärung des getrübten Sprachbewußtseins oder durch Aufstachelung des trägen Sprachgewissens das richtige noch zu erhalten. Nur in ganz aussichtslosen Fällen ist der Kampf aufzugeben und dem neuen, auch wenn es falsch ist, das Feld zu räumen. (31)

In diesem Sinne versucht Wustmann in den zahlreichen Kapiteln seines Buches, die meist nur wenige Seiten umfassen, »abscheuliche«, »falsche«, »garstige«, »greuliche« und »häßliche« (9) Sprachentwicklungen zu verhindern.

Das Buch hat drei große Teile, die jeweils in mehrere Kapitel unterteilt sind. Nach einer »Formenlehre« folgen eine »Wortbildungslehre« und eine »Satzlehre« (317ff.). Allerdings ist die Zuordnung der einzelnen Kapitel zu den Teilen des Buches nicht immer nachvollziehbar (vgl. Meyer 1993: 251). Inhaltlich ist sich Wustmann mit den zeitgenössischen Autoren anderer Sprachratgeber weitgehend einig. Sein Buch bringt »nichts grundlegend Neues« (ebd.: 252; vgl. dazu auch den detaillierten Vergleich bei Law 2007: 31ff.). Zeitgenössische Rezensenten warfen Wustmann, dessen Buch keine genauen Quellenangaben enthält, sogar vor, andere Ratgeber zu plagiieren (vgl. Meyer 1993: 268). Wustmann beschäftigt sich in erster Linie mit grammatischen Phänomenen, kommt aber auch auf Stilfragen zu sprechen. Aus jedem der drei Teile (Formenlehre, Wortbildungslehre und Satzlehre) soll nun ein Beispiel vorgestellt werden.

3.1.2.1 Formenlehre: Starke und schwache Deklination

Wustmann geht – zumindest in der 1. Auflage seines Buches – davon aus, dass es im Deutschen eine starke und eine schwache Deklination gibt. Da er die gemischte Deklination – ihr gehören Wörter an, die im Plural anders als im Singular dekliniert werden – ignoriert, kommt er zu Regeln, die auch der Sprachwirklichkeit seiner Zeit eindeutig zuwiderlaufen: »Von den Hauptwörtern auf el (und er) gehören alle Feminina der schwachen Deklination an; [...] alle Maskulina und Neutra gehören zur starken Deklination« (37). Weiterhin sei die schwache Deklination dadurch gekennzeichnet, dass »alle Kasus der Mehrzahl die Endung en [hätten]. Die schwache Deklination hat auch keinen Umlaut.« (35)

Nun ist es nicht schwer, Beispiele der gemischten Deklination zu finden – z.B. die Wörter *Mutter* und *Tochter* –, die zweifelsohne Feminina sind und auf *-er* enden. Sie werden im Plural stark dekliniert, haben also einen Umlaut und keine Endung auf *-(e)n*. Analog dazu finden sich Maskulina, die im Plural schwach dekliniert werden – z.B. *Bauer*, *Vetter* und *Gevatter* – und ebenfalls nicht Wustmanns Regel entsprechen (vgl. dazu mit weiteren Beispielen Meyer 1993: 269ff.).

3.1.2.2 Wortbildungslehre: Fremdwörter

Das Verhältnis Wustmanns zu Fremdwörtern ist ambivalent. Einerseits sieht er im Fremdwortgebrauch eine vorübergehende Modeerscheinung: »Aber sie [die Fremdwörter der Umgangssprache] kommen eins nach dem andern aus der Mode, und neue kommen nicht viel hinzu« (118).

> petito remissionis), ein cf. pg. (confer paginam) u. dergl.;
> er fühlt sich gehoben, wenn er solche geheimnisvolle
> Zeichen in die Alten hineinmalen kann.
>
> Wundern muß man sich, daß die Männer der
> Wissenschaft, bei denen man doch die größte Einsicht
> voraussetzen sollte, gegenwärtig noch fast alle in dem
> Wahne befangen sind, daß sie durch Fremdwörter
> ihrer Sache Glanz und Bedeutung verleihen könnten.
> Auf den Universitätskathedern und in der fachwissen-
> schaftlichen Litteratur, da jagen sich die Fremdwörter
> noch. Der deutsche Professor glaubt immer noch, daß
> er sich mit editio princeps, terra incognita, eo
> ipso, bona fide, Publikation, Argumentation,
> Acquisition, Kontroverse, Resultat, Ana-
> logie, intellektuell, individuell, ethisch,
> identisch, irrelevant, adaequat, ediren, po-
> lemisiren vornehmer ausdrücke als mit erste Aus-
> gabe, unbekanntes Land, von selbst, im guten
> Glauben, Veröffentlichung, Beweisführung,
> Erwerbung, Streitfrage, Ergebnis u. s. w.
> Er fühlt sich wunderlicher Weise auch gehoben (wie
> der kleine Rats- und Gerichtsbeamte), wenn er lexi-
> kalisches Material sagt statt Wortschatz, wenn
> er von intensiven Impulsen oder prägnanten
> Kontrasten oder einem Produkt destruktiver
> Tendenzen redet, wenn er eine Idee ventilirt,
> statt einen Gedanken zu erörtern, wenn er von
> einem Produkt der Textilkunst die Provenienz
> konstatirt, statt von einem Erzeugnis der
> Weberei die Herkunft nachzuweisen. Und der
> Student macht es ihm leider meist gedankenlos nach;
> die wenigsten haben die geistige Überlegenheit, sich
> darüber zu erheben.
>
> Weniger zu verwundern ist der Massenverbrauch
> von Fremdwörtern bei den Geschäftsleuten. Sie
> stecken natürlich infolge ihrer Halbbildung am tiefsten
> in dem Wahne, daß ein Fremdwort stets vornehmer
> sei als das entsprechende deutsche Wort. Weil auf
> sie selbst ein Fremdwort einen so gewaltigen Eindruck
> macht, so meinen sie, es müsse diesen Eindruck auf

Abb. 6: Ausschnitt aus Wustmanns *Sprachdummheiten* (1891: 120)

Andererseits verwendet Wustmann fast zehn Seiten seines Buches darauf, gegen die Fremdwortverwendung zu polemisieren, als deren Ursache er hauptsächlich das Imponiergehabe der Sprecher bzw. Schreiber ausmacht, wobei er, wie im voranstehenden Ausschnitt deutlich wird, auch nicht davor zurückschreckt, Gesellschaftskritik zu üben – wie z.B. an Universitätsprofessoren und Geschäftsleuten:

> Könnte man doch nur den Aberglauben loswerden, daß das Fremdwort vornehmer sei, als das deutsche Wort, daß professioneller Vagabund vornehmer klinge als gewerbsmäßiger Landstreicher, ein elegant möbliertes Garçonlogis vornehmer als ein fein ausgestattetes Herrenzimmer, konsequent ignorieren vornehmer als beharrlich unbeachtet lassen, daß ein Kollier etwas feineres sei als ein Halsband. (121)

Fremdwörter seien eher dazu geeignet, »etwas niedriges zu bezeichnen« (ebd.) und es dadurch sprachlich aufzuwerten. Problematisch seien sie aus mehreren Gründen. Zunächst seien sie häufig »unklar, verschwommen, vieldeutig« (ebd.). Dies versucht Wustmann an zahlreichen Beispielen zu demonstrieren:

> Was soll direkt nicht alles bedeuten: bald unmittelbar (eine Ware wird direkt bezogen, einer ist der direkte Schüler des andern), bald dicht oder nahe (der Gasthof liegt direkt am Bahnhof), bald gerade (die Straße führt direkt nach [sic] der Ausstellung). (122)

Weiterhin würden Fremdwörter häufig verwechselt – Wustmann führt als Beispiel *Gravitation* und *Gratifikation* an (vgl. 126) – und es würde »massenhafte[r] Mißbrauch« (124) mit ihnen getrieben, weil sie häufig »in falscher Bedeutung« (125) verwendet würden. So bedeute *Epoche* einen

> Haltepunkt, in der Geschichte ein Ereignis, das einen wichtigen Wendepunkt gebildet hat. So brauchen noch unsre Klassiker das Wort. Schiller nennt noch ganz richtig die Geburt Christi eine Epoche, das Ereignis selbst, nicht etwa die Zeit des Ereignisses! [...] Das Wort ist dann auf die Zeit übertragen worden, und heute bezeichnet man jeden beliebigen Zeitabschnitt, klein oder groß, wichtig oder unwichtig, als Epoche. (124)

Diese Bemerkungen Wustmanns sollen hier unkommentiert bleiben, da Kritik am Fremdwortgebrauch in zahlreichen laienlinguistischen Argumentationen bis in die heutige Zeit an prominenter Stelle geäußert wird. Wie noch gezeigt werden soll, haben sich die Argumente der Fremdwortgegner im Lauf der letzten hundert Jahre kaum verändert. Sie werden deshalb im Zusammenhang mit der rezenten Anglizismenkritik einer linguistischen Analyse unterzogen.

3.1.2.3 Satzlehre: Bildervermengung

Unter dieser Überschrift rügt Wustmann Formulierungen wie »der Zahn der Zeit, der schon so manche Thränen getrocknet hat, wird auch über dieser Wunde Gras wachsen lassen« (290). Problematischer als solch erheiternde Formulierungen seien jedoch Bildvermengungen, die »gleichsam verschleiert sind« (ebd.) und deshalb den Sprechern und Schreibern nicht auffallen. So könne man nicht schreiben »man wird dabei folgende Gesichtspunkte in den Vordergrund zu stellen haben« (291), was er folgendermaßen begründet:

> Der Gesichtspunkt ist der Punkt im Auge, von dem aus man eine Sache betrachtet. Man erlangt um so genauere Kenntnis einer Sache, von je mehr und je verschiednern Gesichtspunk-

ten aus man sie ins Auge faßt. Dazu muß man natürlich den Standpunkt wechseln, man kann eine Sache von hohem und von niederm Gesichtspunkte ansehen; aber wie man Gesichtspunkte in den Vordergrund stellen [...] soll, ist gänzlich unverständlich. (Ebd.)

Diese Argumentation Wustmanns wird man nur nachvollziehen können, wenn man die zitierte Redewendung im nicht-übertragenen, wörtlichen Sinn auffasst. Dass Wustmann dies beabsichtigt, zeigt die einführende Definition, die er für *Gesichtspunkt* gibt. Einen Punkt im Auge kann man in der Tat nicht in den Vordergrund stellen. Eine »Art u. Weise, eine Sache anzusehen u. zu beurteilen« und einen »Aspekt, unter dem eine Sache betrachtet werden kann« (vgl. Duden 2011b: 713), kann man aber sehr wohl in den Vorder- wie den Hintergrund stellen. Mit einer analogen Argumentation polemisiert Wustmann auch gegen Verben wie *klarlegen* und *klarstellen*, da wir *klar* »in sinnlicher Bedeutung nur von der Luft und von Flüssigkeiten [gebrauchen]. Wie soll man die auf eine feste Unterlage legen oder stellen?« (107; vgl. weitere Beispiele bei Meyer 1993: 281)

In Kap. 3.2.3 werden wir sehen, dass auch diese Art der Argumentation bis heute von der laienlinguistischen Sprachkritik gepflegt wird.

3.1.3 Eduard Engel

Eduard Engel wurde 1851 in Stolp, Pommern (heute Polen), geboren. Nach seiner Promotion arbeitete Engel als Stenograph am Reichstag und betätigte sich gleichzeitig als Publizist und Autor (vgl. Sauter 2000: 15ff.). Er hat zahlreiche Bücher publiziert, wurde jedoch einem größeren Kreis v.a. durch seinen Sprachratgeber *Deutsche Stilkunst*, der zwischen 1911 und 1931 in 31 Auflagen erschien, sowie durch seine Verdeutschungs- bzw. »Entwelschungs«-Wörterbücher bekannt (vgl. dazu ausführlich Lipczuk 2007: 87ff.). 1934 wird Engel Ehrenmitglied des Deutschen Sprachvereins (vgl. Kap. 3.1.1), bis dieser sich in der Vereinszeitschrift aus »rassischen« Gründen von Engel distanziert, der jüdischen Glaubens war. Engel stehe »nicht das Recht zu, über Werke deutschblütiger Menschen zu urteilen, weil ihm letztlich die Fähigkeit abgeht, sich in deutsches Wesen in seiner Tiefe einzufühlen« (*Muttersprache* 1937, Sp. 142.; zit. nach Stukenbrock 2005: 331). Am 23. November 1938 stirbt Engel verarmt an einer Lungenentzündung (vgl. Sauter 2000: 162ff.).

Engels berühmtestes Werk ist seine *Deutsche Stilkunst*. Sie will die Verfasser von Texten dazu anhalten »nicht mehr preziös zu schnörkeln, gelehrttuerisch anzudeuteln, unentwirrbar zu schachteln, Tiefsinn durch absichtliches Dunkel vorzugaukeln« (Engel 1911: 5; im Folgenden nur mit Seitenzahl zitiert). Wenn man dieses Buch heute in die Hand nimmt, so ist es in mehrfacher Hinsicht abschreckend: Der Text ist in Frakturschrift gesetzt, und zwar so eng, dass die Lektüre zu einer Tortur für die Augen wird, wie bereits ein zeitgenössischer Rezensent monierte (vgl. Sauter 2000: 94).

> 10   Minderwertigkeit deutscher Prosa
>
> aber auch die Schönheit deutscher Prosa von der mittelhochdeutschen Zeit bis fast zur Mitte des 16. Jahrhunderts, also bis zur Deutschverderbung durch die Humanisterei. Die Prosa des Meisters Eckhart, der großen Prediger des 13. Jahrhunderts, Taulers, Geilers, nun gar Luthers steht in sprachlicher Reine und künstlerischer Formenadel nicht zurück hinter den großen zeitgenössischen Prosaschreibern Frankreichs, Englands, Italiens.
> Gescholten allerdings wurde von jeher in Deutschland über die schlechte Behandlung des Deutschen; jedoch in den Jahrhunderten vor dem Humanismus nur so, wie bei Franzosen und Engländern über Nachlässigkeit gegen die Muttersprache geklagt wurde. Wenn z. B. Otfried schreibt: ‚Sie scheuen sich vor Fehlern in fremden Sprachen, aber der Ungeschicktheit in der eigenen schämen sie sich nicht', so bezieht sich dies nur auf seine fast ausschließlich lateinisch schreibenden Standesgenossen. Ein Stilgebrechen des Deutschen ist allerdings nach den Zeugnissen eines Jahrtausends beinahe so alt wie die deutsche Literatur: die Durchsprenkelung des Redegewebes mit fremden Sprachfäden. Offenbar billigend schreibt Gottfried von Straßburg über seinen Helden Tristan:
>
> Der hövesche hovebaere   Und fremediu zabelwortelin
> Lie siniu hovemaere   Underwilen fliegen in.
>
> Der Dichter des ‚Welschen Gastes', Thomasin von Zirkläre, verteidigt, ja empfiehlt geradezu die ‚Streifelung' des Deutschen mit welschen Wörtern; allerdings nur aus Bildungseifer:
>
> Daz ensprich ich dâ von niht   Wan dâ lernt ein tiusche man
> Daz mir missevalle iht,   Der liht niht welhische kan,
> Swer strîfelt sîne tiusche wol   Der spaehen worte harte vil,
> Mit der welhische, sam er sol: Ob erz gerne tuon wil.
>
> Die geschichtlichen Ursachen der Minderwertigkeit der deutschen Prosa liegen klar zutage. Die wirksamste war der Mangel eines weltlichen und geistigen Mittelpunktes. Wo in Deutschland hat es zwischen den Zeitaltern der Hohenstaufen und Luthers eine oberste Sprachschule gegeben, wie sie zu allen Zeiten und bei allen Bildungsvölkern in einer Hauptstadt mit ihrer geistigen Auslese geblüht hat? Man rufe sich die Zustände Deutschlands im Jahrhundert des Dreißigjährigen Krieges zurück; denke an den Schüler der Franzosen, Friedrich den Großen; lasse sich berichten von einer der ‚deutschen' Akademien des 18. Jahrhunderts, der Casseler, die satzungsgemäß für alle ihre Schriften und Preisarbeiten die französische Sprache vorschrieb, so daß Herders deutsche Schrift über Winckelmann unbeachtet blieb, — und man wird begreifend verzeihen, daß die deutsche Prosa im 17. und 18. Jahrhundert nicht mit der französischen und englischen wetteifern konnte. Ja man muß staunen über jedes lesbare deutsche Prosabuch aus den Jahrhunderten zwischen Luthers Tod und Lessings Prosameisterwerken. Ein französischer König, Franz I., hat in einem Erlaß von 1539 den Gebrauch des Lateinischen für alle öffentliche Urkunden verboten und deren Abfassung vorgeschrieben: *en langage maternel français, et non autrement*; ein andrer französischer König, Ludwig XVIII., das Wort gesprochen: *Il faut savoir la grammaire française et connaître les synonymies, lorsqu'on veut être Roi de France*. In Deutschland hat es mehr als einen Fürsten gegeben, man denke an Ernst August von Hannover, der von Grammatik und Wortbedeutung des Deutschen weniger wußte als sein ungebildetster Dorfschulmeister.
> Jahrhunderte hindurch waren in Deutschland einzig die Universitäten Mittelpunkte des höheren Geistes- und Sprachlebens, und bis zu dem kühnen, noch lange nach ihm vereinzelten Wagnis des Leipziger Professors Thomasius, an einer deutschen Universität eine deutsche Vorlesung zu halten (1687), war die deutsche Gelehrsamkeit die Hauptfeindin der deutschen Sprache. Während in den andern Kulturländern kein noch so gelehrter Mann zur höchsten Bildungsschicht gehörte, wenn er nicht meisterlich oder doch anständig seine Muttersprache beherrschte, galt oder hielt sich jeder deutsche Gelehrte für eine der Blüten am Baume der Menschheit, ob er gleich unfähig war, eine lesbare Seite auf Deutsch zu schreiben. Die Nachwirkungen jener Vorherrschaft des Gelehrten im deutschen-

Abb. 7: Ausschnitt aus Engels *Deutsche Stilkunst* (1911: 10)

Hinzu kommt, dass die Beispielsammlungen schlechten Stils, die Engel präsentiert, ausufernd sind. Engels Argumentation erscheint uns heute teilweise kleinlich, besserwisserisch und ungerecht. Dies liegt auch daran, dass die seinen überaus deutlichen Urteilen – es finden sich »Begeisterungsausbrüche ebenso [...] wie [...] Haßtiraden« (ebd.: 84) – zugrunde liegenden Kriterien schwer nachzuvollziehen sind: Die Beleg-Zitate wählt Engel nämlich gezielt so aus, dass sie in seine Argumentation passen, ohne dabei auf den Gesamtzusammenhang Rücksicht zu nehmen:

> Mit den negativen Beispielen scheint Engel neben der Belehrung ein weiteres Ziel verfolgt zu haben: seine Gegner lächerlich zu machen und sich zugleich das Publikum [sic] zu verbrüdern. Ebenso, wie solche Autoren kaum jemals ein positives Wort abbekommen, läßt Engel bei anderen, die zu seinen Vorbildern zählen, gerne fünf gerade sein. Hier ist allen voran Goethe zu nennen [...] Obwohl er bei Schopenhauer etliche Negativbeispiele für die ›Fremdwörterei‹ gefunden hätte, unterläßt es Engel, ihn hier zu zitieren. (Ebd.: 84f.)

Engel geht wie Wustmann davon aus, dass der zeitgenössische Sprachzustand auf einem Tiefpunkt sei, er schreibt gar von der »Minderwertigkeit der deutschen Prosa« (10), von der er nicht einmal die »neueren Klassiker« (14) ausnimmt: »Uneingeschränkt mustergültig schreibt weder Lessing noch Goethe noch Schiller, weder Jakob Grimm, noch Gustav Freytag, noch Gottfried Keller, Moltke oder Treitschke« (ebd.). Dabei ist das Verhältnis Engels – und wohl überhaupt der Stilratgeber-Autoren dieser Zeit (vgl. dazu ausführlich Law 2007: 70ff.) – zu den Klassikern ambivalent: Einerseits werden diese Autoren durchaus kritisiert, andererseits aber auch als Vorbilder vor »Pedantereien« (49) in Schutz genommen, die Engel hauptsächlich »aus den Schriften hervorragender Sprachgelehrten [sic] und berühmter Germanisten« (ebd.) zusammenstellt. So gebe es zwar »vereinzelte Mißgriffe bei unsern guten Schriftstellern« (63), doch seien diese als »vereinzelte Ausnahme« (ebd.) zu sehen.

Insbesondere die »deutsche Wissenschaft« (13) seiner Zeit sieht Engel als die Urheberin des »schlechtesten Stil[s] mit der schlechtesten Sprache« (ebd. und vgl. den Textausschnitt oben). Engel pflegte übrigens – wie auch teilweise die heutigen laienlinguistischen Sprachkritiker (vgl. dazu Sanders 1992: 63ff.) – sein notorisch schlechtes Verhältnis zu den etablierten Wissenschaftlern. Dies mag dadurch bestärkt worden sein, dass es ihm trotz Promotion und Professorentitel nie gelang, eine Universitätsdozentur zu bekleiden (vgl. Sauter 2000: 103ff.).

Wie auch Gustav Wustmann und andere Autoren dieser Zeit (vgl. dazu ausführlich Law 2007: 14ff., 33f. sowie für die heutige Zeit Sanders 1992: 58ff., 90f.) sieht Engel in den älteren Sprachstufen vom 13. bis 16. Jahrhundert noch das vorbildliche Deutsch, dem es nachzueifern gilt: »Die Prosa des Meisters Eckhart, der großen Prediger des 13. Jahrhunderts, Taulers, Geilers, nun gar Luthers steht an sprachlicher Reine und künstlerischem Formenadel nicht zurück hinter den großen zeitgenössischen Prosaschreibern Frankreichs, Englands, Italiens« (10).

Der Sprachwandel hin zu Engels damaliger Sprachgegenwart wird dagegen als Sprachverfall gewertet. Dieser sei auf den schädlichen Einfluss der Humanisten, auf die »Humanisterei« (ebd.) und den Einfluss des Französischen im 17. und 18. Jahrhundert zurückzuführen (vgl. Law 2007: 34).

Engels Buch ist in zehn »Bücher« unterteilt, die ihrerseits jeweils mehrere Kapitel umfassen. Die Titel dieser »Bücher« lauten: »Grundfragen«, »Die deutsche Sprache«, »Der Ausdruck«, »Die Fremdwörterei I«, »Die Fremdwörterei II«, »Der Satz«, »Der Aufbau«, »Der Ton«, »Die Schönheit«, »Stilgattungen« (3f.). 18 Faksimiles der Handschriften berühmter Autoren wie z.B. Luther, Goethe und Heine sind über das gesamte Werk verteilt. Dessen Inhalt kann hier nicht im Detail referiert werden (vgl. die Zusammenfassung bei Sauter 2000: 75ff.). Tenor des Buches ist, dass guter Stil auf wenigen Prinzipien, nämlich Zweckmäßigkeit, Wahrhaftigkeit, Persönlichkeit und Natürlichkeit beruhe (vgl. 16ff., 19ff., 25ff., 33ff.). Verstöße gegen diese Prinzipien führen laut Engel unweigerlich zu schlechtem Stil. Dabei hat das Prinzip der Zweckmäßigkeit – heute würde man von »Angemessenheit« und »Adressatenorientierung« sprechen (vgl. Kap. 2.3.2 und 3.3.4) – oberste Priorität:

> Die erhabensten Weisheiten der Bibel wie die einfachsten Belehrungssätze einer Kinderfibel werden vom Stilgrundgesetz der höchsten Zweckmäßigkeit beherrscht. Ob im einzelnen Falle poetischer oder prosaischer Stil, feierlicher oder alltäglicher, ernster oder heiterer, stiller oder bewegter, schlichter oder geschmückter Stil vorzuziehen ist, ist einzig nach dem Zweck des Schreibenden und seiner Schrift zu entscheiden. (16)

In den weiteren »Büchern« nimmt Engel auf diese Prinzipien immer wieder Bezug. Er geht sogar der Frage nach, inwieweit Stenographie, Diktat oder Alkoholgenuss als »Hilfsmittel zum guten Stil« – so die Überschrift des 5. Kapitels im 9. Buch – taugen. Beruhigt stellt er jedoch fest, dass in einer Umfrage »die meisten Schriftsteller rundweg gegen den Alkoholgenuß antworteten« (426).

Von prominenter Bedeutung ist in der *Deutschen Stilkunst* die Frage nach dem Fremdwortgebrauch, nach der »Fremdwörterseuche«, wie Engel (161) abschätzig schreibt. Anders als er selbst behauptet, spielt der Purismus wohl erst ab seiner zweiten Lebenshälfte eine wichtige Rolle für Engel (vgl. Sauter 2000: 201ff.). Ihm sind in der *Stilkunst* zwei »Bücher« gewidmet. Bereits in der 1. Auflage lässt Engel keinen Zweifel daran aufkommen, dass Fremdwortgebrauch und guter Stil keinesfalls miteinander vereinbar seien:

> Begreift der Leser, daß das Fremdwort nur eine Formel, kein Gefühls-, ja nicht einmal ein Begriffswort ist? Daß es schleimig, breiig, dunstig, neblig, wolkig, schleierhaft, flimmrig, schwankend ist, also zur Unklarheit, zur absichtlichen und unabsichtlichen, damit aber zum Schwindel wie geschaffen ist? [...] Von der Verschwommenheit des ungefühlten Ausdrucks ist es zum S c h w i n d e l nicht weit. Schwindel ist ein hartes Wort, aber ich finde kein andres ebenso treffendes. Wer es gar zu hart findet, dem räume ich ein: das Schwindeln mittels der Fremdwörter ist nicht ganz so gefährlich wie das Fälschen von Banknoten oder Wechseln, aber – geschwindelt ist geschwindelt. (178, 180)

Der Fremdwortgebrauch wird hier wie im gesamten Buch nicht nur als schlechter Stil, sondern als Charakterschwäche, als Verstoß gegen das Prinzip der Wahrhaftigkeit dargestellt, der aus der »fratzenhaften Eitelkeit« (174) der Autoren resultiere und lediglich von ihrer »Gedankenverschleimung« (179) zeuge.

Aufschlussreich ist in diesem Zusammenhang Engels Einschätzung der Klassiker, die ja nun keineswegs die von Engel favorisierte »reindeutsche Sprache« (174) geschrieben haben:

> Aufgewachsen zwischen der griechisch-lateinischen Gelehrten- und der französischen Gesellschaftssprache, verdienen sie keinen Vorwurf, daß sie nicht mit einem Schlage die ganze Lumpenpracht vernichtet haben. [...] Nicht die leiseste Anwandlung kleinlichen Dünkels spricht aus den von Lessing, Goethe, Schiller gebrauchten Fremdwörtern, und wo immer ein eitler Fremdwörtler sich auf jene Meister unserer Sprache zu berufen erfrecht, da darf man ihm gebührend grob über den Mund fahren. (168)

Engels Haltung in der Fremdwortfrage wird immer radikaler, was sich an späteren Auflagen seiner *Stilkunst* nachvollziehen lässt. So wird beispielsweise das eigene Buch nicht mehr in *Kapitel*, sondern in *Abschnitte* eingeteilt, statt von *Grammatik* ist von *Sprachlehre* die Rede (vgl. mit weiteren Beispielen Sauter 2000: 85f.). In den späteren Perioden seines Schaffens steigert Engel sich schließlich »in einen fast hysterischen Chauvinismus« (Kirkness 1975, Bd. II: 400). Dies zeigt sich sowohl in *Sprich Deutsch!* (Engel 1917) als auch in seinem Verdeutschungswörterbuch *Entwelschung* (Engel 1918), das er als patriotisches Anliegen auffasst. In diesem Wörterbuch schreibt Engel (1918: 31):

> In Deutschland muß Deutsch gesprochen und geschrieben werden. Es gibt [...] sehr viele deutsche Männer und Frauen, die gern möchten, aber nicht zu können glauben, was die deutsche Pflicht von ihnen verlangt: ganz deutsch zu sein in Wort und Schrift.

Fremdwortgebrauch – Engel verwendet als abwertende Bezeichnungen *Welsch* und *welschen* mit zahlreichen Ableitungen wie *entwelschen, Berufswelscher, Welscherei, Welschwörter* etc. – wird hier weniger als Eitelkeit und Dummheit, sondern als etwas Unhygienisches, Ekelhaftes dargestellt. Dementsprechend soll das Fremdwörterbuch auch »nicht der Beherrschung der Fremdwörter und ihrem richtigen Gebrauch dienen; sondern es soll das bitterschärfste Messer zur Ausrottung dieses Krebsgeschwürs am Leibe deutscher Sprache, deutschen Volkstumes, deutscher Ehre sein« (ebd.: 22). Engel will »Widerwillen bis zum äußersten Abscheu gegen das Welschgestammel [...] erzeugen«, um die »Welscherei in Deutschland so lächerlich, so verächtlich, so verhaßt, so ekelhaft zu machen, wie es [...] nur irgend möglich ist« (ebd.). Immerhin räumt auch Engel (1911: 175) ein, dass es »sehr wenige [...] eingedeutschte Fremdwörter« gibt, auf die sein sonst so unerbittliches Urteil nicht zutrifft. In diesem Zusammenhang nennt er »Natur, Musik, Melodie, Religion, Nation usw.« (ebd.). In seinem »Entwelschungs«-Wörterbuch finden sich jedoch auch für diese Wörter Ersetzungsvorschläge (vgl. Engel 1918: 33). Obwohl er unerbittlich auch gegen »Welschwörter« wie *elastisch* (vgl. ebd.: 111), *Frisur* (vgl. ebd.: 155) und *interessant* (vgl. ebd.: 218f.) mit Kriegs- und Krankheitsmetaphern zu Felde zieht, wehrt Engel sich vehement dagegen, »mit dem läppischen Schimpfwort *Purist*« (ebd.: 20) bezeichnet zu werden. Seinen eigenen rauen Ton rechtfertigt er damit, dass »dem Welsch, der tiefststehenden unter den Ludersprachen, nur die äußerste Geringschätzung [gebühre]« (ebd.: 28f.).

3.1.4 Ludwig Reiners

Ludwig Reiners wurde am 21.01.1896 in Ratibor, Oberschlesien (heute Polen), geboren und veröffentlichte (neben seiner Tätigkeit in der Industrie) zahlreiche populäre ökonomische Werke sowie Bücher zur Literatur und Geschichte (vgl. das Nachwort in Reiners 1991: 518ff.). Als Sprachkritiker betätigte er sich in seinem wohl berühmtesten Werk, *Deutsche Stilkunst*, das 1944 in 1. Auflage erschien. Das Werk hat zahlreiche Auflagen erlebt. Seit der 2. Auflage (1949) erscheint es unter dem Titel *Stilkunst*. Eine Neubearbeitung, die immer noch lieferbar ist, haben im Jahre 1991 Stephan Meyer und Jürgen Schiewe vorgelegt. Diese Neubearbeitung hat einige – heutzutage befremdlich anmutende – Passagen bereinigt (vgl. z.B. Reiners 1991: 30).

Nach Reiners' eigenen Kriterien muss es sich um ein gut geschriebenes Buch handeln, denn »nur gut geschriebene Bücher werden älter als fünfzig Jahre« (Reiners 1944: 20; im Folgenden nur mit Seitenzahl zitiert). Eine – ebenfalls heute noch aufgelegte – kürzere Version der *Stilkunst* ist Reiners' *Stilfibel*, die zuerst 1951 erschien. Sie ist als Lehrbuch konzipiert, ansonsten aber eine stark komprimierte Version der *Stilkunst*.

Die *Stilkunst* ist in sechs Teile untergliedert, die jeweils mehrere Unterkapitel enthalten. Behandelt werden die Themenbereiche »Wort und Satz«, »Stilkrankheiten«, »Probleme der inneren Form«, »Fremdwort und Neuwort« sowie »Einzelfragen« (VIIff.).

Ähnlich wie Engel beklagt auch Reiners »den tiefen Stand des durchschnittlichen deutschen Prosastils« (20). Neben dieser Ähnlichkeit gibt es zahlreiche weitere Passagen in Reiners' Buch, die inhaltlich und argumentativ vollkommen mit Eduard Engels *Deutsche Stilkunst* übereinstimmen. Die Übereinstimmungen gehen so weit, dass man ohne größere Mühen identische Beispiele und wortgleiche Formulierungen findet. Dies hat Reiners den Vorwurf des Plagiats eingebracht – ein Vorwurf, der nicht von ungefähr stammt, dem hier aber nicht weiter nachgegangen wird (vgl. dazu detailliert Reuschel 2015 sowie schon Sanders 1988: 377ff.; Sanders 1992: 41ff.; Sauter 2000: 349 und recht plakativ Stirnemann 2004).

Genau wie Engel sieht auch Reiners in der Sprachgeschichte der letzten Jahrhunderte eine wesentliche Ursache für den Niedergang der deutschen Sprache, denn die Sprachgeschichte des Deutschen sei im Wesentlichen eine »Leidensgeschichte« (20):

> Diese Zeit der sprachlichen Fremdherrschaft hat die deutsche Umgangssprache entkräftet und verseucht. Furchtbare Narben und Wundmale sind dem deutschen Sprachkörper aus jenen Jahrhunderten verblieben. (22)

Und auch Reiners nimmt in dieser Hinsicht die Klassiker nicht aus. Sie hätten oft ein »qualvolles, ungenießbares Deutsch geschrieben« und würden deshalb »gelobt, aber nicht gelesen [...]« (20). Guter Stil ist für Reiners synonym mit Angemessenheit (vgl.: dazu Kap. 2.3.2 und 3.3.4):

> Im Reich der Stilkunst ist es das stillschweigende Ziel des Autors, im Leser bestimmte Gedanken, Gefühle, Stimmungen oder Entschlüsse hervorzurufen. Je mehr daher der Stil eines Buches geeignet ist, diese Wirkung zu erzielen, je »angemessener« er also ist, desto besser wird er uns erscheinen. (43)

Ein eigenes Kapitel widmet Reiners den Philosophen Kant, Hegel und Hamann. Ihnen bescheinigt er in unterschiedlicher Weise, schlechten Stil zu schreiben: Bei Kant sei »der Ausdruck [...] unklar, nicht der Inhalt« (309). Hegel habe die deutsche Sprache »mit vollendeter Barbarei behandelt« (311), während Hamann die Stilmittel »Anspielung, Bild und Ironie« vornehmlich »zur Verdunkelung seiner Gedanken« eingesetzt habe (314).

Auch Reiners kritisiert in seinem voluminösen Werk verschiedene »Stilkrankheiten« wie beispielsweise die Verwendung von »Streckverben«:

> Jedes Verbum kann man auseinanderstrecken, indem man statt eines echten Verbums ein Hauptwort und ein farbloses Zeitwort einsetzt. Also nicht: *Wir hoffen, daß Sie unser Muster bald prüfen werden*, sondern *Wir haben die Hoffnung, daß Sie baldigst Gelegenheit nehmen werden, die Muster einer Prüfung zu unterziehen*. Diese kindische Ausdrucksart ist schon fast landesüblich. Wem fällt es noch ein, etwas zu besprechen, zu erwägen, zu bearbeiten, festzustellen, auszudrücken, zu verfügen, zu prüfen oder zu erledigen? Man setzt sich ins Benehmen, tritt in Erwägungen ein, nimmt die Sache in Bearbeitung, trifft Feststellungen, gibt seinem Bedauern Ausdruck, erläßt Verfügungen, faßt Beschlüsse, setzt ins Werk und bringt womöglich sogar etwas zur Erledigung, sofern bei den vielen Wörtern hierzu noch eine Möglichkeit gegeben ist. (115f.)

Ebenso kritisiert er das Amtsdeutsch (vgl. 168ff.) mit zahlreichen abschreckenden Beispielen. Amtsdeutsch sei die »Urheimat des Papierstils« (168). Dieser wiederum sei »meist die Ausdrucksform kraftloser Naturen, die sich künstlich ein Gewicht geben wollen« (166). Wesentliches Kennzeichen sei Weitschweifigkeit und Lebensferne (vgl. 168):

> Jeder Teilnehmer am öffentlichen Straßenverkehr hat sich so zu verhalten, daß der Verkehr nicht gefährdet werden kann; er muß ferner sein Verhalten so einrichten, daß kein anderer geschädigt oder mehr, als nach den Umständen unvermeidbar behindert oder belästigt wird.
> *Hat sich so zu verhalten, hat sein Verhalten so einzurichten*: unnötige Wiederholung eines papierenen Zeitworts und beide Male überflüssig! *Nicht gefährdet werden kann, kein anderer behindert wird*: zwei unnötige Leideformen. *Teilnehmer* ist Hauptwörterei, *den Umständen nach*

ein Schwammausdruck. Brons schlägt vor: Wer auf der Straße verkehrt, bringe nicht sich oder andre unnötig in Gefahr, schädige niemanden vorsätzlich oder fahrlässig und belästige oder behindere niemanden mehr als unvermeidlich. (169)

> DER KERN DER FREMDWORTFRAGE 509
>
> sonders geeignet zu Gastwörtern sind Fremdwörter mit deutscher Lautform wie *starten*, *Bar*, *Tropen*. Aber man darf die Eindeutschung nicht auf sie beschränken. Von den Gastwörtern soll man möglichst auch deutsche Ableitungen bilden, also *postisch* statt *postalisch*; *stilisch* statt *stilistisch*. Einige wenige Fremdwörter kann man vielleicht durch Kurzwörter eindeutschen, z. B. Lok statt Lokomotive. Die Auswahl dieser Gastwörter müssen Sachverständige besorgen.
>
> 2. Fremdwörter, die einen „namensähnlichen" Charakter haben, kann man durch Neuwörter ersetzen. In diese Gruppe gehören die Begriffe des Rechts- und Verwaltungslebens, die Titel, die Namen von Speisen und Stoffen. Beispiele sind: *Hypothek*, *Alibi*, *Amortisation*, *Referendar*, *Beefsteak*, *Chiffon*, *Adagio* usw.
>
> 3. Neben diesen beiden Gruppen stehen eine Reihe von Fremdwörtern, die durch einen erheblichen Sinnabstand von dem nächsten deutschen Wort getrennt sind. Beispiele sind: *Problem*, *Argument*, *Methode*, *Manuskript*, *Diktat*, *abstinent*, *amputieren*, *abstrakt* und einige Hundert andere. Würden wir auf diese Fremdwörter verzichten und sie durch vorhandene deutsche Wörter ersetzen, so würden wir wesentliche Ausdrucksabstufungen einbüßen. Wir müssen daher bei dem heutigen Sachstand diese Wörter als unvermeidbar bezeichnen. Solange wir sie nicht durch glückliche Neuwörter verdeutschen können, sind sie unentbehrlich. Für eine Eindeutschung sind sie nicht hinreichend bekannt.
>
> 4. Aber diese drei Gruppen umschließen nur einen Teil aller Fremdwörter. Für alle anderen müssen wir uns mit dem Satz begnügen: Ihr Lebensrecht ist eine Frage der Stilschicht. Sie sind auf bestimmten Stilebenen schädlich und lächerlich, auf anderen erlaubt, ja notwendig.
>
> Die Poesie kennt kein Fremdwort. Die kunstvolle Erzählung und die Prosa großen Stils setzen Fremdwörter sparsam.
>
> Anders die Sachprosa. Je mehr ein Werk wissenschaftlichen Charakter hat, je mehr es sich an die Fachgenossen wendet, desto mehr ist es berechtigt, in fremden Zungen zu reden. In der Kollegenliteratur werden die fremdsprachlichen wissenschaftlichen Termini stets einen Naturschutzpark genießen. Je mehr sich aber der Gelehrte an die große Leserwelt wendet, je mehr er Stolz und Haltung besitzt, je mehr er den hemdsärmeligen Ton formloser Sachlichkeit abstreifen will, desto mehr wird er sich von diesen Fesseln freimachen müssen, die seine Sprache schwerverständlich und unschön machen

Abb. 8: Ausschnitt aus Reiners' *Deutsche Stilkunst* (1944: 509)

Der von Reiners ausführlich beschriebene »Papierstil schädigt das Denken und gefährdet die Volkseinheit« (175). Es komme darauf an, Schüler »mit mündlichen Aufsätzen zu natürlichem Deutsch« (ebd.) zu erziehen: »Wer schreibt, muß sich vorstellen, er rede zu einem guten Freunde; dann schreibt er von selbst einen lebendigen Stil« (ebd.).

Zu einer »unteren Stilschicht« (457) gehören nach Reiners die Fremdwörter. Es fällt allerdings auf, dass Reiners im Vergleich zu Engel differenziert argumentiert: So erkennt er nicht nur an, dass es Fremdwörter gibt, »die keine fremden Wörter mehr sind« (508). Diese Wörter wie *Kultur, Religion, Regierung, Kapitel* usw. seien »unentbehrlich und allgemein verständlich« (ebd.). Reiners schlägt vor, derartige Wörter »Gastwörter« zu nennen und sie konsequent der deutschen Schreibung zu unterwerfen, »also z.B. *Fantasie, Karakter, Kaos, Teater*« (ebd.). Weiterhin gebe es Fremdwörter, die für »Ausdrucksabstufungen« (509) unentbehrlich seien. Wörter wie »*Problem, Argument, Methode, Manuskript, Diktat, abstinent, amputieren, abstrakt* und einige Hundert andere« (ebd.) seien ebenfalls unentbehrlich. Auch Wissenschaftler dürften Fremdwörter verwenden und »in fremden Zungen [...] reden«, solange es sich um »Kollegenliteratur« (ebd.) handele. Ansonsten aber komme es darauf an, eine fremdwortarme Sprache zu schreiben (511):

> je mehr Fremdwörter wir verbannen, desto schwerer wird das Sprechen und Schreiben. Fremdwörter machen das Schreiben bequem und das Verstehen schwer; Erbwörter machen das Schreiben mühsam und das Verstehen leicht. Die reine deutsche Sprache zwingt zum genauen Ausdruck, und sich genau auszudrücken ist schwierig. Man merkt dann genau, ob jemand etwas zu sagen hat. Deshalb lieben viele die Fremdwörter, die wenig zu sagen und ihre Schwäche vertuschen wollen.

3.1.5 Georg Möller

Georg Möller wurde 1907 in Rudolstadt/Thüringen geboren und arbeitete bis zu seiner Pensionierung im Jahre 1972 als Deutschlehrer in Mühlhausen. (Wir bedanken uns bei Ulla Fix für ihren Hinweis auf diesen Autor und seine Schriften zur Sprachkritik.) Möller veröffentlichte zahlreiche Aufsätze zur Deutschdidaktik und Schriften zur Stilistik (vgl. Siebert 1994).

In der Reihe der hier skizzierten Stillehren ist Möllers 1968 in 1. Auflage erschienene *Praktische Stillehre* eine Ausnahme. Möller unterscheidet sich von seinen laienlinguistischen Kollegen dadurch, dass für ihn Angemessenheit das oberste stilistische Prinzip darstellt:

> Übergeordnet und für ausnahmslos jeden Text gültig ist die Forderung nach A n g e m e s s e n - h e i t des Stils. Ein Text ist dann stilistisch angemessen, wenn er sprachlich seiner F u n k t i o n , einer außersprachlichen Größe, vollkommen gerecht wird. Das sehr allgemeine Prinzip der Angemessenheit ist für den Sprachteilnehmer noch keine praktische Hilfe, es vermittelt ihm jedoch einen Begriff davon, w a s mit dem Text angestrebt werden sollte. Das W i e kann sehr

verschieden aussehen. Es hängt ab von dem funktionalen Bereich (Kunstprosa, Sachprosa, Alltagsrede), in den der Text gehört, von der aus außersprachlichen Gründen gewählten Darstellungsform (mündlich/schriftlich, monologisch/dialogisch), von den Darstellungsarten (Verfahren zur Textgestaltung wie Beschreiben, Berichten, Erörtern) und von der Situation, in der der Text realisiert wird, der Kommunikationssituation. (Möller 1986: 14; Hervorhebungen im Original; im Folgenden nur mit Seitenzahl zitiert)

Mit dieser auch für die linguistische Sprachkritik noch gültigen Prämisse (vgl. Kap. 2.3.2) ist Möller seiner Zeit voraus. Da er in seinem Buch das Prinzip der Angemessenheit immer vor Augen hat, gelangt er zu vergleichsweise abgewogenen Urteilen, die sich von den in anderen Stillehren vertretenen Auffassungen häufig deutlich unterscheiden. So ist Möller z.B. nicht der Auffassung, dass Fremdwörter zu vermeiden seien. Vielmehr betont er ihre Vorteile bei Derivationen (vgl. 192ff.). Auch andere sprachliche Wahlmöglichkeiten wie die zwischen Aktiv und Passiv (vgl. 99ff.) oder zwischen Nominal- und Verbalstil (vgl. 111ff.) werden von Möller diskutiert und ohne einseitige Festlegungen mit ihren Vor- und Nachteilen gewürdigt.

Durch dieses Vorgehen hebt sich die Stillehre Möllers von Konkurrenzprodukten ihrer Zeit ab. Da Möller das Prinzip der Angemessenheit ernst nimmt, vermeidet er unbegründete Festlegungen, die etwa zu einer unreflektierten Bevorzugung eines literarischen Stilideals führen:

Wer Sachprosa schreibt oder spricht, also Sprache benutzt, um eine eindeutig zweckbestimmte Aufgabe zu lösen, kann mit dem Hinweis, daß »man« früher »nicht so« geschrieben habe, gar nichts anfangen. [...] Bei der Beurteilung von Sachprosa gilt zunächst und vor allem der Gesichtspunkt, ob sie das unmittelbare gesellschaftliche Bedürfnis nach verlustloser Kommunikation befriedigt. (Möller 1986: 15; Hervorhebungen im Original)

Insofern lässt sich festhalten, dass die in dieser Einführung vertretene Position zur funktionalen Angemessenheit bereits vor mehr als 50 Jahren einer Stillehre zugrunde lag, die zu Unrecht weitgehend in Vergessenheit geraten ist (vgl. aber auch die kritischen Bemerkungen bei Nickisch 1975: 127ff. sowie bei Spiewok 1969 und Förster 1981).

Damit soll die exemplarische Darstellung der Geschichte laienlinguistischer Sprachkritik abgeschlossen sein. Wir werden in den folgenden Kapiteln sehen, dass zahlreiche der bisher lediglich paraphrasierten sprachkritischen Argumente auch bei zeitgenössischen Sprachkritikern wieder auftauchen. Eine detailliertere linguistische Bewertung dieser Argumente soll daher bei der Darstellung zeitgenössischer laienlinguistischer Sprachkritik erfolgen.

Weiterführende Literatur: Antos (1996); Law (2007); Nickisch (1975); Stukenbrock (2005).

3.2 Aktuelle Vertreter und Tendenzen der laienlinguistischen Sprach- und Stilkritik

Die Motive laienlinguistischer sprachkritischer Bestrebungen sind und waren unterschiedlich – sie decken ein Kontinuum von politisch-ideologischen (z.B. nationalistischen) bis hin zu sprachpflegerischen Gründen im engeren Sinne (z.B. Abwehr eines »Sprachverfalls«) ab. Häufig kommen laienlinguistische Sprachkritiker trotz unterschiedlicher Motive allerdings zu ähnlichen Ergebnissen. Diese laufen, wenn es um Fremdwortverwendung geht, meist auf eine – wie auch immer geartete – »Reinhaltung« der deutschen Sprache hinaus (vgl. zu dieser Metapher Sanders 1992: 75ff.). Die Stilkritiker des 20./21. Jahrhunderts hingegen zeichnen sich dadurch aus, dass sie sich auf überkommene Stillehren berufen und deren Tradition fortsetzen. Ausgewählte laienlinguistische Unternehmungen aus der 2. Hälfte des 20. Jahrhunderts bis in die Gegenwart sollen im Folgenden vorgestellt werden (vgl. zu weiteren sprachkritischen Organisationen und Personen Pfalzgraf 2006 und Niehr 2009, für den englischsprachigen Raum vgl. Newbrook 2013).

3.2.1 Der Verein Deutsche Sprache

Der »Verein Deutsche Sprache« – wie er sich inzwischen nennt – wurde 1997 als »Verein zur Wahrung der deutschen Sprache« gegründet. Nach eigenen Angaben ist er »ein weltweit tätiger Verband mit 36.000 Mitgliedern« (http://www.vds-ev.de/ueber-vds/ <02.10.2015>). Einige prominente Schauspieler, Kabarettisten und Schriftsteller sowie Laienlinguisten (wie Bastian Sick und Wolf Schneider) sind Mitglieder des Vereins Deutsche Sprache (VDS). Die Ziele des Vereins werden in der Satzung folgendermaßen dargestellt:

> Der Verein verfolgt das Ziel, die deutsche Sprache als eigenständige Kultursprache zu erhalten und zu fördern. Er widersetzt sich insbesondere der fortschreitenden Anglisierung des Deutschen und der Verdrängung der deutschen Sprache aus immer mehr Bereichen des modernen Lebens. Er will bewirken, dass Deutsch als vollwertige Wissenschaftssprache erhalten bleibt und als Arbeitssprache in internationalen Organisationen den ihm gebührenden Rang erhält. (http://www.vds-ev.de/satzung/ <02.10.2015>)

Hier wird schon eine Reihe von Voraussetzungen genannt, die die Verantwortlichen des Vereins für offensichtlich halten, nämlich dass die deutsche Sprache bedroht sei und immer weiter aus dem »modernen« Leben verschwinde. Ursache dafür sei die ständig zunehmende Verwendung von Anglizismen, die dazu führe, dass zahlreiche Wörter der deutschen Sprache verdrängt würden. So heißt es unter dem Punkt »Was wir wollen«:

> Wir wollen der Anglisierung der deutschen Sprache entgegentreten und die Menschen in Deutschland an den Wert und die Schönheit ihrer Muttersprache erinnern. Die Fähigkeit, neue Wörter zu erfinden, um neue Dinge zu bezeichnen, darf nicht verloren gehen. Dabei verfolgen wir keine engstirnigen nationalistischen Ziele. Wir sind auch keine sprachpflegerischen Saubermänner. Fremdwörter – auch englische – sind Bestandteile der deutschen Sprache. Gegen *fair, Interview, Trainer, Doping, Slang* haben wir nichts einzuwenden. Prahlwörter wie *event, highlight, shooting star, outfit*, mit denen gewöhnliche Dinge zur großartigen Sache hochgejubelt werden, lehnen wir ab. Dieses »Imponiergefasel« grenzt viele Mitbürger aus, die über keine oder nur eingeschränkte Englischkenntnisse verfügen. (http://www.vds-ev.de/verein/ <02.10.2015>)

Eine weitere wichtige Behauptung enthält der letzte Satz dieses Zitats: Dass nämlich fortgeschrittene Englischkenntnisse notwendig seien, um Anglizismen zu verstehen. Offensichtlich wird aus diesen wenigen Bemerkungen schon, dass der Verein verschiedene Klassen von Anglizismen unterscheidet: Solche, die Bestandteile der deutschen Sprache geworden sind, und »Prahlwörter«, auf die das anscheinend nicht zutrifft. Diese – so die Vorstellung des VDS – grenzen Mitbürger aus und bedrohen zudem die deutsche Sprache. Um diese Unterscheidung nachvollziehbar zu machen, betreibt der VDS den sogenannten Anglizismen-Index im Internet und gibt ein Wörterbuch überflüssiger Anglizismen heraus (vgl. http://www.vds-ev.de/ anglizismenindex und Bartzsch/Pogarell/Schröder 2009). Beide Veröffentlichungen werden regelmäßig aktualisiert (vgl. Grobe [Hg.] 2015). Dies wird durch den Vergleich verschiedener Ausgaben des Anglizismen-Index deutlich: Wurden in früheren Ausgaben z.B. noch *Kinder, Kleine, Jugendliche, Gören, Rangen* als deutsche Entsprechungen für *kids* angeführt, werden inzwischen nur noch »Kind(er), Göre(n)« als Ersetzungsvorschläge genannt (http://www.vds-ev.de/index <02.10.2015>; vgl. dazu ausführlicher Niehr 2002).

Um das hinter der Auffassung des VDS stehende Prinzip zu verdeutlichen, werden im Folgenden Beispiele aus dem Anglizismen-Index herangezogen. Dieser Index kategorisiert die angezeigten Vokabeln in drei Gruppen, nämlich ergänzende, differenzierende und verdrängende. Die Erklärung des VDS für diese Kategorien lautet:

> »Ergänzend« sind Anglizismen, die eine Wortlücke schließen und dadurch neue Ausdrucksmöglichkeiten eröffnen, darunter auch solche, deren Status bereits dem von Lehnwörtern gleich kommt, obwohl sie phonetisch und grammatisch (noch) nicht voll assimiliert sind. Wie in Fremdwörterbüchern werden für sie Synonyme angeboten. Beispiele: Baby, Boiler, Clown, fair, Interview, Sport.
> »Differenzierend« gegenüber existierenden deutschen Wörtern sind Anglizismen, die einen neuen Sachverhalt bezeichnen, für den eine deutsche Bezeichnung noch zu bilden und/oder wieder einzuführen ist. Vorschläge für deutsche Entsprechungen werden dazu angeboten. Beispiele: E-Post für e-mail, Prallkissen für air bag, (geschichtliche Vorbilder:) Bahnsteig für Perron, Bürgersteig für Trottoir, Hubschrauber für Helicopter.
> »Verdrängend« wirken Anglizismen, die statt existierender, voll funktionsfähiger und jedermann verständlicher deutscher Wörter und Wortfelder in zunehmendem Maße verwendet werden, dadurch die Verständigung erschweren und den sprachlichen Ausdruck verflachen, oder

deren Verwendung für moderne Sachverhalte das Entstehen einer deutschen Bezeichnung und dadurch die Weiterentwicklung der deutschen Sprache verhindern. Beispiele: keeper (Torwart), shop (Laden), slow motion (Zeitlupe), ticket (Fahr-, Eintritts-, Theater-, Kino-, Flugkarte, Strafzettel) bzw. all-inclusive (Pauschalangebot), bad bank (Auffangbank). (http://www.vds-ev.de/einordnung-und-statistik <02.10.2015>)

Lediglich die erste Klasse wird vom VDS als unbedenklich eingestuft. Sie macht laut beigegebener Statistik (Stand: Februar 2016) allerdings nur 3 % der Einträge aus, während auf die »differenzierenden« Anglizismen 18 % und auf die »verdrängenden« 79 % der Einträge entfallen.

Der VDS sieht die Verwendung von Anglizismen als großes Problem an. Dies wird insbesondere in Beiträgen der Vereinszeitschrift »Sprachnachrichten« deutlich. Hier wird immer wieder darauf hingewiesen, dass »die deutsche Sprache ebenso bedroht [ist] wie die deutsche Kultur« (Sprachnachrichten Nr. 42/2009: 14). Die Aktivisten des VDS fordern dann beispielsweise dazu auf, »den weniger selbstbestimmten Zeitgenossen mit freundlicher Geduld und sanftem Druck [sic] nahe[zu]bringen, dass die pubertären Rülpser des Denglischen vollkommen kindisch, dumm, barbarisch und unkühl sind« (ebd.). Dabei fällt auf, dass die mit drastischen Worten entworfenen Bedrohungs- und Untergangsszenarien häufig eine politische Komponente enthalten (vgl. Schiewe 2001: 287f.; Schlobinski 2001: 241f.), in der die Deutschen (anders als andere Völker) als besonders unterwürfig und wenig selbstbewusst dargestellt werden:

> Die Deutschen fliehen aus ihrer Sprache und schlucken fremde Wortbrocken, auch wenn die Mitbürger sich daran verschlucken. [...] Versuchen sich manche in ihrer Unterwerfung noch selbst zu übertreffen durch übereifriges Anschleimen? [...] Die Teilnahmslosigkeit gegenüber der eigenen Sprache speist sich aus Bequemlichkeit, Bildungsferne, Unterwürfigkeit und Profitgier – von allem etwas. [...] Die Faszination für die USA und die Globalisierung schwinden, die Zeit ist also günstig. Nutzen wir sie! (Sprachnachrichten Nr. 45/2010: 10)

Die als Bedrohung empfundenen Anglizismen wie auch Personen, die die Ziele des VDS skeptisch beurteilen, werden – ähnlich wie in den Zeiten des Allgemeinen Deutschen Sprachvereins – metaphorisch abgewertet. So bezeichnet der Vorsitzende des VDS, Walter Krämer, seinen Verein als »Bürgerinitiative gegen sprachliche Umweltverschmutzung« (Sprachnachrichten Nr. 40/2008: 2) und unterstellt seinen »Gegnern« eigennützige, niedrige Motive (Sprachnachrichten Nr. 41/2009: 2):

> In Wahrheit zeigt doch der Protest der Gegner [einer Verankerung der deutschen Sprache im Grundgesetz, die Verf.] nur, wie sehr sie sich an einem wunden Punkt getroffen fühlen. Der eine oder andere Migrantenvertreter beim ungestörten Aufbau einer Parallelgesellschaft, die »global player« in deutschen Großkonzernen und »Elite«-Universitäten bei ihren Globalisierungsspielen und die bundesdeutsche Schicki-Micki-Intelligenzija bei dem klammheimlichen Versuch, sich auf Englisch aus der deutschen Identität und Verantwortung hinwegzuschleichen.

Derartige Invektiven entziehen sich einer linguistischen Beurteilung. Von größerem linguistischem Interesse ist allerdings die Frage, inwieweit die vom VDS vorgeschlagenen Alternativausdrücke dazu geeignet sind, Anglizismen zu ersetzen. Darauf wird später zurückzukommen sein.

3.2.2 Wolf Schneider

Wolf Schneider (geb. 1925) ist ein bekannter Journalist, der für renommierte Zeitungen (u.a. *Süddeutsche Zeitung, Neue Zürcher Zeitung, Stern, Handelsblatt* und *Welt*) geschrieben hat. Er ist Ausbilder an mehreren Journalistenschulen und hat viele Jahre die Hamburger Journalistenschule (Henri-Nannen-Schule) geleitet. Für seine Verdienste um die deutsche Sprache wurde er 1994 von der Gesellschaft für deutsche Sprache mit dem Medienpreis für Sprachkultur ausgezeichnet. Schneider hat zahlreiche Bücher zur deutschen Sprache geschrieben und gilt als Experte für guten Sprachstil. Als erfahrener Journalist legt er besonderen Wert darauf, dass Journalisten ihre Vorbildfunktion wahrnehmen und »gutes Deutsch« (vgl. W. Schneider 2009a: 15) schreiben. Speziell an Journalisten richtet sich Schneiders Werk *Deutsch für Profis*. Es wird hier wegen der großen Übereinstimmungen mit *Deutsch für Kenner* nicht gesondert behandelt (vgl. zu den Übereinstimmungen Sanders 1988: 380). Auch *Deutsch! Das Handbuch für attraktive Texte* (W. Schneider 2008) unterscheidet sich inhaltlich nur wenig von *Deutsch für Kenner* und wird deshalb ebenfalls hier nicht weiter berücksichtigt. Im Jahr 2011 erschien eine Beilage zur Wochenzeitung *Die Zeit*, in der Schneiders Ratschläge in 20 Lektionen zusammengefasst wurden. Schneider gehört der »Aktion lebendiges Deutsch« sowie dem »Verein Deutsche Sprache« an.

In seinen Büchern richtet sich Schneider gegen »die quallige, prätentiöse, gedrechselte, verschachtelte, unzumutbare Rede, von der unsere Massenmedien überquellen« (W. Schneider 2009a: 15; im Folgenden nur mit Seitenzahl zitiert). Bei seinen Ausführungen bleibt Schneider insofern traditionell, als er sich zu den überkommenen Stilratgebern, insbesondere zu Ludwig Reiners, aber auch zu Eduard Engel bekennt. Dass Schneider Engels Buch tatsächlich kennt, darf man jedoch bezweifeln. Er zitiert ihn mit falschem Vornamen (»Edward«) und – anders als die meisten anderen erwähnten Werke – ohne Orts- und Verlagsangabe (vgl. Sanders 1988: 379). Mit Reiners ist Schneider dagegen tatsächlich vertraut. So schreibt er (13):

> Auch in diesem Buch wird Reiners oft zitiert, mit Gewinn und mit Vergnügen. Er ist eine Fundgrube von Beispielen und griffigen Formeln; obendrein schreibt er besseres Deutsch als die meisten seiner Kritiker. Mit allem, was er wissen und zitieren konnte, als die »Stilkunst« 1944 erschien, hat er bis heute recht.

Aktuell ist Schneider, weil viele seiner abschreckenden Beispiele aus modernen Zeitungstexten stammen. Wie auch seine Vorgänger bekämpft Schneider den »hermetische[n] Hochmut der Professoren und Experten«, der sich in einem »populären Mißbrauch der Sprache: dem *Zunftjargon*, dem Experten-Chinesisch, dem Soziologen-Kauderwelsch« (27) äußere. Beispiele für gutes Deutsch findet Schneider hingegen vorwiegend im 18. und 19. Jahrhundert. Als vorbildlich führt er Lessing, Lichtenberg, Goethe, Heine, Büchner und Nietzsche an (vgl. 14). Im letzten Kapitel seines Buches, das Schneider »Meisterwerke deutscher Prosa« überschreibt, druckt er zusätzlich kurze Texte von Robert Walser, Kafka, Büchner, Jean Paul, Kleist, Nietzsche, Thomas Mann, Musil und Benn ab (vgl. 327ff.).

Ähnlich wie auch Engel (vgl. Kap. 3.1.3) argumentiert Schneider (40f.), dass gutem Stil nur wenige »Generalregeln« zugrunde liegen. Sie lauten:

> 1. Schreiber und Redner: Fasse Dich kurz! Schwafle nicht, salbadere nicht, blähe nicht auf und wälze nichts breit [...].
> 2. Faß die Sache – triff das Ziel! Umkreise nicht den heißen Brei – beiß zu! Schreibe anschaulich, lebendig, konkret. Sage es mit Saft und Kraft. [...]
> 3. Liebe deinen Leser wie dich selbst! Wer sich kurz faßt und wer direkt auf die Sache zielt, der hat seinen Lesern oder Zuhörern zwei wesentliche Dienste schon erwiesen; nur sollte er darüber hinaus den klaren Willen haben, an sein Sprachprodukt *ihre* Maßstäbe anzulegen und nicht seine. Was *sie* angenehm finden, was *sie* anregt: Das zählt.

Wie diese Regeln beim Verfassen von Texten umzusetzen sind, darüber sollen die folgenden Teile in Schneiders Buch Auskunft geben. Den drei Regeln stellt er folgende vier Anleitungsteile gegenüber: »Lösung A: Kampf der Blähung«, »Lösung B: Kampf dem Krampf«, »Lösung C: Kampf dem Satzpolypen« und »Lösung D: Schreiben heißt Werben« (vgl. 47ff., 99ff., 155ff., 219ff.).

Im ersten Teil geht es um Kürze: Adjektive seien »überwiegend leicht entbehrlich«, denn sie legten sich »wattig [...] auf schlanke Verben und pralle Substantive. Daher sollten zwei Drittel aller Adjektive als Füllwörter eingestuft und folglich gestrichen werden« (48). Verben dagegen seien die »Königswörter« der Sprache (66). Zwar gebe es auch unter den Verben »Müll«, nämlich »die meisten Verben auf -ieren« (z.B. *prämieren, stabilisieren*) sowie »Luftwörter« (z.B. *erfolgen, bewirken*), »Spreizverben« (*beinhalten, vergegenwärtigen*), »tote Verben« (z.B. *sich befinden, liegen, gehören*) und »Blähverben« (*aufweisen, weilen*) (vgl. 66f.). Doch Verben seien häufig weniger abstrakt als Substantive, sie seien die »Träger von Handlung und Kraft« (69).

Im zweiten Teil geht es hauptsächlich um die Verwendung von Fremd- und Modewörtern. Zwar sieht Schneider auch Vorzüge bei der Fremdwortverwendung (vgl. 101ff.), doch überwiegen seiner Meinung nach »drei gravierende Nachteile« (103): Die meisten Fremdwörter seien erstens »schwerer verständlich als Wörter deutscher Herkunft« (ebd.), zweitens »bieten Fremdwörter weniger Anschauung und ziehen weniger Gefühl auf sich« (ebd.) und drittens seien sie schwer auszusprechen (vgl.

104). Deshalb komme es darauf an, Wörter »englischer Herkunft in Schriftbild und Aussprache« (114) auch weiterhin einzudeutschen (wie z.B. *Streik* und *Keks*) und zudem populäre und vernünftige Übersetzungen zu finden (wie z.B. *Gehirnwäsche* für *brain washing*) (vgl. 114f.).

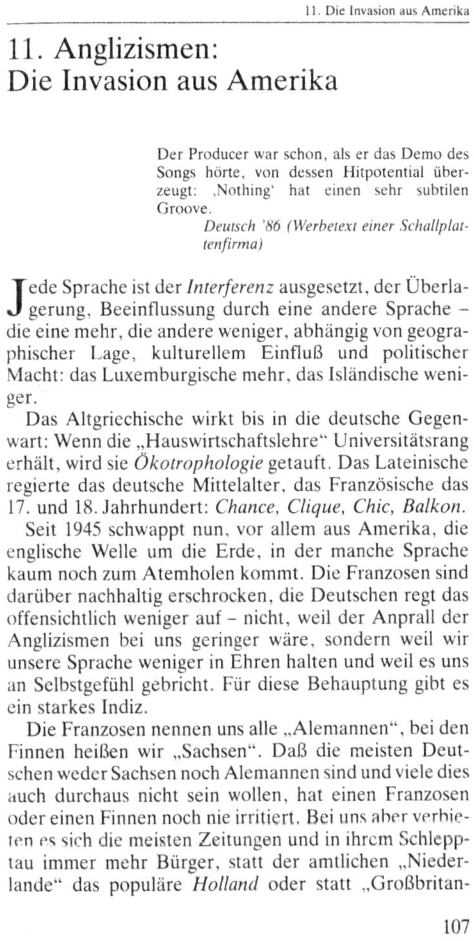

---

11. Die Invasion aus Amerika

11. Anglizismen: Die Invasion aus Amerika

> Der Producer war schon, als er das Demo des Songs hörte, von dessen Hitpotential überzeugt: ‚Nothing' hat einen sehr subtilen Groove.
> *Deutsch '86 (Werbetext einer Schallplattenfirma)*

Jede Sprache ist der *Interferenz* ausgesetzt, der Überlagerung, Beeinflussung durch eine andere Sprache – die eine mehr, die andere weniger, abhängig von geographischer Lage, kulturellem Einfluß und politischer Macht: das Luxemburgische mehr, das Isländische weniger.

Das Altgriechische wirkt bis in die deutsche Gegenwart: Wenn die „Hauswirtschaftslehre" Universitätsrang erhält, wird sie *Ökotrophologie* getauft. Das Lateinische regierte das deutsche Mittelalter, das Französische das 17. und 18. Jahrhundert: *Chance, Clique, Chic, Balkon.*

Seit 1945 schwappt nun, vor allem aus Amerika, englische Welle um die Erde, in der manche Sprache kaum noch zum Atemholen kommt. Die Franzosen sind darüber nachhaltig erschrocken, die Deutschen regt das offensichtlich weniger auf – nicht, weil der Anprall der Anglizismen bei uns geringer wäre, sondern weil wir unsere Sprache weniger in Ehren halten und weil es uns an Selbstgefühl gebricht. Für diese Behauptung gibt es ein starkes Indiz.

Die Franzosen nennen uns alle „Alemannen", bei den Finnen heißen wir „Sachsen". Daß die meisten Deutschen weder Sachsen noch Alemannen sind und viele dies auch durchaus nicht sein wollen, hat einen Franzosen oder einen Finnen noch nie irritiert. Bei uns aber verbieten es sich die meisten Zeitungen und in ihrem Schlepptau immer mehr Bürger, statt der amtlichen „Niederlande" das populäre *Holland* oder statt „Großbritan-

107

Abb. 9: Ausschnitt aus W. Schneiders *Deutsch für Kenner* (2009: 107)

Der dritte Teil handelt von den Sätzen, genauer: den »Schachtelsätzen«. Sie seien schwer verständlich und deshalb eine Zumutung für Leser und Hörer (vgl. 170ff.) Kurze Sätze zeichneten sich durch »zwei Vorzüge« aus (192):

> 1. An Prägnanz, an Verständlichkeit für den Leser oder Hörer sind sie kaum zu übertreffen;
> 2. Den Schreiber oder Sprecher zwingen sie, seine Gedanken zu sortieren, sie einer strikten Disziplin zu unterwerfen – und zugleich entlarven sie ihn, wenn er nichts zu sagen hat.

Der vierte Teil des Buches geht über Wörter und Sätze hinaus und behandelt beispielsweise Klangfarbe, Satzmelodie, Rhythmus und Metaphern (vgl. 220ff.). Es folgt ein Kapitel über »Aktuelle Probleme«, in dem die Berechtigung von Sprachnormen diskutiert wird (vgl. 274ff.) und die Auswirkungen der »elektronische[n] Schlampe« (304) – gemeint ist der Computer – auf das Schreibverhalten reflektiert werden.

Auf die bereits angesprochene Fremdwortfrage geht Schneider zusätzlich noch in einem eigenen Buch ein (W. Schneider: 2009b). Auch hier argumentiert der Autor zunächst abgewogen und weist es von sich, generell gegen Anglizismen eingestellt zu sein: »Jede Deutschtümelei, jede Hexenjagd auf Anglizismen wäre weltfremd, hinterwäldlerisch und einfach albern« (ebd.: 11). Andererseits sei es wichtig »zu unterscheiden zwischen schönen, praktischen Importen, vor allem den knackigen Einsilbern wie Job, Start, Team, Sex – und solchen, die ein pseudo-kosmopolitisches Imponiergefasel sind« (ebd.: 12). Nicht zu vergessen sei, dass das Übersetzen von Fremdwörtern nicht verboten sei und »schöne Erfolge« erbracht habe: »Oder wer wollte noch *Excursion* zum Ausflug oder *Säculum* zum Jahrhundert sagen?« (Ebd.: 13) Problematisch sei aber nun, dass »die große Hure Duden« (ebd.: 39) es mehr oder minder aufgegeben habe, normierend tätig zu werden. So würden auch Anglizismen vom Duden nur noch katalogisiert und »damit im Deutschen willkommen geheißen« (ebd.: 41). Es müsse aber darum gehen, »das Gute vom Schlechten zu scheiden und ein bisschen Maß zu halten« (ebd.: 52). Dies versucht Schneider, indem er in einem Kapitel die »törichtsten Anglizismen« auflistet (ebd.: 66ff.) und Übersetzungsvorschläge anbietet. Sie reichen von *Anti-Altern* (für *Anti-Aging*) über *herunterladen* (für *downloaden*) bis zu *Sportwandern* (für *Walking*) und *Sichtfeld* (für *Display*). Statt *Hardware* und *Software* sei es besser, von *Geräten* und *Programmen* zu sprechen. Dies klinge »in deutschen Ohren« (ebd.: 85) erstens besser und zweitens sei insbesondere *Software* ein ›schillernder, schmieriger, ausgefranster Begriff‹ (vgl. ebd.: 85), weil *soft* ja nicht nur weich, »sondern ebenso: sanft, lieblich, zärtlich, nachgiebig, mitfühlend, weinerlich, liebdienerisch, auch butterweich, verweichlicht, schlapp, beschränkt, vertrottelt« heiße (ebd.). Insgesamt komme es also darauf an, die »überflüssigen, unverständlichen, albernen unter den Anglizismen« (ebd.: 148) zu bekämpfen, indem man die Öffentlichkeit mobilisiere. Dies tue die »Aktion lebendiges Deutsch« mit ihren Ersetzungsvorschlägen, von denen Schneider am Ende seines Buches eine Kostprobe gibt (vgl. ebd.: 148ff.).

3.2.3 Bastian Sick

Bastian Sick (geb. 1965) dürfte der zurzeit bekannteste laienlinguistische Sprachkritiker Deutschlands sein. Sein Buch *Der Dativ ist dem Genitiv sein Tod* (2008), das aus seinen *Zwiebelfisch*-Kolumnen bei *Spiegel-Online* hervorgegangen ist (vgl. Sick 2008: 15; im Folgenden nur mit Seitenzahl zitiert), war ein großer Publikumserfolg wie auch die von ihm 2006 in der Köln-Arena abgehaltene »größte Deutschstunde der Welt« (vgl. http://www.bastiansick.de/neuigkeiten/aktuelles/die-groesste-deutschstunde-der-welt_2/ <02.10.2015>). Er versteht sich als »ironischer Geschichtenerzähler« (15), der »das Bedürfnis nach Aufklärung und Klarstellung« (ebd.) befriedigen möchte. Im Vorwort zu seinem Buch bezeichnet Sick sich als »Sprachpfleger« (18) und betont, dass Sprache sich ständig wandele und

> sich nicht auf ein immergültiges, fest zementiertes Regelwerk reduzieren [lasse]. [...] Darüber hinaus gibt es oft mehr als eine mögliche Form. Wer nur die Kriterien richtig oder falsch kennt, stößt schnell an seine Grenzen, denn in vielen Fällen gilt sowohl das eine als auch das andere. (Ebd.)

Insoweit würden Linguisten mit Sick sicherlich übereinstimmen (vgl. Kap. 2.6). Inhaltlich bewegen sich die Bemerkungen Sicks teilweise auf ähnlichem Niveau wie die der älteren Stilratgeber: Bemerkungen zur Vermischung von Redewendungen und zu Bildbrüchen (vgl. 45ff.) finden sich beispielsweise auch schon bei Wustmann und Engel: »Die Wiege dieses für die Landwirtschaft so wichtigen Huhnes hat in Spanien gestanden«. (Engel 1911: 401; vgl. Wustmann 1891: 290ff.) Dies gilt für zahlreiche weitere bei Sick behandelte Phänomene, etwa das Fugen-s (vgl. 106ff.; Wustmann 1891: 88ff.; Engel 1911: 71), die Verwendung des Konjunktivs (vgl. 309ff.; Wustmann 1891: 170ff.; Engel 1911: 76ff.) und die Verwendung von *als* und *wie* (vgl. 207ff.; Wustmann 1891: 278f.; Engel 1911: 61f.). Ebenso wie Wustmann, der Ausdrücke wie *Gesichtspunkt* und *klarstellen* bzw. *-legen* nur in remotivierter Bedeutung verstehen konnte oder wollte (vgl. Kap. 3.1.2.3), argumentiert Sick, wenn er gegen die Wendung *Sinn machen* polemisiert (Sick 2008: 55):

> »Sinn« und »machen« passen einfach nicht zusammen. Das Verb »machen« hat die Bedeutung von fertigen, herstellen, tun, bewirken; es geht zurück auf die indogermanische Wurzel *mag-*, die für »kneten« steht. [...] Etwas Abstraktes wie Sinn lässt sich jedoch nicht kneten oder formen. Er ist entweder da oder nicht. Man kann den Sinn suchen, finden, erkennen, verstehen, aber er lässt sich nicht im Hauruck-Verfahren erschaffen.

Dass hier ein Muster verwendet wird – analog gebildet sind beispielsweise *Eindruck machen, Karriere machen, Mühe machen* (vgl. Meinunger 2008: 100) –, bei dem *machen* nicht im Sinne von *erschaffen* zu verstehen ist, scheint Sick nicht zu sehen. Dass diese Wendung eindeutig und ausschließlich eine Übernahme aus dem Englischen ist (vgl. Sick 2008: 53), kann außerdem mit guten Gründen bezweifelt werden, denn auch Goethe und Lessing kennen und verwenden sie schon (vgl. Hundt 2010: 183). Weiterhin bedienen wir uns alle häufig metaphorischer Ausdrucksweisen. Würde man diese generell unter das sicksche Verdikt stellen, dann hätte dies absurde Konsequenzen, wie J. G. Schneider (2005: 171) zu Recht bemerkt:

> Wenn man dem Buchstäblichkeitsgrundsatz folgen würde, könnte etwas z.B. auch keine *Schule machen* [...], man könnte sich auch keine Sorgen m a c h e n und keinen schlechten Eindruck; ja strenggenommen könnte man noch nicht einmal eine Frage s t e l l e n, eine Antwort g e b e n, eine Entscheidung t r e f f e n oder Kritik ü b e n.

Auch der durch Sick so prominent gewordene Genitiv kommt schon bei Engel als der »meistmißhandelte Beugefall« (Engel 1911: 73) vor. Reiners überschreibt ein Kapitel seiner *Stilfibel* gar mit »Rettet den Genitiv!« (Reiners 2001: 35). Insofern ist Sanders' (1992: 5f.) Diktum von einem »Sortiment sprachkritischer Musterstücke« durchaus treffend.

Dass Sicks pointierte Behauptungen zur deutschen Sprache von Linguisten häufig kritisch gesehen werden, hängt möglicherweise mit der großen Diskrepanz zwischen dem Vorwort seines Buches und den Aussagen in den einzelnen Kolumnen bzw. Kapiteln zusammen. Darüber, ob Linguisten vielleicht auch schlicht »eifersüchtig« seien, »sowohl auf die finanzielle Fortune als auch auf das Maß an Anerkennung [...], das Sick zuteil wird« (Schümann 2007: 204), soll hier nicht weiter spekuliert werden.

Anders als im Vorwort angedeutet, finden die Leser in den einzelnen Kapiteln von Sicks Buch apodiktische Formulierungen – »dabei lässt die deutsche Grammatik hier keine zwei Möglichkeiten zu« (98); »Der falsche Umgang mit dem Umstandswort wird auch nicht besser, wenn man [...]« (117); »›Zeitgleich‹ wird oft fälschlicherweise im Sinne von ›gleichzeitig‹ gebraucht.« (234) –, deren Begründungen teilweise wenig plausibel und nicht nachvollziehbar, teilweise falsch sind (vgl. ausführlich Meinunger 2008; J. G. Schneider 2005 sowie Maitz/Elspaß 2007; Ágel 2008; Hundt 2010; Burkhardt 2014; Kritik an der Auffassung von Maitz und Elspaß findet sich bei Roggausch 2009; vgl. dazu auch Kaluza 2008). Für diese beiden Varianten von Sicks Sprachkritik soll hier jeweils ein Beispiel gegeben werden. Beide Beispiele verdeutlichen auch Sicks Tendenz, präskriptive Urteile zu fällen, die nicht auf einer Analyse des Sprachgebrauchs beruhen und sprachhistorische und varietätenlinguistische Aspekte vernachlässigen.

3.2.3.1 *anscheinend* vs. *scheinbar*

Bastian Sick besteht darauf, dass diese beiden Wörter eine unterschiedliche Bedeutung haben und viele – oder sogar die meisten – Sprecher offensichtlich darüber nicht Bescheid wüssten (146):

> In den wenigsten Fällen, in denen *scheinbar* gebraucht wird, ist *scheinbar* auch wirklich gemeint. Sätze wie »Das ist ihm scheinbar egal« oder »Scheinbar weiß es keiner« sind zwar häufig zu hören, doch leider – meistens – falsch. Richtig muss es heißen: »Das ist ihm anscheinend egal« und »Anscheinend weiß es keiner«. Andernfalls würde es bedeuten, die Gleichgültigkeit und die Unwissenheit wären nur vorgetäuscht.

Nun werden viele Sprecher die von Sick zitierten Sätze nicht für »falsch« halten, und zwar aus gutem Grund (vgl. J. G. Schneider 2005: 164ff. sowie 2009a: 26f.): In vielen Kommunikationssituationen spielt der Bedeutungsunterschied zwischen *scheinbar* und *anscheinend* schlicht keine Rolle und wird deshalb vernachlässigt. Dies dürfte insbesondere für umgangssprachliche mündliche Kommunikation gelten. Vor Gericht macht es dagegen einen entscheidenden Unterschied aus, ob ein Angeklagter *scheinbar* oder *anscheinend* etwas billigend in Kauf genommen hat oder ob er *scheinbar* oder *anscheinend* im Affekt gehandelt hat. Unterschiedliche Kommunikationssituationen erfordern – so könnte man diese Überlegungen zusammenfassen – unterschiedlich präzise Ausdrucksweisen. Gerade diese Differenzierung aber blendet Sick immer wieder aus und besteht stattdessen auf ›starren Bedeutungsfestlegungen‹ (vgl. J. G. Schneider 2005: 164f.) bzw. ›zementierten Bedeutungen‹ (vgl. Hundt 2010: 180). In einem aktuellen Wörterbuch kann man dagegen erfahren, dass *scheinbar* umgangssprachlich »allerdings häufig im Sinne von *anscheinend* verwendet [wird]« (Duden 2011b: 1512). In historischen Wörterbüchern, wie z.B. dem *Deutschen Wörterbuch* von Jacob Grimm und Wilhelm Grimm, kann man darüber hinaus erfahren, dass »diese feine Unterscheidung keineswegs immer vorhanden war« (Hundt 2010: 180).

3.2.3.2 *dieses Jahres* vs. *diesen Jahres*

Ebenfalls im Widerspruch zum Duden – zumindest zur aktuellen *Duden-Grammatik* – steht Sick, wenn er behauptet, dass nur die Form *dieses Jahres* korrekt sei (98):

> Die inflationäre Ausbreitung der falschen Fallbildung vor dem »Jahres«-Wort erregt Besorgnis und sorgt für Erregung. Dabei lässt die deutsche Grammatik hier keine zwei Möglichkeiten zu. Die Regel ist eindeutig. Man spricht ja auch nicht vom »Zauber diesen Augenblicks« oder vom »Ende diesen Liedes«, und ebenso wenig war Maria »die Mutter diesen Kindes«.

Dieser auf den ersten Blick so plausibel klingenden Argumentation, die sich eines Analogie-Schlusses bedient, lässt sich vieles entgegenhalten. Auch hier dürfte es sich so verhalten, dass die Mehrzahl der Sprecher die Form *diesen Sommers* für unproblematisch und korrekt hält (vgl. Eisenberg 2006). In der Tat würden aber kompetente Sprecher Formulierungen wie **das Ende diesen Liedes* oder **die Mutter diesen Kindes* für agrammatisch halten. Eine mögliche Erklärung für dieses paradox anmutende Phänomen lautet, dass die Sprecher bei *diesen Jahres* eine andere (semantische) Analogie sehen, der sie folgen (vgl. dazu Keller 2000: 4f. und Stenschke 2007). So wie die Adjektive in Formulierungen wie *im Herbst nächsten/vorigen/letzten Jahres* schwach dekliniert werden, so wird dann auch das Demonstrativpronomen *dieser* – v.a. in Zusammensetzungen mit Substantiven, die Zeitspannen wie *Monat, Jahr, Sommer* oder *Winter* bezeichnen (vgl. Eisenberg 2006) – schwach dekliniert.

Man mag solche Phänomene für bedauerlich halten. Sie machen jedoch auf eine weitere Eigenart von Sprache aufmerksam, die Sick ebenfalls gerne ausblendet. Sprachen wandeln sich ständig, der Wandel (auf allen Ebenen) ist ein Faktum, das aus unserer Art der Sprachverwendung folgt (vgl. dazu ausführlich Keller 2003). Speziell bei dem hier gewählten Beispiel lässt sich dieser Sprachwandel gut anhand verschiedener Auflagen der *Duden-Grammatik* (Duden, Bd. 4) nachweisen. Nur nebenbei sei darauf hingewiesen, dass auch Sick gerne »den Duden« als Beleg für seine Behauptungen anführt, ohne seine Leser allerdings darüber aufzuklären, welche Auflage und welchen Band des Duden er gerade heranzieht. Anscheinend (und nicht scheinbar) wählt Sick seine Belege so aus, dass sie möglichst gut zu seiner jeweiligen Argumentation passen (vgl. Maitz/Elspaß 2007: 517 und J. G. Schneider 2009a: 27ff.).

Die im Sick-Zitat angeführte »deutsche Grammatik« ist jedenfalls in der Frage, wie das Demonstrativpronomen *dieser, diese, dieses* zu deklinieren sei, viel weniger normativ als Sick: Während bereits vor 30 Jahren in der *Duden-Grammatik* darauf hingewiesen wurde, dass es »gelegentlich« schwach dekliniert wird (vgl. Duden-Grammatik 1984: 327), heißt es in der aktuellen Auflage von 2009, dass in bestimmten festen Verbindungen »sich die *n*-Form aber schon [findet], sofern das folgende Substantiv ein Genitiv-*s* aufweist. Dieser Gebrauch ist allerdings standardsprachlich noch [sic] nicht allgemein anerkannt« (Duden-Grammatik 2009: 262). Auch der Duden-Band *Richtiges und gutes Deutsch* (Duden 2011a: 240) macht darauf aufmerksam, dass v.a. ›konservative Sprachpfleger‹ auf der von Sick favorisierten Form bestehen. Es bleibt somit also festzuhalten, dass hier gerade Sprach*wandel* beobachtbar ist, ein Phänomen, das Sprachkritiker und insbesondere Laienlinguisten häufig als Sprach*verfall* denunzieren.

Insgesamt lässt sich zu Sicks Kolumnen mit Ágel (2008: 81) festhalten, dass Sick zwar kein linguistischer Laie i.e.S. ist. »Er verfügt aber auch nicht über die fachwissenschaftliche Kompetenz, die ihn befugen würde, anderen grammatische Ratschläge und Lösungsvorschläge im Bereich der deutschen Grammatik zu erteilen«.

3.2.4 Dieter E. Zimmer

Dieter Eduard Zimmer wurde am 24. November 1934 in Berlin geboren. Er hat zahlreiche Bücher und Aufsätze veröffentlicht, darunter auch zum Spracherwerb (Zimmer 1995) und zu unterschiedlichen Phänomenen der deutschen Sprache (Zimmer 1998). Zimmers Ausführungen zur Sprache (etwa zum Bilingualismus oder zum internationalen Status der deutschen Sprache) sind nicht ausnahmslos sprachkritisch, teilweise handelt es sich um informationsbetonte, kenntnisreiche Texte, die auf *Zeit*-Artikeln des Autors beruhen.

Für die sprachkritischen Ausführungen Zimmers soll hier exemplarisch der Text *Neuanglodeutsch* stehen (Zimmer 1998: 7-104; im Folgenden nur mit Seitenzahl zitiert). Der Autor argumentiert in diesem ausführlichen Text recht differenziert und betont mehrfach, dass eine unterschiedslose Eindeutschung von Fremdwörtern sinnlos sei (17):

> Wörter kommen über die Sprachgrenzen, verändern beim Gebrauch ihre Gestalt und Bedeutung, werden zu konventionellen Symbolen für die Begriffe, mit denen die Sprecher zu hantie-

ren beliehen, und keines ist schlechter, weil es irgendwann mal aus der Fremde kam. Das war der Fehler des Purismus, und er hatte schwerwiegende Folgen.

Am Gebrauch von Fremd- und Lehnwörtern sei die deutsche Sprache »offensichtlich nicht zugrunde gegangen«, sie habe »davon sogar profitiert« (18). Zimmer befürchtet jedoch, dass aus derartigen Fakten keine Prognose für die Zukunft abgeleitet werden könne, denn: »In mehrerlei Hinsicht ist die Situation heute eine andere, und so könnten auch die Folgen andere sein« (ebd.). Die Anglisierung sei heutzutage so umfassend, dass die Jugendlichen von heute, wenn sie dereinst zu Konservativen geworden seien, »das anglisierte Deutsch für das einzig normale halten und ebenso halsstarrig verteidigen wie frühere Konservative das ›th‹ und heutige Konservative das angeblich griechische ›ph‹ oder ›rh‹« (20). Dieses anglisierte Deutsch verletze jedoch auf mehreren Ebenen (Artikulation, Phonologie, Morphologie, Orthographie und Syntax) das Regelsystem der deutschen Sprache, das Zimmer zusammenfassend als »Tiefencode« bezeichnet (55):

> Eine Sprache – das ist ein ganz bestimmter stabiler Tiefencode, an den sich ein unruhiges und veränderliches Lexikon heftet. In dem Maße, in dem sich ein fremdes Wort diesem Tiefencode einfügt, hört es auf, ein Fremdwort zu sein. Umgekehrt heißt das: Ein fremdes Wort erhält seine Bewegungsfreiheit nur in dem Maße, wie es sich dem Tiefencode der Zielsprache anpaßt.

Dieser Tiefencode sei für Sprecher »die Folie sprachlicher Richtigkeit«. Und es sei gefährlich, diese aufs Spiel zu setzen (vgl. ebd.). Die nach Zimmers Ansicht mangelnde Assimilationskraft des Deutschen führe nun aber dazu, dass Fremdwörter kaum noch »den inländischen Sprachgesetzen« (70) angepasst, sondern weitgehend unverändert übernommen würden. Als Beleg für diese These listet Zimmer 100 »Computerbegriffe« (von *access provider* bis *workstation*) auf und prüft, inwieweit sie in neun europäischen Sprachen unverändert aus dem Englischen übernommen werden (vgl. 86-104).

Ein solchermaßen anglisiertes Deutsch – »Inforecherche total im Onlinedienst für Homenutzer« (70) – erfordere ständige Codesprünge zwischen den Regelsystemen beider Sprachen und führe insbesondere bei Sprechern, die beide Sprachen nicht sicher beherrschen, zu Interferenzen (70ff.):

> Es gibt für ihn nicht mehr die eine Folie sprachlicher Richtigkeit, sondern mehrere, und oft ist nicht auszumachen, wo welche zu gelten hätte. Was richtig und was falsch wäre, ist nicht mehr gewiß, es schwindet die selbstverständliche Sicherheit beim Zugriff auf die Worte und beim Arrangement von Satzstrukturen. Langsam wird zweifelhaft, welcher Tiefencode eigentlich gilt. Dann ist die Sprache tatsächlich irreparabel beschädigt. Das Phänomen hat einen Namen, keinen wissenschaftlichen, einen polemischen. Er lautet Pidginisierung. [...] Die Gefahr ist also nicht der Zustrom von fremden Wörtern und Wendungen als solcher. Es ist die Pidginisierung durch die unablässigen unberechenbaren Codesprünge, zu denen die vielen nichtassimilierten fremdsprachigen Wörter und Wendungen des Neuanglodeutsch zwingen, und die von ihnen bewirkte Aufweichung des Regelsystems.

Um die Gefahr der Pidginisierung abzuwenden, ist laut Zimmer weder ein »Einreisestopp für fremde Wörter« erforderlich noch die Notwendigkeit gegeben, diese »allesamt brachial« (85) einzudeutschen. Es komme lediglich darauf an, »die Menge der Codesprünge« (ebd.) zu vermindern: »Hier eine Übersetzung, dort eine lautliche oder orthographische Anpassung, mit dem Ziel, die zugereisten Wörter in sämtlichen grammatischen Zusammenhängen frei gebrauchen zu können – schon das würde viel bewirken.« (Ebd.) Da der gemeinsame Wille, »das Deutsche an der deutschen Sprache zu erhalten« jedoch nicht vorhanden sei und im Zweifelsfall als »Deutschtümelei« (ebd.) diskreditiert werde, sei eine Besserung nicht in Sicht.

Vergleicht man Zimmers Argumentation mit anderen zeitgenössischen fremdwortkritischen Beiträgen, so fällt auf, dass sie differenzierter ausfällt und nicht ein Verdikt aufgrund der Herkunft bestimmter Wörter ausspricht. Seine philologische Argumentation ist vielmehr subtiler: Der unreflektierte und übermäßige Fremdwortgebrauch schädige das deutsche Sprachsystem, indem er die natürliche Kompetenz der Sprecher, über Richtig und Falsch in der eigenen Sprache entscheiden zu können, langfristig zerstöre. Aus diesem Grunde sei der momentan herrschende übermäßige Fremdwortgebrauch problematisch.

Auch in seiner vorletzten sprachkritischen Publikation (Zimmer 2005) ist das Bemühen um Ausgewogenheit zu erkennen. Im Kapitel über Fremdwörter (»McDeutsch«) kommen auch Linguisten mit ihrer Einschätzung ausführlich zu Wort (vgl. Zimmer 2005: 106ff.). Teilweise stimmt Zimmer mit linguistischen Erkenntnissen überein, aber er bleibt bei seiner These der mangelnden Integrierbarkeit von Anglizismen: »Viele Anglizismen sind innerhalb der deutschen Syntax also nur eingeschränkt brauchbar, Bürger zweiter Klasse« (Zimmer 2005: 143). Eines von Zimmers zahlreichen Beispielen zum Beleg dieser These soll hier exemplarisch angeführt werden:

> Am schwierigsten jedoch fällt die deutsche Konjugation von zusammengesetzten englischen Verben wie *backupen, downloaden, layouten, outsourcen* oder *recyceln*. Wir versuchen uns an deutschen Analogiefällen zu orientieren und bilden wacker *downgeloadet* (oder *-ed*), *outgesourcet/d, gerecyclet/d*. Aber so richtig wohl wird uns und dem Verb dabei nicht. [...] *Backupen* ist noch heikler, weil das, was im Deutschen die Vorsilbe wäre (*up/auf*), hier die Nachsilbe ist; *upbacken* wäre uns genehmer, dann ließe sich der Fall analog zu *aufbacken* lösen, *upgebackt*. Aber *backuped*? Oder *backupt*? Oder *gebackupt*? Oder *backgeupt*? So vermeiden wir solche konjugierten Formen lieber ganz, oder wir retten uns doch zu Lehnübersetzungen wie *herunterladen, auslagern, rezyklieren*, die vielleicht nicht so schön sind und denen der moderne Touch abgeht, die uns aber wenigstens nicht stutzen lassen. (Ebd.)

Deutlich wird hier die Anknüpfung an Zimmers bereits erwähnte These vom gefährdeten Tiefencode, die auch explizit erwähnt wird (vgl. ebd.: 144f.). Deutlich ist auch in diesem Kapitel Zimmers Bemühen um Ausgewogenheit, etwa wenn er die Übersetzungsvorschläge aus dem *Wörterbuch überflüssiger Anglizismen* des Vereins Deutsche Sprache (Bartzsch/Pogarell/Schröder 2009) als teilweise »irreführend«, teilweise »grotesk«, teilweise als »mehr oder weniger umständliche Umschreibungen oder Erklärungen« (ebd.: 132) kennzeichnet, die sich nicht einmal durch bessere Verständlichkeit auszeichneten (ebd.: 133):

> Wo immer mehrere deutsche Wörter vorgeschlagen werden, bedeutet das meist keineswegs, dass das Deutsche sogar einen Embarras de richesse hat, sondern dass keines dieser Wörter den Sinn des englischen wirklich trifft.

Weiterhin betont Zimmer, dass auch die Rede von der übermäßigen Fremdwortverwendung problematisch sei, denn »Kennziffern für die Aufnahmefähigkeit einer Sprache gibt es nicht« (ebd.: 156). Außerdem sei das Phänomen des Sprachwandels zu bedenken, dem noch keine Sprache entgangen sei. Wer sich gegen Sprachwandel auflehne, komme sich möglicherweise wie ein Held vor, sei aber in Wahrheit »nur eine komische Figur« (ebd.: 157).

Es sei also – so fasst Zimmer seine Thesen prägnant zusammen – »nicht die Menge der Anglizismen an sich, sondern die Menge der unintegrierten Anglizismen«, die die deutsche Sprache »irgendwann in ihren Grundstrukturen beschädigen könnte« (ebd.: 161). Deshalb könne es nicht darum gehen, »Fremdwörter ab- oder auszuweisen« (ebd.: 162), sondern nach Möglichkeit dafür Sorge zu tragen, sie in die deutsche Sprache zu integrieren. Dennoch verzichtet auch Zimmer (2006: 48ff.) nicht auf die abwertende Bezeichnung *Denglisch* und plädiert dafür, »die Importe aus dem Globalesischen, so gut es gehen will, zu assimilieren« (ebd.: 51).

Am Beispiel der in der laienlinguistischen Literatur häufig zitierten Formen *gebackupt* vs. *upgebackt* soll Zimmers Argumentation zur Fremdwortintegration unter linguistischen Gesichtspunkten analysiert werden. Sein Kernargument lautet ja, dass aufgrund der mangelnden Integrationskraft des Deutschen eine ernstliche Gefahr bestehe, weil der »Tiefencode« unserer Sprache dauerhaft beschädigt werden könnte.

Die mangelnde Integrationskraft versucht Zimmer sowohl anhand einer Liste von 100 Computerausdrücken in verschiedenen Sprachen nachzuweisen (vgl. oben: 101) wie auch durch Beispiele nicht integrierter Verben (*downloaden, backupen*). Zunächst wäre zu definieren, worin die Integration eines Fremdworts oder fremden Wortes besteht (vgl. Eisenberg 2001: 183ff.). Zimmer geht hier ausschließlich von der Schriftsprache aus, an der er Integration bemessen will. Betrachtet man den mündlichen Sprachgebrauch, so lässt sich unschwer feststellen, dass Deutsche Anglizismen anders aussprechen als Native Speakers. Insofern stellt der ›deutsche Akzent‹ sicherlich eine erste Art von phonologischer Integration dar (vgl. hierzu und zum Folgenden ausführlich Eisenberg 1999 und 2001: 186ff.).

Auch die von Zimmer bemängelten Unsicherheiten bei Partizipien wie *downgeloadet* (oder *-ed*), *outgesourcet/d*, *gerecyclet/d* betreffen nicht den mündlichen Sprachgebrauch, sondern zunächst die Orthographie. Insbesondere wenn solche Partizipien flektiert werden, kristallisiert sich aber der Vorrang einer integrierten Schreibweise heraus. So würden wir die Form *recyceltes Papier* akzeptieren, nicht aber *recycledes Papier,* entsprechendes gilt für ein *gut gemanagtes* (und nicht: *gemanagedes*) *Unternehmen.* Diese Formen aber sprechen eher für die Integrationskraft der deutschen Sprache als gegen sie.

Weiterhin gelten auch für Fremdwörter die Regeln der deutschen Orthographie. So werden beispielsweise Substantive großgeschrieben und erhalten einen Artikel (*der Chip, die Homepage, das Interface*) (vgl. zur Genuszuweisung Eisenberg 1999: 23), und auch Verben werden orthographisch (*to click – klicken*) und grammatisch (*to upload – uploaden*) angepasst. Auch die von Zimmer beschriebenen Schwierigkeiten der Integration von Verben wie *to backup, to upload* müssen differenziert betrachtet werden. Zweifelsohne bereiten sie Schwierigkeiten, wenn beispielsweise Partizipien oder *zu*-Infinitive gebildet werden sollen (*geupgradet* vs. *upgegradet, zu upgraden* vs. *upzugraden*). Weiterhin ist bei solchen Verben häufig nicht klar, ob sie als trennbar oder nicht trennbar einzustufen sind. Je nachdem wie unsere Entscheidung ausfällt, kommen wir dann zu Formen wie *ich grade up* vs. *ich upgrade*. Diese Unsicherheit ist jedoch nicht darauf zurückzuführen, dass die entsprechenden Verben aus einer fremden Sprache stammen. Dies lässt sich an Beispielen anderer zusammengesetzter Verben wie *anerkennen, bausparen,* oder *doppelklicken* illustrieren (vgl. dazu ausführlicher Duden-Grammatik 2009: 446ff.). Bei diesen zusammengesetzten Verben haben wir die gleichen Probleme: *ich spare bau* vs. *ich bauspare, ich klicke doppel(t)* vs. *ich doppelklicke*. Beide Varianten kommen uns merkwürdig vor – oder mit den Worten Zimmers: »[...] so richtig wohl wird uns und dem Verb dabei nicht« (Zimmer 2005: 143). Nicht von ungefähr vermerkt deshalb das *Duden-Universalwörterbuch* (2011b) bei vielen solcher Verben, dass sie meist nur im Infinitiv gebräuchlich seien. Mit der Herkunft solcher Verben hat dies allerdings nichts zu tun, wie Eisenberg (2001: 194) anmerkt: »Das Problem tritt bei Infinitiven mit nativen Bestandteilen (*bauchlanden, bergsteigen*) in ganz ähnlicher Form auf wie bei solchen mit fremden.«

Abschließend lässt sich also zur Argumentation Zimmers festhalten, dass sie ganz offensichtlich auf einem anderen Niveau angesiedelt ist als beispielsweise die Bemerkungen des Vereins Deutsche Sprache. Aber auch Zimmers sprachkritische Bemerkungen gehen von Voraussetzungen aus, die einer linguistischen Detailanalyse häufig nicht standhalten.

Weiterführende Literatur: Göttert (2013); Griesbach (2006); Meinunger (2008); Niehr (2009); Pfalzgraf (2006).

3.3 Linguistische Beurteilung laienlinguistischer Sichtweisen

Nach dieser Darstellung historischer wie auch moderner Sprach- und Stilkritik soll es in diesem Kapitel darum gehen, die referierten Sichtweisen einer linguistischen Analyse zu unterziehen. Dabei können nicht alle Einzelargumente detailliert berücksichtigt werden. Vielmehr soll es darum gehen, die Gemeinsamkeiten der bisher vorgestellten Ansätze herauszuarbeiten und aus linguistischer Sicht zu beurteilen.

Gemeinsam ist den sprach- und stilkritischen Autoren, dass sie allesamt deutlich gegen sprachliche Missstände – bzw. das, was die Autoren dafür halten – Stellung beziehen und diesen klare Vorstellungen eines besseren Deutsch bzw. Stils entgegenstellen. Sanders (1992: 90) macht dies als das zentrale Unterscheidungskriterium zu deskriptiven sprachwissenschaftlichen Ansätzen aus:

> Der Sprachwissenschaftler kommt, studiert und analysiert diese hundert oder auch tausend Möglichkeiten, aber er wird keine Stillehre schreiben. Der Stillehrer kommt, sieht und schreibt – in der schwarzweißen Klarheit griffiger Lehrformeln und schmissig formulierter Regeln. Und warum kann er das? Weil er, wie der Sprachkritiker, einen festen Standpunkt hat: sein »normatives« Stilverständnis.

Um die Perspektive der Linguistik zu verdeutlichen, scheint es sinnvoll, zwischen der Kritik am Gebrauch einzelner Wörter und der Kritik bestimmter stilistischer Eigenheiten, die sich in Texten manifestieren, zu unterscheiden.

3.3.1 Normative Wortkritik

Unter dieser Rubrik wird sowohl die Kritik am Fremdwortgebrauch wie auch die Kritik an der Verwendung bestimmter Wortarten verstanden. Die Kritik am Fremdwortgebrauch zieht sich durch die gesamte laienlinguistische Literatur und soll deshalb zunächst zum Thema gemacht werden.

Betrachtet man die fremdwortkritischen Beiträge, die vom späten 19. Jahrhundert an bis heute publiziert wurden, so fällt zunächst auf, dass der Ton etwas gemäßigter geworden ist (vgl. Niehr 2011b). Zwar hatte sich auch schon Eduard Engel dagegen verwahrt, als *Purist* bezeichnet zu werden (vgl. oben: 84f.), aber natürlich war er genau das. Dass er Fremdwörter mit allen ihm zur Verfügung stehenden Mitteln bekämpfte und dabei vor kaum einer Verbalattacke zurückschreckte, wird insbesondere aus seinen späteren Veröffentlichungen deutlich. Demgegenüber betonen die Autoren des 20. Jahrhunderts in unterschiedlicher Akzentuierung, dass sie keineswegs einer pauschalen Fremdwortkritik das Wort reden. Vielmehr begründen sie ihre Fremdwortkritik häufig mit quasi-emanzipatorischen bzw. paternalistischen Argumenten: Die Fremdwortverwendung schließe Teile der Bevölkerung, die des Englischen nicht mächtig seien, von der Kommunikation aus und sei aus diesem Grunde problematisch. Hinzu kommt, dass nach der Auffassung zahlreicher Autoren die deutsche Sprache durch die übermäßige Fremdwortverwendung Schaden nehme: Erstens nämlich durch die Verdrängung angestammter indigener Wörter und zweitens durch Zerstörung des »Tiefencodes«. Zahlreiche Fremdwörter seien zudem überflüssig, weil es treffendere deutsche Ausdrücke gebe. Die Verwendung von Fremdwörtern sei ein deutliches Indiz für das Imponiergehabe der Sprecher bzw. Schreiber.

Aus linguistischer Sicht sind gleich mehrere Punkte an dieser Argumentation nicht stichhaltig. Zunächst einmal beanspruchen viele der laienlinguistischen Autoren (und der Verein Deutsche Sprache) für sich, das Maß des noch zulässigen (und damit auch des übermäßigen) Fremdwortgebrauchs zu kennen. Eine pauschale Quantifizierung der in Gebrauch befindlichen Fremdwörter ist allerdings nicht möglich. Es müsste zumindest die unterschiedliche Fremdwortfrequenz in verschiedenen Domänen (Werbung, Technik, Sport etc.) sowie im mündlichen und schriftlichen Sprachgebrauch berücksichtigt werden. Wie allerdings eine solche Untersuchung methodisch sauber durchzuführen wäre, das wird in laienlinguistischen Publikationen nicht zum Thema gemacht (vgl. Niehr 2002; 2006: 188f.). So bleibt es also dem Belieben des Sprachkritikers überlassen, wann er meint feststellen zu müssen, das Maß sei voll und der Fremdwortgebrauch somit »übermäßig«.

Erste Ansätze von linguistischer Seite zu einer quantitativen Einschätzung des Anglizismengebrauchs finden sich bei U. Busse (2011), Eisenberg (2013) sowie Kreuz (2014). Sie zeigen u.a., dass es große Unterschiede zwischen schriftlichem und mündlichem Sprachgebrauch gibt und dass pauschalisierende Aussagen über den Anglizismengebrauch und seine Folgen mit der sprachlichen Realität nicht in Einklang zu bringen sind.

Schließlich gehen Linguisten nicht davon aus, dass es überflüssige Wörter in einer Sprache gibt. Dies gilt selbstverständlich auch für Fremdwörter. Eine sinnvolle Beurteilung von Einzelwörtern ist immer nur im Kontext einer Äußerung oder eines Textes möglich. Erst bei der Ersetzung von Fremdwörtern in Äußerungen oder Texten kann beurteilt werden, ob sich eine Bedeutungsveränderung ergibt. Kontextlose Wortlisten wie etwa der vom Verein Deutsche Sprache publizierte »Anglizismen-Index« sind für die Frage nach Bedeutungsgleichheit und -unterschied prinzipiell wenig hilfreich, meist sogar vollkommen unbrauchbar (vgl. Schiewe 2001: 294f.; Kreuz 2014: 159ff.). Kreuz (2014: 169) zeigt anhand einer korpuslinguistischen Studie, »dass die aus dem Index stichprobenartig ausgewählten Anglizismen deutsche Wörter durch ihren wesentlich selteneren Gebrauch gar nicht verdrängen können, in unterschiedlichen Kontexten verwendet werden, in Belegstellen teilweise symbiotisch gemeinsam auftreten oder auf verschiedene außersprachliche Referenten verweisen«. Bei genauerer Betrachtung zeigt sich nämlich sehr schnell, dass die scheinbar bedeutungsgleichen indigenen Wörter keineswegs synonym mit den inkriminierten Fremdwörtern sind. Um ein bereits zitiertes Beispiel aufzugreifen (vgl. oben: 96): Zu Recht würden Studierende, die eine *Exkursion* im Rahmen ihres Studiums durchführen, sich dagegen verwahren, lediglich einen *Ausflug* zu machen (vgl. weitere Beispiele bei Meinunger 2009; Niehr 2002 und Niehr/Funken 2009). Dieses Beispiel zeigt gleichzeitig, dass die Verwendung von Fremdwörtern nicht zwangsläufig dazu führt, dass die angeblich synonymen oder sogar treffenderen deutschen Ausdrücke verdrängt werden. Häufig ist es dagegen so, dass beide Ausdrücke zum Zweck der Bedeutungsnuancierung nebeneinander verwendet werden (vgl. Niehr 2002; v. Polenz 1994: 85ff.; Schiewe 2001: 286f.).

Weiterhin ist die in der Laienlinguistik so selbstverständlich angewendete Kategorisierung in Fremdwörter und indigene (einheimische bzw. deutsche) Wörter problematisch. Dies liegt einerseits daran, dass das Deutsche seit vielen Jahrhunderten eine Mischsprache ist, die Wortmaterial aus anderen Sprachen in sich aufgenommen hat. So haben zahlreiche Wörter, die wir heute nicht als Fremdwörter empfinden (*Familie, Körper, putzen*) lateinische Ursprünge. Wieder andere wie *Film, Keks* oder *Tank* sind Anglizismen, obwohl sie uns inzwischen auch wie indigene Wörter erscheinen. Vor diesem Hintergrund ist es schwierig, eine klare Trennlinie zwischen so genannten Fremdwörtern und indigenem Wortgut zu ziehen (vgl. v. Polenz 1999: 391ff.; Eisenberg 2012: 15ff.). In der laienlinguistischen Literatur scheint dies meist ad hoc zu geschehen, ohne dass plausible Kriterien zugrunde liegen.

Auch die pauschale Kritik an der Verwendung bestimmter Wortarten wird von der Linguistik nicht geteilt. So bekennt sich Wolf Schneider dazu, »daß der breiten Rede nicht meine Sympathie gehört« (W. Schneider 2009a: 15). Dies führt bei ihm dazu, dass er Adjektive und bestimmte Verben für weitgehend überflüssig erklärt (vgl. oben: 94). Hier befindet sich Schneider – wie so oft – in Übereinstimmung mit seinen stilkritischen Vorgängern (vgl. Sanders 1992: 36f.). Als Linguist würde man aber zumindest einen Kriterienkatalog für die Nütz- bzw. Entbehrlichkeit ganzer Wortarten relativ zu Textsorten und Situationstypen, insbesondere aber relativ zu funktionaler Angemessenheit erwarten. Stattdessen präsentiert Schneider eine bunte Mischung tautologisch oder seiner Meinung nach falsch verwendeter Adjektive wie *schwarze Raben, sonderschulischer Bereich, automobile Spitzenklasse, halbseidene Strumpffabrikanten* (vgl. W. Schneider 2009a: 48ff.). Oder dem Sprachkritiker missfallen fachsprachliche Adjektive wie *sozio-* und *dialektal*, die deshalb kurzerhand als entbehrlich eingestuft werden. Dass man die Vertreter einer Wortart auch falsch oder ungeschickt verwenden kann, gilt für alle Wortarten. Daraus gleich eine so weitreichende Empfehlung abzuleiten, dürfte erheblich über das Ziel hinausschießen. Ein solches Über-das-Ziel-Hinausschießen wird durch Formulierungen begünstigt, die zwar einen amüsanten, gut lesbaren Text ausmachen, ansonsten aber pauschalisierend und wenig differenziert sind.

Zusammenfassend lässt sich festhalten, dass Einschätzungen über die Angemessenheit eines Wortes (bzw. ganzer Wortarten) ohne Kontext nie in sinnvoller Weise erfolgen können. Erst im Hinblick auf eine Kommunikationssituation und die spezifische Absicht des Sprechers bzw. Schreibers können Argumente für oder wider die angemessene Verwendung eines bestimmten Ausdrucks gefunden werden (vgl. dazu Kap. 3.3.4).

3.3.2 Normative Stilkritik

Ein wichtiges Kennzeichen der normativen Stilkritik ist das Absolut-Setzen literatursprachlicher Maßstäbe (vgl. Sanders 1988: 390). Das deutlichste Zeichen dafür ist, dass Stilkritiker sich gerne auf die Autorität der »klassischen« Schriftsteller berufen, etwa indem sie ihre Texte als Beispiele besonders guten Stils auszugsweise abdrucken. Damit aber werden nicht nur die Prinzipien der Adressatenorientierung und funktionalen Angemessenheit (s. dazu unten Kap. 3.3.4) ausgehebelt, sondern gleichzeitig die von den Stilkritikern immer wieder betonten Prinzipien aufgehoben oder zumindest relativiert. Dies lässt sich an folgendem Beispiel gut verdeutlichen: Wolf Schneider (und mit ihm die Stilkritiker von Engel bis Reiners) betonen als zentrales Prinzip das der Kürze. Abgesehen davon, dass für die Leser im konkreten Fall schwer zu entscheiden sein dürfte, wann ein Satz (oder gar ein Wort) »kurz genug« ist, können nun gerade die immer wieder zitierten Schriftsteller nicht unbedingt als Musterbeispiele für sprachliche Kürze herangezogen werden. Dass deren (literarischer) Sprachgebrauch außerdem nicht situationsunabhängig als vorbildlich und angemessen betrachtet werden sollte, erschließt sich leicht, wenn man sich alltagsweltliche Schreibanlässe vergegenwärtigt: Für die Korrespondenz mit einer Verwaltung, das Schreiben eines Leserbriefs oder einer SMS bedarf es zweifelsohne anderer stilistischer Kompetenzen als für das Verfassen eines literarischen Werkes. Angemessenheit lässt sich also immer nur relativ zur intendierten Wirkung und zu den Adressaten beurteilen (vgl. Kap. 2.3.2). Dies wiederum macht deutlich, dass die von den Stilkritikern bevorzugten »einfachen« Grundsätze gar nicht so »einfach« umzusetzen sind. Es bedarf vielmehr gründlicher Überlegungen, um entscheiden zu können, welcher Stil für welchen Text bzw. für welche Textsorte angemessen sein könnte. Ein Reflex auf diese Tatsache findet sich übrigens bei den Stillehrern selbst: Zahlreiche der zunächst apodiktisch formulierten Regeln werden im Nachhinein wieder relativiert. So setzt beispielsweise der bereits zitierte Wolf Schneider dem Prinzip der Kürze das des »kontrollierten Überflusses« entgegen und betont, dass Verben zwar »Königswörter«, aber keineswegs »Allheilmittel« seien (vgl. Sanders 1988: ebd.). Die auf den ersten Blick so konkreten Handlungsanweisungen dürften damit für den Leser kaum umzusetzen sein.

3.3.3 Sprachkonservativismus

Betrachtet man die Geschichte einer Sprache als die Geschichte ihres Verfalls, so wird man zwangsläufig zu dem Ergebnis kommen, dass ältere Sprachzustände den neueren Sprachzuständen vorzuziehen seien. Die älteren Sprachzustände gelten in einer solchen Sichtweise als weniger defekt und daher als bewahrenswert. Wie Hoberg (2009: 30) zu Recht anmerkt, vereint diese Sicht auf Sprache zahlreiche laienlinguistische Sprach- und Stilkritiker:

> Wer vom *Sprachverfall* spricht oder ähnliche abwertende Begriffe benutzt, meint meist alle sprachlichen Veränderungen, die ihm missfallen, und vielen Menschen missfallen nahezu alle Veränderungen, deren sie sich bewusst sind. [...] Man weiß natürlich, dass sich die Sprache entwickelt hat und dass sie sich auch weiter entwickeln wird, aber während der eigenen Lebenszeit sollte sie möglichst konstant bleiben.

Manche Sprachkritiker führen ihren Sprachkonservativismus offensiv ins Feld (vgl. das Zitat Wustmanns oben: 76), manche offenbaren diese Haltung eher implizit, indem sie auf den vorbildlichen Sprachgebrauch »klassischer« Autoren verweisen (vgl. etwa W. Schneider 2009a: 327ff.). Diese Haltung ist die Konsequenz einer – häufig bei Sprachkritikern anzutreffenden – organistischen Sprachauffassung. Sie betrachtet Sprachen als organische Lebewesen, die eine Jugend, eine Blüte- und Reifezeit, aber notwendigerweise auch ein Alter und eine Verfallsperiode haben, die es möglichst durch Sprachpflege zu verhindern gelte.

Von linguistischer Seite wird diese Sprachauffassung, die eine lange Tradition hat, nicht geteilt (vgl. Corr 2014; Keller 2003: 20ff.). Für die Sprachkritik ist in diesem Zusammenhang wichtig, dass die organistische Sprachauffassung zu einer Hypostasierung und Vitalisierung von Sprache führt: »So wird unversehens aus dem artspezifischen Kommunikationsverfahren des homo sapiens sapiens ein animal rationale mit allerhand wundersamen Fähigkeiten« (Keller 2003: 24). Teilt man nicht die Annahme, dass die »Entwicklung« einer Sprache nach einem mehr oder minder voraussagbaren Plan verläuft und daher unweigerlich zu einem Ende der Entwicklung (»Verfall«, »Tod«) führen muss, dann findet man keine guten Argumente dafür, willkürlich ausgewählte frühere Sprachzustände als Ideale zu proklamieren, die es zu restaurieren gelte: »Aus der Tatsache, dass heute etwas nicht gut oder gar schlecht ist, kann man nicht schließen, dass es früher besser war« (Hoberg 2009: 32). Ebenfalls lässt sich dann die bei laienlinguistischen Sprachkritikern häufig anzutreffende etymologische Argumentation nicht aufrechterhalten, die die »ursprüngliche« Bedeutung eines Wortes ins Feld führt:

> [E]s gibt keinen sprachwissenschaftlich festzumachenden oder auch nur rationalen Grund, die *ursprüngliche* Bedeutung eines Worts als seine *eigentliche*, als *wahre* anzusetzen. Die eigentliche Bedeutung eines Worts ist keineswegs die ursprüngliche, also die, die es *zuerst* hatte. (Gauger 1995: 66)

Die »eigentliche« Bedeutung eines Wortes kann man immer nur relativ zu bestimmten Zeiträumen angeben: Sie ist die Bedeutung, in der das Wort in einem (mehr oder minder) bestimmten Zeitraum von der Sprechergemeinschaft verwendet wurde oder wird. Dies ergibt sich daraus, dass zum Wandel von Sprachen auch der Wandel von Wortbedeutungen gehört. So ist es einerseits zu erklären, dass das Wort *Backfisch* ab der zweiten Hälfte des 20. Jahrhunderts eine Bedeutungsverengung im Vergleich zum 19. Jahrhundert erfahren hat (vgl. Niehr/Funken 2009: 132). So ist es andererseits auch zu erklären, dass das Wort *Maus* in den letzten Jahrzehnten eine Bedeutungserweiterung erfahren hat. Und aus dem gleichen Grunde kann man keinesfalls mit Hilfe der Etymologie nachweisen, dass nur Frauen (und nicht Männer) *hysterisch* sein können (vgl. dazu Gauger 1995: 70).

Der hier nur in Grundzügen angedeutete sprachliche Konservativismus der laienlinguistischen Sprach- und Stilkritiker lässt sich zusammenfassend als eine statische Haltung charakterisieren, die darum bemüht ist, den Verlauf der Sprachgeschichte durch Kritik aufzuhalten oder zumindest zu verlangsamen. Die Sprachwissenschaft vertritt demgegenüber ein dynamisches Konzept, das nicht willkürlich ausgewählte sprachliche Erscheinungen (von der Wort- bis zur Stilebene) für erhaltenswert, vorbildlich oder angemessen erklärt. Vielmehr geht die Sprachwissenschaft davon aus, dass zumindest die Absichten des Sprechers/Schreibers und die Erwartungen der jeweiligen Rezipienten zu berücksichtigen sind, um die Qualität sprachlicher Äußerungen zu bewerten. Da sowohl die Absichten des Sprechers/Schreibers als auch die angesprochenen Rezipienten Variablen sind, kann es folglich keine einfach umsetzbaren Regeln geben, deren Befolgung zum Ziel des Sprechers/Schreibers führen.

3.3.4 Adressatenorientierung

Zusammenfassen lassen sich die im letzten Kapitel angedeuteten Überlegungen im Konzept der Adressatenorientierung. Eine wichtige Voraussetzung dieses Konzepts ist es, dass Sprache nicht in erster Linie der Informationsübermittlung, sondern vielmehr dem »Appell« (vgl. Kap. 4.2.2) an den Hörer/Leser dient: Mit sprachlichen Äußerungen wollen wir unser Gegenüber beeinflussen. Wir wollen beispielsweise unsere Hörer/Leser zu einem bestimmten Verhalten auffordern, sie von unserer Sicht der Dinge überzeugen und uns selbst in einem bestimmten Licht erscheinen lassen. Um dies alles zu erreichen, bedienen wir uns komplexer sprachlicher Mittel, die wir jeweils in Abhängigkeit von unseren Zielen, den Adressaten und der Situation aus einer Vielzahl von Möglichkeiten auswählen müssen. Dies lässt sich an einem einfachen Beispiel gut verdeutlichen.

Betrachten wir dazu die folgende Äußerung: *Wer sich beim Grinden mault, gilt bei den Cracks als Looser und wird zum Dissen freigegeben* (Neuland/Volmert 2009: 155). Aus sprachkritischer Perspektive könnte angemerkt werden, dass diese Äußerung einige Anglizismen (*Crack, Looser, dissen*) und Szenewörter (*grinden, sich maulen*) enthält und deshalb bei einer Vielzahl der Leser/Hörer zu Verständnisschwierigkeiten führt. Um diese Schwierigkeiten zu minimieren, böte sich eine standardsprachliche Übersetzung an: *Wer bei den Übungen hinfällt, gilt unter den Könnern als Verlierer und wird zum Spott freigegeben* (ebd.). Mit den gleichen Argumenten ließen sich allerdings auch fachsprachliche Äußerungen wie die folgende kritisieren: *In der Mehrzahl dieser peptischen Stenosen spielt ein gastrooesophagealer Reflux die entscheidende pathogenetische Rolle* (Fluck 1996: 92), da diese für die Mehrzahl der nicht medizinisch vorgebildeten Hörer/Leser unverständlich sein dürfte. Eine sprachwissenschaftliche Analyse solcher Äußerungen wäre ohne Kenntnis des situativen Kontextes schwerlich möglich oder könnte lediglich formale Kategorien zugrunde legen (verwendete Wortarten, Syntax etc.). Erst vor dem Hintergrund des situativen Kontextes wäre das Konzept der Adressatenorientierung sinnvoll einzubeziehen. Hier wäre zu berücksichtigen, dass die erste Äußerung jugendsprachlich, die zweite fachsprachlich geprägt ist. Anders als in laienlinguistischen Szenarien immer wieder heraufbeschworen wird (vgl. Meinunger 2009: 54ff.), konnten linguistische Untersuchungen zeigen, dass Jugendliche in der Lage sind, »durchaus ihren Sprachstil den jeweiligen Verwendungssituationen anzupassen und rasch zwischen Stilen zu wechseln« (Neuland/Volmert 2009: 155f.). Jugendsprachliche Elemente werden demnach »vorzugsweise in der Freizeit [...] [benutzt], deutlich weniger hingegen in den Domänen von Familie und Schule« (ebd.). Entsprechendes gilt für die Bewertung der fachsprachlichen Äußerung. Sie wäre in einem wissenschaftlichen Artikel oder Vortrag unproblematisch, da ein Arzt seine fachliche Kompetenz auch durch den Gebrauch fachsprachlicher Terminologie unter Beweis stellt. In einer Publikumszeitschrift wie der *Apotheken-Umschau* oder als mündliche Äußerung im Arzt-Patienten-Gespräch wäre sie dagegen fehl am Platz. Andererseits würde die standardsprachliche »Übersetzung« der jugendsprachlichen Äußerung im Gespräch zwischen Jugendlichen möglicherweise als abweichender Sprachgebrauch empfunden.

Diese wenigen Beispiele mögen genügen, um zu verdeutlichen, dass die kontextfreie Kritik von Wörtern, Äußerungen oder Texten häufig zu Urteilen führt, die mit der Sprachwirklichkeit nur schwer in Einklang zu bringen sind. Im Umkehrschluss gilt daher aber auch: Sprachratgeber, die vorgeben, mit einfachen Regeln eine allgemeingültige Anleitung zum angemessenen Sprachgebrauch geben zu können, verkürzen die Komplexität menschlichen Sprachhandelns in unzulässiger Weise. Ihre Ergebnisse sind daher teils trivial, teils falsch. Brauchbare Rezepte, die bei Befolgung zu einem funktional angemessenen Sprachgebrauch in allen Lebenslagen führen, wird man in solchen Ratgebern jedenfalls nicht finden.

Weiterführende Literatur: Mell (2015); Nickisch (1975); Niehr (2015a); Sanders (1998; 2002); J. G. Schneider (2009a); Spitzmüller (2005a; 2006).

3.4 Aufgaben

A 3.1
Der folgende Text wird von Wolf Schneider (2009a: 342ff.) als Beispiel für ein Meisterwerk deutscher Prosa zitiert. Versuchen Sie anhand der von Schneider aufgeführten Kriterien zu begründen, was diesen Text – hier werden aus Platzgründen nur die ersten vier Sätze abgedruckt – zu einem stilistischen Meisterwerk macht.

Wenn du etwas wissen willst und es durch Meditation nicht finden kannst, so rate ich dir, mein lieber, sinnreicher Freund, mit dem nächsten Bekannten, der dir aufstößt, darüber zu sprechen. Es braucht nicht eben ein scharfdenkender Kopf zu sein, auch meine ich es nicht so, als ob du ihn darum befragen solltest: nein! Vielmehr sollst du es ihm selber allererst erzählen. Ich sehe dich zwar große Augen machen und mir antworten, man habe dir in frühern Jahren den Rat gegeben, von nichts zu sprechen als von Dingen, die du bereits verstehst. Damals aber sprachst du wahrscheinlich mit dem Vorwitz, *andere*, ich will, daß du aus der verständigen Absicht sprechest, *dich* zu belehren, und so könnten, für verschiedene Fälle verschieden, beide Klugheitsregeln vielleicht gut nebeneinander bestehen. (Heinrich von Kleist: Über die allmähliche Verfertigung der Gedanken beim Reden)

A 3.2

Die sogenannte „Leichte Sprache" soll barrierefreie Kommunikation ermöglichen und insbesondere Menschen mit Lernschwierigkeiten zur Teilhabe an Kommunikation verhelfen, indem sie ausreichend Informationen bekommen, z.B. um Wahlentscheidungen zu treffen, Webseiten zu nutzen, medizinische Diagnosen zu verstehen (vgl. Bock 2015: 137). Prüfen Sie, inwieweit die folgenden Regeln des Netzwerks Leichte Sprache (vgl. http://www.leichtesprache.org/images/Regeln_Leichte_Sprache.pdf) aus linguistischer Sicht geeignet sind, um Texte zu erstellen, die diesen Kriterien genügen.

> **Benutzen Sie aktive Wörter.**
> **Beispiel**
> **Schlecht:** Morgen ist die Wahl zum Heim-Beirat.
> **Gut:** Morgen wählen wir den Heim-Beirat.
>
> **Benutzen Sie positive Sprache.**
> Negative Sprache erkennt man an dem Wort: **nicht.**
> Dieses Wort wird oft übersehen.
> **Beispiel**
> **Schlecht:** Peter ist nicht krank.
> **Gut:** Peter ist gesund.
>
> **Vermeiden Sie alte Jahres-Zahlen.**
> **Beispiel**
> **Schlecht:** 1867
> **Gut:** Vor langer Zeit.
> **Oder:** Vor mehr als 100 Jahren.

A 3.3

Eduard Engel beschäftigt sich in seinem Werk *Deutsche Stilkunst* auch mit Problemen der Sprachrichtigkeit. Dabei behandelt er auch die »Streitfrage«, ob es *ich frug* oder *ich fragte* heißen müsse, eine Frage, die auch heute noch in Internetforen diskutiert wird. Engel plädiert für die »starke« Form *ich frug*, wiewohl *fragte* die ältere Form sei und *frug* »erst im 19. Jahrhundert häufiger wird [...]. Ich bestreite dem

Sprachforscher das Recht, dies einen Fehler zu nennen, so lange der Sprachgebrauch der Gebildetsten sich nicht unabänderlich für ›fragte‹ entschieden hat. Daß die Redesprache des Volkes immer noch ›frug‹ bevorzugt, ist unleugbar und sehr beachtenswert.« (Engel 1911: 55) Beurteilen Sie diese Passage und leiten Sie daraus eine Empfehlung für das Gegenwartsdeutsch ab.

A 3.4
Lesen Sie die Einleitung zur 1. Auflage von Wustmanns *Sprachdummheiten* (Wustmann 1891: 3-32) und arbeiten Sie – insbesondere anhand der verwendeten Metaphern – heraus, welcher Sprachauffassung Wustmann zuneigt.

A 3.5
Weil-Sätze mit Verb-Zweitstellung (..., *weil das ist ein Nebensatz*) werden von Sprachkritikern wie Bastian Sick häufig getadelt. Die Begründung lautet, dass *weil* eine nebenordnende Konjunktion sei und deshalb die Verb-Letztstellung erfordere (..., *weil das ein Nebensatz ist*). Sick schreibt in diesem Zusammenhang gar von der »Abschaffung des Nebensatzes hinter Bindewörtern wie ›weil‹ und ›obwohl‹« (Sick 2008: 389). Erarbeiten Sie Kriterien für die Beurteilung von Nebensätzen mit Verb-Zweitstellung.

A 3.6
Der Verein Deutsche Sprache unterscheidet zwischen »ergänzenden«, »verdrängenden« und »differenzierenden« Anglizismen. Ordnen Sie die folgenden Ausdrücke diesen Kategorien zu und vergleichen Sie ihr Ergebnis mit der Kategorisierung des VDS (http://www.vds-ev.de/index): *Account, Afrolook, E-Learning, Engineering, made in Germany, Mountainbike, online, safer Sex, Sandwichbauweise, scannen, Single, Webcam, Zoom.*

A 3.7
Hermann Dunger (1899: 7) beklagt in der folgenden Textpassage den englischen Spracheinfluss:

> Bei dieser Vorliebe für das Englische ist es natürlich, daß, sobald von englischen oder amerikanischen Verhältnissen die Rede ist, hauptsächlich englische Ausdrücke verwendet werden. Da giebt es kein erstes oder zweites Frühstück, kein Mittag- oder Abendessen, kein Empfangszimmer, sondern Breakfast, Luncheon, Dinner, Supper, Drawing-room. Wir lesen von High-life, Nobility und Mob, von Clerks und Stewards. Die englischen Geschäftsträger heißen Residenten, die Geistlichen Reverends, die Gesellschaftszeit (saison) Season. Jede Kneipe ist ein [sic] Bar, das Dampfschiff ein Steamer. [...] und so geht es lustig immer englisch weiter. [...] Alles das sind Begriffe, die sich im Deutschen ganz bequem ausdrücken lassen.

Überprüfen Sie anhand dieses Zitats die auch heute noch oft zu hörende These, dass Anglizismen deutsche Ausdrücke verdrängen.

4 Didaktische Sprachkritik

Das Forschungsfeld der didaktischen – man müsste eigentlich genauer sagen: *sprach*didaktischen – Sprachkritik wird im Wesentlichen abgesteckt durch die Frage nach dem Beitrag, den die kritische Sprachbetrachtung zum sprachlichen Lernen und zur sprachlichen Bildung zu leisten vermag. Dabei wird mit dem Begriff des »**sprachlichen Lernens**« der Erwerb sprachlichen Wissens zum Zweck des Sprache-*Könnens* erfasst. Sprachliches Lernen soll demnach in erster Linie dazu befähigen, mit Hilfe dieser Sprache in verschiedenen gesellschaftlichen Kommunikations- und Praxisbereichen kommunikative und kognitive Aufgaben funktional angemessen und erfolgreich lösen zu können. Der Begriff der »**sprachlichen Bildung**« erfasst demgegenüber den Erwerb und die Erzeugung sprachlichen Wissens zum Zweck des Sprache-*Kennens*, der Bildung des Menschen durch Sprache sowie der Gestaltung einer eigenen Sprachpersönlichkeit. Sprachliche Bildung als Sprache-Kennen setzt immer schon ein gewisses Niveau des Sprache-Könnens voraus.

Um die Frage nach dem Beitrag der didaktischen Sprachkritik zum sprachlichen Lernen und zur sprachlichen Bildung beantworten zu können, bedarf es daher einer weiteren Entfaltung und Ausfächerung der Fragestellung: Welche Ansätze und Methoden zu welchen Gegenständen, Fragestellungen und Erkenntnisinteressen der kritischen Sprachbetrachtung vermögen bei welchem Lerner(typus) welche Kompetenzen (welches Wissen, welche Fähigkeiten, welche Fertigkeiten, welche Einstellungen) im Rahmen des sprachlichen Lernens und der sprachlichen Bildung zu erzeugen? Bereits diese Fragestellung legt Folgendes nahe:

Didaktische Sprachkritik zielt nicht unmittelbar auf die Veränderung eines Sprachgebrauchs, einer Sprachnorm oder gar des Sprachsystems. Didaktische Sprachkritik zielt vielmehr auf eine Veränderung der sprachlichen und sprachkritischen Kompetenzen des sprechenden und hörenden, schreibenden und lesenden Mitglieds einer Sprachgesellschaft. Im Idealfall handelt es sich bei erfolgreicher Veränderung der (kognitiven, kommunikativen, affektiven, sozialen) sprachlichen und sprachkritischen Kompetenzen um einen Beitrag zur Entwicklung des sprachmündigen Menschen. Ein sprachmündiger Mensch ist einer, der, ohne ständig bewusst über Sprache reflektieren zu müssen, über die Leistungen sprachlicher Mittel ein begründetes Urteil fällen kann, seinen eigenen Sprachgebrauch funktional angemessen zu gestalten weiß und in der Lage ist, funktional Unangemessenes im eigenen Sprachgebrauch sowie im Sprachgebrauch Anderer mit Gründen zu bewerten. Didaktische Sprachkritik versucht, dieses Ziel im Wege der Erzeugung von Wissen über Sprache, Sprachnormen und Sprachgebrauch zu erreichen. Der ihr zugrunde liegende Wissens-Begriff ist der in der Sprachdidaktik weithin übliche, der vier Wissensarten unterscheidet (vgl. Ossner 2006: 31-34):

a) deklaratives Wissen, d.h. auf die kritische Sprachbetrachtung und den sprachlichen Gegenstand bezogenes Sachwissen;
b) problemlösendes Wissen, d.h. auf Ansätze und Methoden der kritischen Sprachbetrachtung bezogenes strategisches Wissen;
c) prozedurales Wissen, d.h. die Angemessenheit oder Unangemessenheit eines Sprachgebrauchs automatisiert beurteilendes Wissen;
d) metakognitives Wissen, d.h. die eigenen Fähigkeiten und Schwierigkeiten bei der kritischen Textproduktion und Textrezeption überschauendes Wissen.

Dieses Wissen über Sprache, Sprachnormen und Sprachgebrauch sowie deren kritische Betrachtung versucht die didaktische Sprachkritik zu erzeugen, indem sie Lernende zu linguistisch begründeten Entscheidungen und Positionierungen in Bezug auf die kommunikativen und kognitiven Leistungen von Sprache, Sprachnormen und Sprachgebrauch herausfordert.

Im Bereich des sprachlichen Lernens soll die Herausforderung zur linguistisch begründeten kritischen Bewertung und Beurteilung von Sprache, Sprachnormen und Sprachgebrauch eine Sprachkritikkompetenz mit Blick auf eine Veränderung des Sprache-Könnens entwickeln. Der Sprecher/Schreiber soll in die Lage versetzt werden, sein prozedurales (implizites, automatisiertes) sprachliches Wissen im Bedarfsfall zum Gegenstand kritischer Sprachbetrachtung zu erheben, um in verschiedenen gesellschaftlichen Kommunikations- und Praxisbereichen kommunikative und kognitive Aufgaben mit kritischem Sprachbewusstsein produktiv und rezeptiv erfolgreich lösen und eigene Ziele entsprechend verfolgen zu können. Und im Bereich der sprachlichen Bildung soll die Herausforderung zur linguistisch begründeten Bewertung und Beurteilung eine Sprachkritikkompetenz mit Blick auf eine Veränderung des Sprache-Kennens entwickeln. Der Sprecher/Schreiber soll in die Lage versetzt werden, sein deklaratives (propositionales, sachliches) sprachliches Wissen zum Instrument kritischer Sprachbetrachtung zu erheben, um die Leistungen von Sprache, Sprachnormen und Sprachgebräuchen bei der Lösung kommunikativer und kognitiver Aufgaben sowie bei der Verfolgung eigener Ziele in verschiedenen gesellschaftlichen Kommunikations- und Praxisbereichen kritisch bewerten und beurteilen zu können. Diese hier noch relativ offen gehaltenen Formulierungen der Grobziele der didaktischen Sprachkritik sollen im Folgenden begründet und sodann konkreter gefasst werden (vgl. Kap. 4.3.1)

Zu diesen beiden Grobzielen der didaktischen Sprachkritik mit Bezug auf das sprachliche Lernen und die sprachliche Bildung tritt noch ein drittes Grobziel: das der Erzeugung sprachkritischen Wissens als solchem. Sprachkritik im Rahmen der sprachdidaktischen Modellierung darf auch einen eigenen Bildungswert beanspruchen. In diesem Zusammenhang erscheint sie nicht vornehmlich als didaktischer Schlüssel bzw. Zugriff zum sprachlichen Lernen und eher mittelbar als ein solcher zur sprachlichen Bildung, sondern als ein Gegenstand des Sprachunterrichts, dem ein eigener Wert als gesellschaftlich relevantes Wissen zugesprochen wird. Im

Rahmen dieses Grobziels der didaktischen Sprachkritik geht es vornehmlich um den Erwerb deklarativen Wissens über Sprachkritik, über deren Geschichte, Ansätze und Methoden, wie sie zum Beispiel in den Kapiteln 2 und 3 der vorliegenden Einführung zur Darstellung kommen (vgl. dazu auch Dieckmann 2012, Kap. 1).

Eine in diesem Sinne konzipierte didaktische Sprachkritik unterscheidet sich grundlegend von einer Sprachpflege, wie sie nicht selten als Erwartungshaltung an sprachkritisches Denken und Handeln von Lehrkräften herangetragen wird und das Bild der Lehrkraft als das einer Normenvermittlerin und Überwacherin des Normengebrauchs malt (vgl. zu dieser Erwartungshaltung z.B. Steinig/Huneke 2015: 18f.). Wenn Sprachpflege definiert wird als »jede beratende (vs. didaktische [sic]) Bemühung um den Sprachgebrauch einzelner Individuen, die auf eine verbesserte sprachliche Kompetenz (Normbeherrschung) und auf einen reflektierten, d.h. kritischen und selbstkritischen Sprachgebrauch (kommunikative Kompetenz) abzielt« (Greule/Ahlvers-Liebel 1986: 3), so wird man diese Definition zwar ohne größere Schwierigkeiten auch auf die – legitimen und notwendigen – Aufgaben von Lehrkräften im Rahmen der Normenvermittlung und Normenkontrolle im Bereich der Erzeugung einer standardsprachlichen Kompetenz übertragen können. In beiden Fällen, dem der Sprachpflege wie dem der Vermittlung und Kontrolle standardsprachlicher Normen, wird jedoch in Bezug auf das Individuum ein Defizit und in Bezug auf die Sprache eine feststehende, selbst nicht der Kritik unterworfene richtige bzw. bessere Norm unterstellt. Ein sprachpflegerischer Ansatz einer didaktischen Sprachkritik setzte dann dazu an, das Defizit zu beheben und die richtige bzw. bessere Norm zu bewahren. Aufgabe des Sprachunterrichts wäre es, den Sprachgebrauch des Individuums im Wege des Erwerbs dieser richtigen bzw. besseren Norm zu »verbessern« und das Individuum zu befähigen, »kritisch« sowie »selbstkritisch« die Einhaltung dieser (richtigen, besseren) Norm zu beachten. Sprachförderung und Sprachlenkung als Erscheinungsformen solcher Sprachpflege gehen dabei eine enge Verbindung ein.

Die oben genannten Ziele einer didaktisch modellierten Sprachkritik im Bereich des sprachlichen Lernens und der sprachlichen Bildung sind mit einem solchen sprachpflegerischen Ziel einer »Verbesserung« des Sprachgebrauchs als Folge der Einübung einer als richtig und besser deklarierten Norm sowie der (selbst)kritischen Prüfung der Befolgung dieser Norm zum Zweck ihrer Bewahrung nicht vereinbar. So kann, mitunter gar sollte zwar Sprachkritik, wenn sie im Unterricht dem sprachlichen Lernen (zum Zweck des Sprache-Könnens) als didaktischer Schlüssel dienen soll, durchaus die diachronisch, diaphasisch, diastratisch und diatopisch allen Varietäten als Leitnorm vorgelagerte Standardsprache zum Ausgangs- und Zielpunkt sprachkritisch vergleichender und bewertender Untersuchungen erklären. Namentlich Schülerinnen und Schüler, Studentinnen und Studenten, die im Rahmen des ungesteuerten Spracherwerbs keinen oder nur geringfügigen Zugang zur Standardsprache gefunden haben, bedürfen dieses Ausgangs- und Zielpunktes. Dabei ist es dann durchaus ein Ziel der sprachkritischen Betrachtungen, die kommunikativen und kognitiven Leistungen der Standardsprache sowie deren Normen bewusstzumachen, als Wissen verfügbar zu machen und darüber auf den Sprachgebrauch von Lernenden an Schulen und Universitäten einzuwirken (vgl. dazu auch Kilian 2014a: 333ff.). Das ist dann aber eben »Sprachpflege als Sprachförderung um der Sprecher willen, nicht der Sprache wegen« (von Polenz 1973: 141).

Von mindestens gleichem Rang ist zudem das andere Ziel, nämlich dazu zu befähigen, diese Leistungen und Normen selbst wieder der kritischen Sprach(normen)betrachtung zuzuführen, um sie auf verschiedenen Sprachbeschreibungsebenen und relativ zu anderen (diachronischen, diaphasischen, diastratischen, diatopischen) Existenzformen von Sprache sowie relativ zu den Existenzweisen Sprachgebrauch, Sprachnorm, Sprachsystem zu bewerten und zu beurteilen. Auf diese Weise soll einer bloß blinden Normenbefolgung vorgebeugt werden. Es liegt auf der Hand, dass dabei zugleich Ziele der sprachlichen Bildung (zum Zweck des Sprache-Kennens) zu erreichen sind. Die Befähigung zu einer sprachlichen Mündigkeit und Sprachkritikkompetenz macht also gerade nicht – wie im sprachpflegerischen Ansatz vorgesehen – vor den Normen der deutschen Standardsprache halt. In diesem Sinne ist es zu verstehen, wenn Peter von Polenz (1973: 147) ausführt, dass gerade der Erwerb einer sprachkritischen Kompetenz vor bipolaren Kurzschlüssen nach dem Muster von »richtig«/»besser« und »falsch«/»schlechter« zu schützen vermag (zu solchen bipolaren Kurzschlüssen vgl. auch Kap. 3):

> Sprachkritische Sprachdidaktik ist das einzige Mittel dagegen, daß die Menschen in der modernen Massengesellschaft den zu »sekundären Systemen« erstarrten Sprachbräuchen wehrlos ausgeliefert sind. [...] Das Reden gegen die Sprachbräuche sollte, eher als die Anpassung an sie, vordringliches Lernziel des primärsprachlichen Unterrichts in einer demokratischen Schule sein.

4.1 Zur Wissenschaftsgeschichte der didaktischen Sprachkritik in Deutschland

Im folgenden wissenschaftsgeschichtlichen Überblick werden für die Zeit von den Anfängen der Institutionalisierung des »deutschen Unterrichts« an Schulen im 19. Jahrhundert bis zur besonders exponierten Hervorhebung kritischer Sprachbetrachtungen in einem staatlichen Bildungsplan im Jahr 1969 lediglich holzschnittartig die wenigen Spuren nachgezeichnet, die die Erforschung der Geschichte der Sprachdidaktik im Deutschunterricht an Hinweisen auf eine didaktische Modellierung von Sprachkritik bislang zu bieten hat. Dass der *Bildungsplan für das Fach Deutsch an den Gymnasien des Landes Hessen* aus dem Jahr 1969 geradezu eine Zäsur bewirkte, mag auch mit der sprachkritischen Abstinenz des Deutschunterrichts zuvor zusammenhängen.

4.1.1 Spuren didaktischer Sprachkritik im 19. Jahrhundert

Erste konkretere Spuren einer auf die Veränderung der individuellen Sprachkompetenz zielenden didaktischen Sprachkritik lassen sich bemerkenswerteweise gerade in der Zeit finden, als sich die germanistische Sprachwissenschaft institutionell etablierte – und unkritisch wurde (vgl. Kap. 2.1), nämlich in der ersten Hälfte des 19. Jahrhunderts. Etwa gleichzeitig setzte die das ganze Jahrhundert während Institutionalisierung und Gestaltung des Faches Deutsch als eines kanonischen Unterrichtsfachs an allen Schulformen ein.

Der Begründer des formalen Grammatikunterrichts, Karl Ferdinand Becker, entwickelt in seinem Buch *Organism der Sprache* (1841 [zuerst 1827]: 9) den Gedanken, dass die »Sprachlehre« im Unterricht nur insofern lehren könne, »wie man sprechen soll, als sie in uns die innern Bildungsgesetze der Sprache zum Bewußtsein bringt, und uns dadurch in Stand setzt, zu beurtheilen, ob die Sprechweise im Einzelnen diesen Gesetzen gemäß sei, oder nicht« (zum Zusammenhang vgl. Frank 1976: 170ff, wo die Stelle allerdings nicht korrekt zitiert wird). Das ist Sprachkritik im oben zitierten sprachpflegerischen Sinne. Immerhin aber soll die Beurteilung der Normeneinhaltung nicht blind, sondern mit »Bewußtsein« erfolgen.

Hinweise darauf, was in der Sprachdidaktik des 21. Jahrhunderts mit Konzepten der »Sprachbewusstheit« bzw. des »Sprachbewusstseins« in den Blick genommen wird, finden sich etwa zur selben Zeit auch in Robert Heinrich Hieckes 1842 erschienenem Buch *Der deutsche Unterricht auf deutschen Gymnasien*. Hiecke spricht hier von »Entwicklung des sprachlichen Bewußtseins« (1842: 203; vgl. zu Hiecke auch Frank 1976: 464; bei seinem Zeitgenossen Riecke [1846: XII] findet man dann auch das Wort *Sprachbewußtsein*). Das ist noch keine didaktische Sprachkritik in einem engeren, aber durchaus schon im Ansatz eine didaktische Sprachkritik in einem weiteren Sinne, wie sie im 20. Jahrhundert im Begriff der »Reflexion über Sprache« und im 21. Jahrhundert im Kompetenzbereich »Sprache und Sprachgebrauch untersuchen« systematisch entfaltet wird.

In der zweiten Hälfte des 19. Jahrhunderts setzt sich im Gefolge der durch Jacob Grimm historisch ausgerichteten Sprachwissenschaft an den Gymnasien die Tendenz zur historisch-vergleichenden Sprachbetrachtung im »deutschen Unterricht« durch. Im Rahmen dieser – später terminologisch als »Sprachkunde« der »Sprachlehre« gegenübergestellten – sprachdidaktischen Richtung waren vereinzelt auch sprachkritische Untersuchungen angelegt, ohne dass daraus jedoch ein konsistentes didaktisches Konzept erwachsen wäre. So könne, führt der Grimm-Schüler Rudolf Hildebrand (1913 [zuerst 1867]: 59) in seinem sprachdidaktischen Hauptwerk *Vom deutschen Sprachunterricht in der Schule* aus, beim Entdecken des »Widerspruchs« zwischen Aussprache und orthographischer Schreibung »der Same zur Pflanze der Kritik gesät sein, [...] der Kritik, die mit eignem Auge das Wesen von der Erscheinung, den Inhalt von der Form sondern lernt, die ›einsieht‹ (in den Gegenstand hineinsieht), daß die Form nur ein Gefäß ist, um uns Inhalt zuzuführen.« Die

Vorschläge für sprachkritisches Reflektieren im Deutschunterricht konzentrierten sich mehrheitlich auf die Ebene des Wortschatzes, des einzelnen Wortes wie der phraseologischen Wortgruppen, seltener auch auf die Morphosyntax, mitunter aber bereits gedacht als sprachdidaktischer Schlüssel bzw. Zugriff zur Bewusstmachung und kritischen Hinterfragung der einzelsprachspezifischen Archivierung von Weltansichten im Wortschatz:

> Dieser Vorrat überlieferter Redensarten nun bildet den eigentlichen Geist, Gehalt und Reichtum, das eigentliche innerste Leben der Sprache. Ist daran nichts zu lernen und zu lehren? Wichtiges und Schönes in unerschöpflicher Fülle! Was tut denn die Schule daran? So viel ich weiß, so gut wie nichts [...]. So ist denn dies reiche und wichtige Gebiet der Sprache meistens dem dunklen Gefühl der Schüler und dem Zufall überlassen und – dem Leben und das ist nicht in Ordnung. Denn mit der Klarheit, mit der einer diese vorgedachten Gedanken und vorgeschauten Bilder handhabt, hängt die Klarheit seines eigenen Denkens ab, nicht bloß von der Schärfe, mit der einer die formale Logik handhabt, wie man früher meinte. (Hildebrand 1913 [1867]: 96)

Die Sprachtheorie Wilhelm von Humboldts stand hier Pate (vgl. Kilian 2008). – Insgesamt blieben derlei Spuren jedoch vereinzelt. Der Deutschunterricht verirrte sich zu Beginn des 20. Jahrhunderts in der nationalistisch orientierten »Deutschkunde« und wurde schließlich auch zur Verfolgung rassistischer Zwecke instrumentalisiert und missbraucht. Einer kritischen Sprachbetrachtung zum Zweck des sprachlichen Lernens und der sprachlichen Bildung bot diese »Deutschkunde« keinen Raum.

4.1.2 Spuren didaktischer Sprachkritik in den Methodenlehren und ersten Didaktiken des Deutschunterrichts nach 1945

Kritische Sprachbetrachtung spielte auch in der Deutschdidaktik nach 1945 zunächst keine nennenswerte Rolle. Nach der Befreiung von nationalsozialistisch durchtränkten Inhalten und Methoden des Deutschunterrichts war die Forschung zunächst überwiegend unterrichtsmethodisch ausgerichtet und zeichnete sich inhaltlich wie didaktisch im Wesentlichen nicht durch allzu starke Neigung zur Sprachkritik aus. Ansätze zur Anregung sprachkritischen Denkens und Handelns im Deutschunterricht wurden, sofern sie überhaupt Berücksichtigung fanden, allenfalls aus methodischer Perspektive beleuchtet (vgl. z.B. Ulshöfer 1957, Kap. 6). In Bildungsplänen stand überdies die Anleitung zur Normorientierung im Vordergrund (z.B. in der »Volksschule«: »Beherrschung einer richtigen, natürlichen und klaren hochdeutschen Umgangssprache«; zit. nach Ivo 1975: 113); Sprachkritik kam allenfalls in Form einer Reflexion über »Wesen und Leistung der Sprache« vor und blieb vornehmlich dem gymnasialen Deutschunterricht vorbehalten (vgl. ebd.: 134f.). In der ersten deutschen Monographie zur *Didaktik der deutschen Sprache* (Buchtitel von Helmers 1970 [zuerst 1966]) ist dann zwar die Rede von einer Befähigung zu einem »Abstandnehmen von der Sprache« (Helmers 1970: 264, 276 u.ö.) sowie einer Befähigung zur kritischen »Abstraktion vom eigenen und vom fremden Sprachvollzug« (ebd.: 269). Doch wenngleich damit die Tür zu einer begründet bewertenden, kritischen Sprachbetrachtung einen Spalt weit geöffnet wurde, stand bei Helmers doch noch die Vermittlung und Stabilisierung von Normen für einen guten und richtigen Sprachgebrauch im Vordergrund. Dies kommt besonders deutlich zum Ausdruck, wenn er seine sieben »Lernbereiche des Deutschunterrichts« dem »kategorialen Gliederungsprinzip« »bene« und »recte« zuordnet und als »Lernziel der Sprachbetrachtung« »das Erkennen der Regelfunktion der Sprache (des ›recte‹ der Sprache)« anführt (vgl. ebd.: 34ff.).

4.1.3 »Sprachkritik als Lernziel« (um 1970): Didaktische Sprachkritik als Gesellschaftskritik

Auf dem Ansatz eines *Kritischen Deutschunterrichts* (vgl. den Titel von Ivo 1970 [zuerst 1969], ferner z.B. Dahle 1973; Hartmann 1978; Lecke 1978) basierend und institutionell befördert durch den *Bildungsplan für das Fach Deutsch an den Gymnasien des Landes Hessen* aus dem Jahr 1969 ist für die 1970er Jahre eine Linie von Ansätzen festzustellen, die als Konzeptionen einer didaktischen Sprachkritik im engeren Sinne anzusehen sind. Hubert Ivo, der maßgeblich an der Formulierung des hessischen Bildungsplans beteiligt war, formulierte als ein wesentliches Ziel seiner Konzeption eines *Kritischen Deutschunterrichts* »die Ausbildung einer kritischen Kompetenz gegenüber Steuerungsfunktionen der Sprache« (Ivo 1970 [zuerst 1969]: 124). Bernhard Weisgerber, ein anderer Vertreter dieser Richtung in den frühen 1970er Jahren, entfaltete wenig später in seinem Buch *Elemente eines emanzipatorischen Sprachunterrichts* ein »Lernziel: Sprachkritik«, das er wie folgt schrittweise konkretisiert (1975 [zuerst 1972]: 24):

> Das Lernziel: Sprachkritik läßt sich als allgemeines Lernziel vielleicht folgendermaßen formulieren: Der Schüler soll eine kritische Einstellung zu Sprachgebrauch und Sprache entwickeln, die ihn befähigt,
> - sprachliche Manipulationen zu durchschauen,
> - eigenes und fremdes Sprachhandeln zu beurteilen,
> - aus vorgefundener Sprache seine individuelle Sprachform zu entfalten,
> - Tendenzen der Sprachentwicklung zu analysieren und die Entscheidung über Mitvollzug oder Ablehnung auf Sachkenntnis zu gründen.

Der nächste Schritt der Konkretisierung bestand darin, dass Weisgerber Wege skizziert, die für verschiedenste Gegenstandsbereiche des Deutschunterrichts (z.B. »Begriffe«, »Sprachmoden«, Sprache und Sprachgebrauch in »Medien«, »Propaganda und Werbung«, vgl. ebd.: 24ff.) und unter Einbezug verschiedener Methoden des Deutschunterrichts (z.B. »Textvergleich«, »Textanalyse«, »Wortkunde als Begriffskritik«) das »Lernziel: Sprachkritik« erreichbar machen sollen (vgl. ebd.: 27ff.; vgl. auch Kap. 4.3.1). Hubert Ivo legte für das »Handlungsfeld: Deutschunterricht« wiederum nur wenig später didaktische Konzeptionen von »Sprachkritik als Sprachrichtigkeitskritik«, »Sprachkritik als Ideologiekritik« und »Sprachkritik als Wissenschaftskritik/als Philosophie« vor (vgl. Ivo 1975, Kap. 8-10).

Die sprachdidaktisch evozierte Veränderung der sprachlichen und sprachkritischen Kompetenzen des Sprechers wurden im Rahmen des »Kritischen Deutschunterrichts« bzw. der »Kritischen Deutschdidaktik« deutlich über die Zieldimensionen des sprachlichen Lernens und der sprachlichen Bildung hinaus erstreckt auf eine Befähigung zur Sprachkritik als Gesellschafts- und Ideologiekritik. In den auf dem hessischen Bildungsplan basierenden *Hessischen Rahmenrichtlinien für das Fach Deutsch in der Sekundarstufe I* aus dem Jahr 1972 wird zum Beispiel als eine Aufgabe des Deutschunterrichts formuliert, dass die, so die Vorannahme, innerhalb des Deutschunterrichts aufgrund der je unterschiedlichen sozialen Herkunft der Schüler »notwendig auftretenden Sprachnormenkonflikte als Ausdruck grundlegender gesellschaftlicher Konflikte« verstanden und behandelt werden sollten (zit. nach Christ [u.a.] 1974: 97 [Dokumentationsteil]).

Diesen sprachdidaktischen Modellierungen einer Sprachkritik im engeren Sinne, die über die »Reflexion über Sprache« hinaus eine sprach-, mithin ideologie- und gesellschaftskritische Mündigkeit der Lernenden anstrebten, war bildungspolitisch und wissenschaftsgeschichtlich keine lange Lebensdauer und keine nachhaltige Einwirkung auf ein sprachdidaktisches Gesamtkonzept beschieden. Im Rahmen der Bildungspolitik wirkten die Konzepte des »Kritischen Deutschunterrichts« bzw. der »Kritischen Deutschdidaktik« als zu radikaler Bruch mit Traditionen des Sprachunterrichts, mit dessen kanonischen Inhalten und Zielen, namentlich in Bezug auf die Vermittlung von Sprachnormen (also dessen, was bei Helmers als »recte« kategorisiert war, vgl. ebd.: 43ff.). Und im Rahmen der Wissenschaftsgeschichte wurden diese sprachdidaktischen Konzepte zwar explizit verknüpft mit aktuellen Tendenzen der damals selbst noch sehr jungen Disziplin der germanistischen Linguistik, die sich der Gegenwartssprache zuwandte und neue sprachtheoretische und methodologische Grundlagen der linguistischen Sprachbetrachtung schuf. Da in diesem sprachwissenschaftlichen Aufbruch die Sprachkritik jedoch nicht mitgenommen wurde, fehlte dem »Kritischen Deutschunterricht« bzw. der »Kritischen Deutschdidaktik« letztlich doch ein konsistentes linguistisches Bezugssystem, das Ansätze für eine linguistische Begründung der Sprachkritik geliefert hätte.

4.1.4 »Reflexion über Sprache« (seit 1969): Didaktische Sprachkritik als Kritik am Grammatikunterricht

Die Bezeichnung »Reflexion über Sprache« erscheint in einem staatlichen Dokument wahrscheinlich erstmals in dem bereits erwähnten *Bildungsplan für das Fach Deutsch an den Gymnasien des Landes Hessen* aus dem Jahr 1969 (vgl. Bildungsplan 1969: 4). Dort wird ausgeführt (ebd.: 8f.):

> Die Reflexion über Sprache hat das Ziel,
> - die Sprachkompetenz der Schüler zu erweitern;
> - die Schüler zu befähigen, Kommunikationsgrenzen zu überwinden, die durch unterschiedlichen Gebrauch der Sprache entstehen;
> - Voraussetzungen zu schaffen, um Wirkungsmöglichkeiten von Sprache durchschauen und sie bewußt nutzen zu können;
> - Distanz zur Sprache zu gewinnen, damit die durch Sprache möglichen Steuerungsvorgänge kritisch reflektiert werden können.

Im Anschluss an die hessischen Rahmenrichtlinien von 1972 und im Zusammenhang mit der so genannten »kommunikativen Wende« der Sprachdidaktik um 1970 wurde »Reflexion über Sprache« (synonym auch als »Sprachreflexion« oder »Nachdenken über Sprache« bezeichnet) zunächst stark auf das Ziel der Erzeugung einer »kommunikativen Kompetenz« ausgerichtet (vgl. Boueke 1984: 335ff.). Seit etwa 1980 wurde dann ein anderer Strang der »Reflexion über Sprache« (wieder) zunehmend dominant, der in gewisser Weise den seit dem 19. Jahrhundert mit dem Terminus »Sprachlehre«, von Hermann Helmers 1966 mit »Sprachbetrachtung« bezeichneten Lernbereich wieder stärker fokussierte, nämlich den Lernbereich Grammatik. Der Grammatikunterricht wurde innerhalb des Bereichs »Reflexion über Sprache« von der unbedingten Ausrichtung auf die Kategorie des »recte« und von Ansätzen eines formalen Grammatikunterrichts im Sinne der älteren »Sprachlehre« gelöst. Die neueren Ansätze des Grammatikunterrichts wurden kaum mehr mit »Sprachlehre« bezeichnet, sondern mehr und mehr identifiziert mit »Sprachreflexion«. Ein Pendant zur älteren »Sprachkunde«, wozu auch die Sprachkritik zu zählen wäre, wurde zwar wiederholt gefordert (vgl. z.B. Boueke 1984: 342ff.; Neuland 1993: 92; Ingendahl 1999: 214ff.), jedoch nicht systematisch entwickelt. Der Bereich »Reflexion über Sprache« erfuhr vielmehr eine sehr allgemeine Ausrichtung auf Ansätze und Methoden der Sprachbetrachtung, die einer Erzeugung von »Sprachbewusstheit« oder »Sprachbewusstsein« dienlich sein mochten. Diese neuere Ausweitung des Lernbereichs »Reflexion über Sprache« wurde begründet durch Konzepte, die Sprachreflexion sowohl als eine natürliche Anlage als auch als ein Ziel gesteuerten Sprachunterrichts begriffen:

> Der Begriff »Reflexion über Sprache« meint zunächst einmal jedes Nachdenken über Sprache überhaupt, wie es etwa nicht nur in der Linguistik und im schulischen Sprachunterricht, sondern auch in vielen alltäglichen Situationen stattfindet. (Boueke 1984: 339)

Terminologisch wurden die Ziele der »Reflexion über Sprache« erfasst als »Sprachaufmerksamkeit« (vgl. Kluge 1983), »Sprachbewusstheit« (vgl. Andresen 1985), »Sprachbewusstsein« (vgl. Neuland 1992; zu Ansätzen einer terminologischen Differenzierung vgl. Januschek/Paprotté/Rohde 1981; Neuland 2002; Oomen-Welke 2006; Andresen/Funke 2006; Holle 2006; Funke 2008: 10f.; Gornik 2014b). Wiewohl zumindest der Begriff und Terminus »Sprachbewusstsein« schon im 19. Jahrhundert belegbar ist (vgl. Kap. 4.1.1), scheint die mit den genannten Termini erfasste neuere Ausrichtung des Bereichs »Reflexion über Sprache« nicht zwingend in einer sprachdidaktischen Tradition des Deutschunterrichts zu verorten zu sein, sondern eher unter dem Einfluss der Rezeption des in den frühen siebziger Jahren in den USA entwickelten »Language Awareness«-Konzepts (Halliday 1971 [nach Byram 2004: 330ff.]; Luchtenberg 1995; Peyer 2003) zu stehen. Der Fokus der »Reflexion über Sprache« blieb zunächst gleichwohl noch grundsätzlich auf den Grammatikunterricht gerichtet (vgl. z.B. *Der Deutschunterricht* 33, 1981, H. 6 [Themenheft »Reflexion über Sprache – Schwerpunkt Sekundarstufe II«]). Für die Primarstufe und die Sekundarstufe I – zumindest soweit das Grammatikcurriculum reicht – ist diese Fokussierung nach wie vor gegeben (vgl. z.B. Steinig/Huneke 2015, Kap. 7 [»Über Sprache reflektieren«]; Schuster 2003, Kap. 6 [»Reflexion über Sprache«]; Kliewer/Pohl 2006, Bd. 2: 627ff. [Art. »Reflexion über Sprache«]; Gornik 2014a). Etwa seit den 1990er Jahren kann allerdings, wie erwähnt, im Grunde jede didaktisch begründete und unterrichtlich geleitete Sprachbetrachtung unter »Reflexion über Sprache« gefasst werden. In den aktuell geltenden nationalen *Bildungsstandards im Fach Deutsch* wird diese allgemeinere Ausrichtung der »Reflexion über Sprache« im Kompetenzbereich »Sprache und Sprachgebrauch untersuchen« (Sek I; vgl. KMK 2004: 9) bzw. »Sprache und Sprachgebrauch reflektieren« (Sek II, vgl. KMK 2012: 20) ohne größere Änderung fortgesetzt (vgl. auch die Erläuterungen zum Kompetenzbereich »Sprache und Sprachgebrauch reflektieren« in den »Bildungsstandards im Fach Deutsch für die Allgemeine Hochschulreife« von Feilke/Jost 2015).

Insofern, als die unter dem Dach des Lehr-Lern-Bereichs »Reflexion über Sprache« erarbeiteten sprachdidaktischen Konzepte über die Befähigung zu »Sprachaufmerksamkeit«, »Sprachbewusstheit«, »Sprachbewusstsein« auch zu kritisch reflektierter Sprachproduktion und Sprachrezeption führen sollen, kann man sie als didaktisch modellierte Sprachkritik im weiteren Sinne bezeichnen. »Reflexion über Sprache« als Sprachkritik im weiteren Sinne ist allerdings von einer didaktischen Modellierung der Sprachkritik im engeren Sinne, die auch zu Bewertungen und Beurteilungen führt sowie gegebenenfalls Empfehlungen formuliert, zu unterscheiden (vgl. Kap. 4.2). Vor einer linguistisch begründeten kritischen Bewertung und Beurteilung der kommunikativen und kognitiven Leistung von Sprache, Sprachnormen und Sprachgebrauch machen die Konzepte der »Reflexion über Sprache« nämlich grundsätzlich halt. Sie sind, schlagwortartig zusammengefasst, auf die Erzeugung einer »Sprachreflexionskompetenz« (Klotz 2004) und wohl auch, in Bezug auf den Sprachgebrauch, auf die Erzeugung einer »Sprachspielkompetenz«

(J. G. Schneider 2009b) ausgerichtet, indes nicht auf die Erzeugung einer »Sprachkritikkompetenz« im engeren Sinne.

4.1.5 Didaktische Sprachkritik ex negativo

Didaktische Sprachkritik, so ist oben definiert worden, zielt auf eine Veränderung der sprachlichen und sprachkritischen Kompetenzen des Sprechers auf dem Wege der Erzeugung deklarativen, prozeduralen, problemlösenden und metakognitiven Wissens über Sprache, Sprachnormen und Sprachgebrauch. Die damit verknüpften Teilziele in Bezug auf sprachliches Lernen und sprachliche Bildung sind in diesem Zusammenhang bislang ausschließlich als Ziele einer positiven Sprachkritik im Sinne der Öffnung von Wegen zur Sprache skizziert worden. In der Tat sind alle Ansätze einer didaktischen Sprachkritik einer in diesem Sinne positiven Grundhaltung verpflichtet: Jede Sprache stellt zahlreiche Mittel zur Lösung kommunikativer und kognitiver Aufgaben zur Verfügung. Schülerinnen und Schüler sollen möglichst alle Mittel erwerben und lernen, relativ zur funktionalen Angemessenheit für die jeweilige Aufgabe die jeweils besten sprachlichen Mittel zu wählen. Gleichwohl sind – namentlich im Zusammenhang mit sprachlichem Lernen – auch Ansätze sprachkritischen Handelns im Deutschunterricht und im Germanistikstudium zu diskutieren, die von vornherein bestimmte sprachliche Mittel fokussieren und andere ausschließen. Im Sprachunterricht wird der Sprecher dann zur Aufgabe, zumindest aber zur situationsabhängigen Unterlassung der Produktion bestimmter sprachlicher Strukturen aufgefordert. Man kann hier von negativer didaktischer Sprachkritik sprechen insofern, als diese Form der didaktischen Sprachkritik mittels Verboten Normenvermittlung und Normenüberwachung betreibt. Da sie dies aber ebenfalls zum Zweck der Förderung sprachlichen Lernens und sprachlicher Bildung tut, ist wohl eher von didaktischer Sprachkritik ex negativo zu sprechen. (Das Gegenstück dazu wäre wohl eine didaktisch fundierte Einübung in die Mittel des Anders-, Genauer-, Schonersagens [vgl. von Polenz 1973: 146] durch stilkritische Gebote auf der Grundlage des Konzepts der funktionalen Angemessenheit.) Wenn man davon ausgeht, dass die Vermittlung und Erzeugung standardsprachlichen Wissens eine der vornehmsten Aufgaben des Regelunterrichts des Deutschen als Erstsprache darstellt, dann bildet die didaktische Sprachkritik ex negativo im Grunde die andere Seite derselben Medaille: Schülerinnen und Schüler, aber auch noch Studentinnen und Studenten, sollen dazu befähigt werden, unterschiedlichste kommunikative und kognitive Aufgaben der Sprachgesellschaft produktiv und rezeptiv lösen zu können, insbesondere im Medium der geschriebenen deutschen Standardsprache. Das ist die eine Seite. Da namentlich die geschriebene Standardsprache normativ kodifiziert ist, zieht das Erfordernis ihrer Befolgung auf der anderen Seite unweigerlich das Erfordernis der Unterlassung non-standardsprachlicher Varietäten und Varianten nach sich. Das Konzept der funktionalen Angemessenheit liegt auch dieser Seite der Medaille zugrunde: Die in Grammatiken und Wörterbüchern als standardsprachlich ausgewiesenen sprachlichen Mittel werden pauschal als für jede denkbare standardsprachliche Kommunikationssituation funktional angemessen erachtet. Das führt dazu, dass alle übrigen Mittel ex negativo pauschal als standardsprachlich funktional unangemessen und damit fehlerhaft markiert werden (z.B. *Tschüss* als Schlussformel in einem formellen Bewerbungsschreiben).

Aktuelle Ansätze der didaktischen Sprachkritik setzen in der Regel darauf, dass die angestrebte Veränderung der sprachlichen und sprachkritischen Kompetenzen des Sprechers/Schreibers im Wege der Erzeugung deklarativen, prozeduralen, problemlösenden und metakognitiven Wissens über Sprache, Sprachnormen und Sprachgebrauch dafür sorgen werde, dass der sprachkundige und sprachmündige Sprecher/Schreiber im Zuge seiner Sprachproduktionen stets selbstbestimmt die richtigen und angemessenen Mittel aus dem sprachlichen Repertoire wählt. Demgegenüber setzen ältere Ansätze einer didaktischen Sprachkritik ex negativo – ganz ähnlich übrigens den im zweiten und dritten Kapitel erwähnten Ansätzen sprach(en)politischer, volksaufklärerischer und laienlinguistischer Sprachkritik – darauf, durch Abwertung non-standardsprachlicher Varianten und Varietäten die Leistungen der Standardsprache sprachlenkend aufzuwerten und durchzusetzen – ganz unabhängig davon, ob diese Leistungen den Lernenden bewusst werden oder nicht. Im deutschen Sprachraum stand und steht insbesondere das Verhältnis zwischen dialektaler Ist-Kompetenz und standardsprachlicher Soll-Kompetenz der Lernenden im Fokus von Ansätzen einer didaktischen Sprachkritik ex negativo (vgl. zur »kompensatorischen Spracherziehung« im 20. Jahrhundert z.B. Neuland 1988). Seit Ende des 20. Jahrhunderts ist das Verhältnis zwischen migrationssprachlicher Ist-Kompetenz und standardsprachlicher Soll-Kompetenz der Lernenden als ein neuer Fokus hinzugekommen. An die Seite von Standardsprache als formal bestimmter Zielnorm tritt in Bildungskontexten daher zunehmend das Konzept der Bildungssprache als (auch) institutionell und inhaltlich bestimmte Zielnorm (vgl. Ott 2006; Gogolin/Duarte 2016).

Wissenschaftliche Konzepte für eine didaktische Sprachkritik ex negativo und wissenschaftliche Untersuchungen zu ihren Auswirkungen auf das sprachliche Lernen und die sprachliche Bildung liegen kaum vor; man kann wohl mit einigen Abstrichen Arbeiten aus dem Umkreis der bereits erwähnten »kompensatorischen Spracherziehung« aus den 1970er Jahren als solche auffassen (vgl. Neuland 1988). Angesichts der Tatsache, dass zu den Gegenständen der linguistischen Sprachkritik und sogar mehr wohl noch der didaktischen Sprachkritik stets auch die Kehrseiten von sprachlicher Angemessenheit und Sprachrichtigkeit gehören, d.h. die Bewertung sprachlicher Mittel als unangemessen und falsch, wird man hier mit einigem Recht von einem Brachfeld der Forschung zu sprechen haben. Einige wenige Untersuchungen zeichnen allerdings ein deutliches Bild: Im Rahmen der Erfüllung der legitimen und notwendigen Aufgabe, die Normen der deutschen Standard(schrift)sprache zu vermitteln, um allen Lernenden eine Teilhabe namentlich an der Schriftkultur der öffentlichen gesellschaftlichen Kommunikations- und Praxisbereiche zu eröffnen, legen Deutschlehrkräfte bei der Ausübung von Sprachgebrauchskritik (z.B. in der Aufsatzkorrektur) und Sprachkompetenzkritik (z.B. bei der Bewertung des sprachlichen Wissens und Könnens eines Schülers) nicht selten einen strengen präskriptiven Maßstab an und sind in der sprachkritischen Auswahl aus den standardsprachlichen Möglichkeiten des Sprachsystems mitunter rigider und gegenüber Varianten abgeneigter als wissenschaftliche Grammatiken, Stillehren und Wörterbücher der deutschen Standardsprache (vgl. Braun 1979; Davies 2000; 2006). Osterroth (2015a: 107ff.) kommt in einer jüngeren Untersuchung auf der Grundlage einer Fragebogenerhebung allerdings zu dem Befund, dass »Deutschlehrkräfte [im Unterricht] den Sprachgebrauch signifikant (p<0,001) öfter mit den Ausdrücken *angemessen* oder *nicht angemessen* bewerten als mit *richtig* oder *falsch*« (ebd.: 108). Er schlussfolgert daraus, dass Lehrkräfte »mit der Zeit gehen und keinesfalls an veralteten Normen festhalten« (ebd.). Dieser Befund deutet möglicherweise einen Wandel an. In jedem Fall lässt er den Schluss zu, dass Lehrkräfte in der sprachkritischen Praxis unterschiedliche Maßstäbe anlegen, und zwar insbesondere bei der Bewertung mündlichen Sprachgebrauchs im Unterricht (offenbar eher nach den Kriterien »angemessen«/»unangemessen«) und schriftlichen Sprachgebrauchs in Schülerleistungen (offenbar eher nach den Kriterien »richtig«/»falsch«).

Die künftige Forschung zur didaktischen Sprachkritik wird Ansätze und Methoden der sprachkritischen Konstitution des Gegenstands »Deutsche Sprache« durch Lehrkräfte und Lehrwerke stärker in den Blick zu nehmen haben. Dabei wird auch die Frage zu beantworten sein, welches Bewertungspaar in welchen Fällen Anwendung findet – auch um auszuschließen, dass das Kriterium »angemessen«/»unangemessen« stets dann gewählt wird, wenn keine präskriptive Norm (»richtig«/»falsch«) greifbar ist. Die weitere Forschung wird darüber hinaus aber auch stärker die sprachkritischen Anforderungen in den Blick zu nehmen haben, vor die der Deutschunterricht die Lehrkräfte stellt. Denn dieselben stehen in der Tat »vor der Aufgabe, ständig Entscheidungen über angemessenen oder unangemessenen, richtigen oder falschen Sprachgebrauch zu treffen: Welches Wort, welche Äußerung, welcher Satz ist in welchen Kontexten und Textsorten akzeptabel? Was muss ich wie bewerten? Und wie kann ich meine Entscheidung fachlich begründen?« (Steinig/Huneke 2015: 18). Wie schwierig dies im Einzelfall ist, kann rasch an authentischen Texten von Schülerinnen und Schülern, aber auch Studentinnen und Studenten aufgezeigt werden. In diesen Texten sind nicht selten Formulierungen zu finden, deren Fehlerhaftigkeit in einer Grauzone zwischen Logik, Grammatik, Semantik, Stil zu verorten ist, wie z.B. in der folgenden Formulierung: »Um die grammatischen Strukturen zu beherrschen ist es wichtig, in der Sekundarstufe I die adverbialen Bestimmungen zu untersuchen.« An diesem Satz aus einer schriftlichen Arbeit einer Studentin ist auf den ersten Blick keine funktionale Unangemessenheit festzustellen und auch nichts formalgrammatisch Falsches. Erst die genauere satzsemantische Analyse zeigt auf, dass und weshalb der Satz so schwer verständlich ist. Da ist einmal der Umstand, dass in den Infinitivkonstruktionen weder *beherrschen* noch *untersuchen* einen Handelnden, ein Agens mit sich führen und man nicht erfährt, wer beherrschen und untersuchen soll. Und da ist sodann der Umstand, dass offenbar gar keine konsekutive Verknüpfung gemeint ist, sondern eine finale (etwa: ›Es ist wichtig, dass die Schülerinnen und Schüler in der Sekundarstufe I die adverbialen Bestimmungen untersuchen, damit sie [lernen], die grammatischen Strukturen zu beherrschen‹). Es gibt in Texten von Schülerinnen und Schülern (und auch Studierenden) eine große Anzahl an sprachlichen Unschärfen wie diesen, die sich jedoch einer überschaubaren Anzahl an Typen zuweisen lassen (u.a. zu den Typen Tempus [Vor-, Nachzeitigkeit], Satzklammer [fehlerhafte Ausklammerung], Reflexivpassiv [vgl. Niehr 2012], Numeruskongruenz). Der weiteren Erforschung der didaktischen Sprachkritik ex negativo sollten diese Typen zugrunde gelegt werden, wenn es gilt, zu untersuchen, welche Bewertung Lehramtsstudierende und Lehrkräfte in welchen Fällen vornehmen und wann diese sprachlichen Unschärfen als »unangemessen« oder als »falsch« gewertet werden.

Eine fundierte Sprachförderung, namentlich auch mit Blick auf die mit den Begriffen *Inklusion*, *Mehrsprachigkeit* und *Heterogenität* verknüpften Konzepte, wird im Deutschunterricht auf diese und andere, im weiteren Sinne kompensatorischen Ansätze einer didaktischen Sprachkritik ex negativo nicht verzichten können. Man wird dabei wohl nicht von einer systematischen sprachdidaktischen Modellierung von Sprachkritik als Schlüssel zum sprachlichen Lernen und zur sprachlichen Bildung sprechen wollen, aber auch nicht von einer linguistisch und didaktisch vollkommen unberührten Sprach- und Sprecherlenkung in unterrichtlichen Zusammenhängen sprechen dürfen (vgl. Greule/Ahlvers-Liebel 1986: 55f., 71ff.; Greule 1986). Das vornehmste Ziel auch der didaktischen Sprachkritik ex negativo ist die Befähigung des Sprechers/Schreibers zur Produktion und Rezeption einer sprachgesellschaftlich und überregional als »richtig« und »angemessen« definierten sprachlichen Norm. Ein solches Ziel gehört, dies sei wiederholt, zu den legitimen und notwendigen Aufgaben des Deutschunterrichts. Der Grat, auf dem die didaktische Sprachkritik ex negativo zwischen dem Ziel der sprachbildenden Befähigung von Sprechern/Schreibern und der Gefahr ihrer sprachlenkenden Ausrichtung wandert, ist jedoch schmal. Er wird umso schmaler, wenn mit dem sprachdidaktischen Ziel sprachpflegerische Absichten einhergehen, wenn also versucht wird, im Wege der »Verbesserung« der Sprachkompetenz eine »Verbesserung der Sprache« zu erreichen.

Weiterführende Literatur: Boueke (1984); Davies/Langer (2014); Helmers (1970); Hildebrand (1867); Ingendahl (1999); Ivo (1969/1970); Ivo (1975); Neuland (2002); Osterroth (2015a); Vesper (2007); Weisgerber (1972/1975).

4.2 Didaktische Sprachkritik im weiteren (Sprachreflexion) und im engeren Sinne (Sprachbewertung) – Ansätze zu einer Neuorientierung

Vor dem Hintergrund des im voranstehenden Kapitel Ausgeführten lässt sich eine Neuorientierung der didaktischen Sprachkritik als Schlüssel bzw. Zugriff zum sprachlichen Lernen und zur sprachlichen Bildung genauer konturieren. Diese Konturierung erfolgt auf der Grundlage des Konzepts der funktionalen Angemessenheit als Norm für die Bewertung und Beurteilung der Leistungen sprachlicher Mittel bei der Lösung kommunikativer und kognitiver Aufgaben (vgl. Niehr 2015). Damit ist zugleich eine Begrenzung verbunden: Der Ansatz der didaktischen Sprachkritik kann nicht die allgemeine Aufgabe des schulischen Spracherwerbs und der schulischen Sprachförderung, insbesondere der schulischen Aufgabe der Vermittlung standardsprachlicher Normen im Deutschunterricht erfüllen. Der wesentliche Zweck der didaktischen Sprachkritik besteht vielmehr darin, Schülerinnen und Schüler dazu zu befähigen, diese (und weitere) sprachliche Normen mit Gründen kritisch bewerten zu können. Didaktische Sprachkritik ist das fachliche und fachdidaktische Wissen und Können darüber, wie man Sprach-Lernende dazu befähigen kann, kritisch zu bewerten, was welche sprachlichen Mittel wann leisten können und was nicht, was man mit ihnen wann tun kann – und was man mit ihnen wann lieber nicht tun sollte. Die Annahme, dass auf diesem Wege auch reflektiertes Wissen über standardsprachliche Normen und ihre Leistungen erzeugt werden kann, darf als begründet gelten.

Die verschiedenen Ansätze, die die Geschichte der didaktischen Sprachkritik hervorgebracht hat, lassen sich zu zwei miteinander verbundenen, in ihren linguistischen wie didaktischen Grundlegungen gleichwohl unterschiedlichen Ausprägungen von didaktischer Sprachkritik zusammenfassen, wie sie schon im Begriff der »Kritik« seit der Antike angelegt sind: dem »Unterscheiden und Analysieren« einerseits und dem »Urteilen« andererseits (vgl. Kap. 2.1). Diese beiden Ausprägungen sind zwei Seiten derselben kritischen Medaille und sollen daher eher lose differenziert werden als »didaktische Sprachkritik im weiteren Sinne« mit dem zentralen Konzept der Sprachreflexion und »didaktische Sprachkritik im engeren Sinne« mit dem zentralen Konzept der Bewertung und Beurteilung der kommunikativen und kognitiven Leistungen von Sprache, Sprachnormen und Sprachgebrauch:

- **Didaktische Sprachkritik im weiteren Sinne** wird in der Forschung, in Bildungsplänen und in der Unterrichtspraxis terminologisch als »Sprachreflexion«, »Reflexion über Sprache«, »Nachdenken über Sprache«, »Sprache und Sprachgebrauch untersuchen« gefasst, wobei diese Bezeichnungen allerdings nicht als streng voneinander abgrenzbare Termini eingeführt sind. Diese bislang dominante Ausprägung der didaktischen Sprachkritik im weiteren Sinne setzt dazu an, »Sprachbewusstheit«, »Sprachbewusstsein«, »Sprachaufmerk-

samkeit« zu erzeugen und auf diese Weise sprachliches Lernen und sprachliche Bildung zu befördern. Die Befähigung zur Sprachkritik im weiteren Sinne kann man als »Sprachreflexionskompetenz« (Klotz 2004) bezeichnen.
- **Didaktische Sprachkritik im engeren Sinne** wird demgegenüber zumeist mit der auch in der Linguistik gebräuchlichen Bezeichnung »Sprachkritik« terminologisch gefasst. Mitunter finden sich – wie in der Linguistik auch – differenzierende Bezeichnungen, wie zum Beispiel, relativ zu verschiedenen Existenzweisen von Sprache, »Sprachgebrauchskritik«, »Sprachnormenkritik«, »Sprachsystemkritik« (vgl. die Ausführungen zu von Polenz in Kap. 1.2). Didaktische Sprachkritik im engeren Sinne setzt eine »Sprachreflexionskompetenz« voraus. Ihr darüber hinausgehendes Ziel ist es, durch die Herausforderung zu linguistisch begründeten Entscheidungen und Positionierungen in Bezug auf die kommunikativen und kognitiven Leistungen von Sprache, Sprachnormen, Sprachgebrauch zu einer kritischen Bewertung derselben zu gelangen und auf diese Weise sprachliches Lernen und sprachliche Bildung zu befördern. Die Befähigung zur Sprachkritik im engeren Sinne kann man als »Sprachkritikkompetenz« bezeichnen.

Die vorliegende Einführung legt im Folgenden den Schwerpunkt auf diese zuletzt genannte engere Fassung didaktischer Sprachkritik. Dies ist, erstens, darin begründet, dass die sprachdidaktisch modellierte Herausforderung zu linguistisch begründeten Entscheidungen und Positionierungen stets Sprachreflexion voraussetzt: Die didaktische Sprachkritik im engeren Sinne schließt die didaktische Sprachkritik im weiteren Sinne stets mit ein, während der umgekehrte Fall nicht zwingend gegeben ist. In diesem Umstand ist auch ein Grund dafür zu sehen, dass diese beiden Zugriffe der kritischen Sprachbetrachtung mit Lernaltersstufen korrelieren (vgl. Kap. 4.3.2 und Kap. 4.5.1).

Die Schwerpunktbildung ist, zweitens, dem Umstand geschuldet, dass die wissenschaftliche sprachdidaktische Grundlegung der »Reflexion über Sprache« mit der Entfaltung der Zieldimensionen »Sprachbewusstheit« und »Sprachbewusstsein« zu einem gewissen konsensualen Abschluss gekommen zu sein scheint. Die Befähigung zur Reflexion über Sprache, zu einem reflektierten Umgang mit eigenem und fremdem Sprachgebrauch, zählt zum »Beitrag des Faches Deutsch zur Bildung«, wie ihn die KMK-Bildungsstandards entwerfen (vgl. KMK 2004: 6) und gilt als eines der übergeordneten Zwecke des erstsprachlichen Deutschunterrichts. Diese Befähigung soll sich relativ zu den einzelnen Kompetenzen in deklarativem, prozeduralem, problemlösendem und metakognitivem Wissen manifestieren. Idealerweise soll der sprechende, schreibende, hörende, lesende Mensch nicht stets reflektieren (müssen), sondern prozedural das jeweils funktional Angemessene oder Unangemessene erkennen können. Bei Bedarf soll er aber reflektieren können, d.h. in der Lage sein, das Angemessene/Unangemessene zu erklären und/oder sich zu behelfen. Diese Befähigung darf, wie erwähnt, mittlerweile als Konsens in der germanistischen

Sprachdidaktik und im Deutschunterricht gelten. Die aktuelle Diskussion wird eher von Fragen der Erweiterung des Gegenstandsbereichs über den Grammatikunterricht hinaus, von methodischen Ansätzen sowie Vorschlägen für die Unterrichtspraxis dominiert (vgl. z.B. *Der Deutschunterricht* 44, 1992, H. 4 [Themenheft »Sprachbewußtsein und Sprachreflexion«]; Ingendahl 1999; *Der Deutschunterricht* 54, 2002, H. 3 [Themenheft »Sprachbewusstsein«]; *Deutschunterricht extra*, H. 4, 2009 [Themenheft »Reflexion über Sprache«]).

Das didaktische Potenzial der Sprachkritik im engeren Sinne wird demgegenüber erst in den letzten Jahren wieder neu entdeckt (vgl. z.B. *Der Deutschunterricht* 58, H. 5, 2006 [Themenheft »Sprachkritik: Neue Entwicklungen«]; *Aptum* 5, H. 2, 2009 [Themenheft »Sprachkritik in der Schule«]; Arendt/Kiesendahl 2011). Diese Entdeckung scheint im Zuge der Umstellung auf kompetenzorientierte Bildungspläne und Kerncurricula für den Deutschunterricht sowie kompetenzorientierte konsekutive Germanistikstudiengänge zunehmend an Bedeutung zu gewinnen.

Die Konzentration der vorliegenden Einführung auf die didaktische Sprachkritik im engeren Sinne ist sodann, drittens, darin begründet, dass die sprachdidaktisch modellierte Herausforderung zu linguistisch begründeten Entscheidungen und Positionierungen in Bezug auf die kommunikativen und kognitiven Leistungen von Sprache, Sprachnormen, Sprachgebrauch nach allem, was auf der Grundlage aktueller lerntheoretischer Erkenntnisse bislang dazu angenommen werden kann, das sprachliche Lernen und die sprachliche Bildung nachhaltiger zu fördern vermag als eine für das Lernersubjekt relativ unverbindliche »Reflexion über Sprache«.

Die voranstehenden Ausführungen zusammenfassend können sprachdidaktische Konzeptionen von Sprachkritik im weiteren und im engeren Sinne wie folgt unterschieden werden, wobei die Unterschiede gradueller Natur und eher als Übergänge zu verstehen sind (vgl. Kilian 2009b):

Sprachkritik im weiteren Sinne (zentrales Konzept: »Sprachreflexion«)	**Sprachkritik im engeren Sinne** (zentrales Konzept: »Sprachbewertung«)
• erscheint als Sprachspiel und Sprachreflexion,	• erscheint als Sprachspiel, Sprachreflexion und Sprachbewertung/ Sprachbeurteilung,
• zielt auf die Erzeugung von Sprachbewusstheit und darüber auf die Befähigung zu kritisch-reflektierter Sprachproduktion und Sprachrezeption (»Sprachreflexionskompetenz«),	• zielt auf der Grundlage der »Sprachreflexionskompetenz« auf die Befähigung zur linguistisch begründeten Beurteilung und Bewertung von Sprache, Sprachnormen und (produktiv wie rezeptiv) Sprachgebrauch (»Sprachkritikkompetenz«),
• wird als didaktischer Schlüssel vornehmlich im Bereich des sprachlichen Lernens operationalisiert, darüber hinaus aber auch im Bereich der sprachlichen Bildung,	• wird als didaktischer Schlüssel vornehmlich im Bereich der sprachlichen Bildung operationalisiert, darüber hinaus aber auch im Bereich des sprachlichen Lernens,

• findet ansatzweise bereits in der Vorschulerziehung Anwendung, didaktisch stärker instrumentalisiert dann in der Primarstufe und den Sekundarstufen.	• findet aufgrund der höheren inhaltlichen und kognitiven Anforderungen grundsätzlich erst in den Sekundarstufen Anwendung.

Abb. 10: Zur Differenzierung der didaktischen Sprachkritik im weiteren und im engeren Sinne

In Bezug auf die Gegenstände bzw. Inhalte können sich Konzeptionen zur didaktischen Modellierung von Sprachkritik im Unterricht des Deutschen als Erstsprache in den Sekundarstufen I und II grundsätzlich erstrecken (vgl. Kilian 2008: 275; 2009b)
— auf **Sprache als solche** (z.B. Sprache als menschliche Fähigkeit und menschliches Werkzeug, Sprache und Denken, Sprache und Erkenntnis),
— auf unterschiedliche **Existenzweisen von Sprache** (Sprachsystem, Sprachnorm, Sprachgebrauch),
— auf unterschiedliche **Existenzformen von Sprache** (diachronisch, diaphasisch, diastratisch und diatopisch differenzierte Varietäten und Varianten, einschließlich Sprache und Sprachgebrauch in Mündlichkeit und Schriftlichkeit, alten und neuen Medien; Sprachkontakte und Mehrsprachigkeit),
— in diesem Rahmen auf unterschiedliche **Sprachbeschreibungsebenen** (z.B. Phonologie, Orthographie, Lexik, Grammatik, Semantik, Pragmatik, Stilistik, Rhetorik, Textlinguistik, Dialoglinguistik, Diskurslinguistik).

Eine alle inhaltlichen Teilaspekte von Sprache, ihre Existenzweisen und Existenzformen sowie die unterschiedlichen Sprachbeschreibungsebenen übergreifende didaktische Modellierung von Sprachkritik im Deutschunterricht der Sekundarstufen und Seminaren im Germanistikstudium ist kaum möglich und wäre zunächst auch eher im klassischen Sinne »stofforientiert«. Einer kompetenzorientiert begründeten didaktischen Sprachkritik ist demgegenüber aufgegeben, Sprachkritik als didaktischen Schlüssel bzw. Zugriff zum sprachlichen Lernen und zur sprachlichen Bildung im Rahmen eines sprachdidaktischen Gesamtkonzepts zu verorten und vor diesem Hintergrund die Inhalte (den »Stoff«) auszuwählen. Diese Auswahl muss auf der Grundlage erfolgen, dass die didaktische Sprachkritik im engeren Sinne ihre Ziele im Rahmen des sprachlichen Lernens und im Rahmen der sprachlichen Bildung nur erreichen kann, wenn sie nicht lediglich sporadisch und mit der Aussicht auf eine Art »incidental learning« im Lehrplan und in der Unterrichtspraxis erscheint. Die sprachdidaktische Modellierung muss vielmehr die kritische Sprachbetrachtung als sprachdidaktischen Zugriff systematisch kompetenzorientiert und curricular im Rahmen eines sprachdidaktischen Gesamtkonzepts aus linguistischer, sprachdidaktischer, lerntheoretischer und entwicklungspsychologischer Perspektive entfalten und begründen:

- aus linguistischer Perspektive insofern, als die Ansätze, Methoden und Ergebnisse der (germanistischen) Sprachwissenschaft die Grundlagen liefern für die Konstitution des Gegenstands »Deutsche Sprache« im Deutschunterricht sowie im Germanistikstudium; die Ansätze, Methoden und Ergebnisse der linguistisch begründeten Sprachkritik liefern dann wiederum die Grundlagen für eine seriöse, wissenschaftlich angeleitete kritische Betrachtung dieses Gegenstands;
- aus sprachdidaktischer Perspektive insofern, als die kritische Betrachtung des Gegenstands »Deutsche Sprache« in deren unterschiedlichen Existenzweisen und Existenzformen sowie auf unterschiedlichen Sprachbeschreibungsebenen in Beziehung gesetzt werden muss zu den Zielen des sprachlichen Lernens und der sprachlichen Bildung im Rahmen unterschiedlicher Lehr-Lern- bzw. Kompetenzbereiche sowie Inhalten und Kompetenzen;
- aus lerntheoretischer und entwicklungspsychologischer Perspektive insofern, als die linguistische wie auch die sprachdidaktische Modellierung in Beziehung gesetzt werden muss zu unterschiedlichen, aufeinander aufbauenden Kompetenzstufen bzw. Kompetenzphasen, zu unterschiedlichen Lernwegen sowie zu unterschiedlichen alters- und leistungsspezifischen Voraussetzungen und Möglichkeiten sprachlichen Lernens und sprachlicher Bildung.

Eine solche systematische didaktische Modellierung von Sprachkritik im engeren Sinne als spezifischer Zugriff im Rahmen eines sprachdidaktischen Gesamtkonzepts für den Deutschunterricht aller Klassenstufen und Schulformen sowie darüber hinaus für Seminare im Germanistikstudium liegt noch nicht vor. Das ist nicht erstaunlich, ist das Feld doch sehr weit. Einwände indes, das Feld sei vielleicht zu weit, sind im wahrsten Sinne des Wortes unbegründet, solange das Feld nicht wenigstens abgemessen ist. Dazu könnte durchaus auf einige ältere Ansätze der didaktischen Sprachkritik im engeren Sinne zurückgegriffen werden, die Sprachkritik als eine Art grundlegendes Unterrichtsprinzip begründen wollten. Nicht wenige von ihnen waren allerdings, wie erwähnt, oft eher gesellschafts- und ideologiekritisch orientiert und verzichteten auf die Erarbeitung einer systematischen Modellierung der didaktischen Sprachkritik mit Blick auf sprachliches Lernen und sprachliche Bildung. Einer solchen Modellierung zugrunde zu legen sind deshalb vornehmlich die jüngeren Arbeiten zur didaktischen Sprachkritik, die auf der Grundlage neuerer linguistischer Ansätze und Methoden erstellt wurden. Die jüngere Geschichte der germanistischen Sprachdidaktik lässt nämlich erkennen, dass Sprachkritik seit etwa 1990 »allmählich wieder ein Thema für die Deutschdidaktik« (Neuland 2006: 2) wird. Die bisher vorliegenden Arbeiten sind allerdings zumeist einzeln und verstreut in wissenschaftlichen Zeitschriften und Sammelbänden publiziert worden und stehen noch in keinem engeren Forschungszusammenhang. Ausnahmen davon bilden einige einschlägige Themenhefte von Fachzeitschriften (vgl. z.B. *Praxis Deutsch* 22, H. 132, 1995; *Der Deutschunterricht* 58, H. 5, 2006; *Deutschunterricht extra*, H. 4, 2009; *Aptum* 5, H. 2, 2009) sowie Sammelbände (vgl. z.B. Arendt/Kiesendahl 2011).

Eine linguistisch wie lerntheoretisch begründete und systematische Modellierung der kritischen Sprachbetrachtung als sprachdidaktischer Zugriff im Rahmen eines sprachdidaktischen Gesamtkonzepts ist auch aus diesem Grund noch nicht erfolgt – obwohl dies durchaus schon in den ersten neueren Ansätzen gefordert worden war (vgl. Siehr 2000: 289 mit Verweis auf Linke/Voigt 1995 und Neuland 1992).

Die folgenden Ausführungen versuchen, auf der Grundlage dieser neueren Arbeiten zur Didaktik der Sprachkritik und dem der vorliegenden Einführung zugrunde gelegten Konzept der funktionalen Angemessenheit Grundlinien für die oben erwähnte theoretisch begründete und systematische Modellierung der kritischen Sprachbetrachtung als sprachdidaktischer Schlüssel bzw. Zugriff im Rahmen eines sprachdidaktischen Gesamtkonzepts zu skizzieren. Mit der wiederholt gewählten Formulierung »*im Rahmen* eines sprachdidaktischen Gesamtkonzepts« soll diese Modellierung bewusst abgegrenzt werden von solchen älteren Ansätzen (wie z.B. innerhalb der »Kritischen Deutschdidaktik«) und solchen neueren Ansätzen (wie z.B. Werner Ingendahls »Sprachreflexion statt Grammatik«, 1999), die eine didaktische Sprachkritik bzw. Sprachreflexion als Ersatz für eine systematische Erarbeitung von Inhalten zentraler Lern- und Kompetenzbereiche des Deutschunterrichts, wie zum Beispiel dem der Grammatik, betrachten. Dies kann die didaktische Sprachkritik nicht leisten – und sollte es auch gar nicht. Insofern, als Sprachkritik stets auf Sprache, Sprachnormen und Sprachgebrauch zu beziehen ist, setzt sie die Existenz bzw. die Konstitution von Sprache, Sprachnormen und Sprachgebrauch als Gegenstände der kritischen Sprachbetrachtung voraus. In vergleichbarer Weise setzt eine als spezifischer sprachdidaktischer Zugriff modellierte Sprachkritik stets ein gewisses sprachliches Können und Kennen, mithin vielfach die Ergebnisse der systematischen Erarbeitung sprachlichen Wissens und linguistisch begründeter Beschreibungsansätze voraus. Mit anderen Worten: Wer (um beim Beispiel zu bleiben) grammatische Strukturen der kritischen Sprachbetrachtung im engeren Sinne zuführen möchte, kann das dazu notwendige explizite grammatische Wissen nicht erst durch die kritische Sprachbetrachtung von Grund auf erwerben, sondern muss in einem gewissen Maße bereits darüber verfügen.

4.2.1 Gegenstände bzw. Inhalte der didaktischen Sprachkritik

Didaktische Sprachkritik kann als Schlüssel bzw. Zugriff zum sprachlichen Lernen und zur sprachlichen Bildung grundsätzlich alles, was mit Sprache und Sprachgebrauch zu tun hat, in den Blick nehmen und zum Gegenstand des Deutschunterrichts erklären. Eine Orientierung an den Inhalten und Kompetenzformulierungen der bildungspolitischen Normtexte für den Deutschunterricht ist geboten und lässt in Bezug auf konkrete Gegenstände hinreichend Raum (vgl. z.B.: »sprachliche Mittel [in eigenen Texten] gezielt einsetzen« [KMK 2004: 12], »Wirksamkeit und Angemessenheit sprachlicher Gestaltungsmittel prüfen« [ebd.: 13]; »verbale, paraverbale und nonverbale Gestaltungsmittel in unterschiedlichen kommunikativen Zusammenhängen analysieren, ihre Funktion beschreiben und ihre Angemessenheit bewerten« [KMK 2012: 21]).

Die meisten der neueren sprachdidaktischen Erkundungen und unterrichtspraktischen Vorschläge zu einer didaktischen Sprachkritik wählen ihren Gegenstand aus dem Bereich der Lexik und konzentrieren sich auf sprachdidaktische Modellierungen der kritischen Betrachtung eines besonderen Gebrauchs oder einer bestimmten Norm lexikalisch-semantischer Zeichen der deutschen Sprache (vgl. Niehr/Funken 2009; Kilian 2011b). Als konkretere Gegenstände dienen zum Beispiel besondere Sprach- bzw. Wortgebräuche in bestimmten Kommunikationssituationen oder Diskursen (etwa die sprachkritische Auseinandersetzung mit Nazi-Vokabular und dessen Wirkung bis in die Gegenwart, vgl. z.B. Siehr 2001; Schübel 2001; Eitz/Stötzel 2006; Müller 2014), Sprachnormen im Rahmen der »Political Correctness« (vgl. z.B. Paul 1995; Karl 2000; Kilian 2003) sowie besondere lexikalisierte Gebrauchsweisen, d.h. lexikalisch-semantische Sprachnormen, die in verschiedener Hinsicht als abweichend von einer standardsprachlichen Norm angeführt werden, wie zum Beispiel Euphemismen und Sprachtabus (vgl. Kilian 2007; Wrobel 2014), Anglizismen und Fremdwörter (vgl. z.B. Klösel 2009: 56ff.; Mückel 2009; Zimmermann 2012: 110ff.). Insbesondere mit Blick auf den Gebrauch ideologisch »bedeutungsverschobener Traditionswörter« (von Polenz 1999: 550) im NS-Staat (z.B. *betreuen, Endlösung, entartet, fanatisch* u.v.a.) stellt sich immer wieder die Frage, ob es Aufgabe einer didaktischen Sprachkritik sein solle, die Erinnerung an diese Wortgebräuche aufrechtzuerhalten, um den Menschen verachtenden Missbrauch von Sprache aufzuzeigen und einen Beitrag zur sprachhistorischen Bildung zu leisten (vgl. auch Dieckmann 2012: 148-162). Diese genannten Ziele sind sehr bedeutsam; sie könnten allerdings ebenso gut auch mit anderen Beispielen erreicht werden. Das in Kap. 2.2.6 zur linguistischen Sprachkritik Ausgeführte gilt daher auch für die didaktische Sprachkritik: Wenn ein Wort eine bestimmte Lesart im Sprachverkehr der Mitlebenden gar nicht mehr führt, diese Lesart im Sprachverkehr der Mitlebenden also gar keine funktional unangemessene Wirkung mehr entfaltet, so kann die didaktische Sprachkritik an ihm auch nicht mehr ihre Funktion als besonderer Schlüssel bzw. Zugriff zum sprachlichen Lernen und zur sprachlichen Bildung erfüllen. Die Behandlung einer rein historischen Lesart eines Wortes im Deutschunterricht ist damit keineswegs in Abrede gestellt. Sie erfolgt dann allerdings nicht mehr zum Zweck der Erzeugung einer Sprachkritikkompetenz, sondern zum Zweck der Erzeugung sprachhistorischen Wissens.

Einige Arbeiten widmen sich der didaktischen Modellierung einer Kritik des Wortschatzes und Wortgebrauchs in der Politik (vgl. z.B. Bremerich-Vos 1987; 1990; 1992) oder politisch-sozialer »Unwörter« (vgl. z.B. Spieß 2014). Des Weiteren spielen berühmte Gegenstände der älteren und neueren linguistischen Sprachkritik (vgl. Kap. 2) eine Rolle, z.B. in Arbeiten, die Grundlagenwerke aus der Geschichte der Sprachkritik aus sprachdidaktischer Perspektive erörtern (vgl. z.B. Siehr 2001

[Klemperer]; Kilian 2009a [Herder]; Wilczek 2009; Weinert 2010 [Hofmannsthal]; Horn 2015a [Kerr]) und die philosophische bzw. erkenntniskritische Betrachtung der Leistung sprachlicher Zeichen in den Mittelpunkt der sprachlichen Bildung stellen.

Über den Bereich der Lexik hinaus werden grammatische Zeichen zum Gegenstand der didaktischen Modellierung von Sprachkritik gewählt (z.B. vor dem Hintergrund der feministischen Sprachkritik das generische Maskulinum, vgl. Schmidt/ Lutjeharms 2006; Spieß 2013; das Genus, vgl. Köller 1997: 16, 111 [»Genus und Sprachkritik«]). In jüngerer Zeit sind des Weiteren auch Sprache und Sprachgebrauch in größeren kommunikativen und medialen Zusammenhängen aus der Perspektive einer didaktischen Sprachkritik in den Blick genommen worden, etwa die politische Kommunikation (vgl. z.B. Biere 2001) oder Sprache und Sprachgebrauch in den neuen Medien (vgl. z.B. Dürscheid 2002; 2005; Kilian 2006; 2011a). Auch Gegenstände der laienlinguistischen Sprachkritik (vgl. Kap. 3) werden mitunter aufgegriffen, namentlich in Sprachbüchern (vgl. Kap. 4.5.3) und anderen Materialien für die Unterrichtspraxis, in denen dann zumeist ein Vergleich mit sprachwissenschaftlichen Positionen angeregt wird (z.B. die Anglizismenkritik oder die populären Sprachkritik-Unterhaltungen Bastian Sicks; vgl. z.B. Lersch-Schumacher 2008: 9f.; Klösel 2009: 54ff.; van Loo/Freytag 2009: Schülerarbeitsbuch, 57ff.; Schneider 2009: 204-210; Schäfer 2010: 35-39; Forster/Heinz 2010: 21-25, 152; Knopf/Rieder 2013: 61-66; Bakker [u.a.] 2015: 132f., 136f. u.ö.).

Weitgehend ausgeschlossen blieben bislang Gegenstände, die allein oder überwiegend die Ausdrucksseite des sprachlichen Zeichens in den Blick nehmen. Sprachdidaktisch modellierte Ansätze einer Kritik der Aussprache (Phonetik, Orthoepie), einer Kritik der Möglichkeiten und Grenzen des deutschen Phonemsystems (Phonologie), einer Kritik der Möglichkeiten und Grenzen des deutschen Systems schriftlicher Zeichenträger (Graphematik) fehlen bislang weitestgehend; zur didaktischen Kritik der Prinzipien und Regelungen der deutschen Rechtschreibung (Orthographie) liegen mittlerweile Arbeiten vor (vgl. Janle 2011; Weber 2015). Ebenfalls kaum erforscht sind sprachdidaktische Potenziale der kritischen Sprachbetrachtung über den Satz hinaus, wie zum Beispiel sprachdidaktische Modellierungen einer Stilkritik, einer Kritik der Strukturen und Funktionen multimodal codierter textueller Zeichen (etwa Bild-Text-Beziehungen), einer Kritik rhetorisch-pragmatischer Strukturen und Funktionen oder einer Kritik der sprachlichen Konstruktion und Konstitution von Diskursen. Unter diesen zuletzt genannten Gegenständen sticht mit Blick auf den Deutschunterricht die Stilkritik hervor (vgl. auch Kap. 2.3). Obwohl das Konzept der (funktionalen) Angemessenheit eine bedeutsame Stellung im Rahmen der Entwicklung von Konzepten zur Didaktik des Textschreibens (vgl. z.B. Fix 2006: 33), zur Entfaltung der »Schreibkompetenz« (vgl. z.B. Becker-Mrotzek/Schindler 2007; Osterroth 2015b: 202) sowie zur Bewertung und Beurteilung von Textqualität (vgl. das Zürcher Textanalyseraster, abgedruckt z.B. in Fix 2006: 196) erhält, steht eine Operationalisierung, die z.B. auch Schülerinnen und

Schülern bei der Textüberarbeitung behilflich sein könnte, noch aus (vgl. auch Brommer 2015; Osterroth 2015b: 206).

4.2.2 Zur didaktischen Ordnung der Gegenstände bzw. Inhalte: Didaktische Sprachkritik als Kritik des sprachlichen Zeichens

Der Überblick über historische Ansätze einer didaktischen Sprachkritik in Kap. 4.1 sowie der Ansatz einer Neuorientierung in Kap. 4.2 und die voranstehenden Ausführungen zu Gegenständen der didaktischen Sprachkritik legen nahe, dass sprachdidaktische Modellierungen von Sprachkritik grundsätzlich ihren Ausgang nehmen sollten von einer Kritik sprachlicher Zeichen, deren Strukturen und Funktionen. Sprachtheoretisch gestützt werden kann dieser Ausgangspunkt durch eine modifizierte Adaptation von Karl Bühlers Organon-Modell der Sprache (Bühler 1978 [1934]: 28):

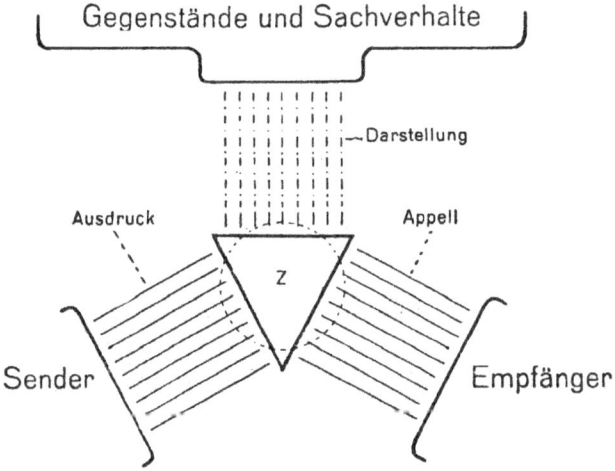

Abb. 11: Das »Organon-Modell« Karl Bühlers

In diesem Modell wird das sprachliche Zeichen in Relation gesetzt zu drei »Relationsfundamenten« (ebd.: 25): dem »Sender«, dem »Empfänger« und den »Gegenständen und Sachverhalten«, in Bezug auf die das sprachliche Zeichen je unterschiedliche Funktionen entfaltet (ebd.: 28):

> Es ist *Symbol* kraft seiner Zuordnung zu Gegenständen und Sachverhalten [Darstellungsfunktion], *Symptom* (Anzeichen, Indicium) kraft seiner Abhängigkeit vom Sender, dessen Innerlichkeit es ausdrückt [Ausdrucksfunktion], und *Signal* kraft seines Appells an den Hörer, dessen äußeres oder inneres Verhalten es steuert wie andere Verkehrszeichen [Appellfunktion].

Für die Zwecke der didaktischen Sprachkritik ist dieses Modell, wie erwähnt, leicht zu modifizieren. Eine wesentliche Modifikation besteht darin, dass die »Gegenstände und Sachverhalte« nicht allein im referenzsemantischen Sinne von außersprachlich Gegebenem verstanden werden dürfen, sondern im Sinne mentaler Repräsentationen (Vorstellungen von, Gedanken an, Wissen über Gegenstände und Sachverhalte) gefasst werden müssen. Das wusste selbstverständlich auch Bühler schon (vgl. z.B. ebd.: 190ff.), doch belässt er es im Modell bei einer konventionell referenzsemantischen »Zuordnungsrelation« (ebd.: 29f.). Eine zweite Modifikation besteht darin, dass das sprachliche Zeichen bei Bühler in erster Linie kommunikativ gebrauchtes Zeichen ist, während die didaktische Sprachkritik zwar im Wesentlichen ebenfalls ihre Gegenstände im konkreten Sprachgebrauch sucht, jedoch stets über den Einzelfall hinausgehend zu lehr- und lernbaren Verallgemeinerungen kommen muss. Didaktische Sprachkritik kann daher nicht ausschließlich als Kritik des Sprachgebrauchs konzipiert werden, sondern soll auch als Kritik des sprachlichen Zeichens auf den Ebenen der Sprachnormen, des Sprachsystems, gar der Sprache selbst sprachliches Lernen und sprachliche Bildung befördern. Auch das Konzept der funktionalen Angemessenheit nimmt seinen Ausgang zwar stets von einem konkreten Sprachgebrauch, schließt diese weiteren Ebenen aber keinesfalls aus (vgl. Niehr 2015a). Eine dritte Modifikation besteht schließlich darin, dass das sprachliche Zeichen nicht allein – und im sprachdidaktischen Kontext nicht einmal vornehmlich – als »Schallphänomen« erscheint, sondern (auch) als Schriftphänomen. Der größere Teil des menschlichen sprachlichen Wissens scheint über die Schriftlichkeit von Sprache erworben und gewonnen zu werden – was gleichfalls auch Bühler schon notiert (vgl. Bühler 1978 [1934]: 14), der im Modell indes bewusst vom »konkreten Sprechereignis« ausgehen möchte.

Innerhalb dieses Rahmens können sodann in konkreteren sprachdidaktischen Modellierungen der Sprachkritik vielfältige Differenzierungen und Aspektualisierungen erfolgen, zum Beispiel – ähnlich wie auch in der linguistischen und laienlinguistischen Sprachkritik und in Anlehnung an die oben benannten Gegenstands- bzw. Inhaltsbereiche der didaktischen Sprachkritik – Differenzierungen

- nach Möglichkeiten und Grenzen der Strukturen, Funktionen und Leistungsfähigkeiten natürlicher **Sprache als solcher**,
- nach Strukturen und Funktionen sprachlicher Zeichen relativ zu unterschiedlichen **Existenzweisen von Sprache** (Sprache als übereinzelsprachliche menschliche Fähigkeit, Sprache als einzelsprachliches System, Sprache in Form einzelsprachlicher Normen, Sprache als Gebrauch),
- nach Strukturen und Funktionen sprachlicher Zeichen relativ zu unterschiedlichen **Existenzformen von Sprache** (sprachhistorische Entwicklungen, sprachliche Varietäten und Varianten in verschiedenen gesellschaftlichen Kommunikations- und Praxisbereichen, Diskursen und Situationstypen),
- nach Strukturen und Funktionen sprachlicher Zeichen auf unterschiedlichen **Sprachbeschreibungsebenen** (z.B. grammatische Zeichen, lexikalisch-seman-

tische Zeichen, kommunikativ-pragmatische Zeichen, [inter]textuelle und diskursive Zeichen).

Aus der Korrelation von Ebenen der sprachwissenschaftlichen Beschreibung sprachlicher Zeichen (Sprachbeschreibungsebenen), Existenzweisen von Sprache und Existenzformen von Sprache ergibt sich ein zweidimensionales Feld, das sich wie folgt darstellen lässt:

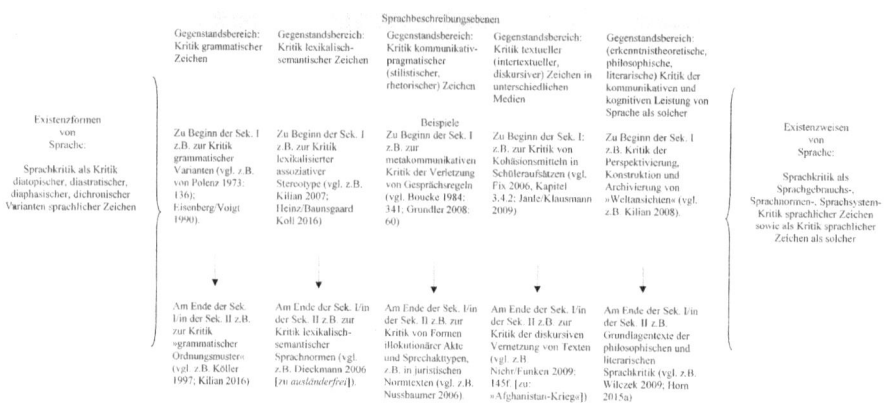

Abb. 12: Entwurf einer systematischen Ordnung von Gegenständen der didaktischen Sprachkritik und Ansätze ihrer curricularen Entwicklung

Die voranstehend wiedergegebene Übersicht über Gegenstände der didaktischen Sprachkritik ist in ihrer Grundstruktur an einer Differenzierung von Sprachbeschreibungsebenen orientiert und ordnet Erscheinungsformen sprachlicher Zeichen darin vom Kleineren (grammatische Zeichen) zum Größeren (Sprache selbst als Zeichen) an (vgl. zu einer solchen Anordnung auch Kap. 2.2-2.5). Quer dazu stellen sich die Existenzformen von Sprache (diatopische, diaphasische, diastratische, diachronische Varianz, einschließlich der grundlegenden Unterscheidung zwischen gesprochener und geschriebener Sprache und der Berücksichtigung unterschiedlicher Medien) und Existenzweisen von Sprache (Sprachsystem, Sprachnormen, Sprachgebrauch).

Die dominante Orientierung an Sprachbeschreibungsebenen mag den Eindruck nahelegen, dass sich Sprachkritik der Differenzierung von Sprachbeschreibungsebenen ohne Weiteres füge. Dieser Eindruck ist jedoch unzutreffend. Zwar bezieht sich Sprachkritik, sofern sie am sprachlichen Zeichen ausgerichtet wird, zumeist fokussierend auf ein Element einer bestimmten Sprachbeschreibungsebene, z.B. auf ein Derivationsaffix, auf ein Wort, auf einen Satz oder einen Text, doch steht dieses Element weder im Sprachsystem noch in der Sprachnorm noch gar im Sprachgebrauch isoliert, sondern ist stets vernetzt mit anderen Elementen. Als sich beispielsweise der »Streit um die Sprachkritik« in den 1960er Jahren (vgl. Kap. 2.1; 2.2.3) mit dem »inhumanen Akkusativ« befasste, d.h. mit der »›Verdrängung‹ des personalen Dativs durch den sachbezogenen Akkusativ [...]: z.B. *jemanden beliefern* statt *jemandem etwas liefern*« (von Polenz 2005: 99), stand zwar die Kritik grammatischer Zeichen im Zentrum der kritischen Sprachbetrachtung (Kritik morphosyntaktischer Zeichen in Bezug auf Präfigierungen mit dem {be-}-Morphem, Kritik syntaktischer Zeichen in Bezug auf die systematische Veränderung von Valenzeigenschaften des Verbs zugunsten des obligatorischen Akkusativs). Doch die Kritik erstreckte sich auch auf lexikalisch-semantische Zeichen (mit {be-} präfigierte Verben), auf textuelle Zeichen in verwaltungssprachlichen Diskursen und auf die kognitiv perspektivierende, mithin ideologisch instruktive Leistung der grammatischen Zeichen als solcher. Schon der Titel des Aufsatzes, mit dem Herbert Kolb Kritik an Leo Weisgerbers Sprachkritik übte, nämlich: *Der inhumane Akkusativ*, macht darüber hinaus deutlich, dass die Sprachkritik auch von moralisch-ethischen Standpunkten aus formuliert wurde (vgl. von Polenz 2005). Würde dieser Gegenstand gewählt (zu empfehlen wäre dafür das Ende der Sek. I oder dann, erweitert um die Lektüre sprachkritischer Texte (vgl. KMK 2012: 21 u.ö.) und vertiefend, die Sek. II sowie das Grund- bzw. das BA-Studium), so müsste, erstens, auf die seit Beginn der Sek. I gelegten Grundlagen der Kritik grammatischer Zeichen zurückgegriffen werden, um die Nachhaltigkeit des sprachlichen Lernens und der sprachlichen Bildung zu fördern. Es wäre dazu also gleichsam die vertikale Perspektive innerhalb der Spalte »Gegenstandsbereich: Kritik grammatischer Zeichen« einzunehmen. Sodann müsste, zweitens, aber auch die horizontale Perspektive eingenommen und müssten, wie erwähnt, Bezüge zu den anderen Sprachbeschreibungsebenen hergestellt werden (vgl. Abb. 12).

Sprachbeschreibungsebenen sind weder der Sprache noch der Sprachkritik wesenseigene Ordnungsprinzipien, sondern sind sprachwissenschaftliche Konstrukte, methodologische Perspektiven und nicht zuletzt mnemotechnische Hilfsmittel. Aus sprachdidaktischer Sicht folgt die Orientierung an Sprachbeschreibungsebenen deshalb auch der Erkenntnis, dass ein mehr oder weniger intuitiver Begriff von unterschiedlichen Sprachbeschreibungsebenen (z.B. Wortschatz, Grammatik) und Sprachbeschreibungskategorien (z.B. Wort, Satz, Text) grundsätzlich im sprachlichen Wissen von Sprechern angelegt ist und durch gesteuerten Sprachunterricht bewusst gemacht und konturiert wird (vgl. auch Wimmer 2002: 49ff.).

Die Ordnung der Sprachbeschreibungsebenen vom Kleineren zum Größeren ist daher nicht allein aus sachlicher (»stofflicher«) Perspektive sinnvoll, insofern die kleineren sprachlichen Zeichen in größeren aufgehoben werden und dort zur Wirkung gelangen, sondern diese Ordnung empfiehlt sich auch aus kompetenzorientierter, sprachdidaktisch-curricularer Perspektive. Denn wenngleich grundsätzlich jede Sprachbeschreibungsebene im Rahmen eines sprachdidaktischen Gesamtkonzepts systematisch und mit zunehmendem Schwierigkeitsgrad auf jeder Klassenstufe der kritischen Sprachbetrachtung zuzuführen ist – die in der Übersicht in Abb. 12 genannten Beispiele sollen dies andeuten, Abb. 13 (vgl. Kap. 4.3.2) soll es veranschaulichen –, empfiehlt es sich doch, zu Beginn der Sekundarstufe I zunächst dort anzuknüpfen, wo wenigstens der Sprachunterricht auf der Primarstufe noch einen seiner Schwerpunkte hat: im Grammatikunterricht. Die Kritik der kommunikativen und kognitiven Leistungen von Sprache als solcher ist ansatzweise zwar gleichfalls schon zu Beginn der Sekundarstufe zu betreiben, setzt indes zur verstehenden Lektüre der einschlägigen Texte (z.B. von Platon, G. W. Leibniz, J. G. Herder, W. v. Humboldt, F. Nietzsche, F. Mauthner, H. v. Hofmannsthal) substanziellere Kenntnisse und die Fähigkeit, auf höheren Abstraktionsniveaus arbeiten zu können, voraus. Deshalb sollte die Arbeit auf dieser Sprachbeschreibungsebene in der Sek. I erst aufgenommen werden, wenn eine grundsätzliche Einführung in sprachkritisches Denken und Handeln erfolgt ist. Die KMK-Bildungsstandards sehen die Lektüre und Kenntnis sprachkritischer Texte gar erst für die Sek. II vor (vgl. KMK 2012: 21 u.ö.). Eine Auswahl bedeutsamer und lehrreicher Texte zur Sprachkritik und Sprachreflexion haben Schiewe/Kilian/Niehr (Hgg.) 2015 zusammengestellt und mit Einleitungen versehen; Arbeitsanregungen und Arbeitsblätter insbesondere zur Sprachskepsis Hofmannsthals, aber auch zur Sprachkritik Friedrich Nietzsches, Fritz Mauthners, Karl Kraus' bietet Schneider 2009 (zu curricularen Ansätzen der didaktischen Sprachkritik vgl. Kap. 4.3.2).

Weiterführende Literatur: Bremerich-Vos (1992); Kilian (2009b); Linke/Voigt (1995); Neuland (1992); Neuland (2006); Osterroth (2015a, Kap. 3); Wimmer (2002).

4.3 Didaktische Sprachkritik im Spannungsfeld von Kompetenzorientierung, Curricula, Methoden

Mit den voranstehenden Bemerkungen sind didaktische und curriculare Aspekte angesprochen, die es nun genauer zu erörtern gilt. In Bezug auf die Ordnung der Gegenstände der didaktischen Sprachkritik (vgl. Abb. 12) muss ge- und erklärt werden, erstens, welche Lehr-Lern-Ziele bzw. Kompetenzen im Wege der kritischen Sprachbetrachtung welchen Gegenstands erreicht werden können (Kap. 4.3.1), zweitens, in welcher lerntheoretisch begründeten curricularen Folge dies geschehen soll (Kap. 4.3.2), und, drittens, welche methodischen Ansätze der didaktischen Sprachkritik grundsätzlich zur Verfügung stehen (Kap. 4.4).

4.3.1 Zur Kompetenzorientierung der didaktischen Sprachkritik (Sprachkritikkompetenz)

Didaktisch modellierte Sprachkritik hat nicht lediglich zum Ziel, Sprecher/Schreiber auf dem Wege von kritischen Sprachbetrachtungen zu Urteilen zwischen binären Polen wie »richtig« und »falsch«, »gut« und »schlecht«, »angemessen« und »unangemessen« zu führen. Da didaktische Sprachkritik zur linguistisch begründeten Bewertung und Beurteilung von Sprachgebräuchen und Sprachnormen, Möglichkeiten des Sprachsystems sowie Leistungen von Sprache herausfordert, um dadurch sprachliches Lernen und sprachliche Bildung zu fördern, erzwingt sie wohl zwar Positionierungen auch im Bereich der genannten Beurteilungskategorien. Die Urteile an sich sind indes nicht der eigentliche Zweck didaktischer Sprachkritik. Man könnte zugespitzt gar formulieren, dass die Urteile in sprachdidaktischen Zusammenhängen vornehmlich Mittel zum Zweck sind, gleichsam Behelfskonstruktionen, die den Weg zur Erreichung des eigentlichen Zwecks säumen. Dieser eigentliche Zweck didaktischer Sprachkritik ist es, durch die Befähigung zur (relativ zu den Niveaus der Lernergruppen) linguistisch begründeten Bewertung und Beurteilung von Sprachgebräuchen, Sprachnormen, Möglichkeiten des Sprachsystems sowie Leistungen von Sprache eine Veränderung der Sprachkompetenz in Richtung auf eine sprachkritische Befähigung zu bewirken. Eine solche Veränderung der Sprachkompetenz in Richtung auf eine sprachkritische Befähigung wird hier mit der Bezeichnung »Sprachkritikkompetenz« erfasst, und ihr wurden oben zwei Zieldimensionen zugewiesen: die des sprachlichen Lernens und die der sprachlichen Bildung.

Die zu diesen Dimensionen zu Beginn des 4. Kapitels formulierten Grobziele der didaktischen Sprachkritik wurden wie folgt konkretisiert: Im Bereich des sprachlichen Lernens sollen die Veränderungen der sprachlichen und sprachkritischen Kompetenzen das Mitglied der Sprachgesellschaft dazu befähigen, mit sprachkritischem Urteilsvermögen sprachbewusst und eigenverantwortlich sprachlich gebundene kommunikative und kognitive Aufgaben produktiv und rezeptiv lösen und eigene Ziele entsprechend verfolgen zu können. Es soll idealerweise in der bewussten Verantwortung des sprachkritikkompetenten Sprechers/Schreibers liegen und von seiner intentional getroffenen Auswahl aus den sprachlichen Möglichkeiten abhängen, ob und inwiefern das von ihm erzeugte sprachliche Produkt Kriterien der funktionalen Angemessenheit erfüllen, konventionellen Erwartungen entsprechen und Normen der Sprachrichtigkeit befolgen soll (vgl. dazu auch von Polenz 1973: 145ff.). Und es soll idealerweise von der begründeten kritischen Analyse und Bewertung des sprachkritikkompetenten Hörers/Lesers abhängen, ob ein sprachliches Produkt eines Anderen solche Kriterien erfüllt, solchen Konventionen entspricht und solchen Normen folgt. – Im Bereich der sprachlichen Bildung sollen die Veränderungen der sprachlichen und sprachkritischen Kompetenzen das Mitglied der Sprachgesellschaft darüber hinaus dazu befähigen, die kommunikativen und kognitiven Leistungen von Sprache(n), Sprachnorm(en) und Sprachgebräuchen zudem auch jenseits der Lösung konkreter Aufgaben und auch jenseits der Verfolgung konkreter Ziele eigenständig reflektieren, (wissenschaftlich) untersuchen und begründet bewerten zu können (vgl. zum Voranstehenden ausführlicher Kilian 2009b). Diese Zielvorstellung orientiert sich, wie eingangs ausgeführt, am Ideal des sprachmündig handelnden Subjekts.

Auf dieser Grundlage kann versucht werden, relativ zur Kritik der sprachlichen Zeichen auf einzelnen Sprachbeschreibungsebenen und ihren Bezügen zu Existenzformen und Existenzweisen von Sprache noch konkretere Lehr-Lern-Ziel- bzw. Kompetenzformulierungen vorzunehmen. Eine detaillierte Zusammenstellung von Teillernzielen innerhalb des »Lernziels: Sprachkritik« legte Bernhard Weisgerber (1975 [zuerst 1972]: 25ff.) vor und differenzierte die Teillernziele nach den Bezugspunkten »Sprache«, »Medien«, »Gruppenbildung durch Sprache«, »Individuum« und »Situationen«. Weisgerbers Teillernziele stehen deutlich im Umfeld des gesellschafts- und ideologiekritischen Ansatzes der »Kritischen Deutschdidaktik« (vgl. Kap. 4.1.3). Einige von ihnen sind aber durchaus auch im Rahmen der Neuorientierung der didaktischen Sprachkritik der kritischen Diskussion würdig, zum Beispiel:

(Sprache)
Der Schüler lernt:
- sprachliche Begriffe auf ihre Angemessenheit und Tragweite hin zu prüfen
- verschiedene syntaktische Strukturen zu analysieren und ihren Einfluß auf Inhalt und Wirkung einer Aussage festzustellen
- Wortbildungsweisen formal und inhaltlich zu durchschauen und gegebenenfalls selbständig anzuwenden
- aktuelle Sprachmoden zu erkennen und dazu Stellung zu beziehen [...]

(Medien)
Der Schüler lernt:
- die Einflußmöglichkeiten verschiedener sprachlicher Medien [...] zu erkennen und zu vergleichen [...]
- Immunität gegen Propaganda und Werbung zu entwickeln, indem er ihre sprachlichen Mittel und Effekte durchschaut
- Informationsgehalt, beabsichtigte Wirkungen und sprachliche Qualität in verschiedenen Medien zu vergleichen [...]

(Gruppensprachen)
- Eigenart und Leistungsfähigkeit verschiedener Gruppensprachen zu erkennen und zu bewerten [...]

(Individuum)
Der Schüler lernt:
- zwischen Klischee, sprachlicher Konformität und individuellem Sprachgebrauch zu unterscheiden
- eigenem Erleben, eigener Erfahrung, eigener Meinung individuellen sprachlichen Ausdruck zu verleihen [...]

- die individuelle Sprechweise anderer [...] zu verstehen und zu akzeptieren, aber auch kritisch zu beurteilen [...]

(Situation)
Der Schüler lernt:
- situationsgerechten von unangebrachtem Sprachgebrauch zu unterscheiden [...]
- zu entscheiden, welche sprachlichen Mittel, Wirkungen und Effekte in einer bestimmten Situation zu verantworten sind [...].

Lehr-Lern-Ziel- bzw. Kompetenzformulierungen in aktuellen Ansätzen und Vorschlägen zur didaktischen Sprachkritik sind im Vergleich zu diesen die didaktische Sprachkritik eher überdachenden Formulierungen Weisgerbers zumeist auf spezielle Gegenstände bzw. Inhalte bezogen und nicht einem allgemeinen »Lernziel: Sprachkritik« verpflichtet. Lediglich einschlägige Anforderungen in aktuellen Bildungsplänen sind textsortenbedingt wieder allgemeiner gehalten. Betrachtet man die in aktuellen Ansätzen und Methoden zur didaktischen Sprachkritik (im engeren Sinne) formulierten Lehr-Lern-Ziele bzw. Kompetenzen im Zusammenhang, dann wird durchgehend die Orientierung an einer idealen Zielvorstellung vom sprachmündigen Subjekt erkennbar. Ebenso deutlich wird, dass die didaktische Sprachkritik (im Idealfall im Rahmen eines sprachdidaktischen Gesamtkonzepts) durch die Erzeugung metasprachlicher Kompetenzen einen Beitrag zur Förderung sprachlichen Lernens und sprachlicher Bildung leisten soll. Einige ausgewählte Beispiele mögen aktuelle Tendenzen der Kompetenzformulierung und didaktischen Modellierung von Sprachkritik im engeren Sinne veranschaulichen:

> Die Schüler sollen kritischer mit der ihnen angebotenen Sprache im Alltag umgehen; sie sollen die Kontextabhängigkeit von Wörtern erkennen, d.h. aufmerksam werden auf historische Änderungen von Bedeutungen von Wörtern und die Veränderung von Bedeutungen bedingt durch die Verwendungsanlässe von Wörtern; sie sollen für die Komplexität und Vieldeutigkeit von Sprache sensibilisiert werden und schließlich daran erinnert werden, dass sie selbst Einfluss auf ihre Sprache nehmen können [...]. (Jahnich 2006: 91)

> Die Schülerinnen und Schüler ...
> - analysieren und bewerten den Fremdwortgebrauch in historischen und aktuellen Texten,
> - positionieren sich zur gegenwärtigen Entwicklung des Deutschen hinsichtlich der Verwendung von Anglizismen und Pseudoanglizismen,
> - reflektieren den eigenen Sprachgebrauch und den Sprachgebrauch der unmittelbaren Umgebung/Erfahrungswelt im Hinblick auf die sinnvolle Verwendung von Fremdwörtern.
> (Mückel 2009: 49)

> [Die Schülerinnen und Schüler] kennen Bereiche der Sprachkritik und ausgewählte sprachkritische Positionen (RLP-B 2006: 18).

> Schülerinnen und Schüler sollen lernen, sich bewusst als durch die Sprache geprägte Wesen zu erfahren, über ihre eigene Sprache reflektiert zu verfügen und durch Sprachwahl und Sprachkritik ihre Handlungsmöglichkeiten zu erweitern (Lehrplan Hessen 2010: 12).

Die Schülerinnen und Schüler sollen Normen kritisch beurteilen können [...].
Grobziele:
die zeitgenössischen Normen kennen und anwenden können [...]
wissen, dass Normen einem steten Wandel unterliegen [...]
Normen kritisch hinterfragen können [...]
Die Veränderungen von Normen in Einzelfällen erklären können [...]
Normen objektiv bewerten können [...]. (Osterroth 2015a: 210; Hervorhebung im Original)

Da empirische Daten zur Effektivität der didaktischen Modellierung der kritischen Sprachbetrachtung noch fehlen, können solche Lehr-Lern-Ziel- bzw. Kompetenzformulierungen nicht mehr sein als Hypothesen darüber, welche Veränderungen der sprachlichen und sprachkritischen Kompetenzen bei den Schülerinnen und Schülern auf diesen Wegen tatsächlich erzeugt werden. Die in aktuellen Anforderungen und didaktischen Modellierungen zur Sprachkritik oft gewählte Formulierung von Kompetenzen in der Form »Die Schülerinnen und Schüler können ...« sind, wie alle Formulierungen von (Mindest- oder Regel-)Standards, keine Auskunft über empirisch validierte Resultate des Lehrens und Lernens, sondern normative (i.S.v. »sollen können«) Zielsetzungen, deren Erreichbarkeit und deren Erreichen der empirischen Prüfung bedürfen.

4.3.2 Zur curricularen Ordnung von Gegenständen und Kompetenzorientierungen der didaktischen Sprachkritik

Mit der Anordnung der Sprachbeschreibungsebenen vom Kleineren zum Größeren wird, wie angedeutet, bereits eine gewisse curriculare Abfolge der kritischen Sprachbetrachtung aus inhaltlicher und sprachdidaktischer Perspektive begründbar. Es fehlt allerdings noch eine genauere curriculare und kompetenzorientierte Entwicklung der in Abb. 12 bislang nur exemplarisch aufgeführten Gegenstände im Rahmen eines sprachdidaktischen Gesamtkonzepts. Der Übersicht in Abb. 12 wäre, damit sie eine Grundlage für eine solche sprachdidaktische Modellierung der curricularen und kompetenzorientierten Entwicklung abgeben könnte, eine dritte Dimension mit einer inneren Differenzierung in Bezug auf sprachliches Lernen und sprachliche Bildung hinzuzufügen. Diese dritte Dimension müsste spiralcurriculare Aspekte des durch die kritische Sprachbetrachtung angestrebten sprachlichen Wissens und Könnens sowie der intendierten sprachlichen und sprachkritischen Kompetenzen relativ zu unterschiedlichen Lernsubjekten, Leistungsgruppen, Klassenstufen, mithin auch Schulformen erfassen. Für jede der Sprachbeschreibungsebenen wären dann vertikal gleichsam sprachkritische rote Fäden (vgl. Linke/Voigt 1995: 21) zu konzipieren, z.B. von der 5. bis zur 12. Klassenstufe, vom 1. Semester bis zum Bachelor- oder Masterabschluss bzw. bis zum Ersten Staatsexamen. Für eine solche systematische Modellierung der didaktischen Sprachkritik fehlen bislang jedoch, wie erwähnt, belastbare Daten zur sprachdidaktischen Effektivität unterschiedlicher Ansätze der kritischen Sprachbetrachtung.

Die Forschung steht diesbezüglich noch immer weit am Anfang (die nicht wenigen Konjunktive in diesem Kapitel sind als grammatische Zeichen zu lesen, die dies anzeigen sollen). Eine der Aufgaben besteht zum Beispiel darin, das inhaltlich und kompetenzorientiert abgesteckte Feld mit Ergebnissen der sprachlerntheoretischen Forschung in Beziehung zu setzen. So scheint es, wie erwähnt, zwar ohne nähere wissenschaftliche Prüfung unmittelbar plausibel, dass Texte und Ansätze der philosophischen erkenntnistheoretischen Sprachkritik (z.B. Friedrich Nietzsches Essay *Ueber Wahrheit und Lüge im aussermoralischen Sinne* von 1873 oder Hugo von Hofmannsthals *Chandos-Brief* aus dem Jahr 1901) für Schülerinnen und Schüler einer 5. Klassenstufe zu schwierig sind. Nicht minder plausibel scheint es, dass Studentinnen und Studenten der Germanistik durch Umbenennungsspiele, wie sie für Schüler der Primarstufe und Sekundarstufe I entwickelt werden können (vgl. Andresen/Januschek 1995), wohl kaum etwas lernen könnten, was sie nicht schon wüssten und könnten – bzw. wissen und können sollten. Jenseits solcher Plausibilitätsnachweise gibt es indes nur wenige gesicherte Erkenntnisse und nur einige Indizien, auf die die sprachdidaktische Modellierung von Sprachkritik sich bei der (spiral)curricularen Verortung der Gegenstandsbereiche, der dazu ausgewählten Beispiele sowie der damit verbundenen Ziele und daraus abgeleiteten Kompetenzen stützen könnte.

Zumeist werden solche Indizien aus allgemeineren entwicklungspsychologischen Erkenntnissen abgeleitet. In der Regel wird dazu auf Arbeiten und Ergebnisse Jean Piagets und Lew Semjonowitsch Wygotskis zurückgegriffen, die nahelegen, dass eine Befähigung zu formalen bzw. abstrakten Operationen mit dem Beginn der Pubertät einsetze (vgl. Helmers 1970: 264ff.; Andresen/Januschek 1995: 25; Ingendahl 1999: 218; Bremerich-Vos 1992: 54f.; Kilian 2009b; vgl. auch Bredel 2007, Kap. 2). Auf dieser Grundlage ist jedoch lediglich ableitbar, dass eine kognitive und sprachliche Befähigung zur Sprachkritik – sowohl im weiteren Sinne der Sprachreflexion wie im engeren Sinne der kritischen Sprachbewertung – grundsätzlich mit Beginn der Sekundarstufe I angenommen werden kann, der in den meisten Bundesländern mit dem Eintritt in die 5. Klasse zusammenfällt. Aussagen darüber, in welchen Stadien der kognitiven und sprachlichen Entwicklung Lernende zu welchen sprachreflektierenden und sprachkritischen Operationen in der Lage sind, sind auf dieser Grundlage nicht zu treffen. Wenn man zudem bedenkt, dass schon Vorschulkinder zum Beispiel Wörter kritisch beurteilen, die Arbitrarität sprachlicher Zeichen in Frage stellen und Gegenstände der sinnlichen Wahrnehmung spielerisch umbenennen (vgl. z.B. Weisgerber 1975 [zuerst 1972]: 17ff.; Andresen/Januschek 1995: 23; Ingendahl 1999: 34ff.; Bredel 2007: 183ff.) und dass es andererseits selbst akademisch gebildeten Erwachsenen oft kaum möglich ist, ein eigenes sprachkritisches Urteil sprachreflexiv zu hinterfragen, dann eröffnet sich die ganze Spannbreite der Vagheit von Korrelationen zwischen kognitiver und sprachlicher Entwicklung einerseits und Befähigung zur Sprachkritik andererseits. Für die didaktische Modellierung von Sprachkritik im engeren Sinne ist die angedeutete Schwelle des Übertritts in ein neues Stadium der kognitiven und sprachlichen Entwicklung am Ende der Primarstufenzeit daher ein wichtiger Annäherungs- und Richtwert, dessen Bedeutsamkeit allerdings nicht überstrapaziert werden sollte. Der künftigen Forschung ist aufgegeben festzustellen, welche der genannten Gegenstandsbereiche und welche Fragestellungen, Ansätze und Methoden der linguistischen Sprachkritik das sprachliche Lernen und die sprachliche Bildung relativ zu kognitiven und kommunikativen sprachlichen Kompetenzen, Lernaltersstufen und inhaltlichen Lehr-Lern-Zielen fördern können.

Auf der Grundlage der Ergebnisse dieser Forschung könnte dann die Übersicht in Abb. 12 in ein wissenschaftlich fundiertes Kompetenzmodell der didaktischen Sprachkritik überführt werden. Auf der Grundlage des aktuellen Forschungsstandes ist das noch nicht möglich. Gleichwohl soll im Folgenden für ein solches wissenschaftlich noch zu fundierendes Kompetenzmodell ein Diskussionsangebot unterbreitet werden (vgl. Abb. 13). Dieses Diskussionsangebot ist im Grundgedanken an das von Ossner (2006: 44ff.) entwickelte Kompetenzmodell angelehnt, beherzigt jedoch die daran geübte Kritik, namentlich in Bezug auf einen theoretischen Denkrahmen für die sprachliche Bildung (vgl. Steinbrenner 2007).

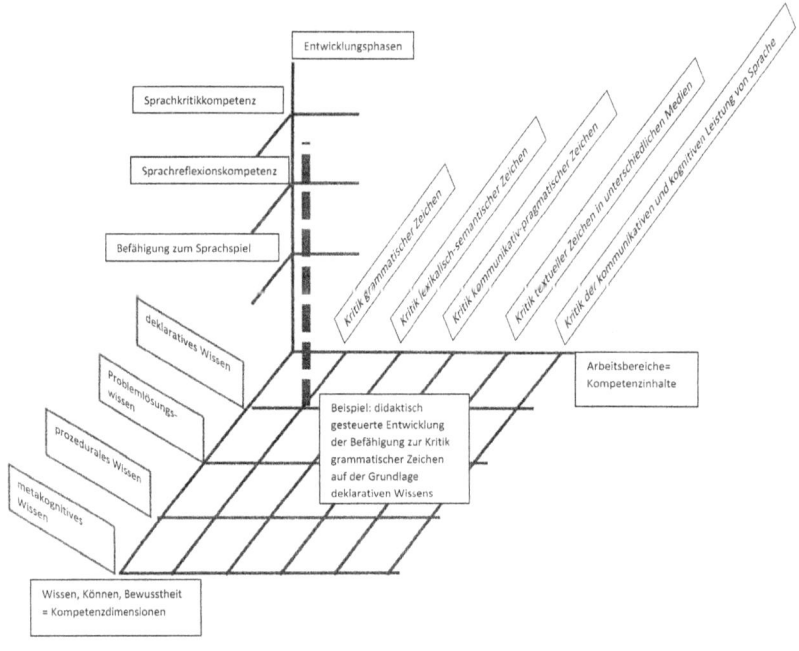

Abb. 13: Kompetenzmodell der didaktischen Sprachkritik

Der Entwurf für ein Kompetenzmodell der didaktischen Sprachkritik überführt die in Abb. 12 nach Sprachbeschreibungsebenen geordneten und zu Existenzformen sowie Existenzweisen von Sprache in Beziehung gesetzten Gegenstände der didaktischen Sprachkritik in ein dreidimensionales Modell. In diesem Modell werden zunächst die eingangs erwähnten vier Wissensarten (als Kompetenzdimensionen) mit den fünf Gegenstandsbereichen der kritischen Sprachbetrachtung (als Kompetenzinhalten) korreliert. So bedarf etwa die Kritik des Gebrauchs der Pluralform *Tunnels* (z.B. in dem Satz: »In der Schweiz gibt es viele Tunnels«) u.a. des deklarativen Wissens über Pluralmorpheme und u.a. des Problemlösungswissens, wo man die grammatischen Informationen finden kann. Für die dritte Achse (»Entwicklungsphasen«) wird die weitere Forschung zu erweisen haben, in welchen Lernaltersstufen welche Befähigung zur kritischen Sprachbetrachtung möglich ist und erreicht bzw. vorausgesetzt werden kann. Es handelt sich bei den Entwicklungsphasen daher sowohl um einen zeitlichen Prozess (z.B. Schulstufen, Schulklassen) wie auch um einen Lernprozess (i.S.v. Kompetenzstufen).

Auf der Grundlage der zu Beginn dieses Unterkapitels genannten Indizien wird man eine (ungesteuerte) Befähigung zur spielerischen Sprachbetrachtung mit der Erkenntnis der Arbitrarität sprachlicher Zeichen im Kindergartenalter anzusetzen haben (vgl. Bredel 2007: 184). Eine ungesteuerte Befähigung zur Sprachbewertung beruht in dieser Phase auf der Spracherfahrung, dem Sprachgefühl und vorgegebenen Sprachnormen. Die nächste Entwicklungsphase, die Befähigung zur Sprachreflexion, wird demnach mit dem Schulbeginn, insbesondere mit dem Schriftspracherwerb, eingeleitet. Schülerinnen und Schüler werden zur bewussten Dekontextualisierung von Sprache angeleitet. Die gesteuerte Befähigung zur Sprachreflexion beruht auf einem Ausbau der Sprachbewusstheit sowie des sprachlichen und metasprachlichen Wissens. Eine Befähigung zur Sprachbewertung ist damit verbunden, dient jedoch noch überwiegend dem Erwerb und der Festigung (standard)sprachlicher Normen. Eine linguistisch begründete Kritik dieser Normen auf der Grundlage des Konzepts der funktionalen Angemessenheit wird bislang insgesamt noch nicht als lernfördernder Zugriff für diese Phase bzw. dieses Kompetenzniveau angesehen. Die dritte Phase schließlich, die gesteuerte Befähigung zur Sprachkritik im engeren Sinne mit dem Anspruch einer linguistisch begründeten Bewertung von Sprachgebrauch und Sprache, kann, den Indizien zufolge, mit Beginn der Sek. I ihren Anfang nehmen. Die Befähigung zur intersubjektiv überprüfbaren Sprachbewertung ist zentral für diese Phase, die im Wesentlichen einen Ausbau der sprachlichen Bildung vorsieht. Es bedarf keiner näheren Begründung, dass diese Phasen der Entwicklung einer Befähigung zur kritischen Sprachbetrachtung jeweils auch eine Entwicklung des Wissens, insbesondere des deklarativen Wissens, über die Gegenstände erfordert – aber auch fördert.

Das Modell ist, wie alle Kompetenzmodelle, idealtypisch. Die horizontalen und vertikalen Verbindungslinien sollen die oben am Beispiel des »inhumanen Akkusativs« erläuterte Verknüpfung der Sprachbeschreibungsebenen im Sinne von didaktischen »roten Fäden« der kritischen Sprachbetrachtung andeuten; der gestrichelte Balken des Beispiels »deklaratives Wissen« zur »Kritik grammatischer Zeichen« weist darauf hin, dass die Befähigung zur Sprachkritikkompetenz schon vor Eintritt in die Sekundarstufe I beginnt und am Ende der Schulzeit nicht abgeschlossen ist, wie denn überhaupt die Phasen ineinander übergehen. Der künftigen Forschung ist, wie erwähnt, die empirisch geprüfte Konkretisierung dieses Modells aufgegeben. Die folgenden Vorschläge für mögliche Konkretisierungen sind als Anregungen dafür zu lesen.

Man kann z.B. ansetzen, dass die Kritik des »inhumanen Akkusativs« als Kritik grammatischer Zeichen in der 9. Klasse behandelt wird, um an diesem Beispiel die Sprachreflexionskompetenz zu festigen und gesteuert die Sprachkritikkompetenz auszubauen. Der Kasus selbst ist im Zuge der Satzgliedlehre in der Primarstufe kennengelernt geworden; zumindest in den unteren Klassenstufen der Sek. I wird der grammatische Gegenstand »Akkusativ« (zumeist das Akkusativobjekt) wiederholt und vertieft. Die Ausformulierung von Teilkompetenzen auf der horizontalen Ebene dieser Klassenstufe könnte dann dahin gehen, dass Schülerinnen und Schüler an einem authentischen Beispiel 1. Kenntnis erlangen über die Geschichte der Sprachkritik in Deutschland (Sprachkritik als eigener Bildungswert), 2. befähigt werden, die kommunikativen und kognitiven Leistungen grammatischer Zeichen mit linguistischem Werkzeug kritisch zu untersuchen und mit Bezug auf das Konzept der funktionalen Angemessenheit begründet zu beurteilen, sowie 3. befähigt werden, die kommunikativen und kognitiven Leistungen von Sprache an sich einer begründeten Bewertung zuzuführen. Zu vertiefen wäre dieses Wissen durch die Lektüre einschlägiger sprachkritischer Texte zum »inhumanen Akkusativ« und der Herausforderung zu einer Positionierung zu denselben in der Sek. II. Damit wäre der Gegenstand auch auf die vertikale Achse projiziert.

Eine Projektion auf der vertikalen Ebene könnte, um ein weiteres Beispiel anzuführen, im Bereich der Kritik lexikalisch-semantischer Zeichen für die Klassenstufen 5/6 dazu ansetzen, Schülerinnen und Schüler auf der Grundlage ihrer eigenen Erfahrungen mit der Arbitrarität sprachlicher Zeichen zur begründeten Kritik der etymologischen Sprachkritik zu befähigen. Die Schülerinnen und Schüler sollen befähigt werden, über das Verhältnis einer ursprünglichen (bzw. früh belegbaren) Bedeutung eines Wortes zur davon abweichenden gegenwartssprachlichen Bedeutung kritisch zu reflektieren: Müssten nicht eigentlich alle Tische rund sein und müsste nicht das Wort *Tisch* notwendigerweise das semantische Merkmal ›rund‹ führen, weil das Wort doch auf lat. *discus* und griech. *dískos* zurückgeht? Auf den Klassenstufen 7/8 wird diese Befähigung vertieft und erweitert im Wege der Kritik der Darstellungsfunktion lexikalisch-semantischer Zeichen durch Befähigung der Schülerinnen und Schüler zur Wahrnehmung von Perspektivität in der Sprache (z.B. durch Wortfeldanalysen, Wortbildungsanalysen, Kritik lexikalisierter Tabus und Euphemismen) und Bewertung des Wortgebrauchs auf der Grundlage des Konzepts der funktionalen Angemessenheit: So mag die Bezeichnung *Runder Tisch* in bestimmten Texten funktional nicht so angemessen sein wie die Bezeichnung *Tafelrunde*. Die Fortführung dieses »roten Fadens« auf den Klassenstufen 9/10 sollte die Kompetenzstufe anheben im Sinne einer Befähigung zur Kritik der diachronisch, diaphasisch, diastratisch und diatopisch je unterschiedlichen Strukturen und Ordnungen des Wortschatzes. In diesem Zusammenhang sollten Schülerinnen und Schüler auch die Kompetenz erwerben, die Leistungen dieser Strukturen und Ordnungen im Rahmen der Lösung kommunikativer und kognitiver Aufgaben in unterschiedlichen gesellschaftlichen Kommunikations- und Praxisbereichen kritisch zu beurteilen. Die Befähigung zur Kritik der Strukturen und Ordnungen des Wortschatzes mit Blick auf dadurch evozierte Vor-Strukturierungen und Vor-Ordnungen der Welt schließt auf der Klassenstufe 11/12 daran an. Texte aus der Geschichte der Sprachkritik (z.B. Fritz Mauthners Kritik der »substantivischen/verbalen/adjektivischen Welt«; vgl. Kilian 2000; Schiewe/Kilian/Niehr [Hgg.] 2015) führen unmittelbar zurück auf die erworbene Befähigung zur Kritik der Arbitrarität, aber auch der Konventionalität lexikalisch-semantischer Zeichen.

Weiterführende Literatur: Andresen/Januschek (1995); Kilian (2009b); Linke/Voigt (1995); Ossner (2006); von Polenz (1973); Weisgerber (1972/1975).

4.4 Zur Methodologie der didaktisch modellierten kritischen Sprachbetrachtung

Voraussetzung einer jeden kritischen Sprachbetrachtung ist die Fähigkeit zum Erkennen eines Unterschieds, einer »Abweichung«, einer Andersartigkeit (vgl. Siehr 2001: 77). Man könnte hier in Anlehnung an Piaget auch den Begriff des »Gleichgewichts« oder »Äquilibres« zur Anwendung bringen, wie es Hanspeter Ortner und Horst Sitta tun – die diesen Begriff übrigens explizit auf Bühlers Sprachtheorie beziehen – und als Voraussetzung einer jeden sprachkritischen Betrachtung das Erkennen oder Empfinden einer Störung des »Gleichgewichts« in den Beziehungen des sprachlichen Zeichens zu Sender, Empfänger oder/und Gegenständen und Sachverhalten ansetzen (vgl. Ortner/Sitta 2003: 41ff.). Dieses Erkennen setzt eine Vergleichsebene voraus, die expliziert werden muss, sei es eine gewusste Norm, sei es ein implizites sprachliches Wissen. Ziel der sprachkritischen Betrachtung ist es dann, ein Gleichgewicht herzustellen, durch Assimilation des Ungleichgewichtigen an eine Norm oder durch Akkommodation einer Norm an das Ungleichgewichtige.

Darüber hinaus ist der didaktischen Sprachkritik allerdings auch aufgegeben, das Gleichgewicht selbst kritisch zu hinterfragen, mithin auf linguistischer Grundlage kreativ ins Ungleichgewicht zu setzen. Diesen Aspekt haben, unabhängig voneinander, in den 1970er Jahren Bernhard Weisgerber und Peter von Polenz besonders hervorgehoben. Bei Weisgerber ist zu lesen (1975 [zuerst 1972]: 14):

> Befähigung zur Sprachkritik bedeutet für das Individuum: Gewinn einer relativen Unabhängigkeit gegenüber der Vielzahl sprachlicher Einflußmöglichkeiten wie schließlich auch gegenüber der Sprache selbst. [...] Das Individuum steht nicht mehr in einseitiger Abhängigkeit von dieser Sprache als sprachbeherrschter Mensch, sondern beginnt nun seinerseits über Sprache zu verfügen, Sprache zu beherrschen, indem es ihre Möglichkeiten in individueller Weise und zu individuellen geistigen Leistungen ausschöpfen lernt, um schließlich vielleicht – dazu in Stand gesetzt durch die möglichst umfassende Aneignung und Verarbeitung der vorgegebenen Sprache – bisher Ungesagtes in eigene Aussagen und Begriffe zu fassen, die die Sprache selbst bereichern.

Didaktisch modellierte Sprachkritik tritt hier also nicht allein in den Dienst der sprachlichen Bildung des Individuums, sondern auch der Sprachbildung selbst. In vergleichbarer Weise notierte Peter von Polenz (1973: 146), in der »Sprachbrauchskritik« – darunter versteht er die Kritik des »Normalen« (vgl. Kap. 1.1) – finde

> eine nicht mehr konservative Sprachlehre ihre lohnende Aufgabe. Statt immer nur das Übliche des Sprachbrauchs zu verwenden, das bereits Vorurteile enthält, die Andere gefällt haben, hat jeder Sprachteilhaber in seiner Sprachkompetenz die Möglichkeit, für den gleichen Sachverhalt Eigenes, Neues, vom Konformismus des Sprachbrauchs Abweichendes zu sagen, und zwar durch Anderssagen [...] oder durch Genauersagen.

Die Ausübung des »Anderssagens« oder »Genauersagens« setzt Sprachkritikkompetenz voraus insofern, als erst der kritische Vergleich sprachlicher Möglichkeiten des »Sagens« das Andere bzw. Genauere feststellbar macht. Ein solcher kritischer Vergleich kann sich beispielsweise darauf beziehen, was in der Linguistik seit geraumer Zeit unter dem Begriff der »Perspektive«, der »Perspektivierung«, der »Perspektivität« von Sprache gefasst wird (vgl. Köller 2004). Gemeint ist damit, dass sprachliche Zeichen – im weitesten Sinne, d.h. grammatische Zeichen, lexikalisch-semantische Zeichen, kommunikativ-pragmatische Zeichen u.a. – den Referenzbereich des Gesagten jeweils in bestimmten Sichtweisen konzeptualisieren und kommunikativ wie kognitiv (re)präsentieren. Eben darauf beruhte beispielsweise die oben genannte Kritik am »inhumanen Akkusativ«, die u.a. damit begründet wurde, dass die Perspektive auf den Menschen durch seine Erwähnung im »Akkusativ« (als grammatisches Zeichen) verschoben werde in Richtung auf eine »Versachlichung« des Menschen.

Mit hoher Wahrscheinlichkeit sind schon Kleinkinder befähigt, die Perspektivität von Sprache zu erkennen und produktiv im Rahmen des Spracherwerbs zu nutzen, indem sie sprachliche Zeichen, die in derselben Umgebung erscheinen könnten, in einen »paradigmatischen Kontrast« führen (vgl. Tomasello 2003: 142ff.). Das sprachkritische Unterscheiden sowie Erkennen und Beurteilen von Unterschieden wäre insofern schon im frühen Spracherwerb ein Schlüssel zu sprachlichem Lernen. Auf den Sekundarstufen I und II muss diese Fähigkeit genutzt und weitergeführt werden. Um hier zum sprachkritischen Erkennen und Beurteilen von Unterschieden anzuleiten, können im Anschluss an linguistische und laienlinguistische Zugriffe (vgl. Kap. 2 und 3) Normenkonflikte oder so genannte sprachliche Zweifelsfälle (vgl. Dürscheid 2011) zum Ausgangspunkt der didaktischen kritischen Sprachbetrachtung gewählt und die beteiligten sprachlichen Zeichen in Bezug auf Perspektivität untersucht werden (die *Hessischen Rahmenrichtlinien für das Fach Deutsch in der Sekundarstufe I* aus dem Jahr 1972 etwa setzten, wie oben erwähnt, »Sprachnormenkonflikte« als Ausgangspunkt an). Des Weiteren können öffentliche Sprachthematisierungen zum Ausgangspunkt kritischer Sprachbetrachtungen erklärt werden, wie zum Beispiel – für den Gegenstandsbereich der Kritik grammatischer Zeichen – Meinungers (2009) linguistische Analysen zu Gegenständen der öffentlich wirksamen Sprachkritikastereien Bastian Sicks, die dessen vielleicht unterhaltsame Urteile linguistisch durchleuchten und wieder ins rechte Licht rücken (vgl. auch Kap. 3), oder – zum Gegenstandsbereich der Kritik lexikalisch-semantischer Zeichen – öffentliche Sprachthematisierungen »kontroverser Begriffe« (vgl. Stötzel/Wengeler 1995). Ein anderer Ausgangspunkt ist ein »›Sprachbeobachtungsbuch‹, in dem Schüler kontinuierlich, wie in einem Tagebuch, Sprachmaterial sammeln, das ihnen aufgefallen ist« (Steinig/Huneke 2015: 194). Didaktisch modellierte Sprachkritik kann allerdings nicht allein auf öffentliche Sprachthematisierungen und Sprachbeobachtungen der Schülerinnen und Schüler bauen. Denn dies hieße, die didaktisch modellierte Sprachkritik von den Zufällen öffentlicher Sprachthematisierungen oder individueller Spracherfahrungen abhängig zu machen. Eine kritische Sprachbetrachtung als didaktischer Schlüssel zum sprachlichen Lernen und zur sprachlichen Bildung bedarf, dies sei erneut hervorgehoben, vielmehr einer systematischen Berücksichtigung in einem sprachdidaktischen Gesamtkonzept.

4.4.1 Methodische »Schrittfolgen« für die didaktische Sprachkritik

Sprachkritische Urteile werden täglich gefällt, zumeist relativ rasch und nicht selten einem bloßen Sprachgefühl folgend (vgl. Klein 2014). Sollen sie linguistisch begründet und zudem didaktisch einträglich sein, bedürfen sie jedoch der Fundierung und Operationalisierung. Schülerinnen und Schüler sollen lernen, wie man das macht: ein sprachkritisches Urteil aus dem Sprachgefühl heraus mit wissenschaftlichen Mitteln zu erarbeiten und intersubjektiv nachvollziehbar zu begründen. Im deutschsprachigen Raum war wohl Gottfried Wilhelm Leibniz der Erste, der (im Jahr 1697) ein Modell mit Arbeitsschritten zur Operationalisierung der kritischen Sprachbetrachtung zusammenstellte, das durchaus auch einen Bildungswert hätte beanspruchen können (vgl. Schiewe/Wengeler 2005: 6). In der germanistischen Sprachwissenschaft der Gegenwart hat Wolf Peter Klein eine »systematische Entscheidungsprozedur« für die Entscheidung über sprachliche Zweifelsfälle erarbeitet (Klein 2009; vgl. zu beiden Modellen auch Kilian/Niehr/Schiewe 2013: 305-312).

Ausgereifte Konzepte für eine systematische Methodologie der didaktischen Sprachkritik im Rahmen eines sprachdidaktischen Gesamtkonzepts liegen demgegenüber noch nicht vor. Eine »unterrichtspraktische Konkretisierung« hat Bernhard Weisgerber 1972 für das »Lernziel: Sprachkritik« entwickelt und im Anschluss daran methodische Schritte für unterschiedliche Sprachbeschreibungsebenen am Beispiel einer Textauswahl vorgeführt (vgl. Weisgerber 1975 [zuerst 1972]: 27-83, im Folgenden 27f.):

> Die unterrichtspraktische Konkretisierung (»Operationalisierung«) des Lernziels: Sprachkritik vollzieht sich schrittweise im Hinblick auf die verschiedenen Dimensionen des Unterrichts:
> - Es müssen Themen gefunden oder Situationen geschaffen werden, die das Interesse der Schüler wecken und sprachliche Interaktion provozieren.
> - Über dieses Interesse muß die Motivation zur kritischen Analyse von Sprachgebrauch und Sprache hervorgerufen werden.
> - Die kritisch zu betrachtenden Formen des Sprachgebrauchs müssen vom Lehrer methodisch in einer Weise »vorprogrammiert« werden, die den Schülern die intendierten Verfahrensweisen nahelegt und die angezielten Erkenntnisse vorbereitet und ermöglicht.
> - Es sind verschiedene Arbeitsweisen und Übungsformen zu entwickeln, die sowohl dem selbständigen Gewinn von Einsichten als auch ihrer konkreten Anwendung und Auswertung dienen.
> - Es ist zu prüfen, ob und mit welchen Verfahren ein Lernfortschritt der Schüler im Hinblick auf das aufgestellte Lernziel konstatiert werden kann.

Aus methodischer Perspektive bleibt diese »unterrichtspraktische Konkretisierung« noch sehr abstrakt. Das ist angesichts der Vielfalt möglicher Gegenstände der didaktischen Sprachkritik, die jeweils unterschiedliche linguistische Ansätze und Methoden der »kritischen Analyse von Sprachgebrauch und Sprache« erforderlich machen, kaum verwunderlich. Und doch bleibt das Erfordernis bestehen, eine Art grundsätzliche Anleitung für die kritische Sprachbetrachtung zu formulieren, wenn sie denn als didaktischer Schlüssel bzw. Zugriff zum sprachlichen Lernen und zur sprachlichen Bildung operationalisiert werden soll. Immerhin weist Weisgerber aber bereits auf die Notwendigkeit der Prüfung der didaktischen Effektivität der kritischen Sprachbetrachtung hin. Eine solche Prüfung ist nach wie vor ein dringendes Desiderat.

Siehr (2000: 291) stellt auf der Grundlage von Ansätzen, die Bremerich-Vos und Wimmer vorgelegt haben, folgende »Schrittfolge[n] für Sprachkritik« zusammen, wovon Letztere »explizit für den Unterricht entwickelt worden« sei (vgl. auch Wimmer 2002: 52):

Wimmer (1986)	Bremerich-Vos (1992)
a) Kennzeichnung der in einem konkreten Fall auftretenden bzw. zum Ausdruck kommenden Kommunikationsschwierigkeiten oder -konflikte b) Bestimmung der Ziele und der Relevanz einer sprachkritischen Analyse	a) Erkennen einer sprachlichen Divergenz b) Deutung der divergierenden Positionen und Interessen c) Bewertung dieser Interessen unter Anerkennung prinzipiell gleicher Rechte der Sprecher

c) Kennzeichnung der sprachlich wichtigen Punkte, die im Zentrum der linguistischen Analyse stehen müssen d) Linguistische Analyse der benannten Phänomene e) Sprachkritische Bewertung der Kommunikationskonflikte auf der Grundlage der Analyse und im Hinblick auf die kommunikativ relevanten Erscheinungen	

Abb. 14: »Schrittfolgen« für Sprachkritik nach Wimmer und Bremerich-Vos (zit. nach Siehr 2000: 291)

Diese »Schrittfolgen« bieten eine erste Orientierung, doch sind sie auf eine systematische didaktische Operationalisierung genuin sprachkritischer Analysen und Bewertungen nicht ausgerichtet. Zum »Kernpunkt des gesamten sprachkritischen Vorgangs [...], dem eigentlichen Analyseschritt«, sagen sie nichts aus (Siehr 2000: 291), wobei allerdings in der Tat zu konzedieren ist, »dass angesichts der Vielfalt der sprachkritischen Fälle im Prinzip das gesamte kategoriale und methodische Instrumentarium der Linguistik heranzuziehen« wäre (ebd.). Des Weiteren wird die »sprachkritische Bewertung« zwar erwähnt, indes nicht näher erläutert. Dies ist jedoch notwendig, da gerade die Bestimmung der Kriterien der sprachkritischen Bewertung linguistisch und didaktisch große Probleme bereitet (vgl. Kap. 4.4.2). Hinzu kommt, dass beide »Schrittfolgen« ihren Ausgang nehmen von konkreten Kommunikationsstörungen im Sprachgebrauch. Für die didaktische Sprachkritik ist dies ein durchaus gangbarer Weg, erhalten die Gegenstände der kritischen Sprachbetrachtung dadurch einen konkreten Bezug zum Sprachleben. Der Ausschluss aller übrigen Existenzweisen von Sprache und die Verengung von Sprachkritik allein auf Sprachgebrauchskritik stellt gleichwohl auch aus didaktischer Perspektive ein Problem dar. Denn auf diese Weise wird die kritische Sprachbetrachtung vom konkreten Sprachgebrauch konkreter Sprecher/Schreiber in konkreten einzelnen Situationen abhängig gemacht und der Zuwachs an sprachlichem Lernen und sprachlicher Bildung grundsätzlich auf den jeweiligen Einzelfall beschränkt – und sei er noch so repräsentativ. Selbst mehr oder weniger offenkundige Kandidaten für die kritische Sprachbetrachtung, wie zum Beispiel die grammatische Form *bräuchte*, die Wortbildung *unkaputtbar*, das Wort *Neger* oder der in zahlreichen Pressetexten gepflegte »Subjektschub« mit Agens-Schwund (*Das Gericht verurteilt rasch zu hohen Strafen*; vgl. von Polenz 1999: 347), kämen gar nicht in den Blick der kritischen Sprachbetrachtung, solange sie nicht zu feststellbaren »Kommunikationsschwierigkeiten« oder »Divergenzen« in konkreten Kommunikationsakten führten. Die Konzentration der didaktischen Sprachkritik allein auf Sprachgebrauchskritik blendete auf diese Weise virtuell angelegte Sprachnormenkonflikte ebenso aus wie die kritische Betrachtung von kommunikativen und kognitiven Leistungen von Sprache als solcher.

Kilian (2006: 76) hat einen Ansatz vorgelegt, der die kritische Sprachbetrachtung ebenfalls nicht in Form detaillierter Analyseschritte operationalisiert, sondern Beobachtungsperspektiven formuliert. Die sprachkritischen Betrachtungen gehen von der (eigenständigen oder didaktisch gesteuerten) Wahrnehmung von Unterschieden, Konflikten, Störungen aus, die entweder in kommunikativen Akten aufgetreten sind (Sprachgebrauch) oder als konventionalisierte (Sprachnormen) oder reguläre (Sprachsystem) sprachliche Zeichen Normenkonflikte austragen. Zur Erarbeitung linguistisch begründeter Entscheidungen und Positionierungen werden Perspektiven eingenommen, die aus phänomenologischen Merkmalen von Sprache hergeleitet sind (und die auch Eingang gefunden haben in die Übersicht über Gegenstände der didaktischen Sprachkritik in Abb. 12):

1) die Perspektive der **sprachlichen Normen** als »System[e] der obligatorischen Realisierungen der sozialen und kulturellen ›Auflagen‹« (Coseriu 1971: 69; vgl. Kap. 1); in die Übersicht (Abb. 12) sind sprachliche Normen als »Existenzweisen von Sprache« einbezogen. Ein erster Schritt der Analyse wahrgenommener Unterschiede, Konflikte, Störungen besteht z.B. darin, auf der Grundlage von linguistischen Nachschlagewerken (z.B. Grammatiken, Wörterbüchern) geltende Sprachnormen und deren Relationen zu sprachsystematischen Regularitäten für das betrachtete sprachliche Zeichen zusammenzutragen (gleichsam seine »Soll-Zustände«);

2) die Perspektive der **inneren Mehrsprachigkeit** des Deutschen und der soziopragmatischen Funktionen der festgestellten Normen; in die Übersicht (Abb. 12) ist die innere Mehrsprachigkeit bei den »Existenzformen von Sprache« berücksichtigt; zusätzlich zu berücksichtigen ist auch die äußere Mehrsprachigkeit (vgl. Ott 2006). Auf der Grundlage von Korpora (z.B. Belegwörterbücher, Internet-Suchmaschinen, digitale Textkorpora) wird das Vorkommen des sprachlichen Zeichens und seiner unterschiedlichen Funktionen und Wirkungen in der Sprachgesellschaft festgestellt (gleichsam seine »Ist-Zustände«);

3) die Perspektive der **sprachhistorischen** Genese und Entwicklung des beobachteten sprachlichen Zeichens, seiner normativen Einfassungen und Vorkommen, wobei für die Bewertung wenigstens die Zeit- und Sprachgeschichte der Mitlebenden einzubeziehen ist. In ähnlichem Sinne führt Ivo (1975: 160f.) aus:

> Wenn die Legitimation der Maßstäbe, die der Lehrer bei der Korrektur der sprachlichen Zeichen verwendet, nicht einfachhin in dem Verweis bestehen soll, daß »man« so spricht, daß »man« sich so verhält, dann müssen in wissenschaftlicher Auseinandersetzung mit geltenden Maßstäben deren Herleitung gesucht und einsichtige (auch für Schüler!) Kriterien für falsch/richtig und angemessen/unangemessen gefunden werden. Hierfür ist die Beschäftigung mit der deutschen Sprachgeschichte offensichtlich nicht nur eine gute Voraussetzung, sondern unabdingbar [...].

Zu ergänzen ist dieser Ansatz durch eine methodische »Schrittfolge«, die die unterschiedlichen Beobachtungsperspektiven in Arbeitsschritte einbindet und die Schülerinnen und Schüler zu einem Befund auf der Grundlage des Konzepts der funktionalen Angemessenheit führt. Als didaktische Operationalisierung entworfen, fortgeführt (vgl. Kilian/Niehr/Schiewe 2013; Kilian 2015) und – in Gänze, in Teilen und in Varianten (vgl. z.B. Heinz/Baunsgaard Koll 2016) – empirisch erprobt und evaluiert ist zum Beispiel die folgende:

1. Eigene Wahrnehmung/didaktische Thematisierung eines auffälligen Sprachgebrauchs (z.B. in Goethes »Faust I«, V. 3543: »Was geht dich's an?«), einer üblichen Redeweise (z.B. Kollektivsingular und Subjektsprädikativ: »Der Däne ist ...«) oder einer sprachhistorischen Veränderung (z.B. in der Bewertung des Wortes *Negerprinzessin* in »Pippi Langstrumpf«, vgl. Zimmermann 2012: 108ff.).
2. Erste Beschreibung des sprachlichen Phänomens im Rahmen seines ko- und kontextuellen (situativen) Vorkommens (vgl. Kap. 2.6: Sach- oder Inhaltsebene, Beziehungsebene, Ebene der Gesprächssituation) und erster Versuch einer Erklärung desselben als Normenabweichung, Normenkonflikt, Normenzweifelsfall, funktionale Unangemessenheit auf der Grundlage des eigenen Sprachgefühls und der eigenen Spracherfahrung (z.B. im Unterrichts- oder Gruppengespräch, vgl. Heinz/Horn 2013).
3. Erarbeitung einer begrifflichen Verortung und terminologischen Fassung des sprachlichen Phänomens (z.B. für das o.g. »Faust I«-Beispiel: Verortung im begrifflichen Bereich der Satzglieder und Stellungsfelder, terminologische Fassung als [schwach betontes] Pronomen: *Was geht dich **es** an?*).
4. Untersuchung des Vorkommens des sprachlichen Phänomens im Sprachverkehr der jeweiligen Sprechergruppe bzw. in der jeweiligen Varietät (auf der Grundlage vorhandener oder eigens erstellter Korpora, Befragungen, Interviews; individuelles sprachliches Wissen).
5. Prüfung der Befunde aus Schritt 4 auf der Grundlage verfügbarer Hilfsmittel, z.B. Grammatiken und Wörterbücher, digitale Suchmaschinen [z.B. Google], digital verfügbare Korpora und deren Werkzeuge [z.B. COSMAS II]).
6. Linguistisch fundierte Überarbeitung der Beschreibung aus Schritt 2 auf der Grundlage der Befunde aus den Schritten 4 und 5.
7. Versuch einer Erklärung, weshalb das sprachliche Phänomen auf der Grundlage der Beschreibung in Schritt 6 als Normabweichung, Normenkonflikt, Normenzweifelsfall, funktionale Unangemessenheit erscheint (z.B. durch kontrastiven Vergleich mit historischen Erscheinungsformen des betrachteten sprachlichen Zeichens [sprachhistorische Perspektive] und mit ähnlichen Strukturen, Inhalten und Funktionen anderer sprachlicher Zeichen in anderen Varietäten des Deutschen und in anderen Sprachen [Perspektive der inneren und äußeren Mehrsprachigkeit].
8. Formulierung einer linguistisch begründeten sprachkritischen Bewertung und Beurteilung des sprachlichen Phänomens aus Schritt 1) auf der Grundlage der Befunde aus den Schritten 3) bis 7) aus der Perspektive der funktionalen Ange-

messenheit (vgl. Schritt 2: Sach- oder Inhaltsebene, Beziehungsebene, Ebene der Gesprächssituation).
9. Ggf. Generalisierung der linguistisch begründeten sprachkritischen Bewertung und Beurteilung aus Schritt 8 über den Einzelfall hinaus (z.B. für das o.g. »Faust I«-Beispiel: Gemäß der Norm der deutschen Standardsprache stehen schwach betonte Pronomina stets nach der linken Satzklammer, d.h. in der Regel nach dem finiten Verb oder einer Subjunktion. Wenn die Stellung geändert wird, kann dies als auffälliger Sprachgebrauch wahrgenommen werden und Anlass zur kritischen Sprachbetrachtung geben [Schritt 1]).

Diese »Schrittfolge« ist ein Maximalprogramm. Sie operationalisiert die didaktische Sprachkritik als einen Zugriff bzw. einen Schlüssel zum sprachlichen Lernen und zur sprachlichen Bildung. Im Zentrum stehen dabei Kompetenzen aus dem Bereich »Sprache und Sprachgebrauch untersuchen/reflektieren«; die einzelnen Schritte greifen aber auch auf die anderen Kompetenzbereiche aus und führen die Schülerinnen und Schüler zum Sprechen und Zuhören, Lesen und Schreiben. Die »Schrittfolge« selbst sollte im Sinne des Konzepts der formalen Bildung bewusstgemacht werden. Schülerinnen und Schüler sollen, wie erwähnt, lernen, wie man das macht: ein sprachkritisches Urteil aus dem Sprachgefühl heraus mit wissenschaftlichen Mitteln zu erarbeiten und intersubjektiv nachvollziehbar zu begründen. Die »Schrittfolge« darf aber nicht selbst Gegenstand der materialen Bildung werden und deren eigentliche Gegenstände – die sprachlichen Phänomene und ihre sprachkritische Bewertung – verdrängen (vgl. Kilian 2013: 69).

In der Unterrichtspraxis wird das Maximalprogramm den Lernaltern und Lernständen, den sprachlichen Phänomenen und konkreten Lehr-Lern-Zielen bzw. Kompetenzen entsprechend zu variieren sein. In den Praxis-Evaluationen ist aber deutlich geworden, dass in jedem Fall als Minimalprogramm der Dreischritt: Sensibilisierung (Wahrnehmung: Schritt 1) – Reflexion (Beschreibung, Erklärung: Schritte 2, 4, 6) – Kritik (Bewertung: Schritt 8) durchzuführen ist (vgl. Heinz/Baunsgaard Koll 2016).

Derlei Arbeitsanleitungen und »Schrittfolgen« für die kritische Sprachbetrachtung sind aus didaktischer Perspektive Fluch und Segen zugleich. Sie sind Fluch insofern, als sie eine gewisse Abschließbarkeit der Analyse suggerieren und zu mechanischen Schema F-Analysen verleiten können, deren Gewinn für das sprachliche Lernen und die sprachliche Bildung überschaubar bliebe. Und sie sind, zumal als wissenschaftlich erprobte Verfahren, Segen insofern, als sie der oft genug komplexen und komplizierten kritischen Sprachbetrachtung einen Orientierungsrahmen geben und bewährte methodische Zugriffe bieten, die die sprachkritische Analyse, Interpretation und Bewertung auf linguistischem Boden halten und auch dadurch die didaktische Modellierung auf sprachliches Lernen und sprachliche Bildung konzentrieren helfen. Allen Arbeitsanleitungen und »Schrittfolgen« gemeinsam ist überdies die mehr oder minder offene Konzentration auf solche Unterschiede und

Abweichungen, die als störend, als konfliktträchtig, mithin als »böse Wörter« oder »schlechtes Deutsch« empfunden werden. Die andere Seite, nämlich die kritische Sprachbetrachtung zum Zweck der begründeten Beurteilung des Guten, Schönen, Genaueren, Gefälligen, kommt demgegenüber noch zu wenig in den Blick (in der jüngeren Sprachdidaktik vielleicht am ehesten noch im Rahmen von Ansätzen zur Textbeurteilung sowie zur Textrevision/Textüberarbeitung in der prozessorientierten Schreibdidaktik; vgl. Fix 2006, Kap. 3.4 und 3.5; Janle/Klausmann 2009).

4.4.2 Kriterien der sprachkritischen Entscheidung, Bewertung und Positionierung im Rahmen der didaktischen Sprachkritik

Didaktische Sprachkritik soll zu linguistisch begründeten Bewertungen der Leistungen von Sprache, Sprachnormen und Sprachgebrauch bei der Lösung kommunikativer und kognitiver Aufgaben führen. Dazu muss sie sich an Kriterien der linguistischen Sprachkritik orientieren. Das klingt relativ einfach, stellt jedoch eines der größten Probleme der didaktischen Sprachkritik dar. Das Problem besteht, zum einen, darin, dass die linguistische Sprachkritik, wie die Darstellung im zweiten Kapitel gezeigt hat, nicht über einen unumstrittenen Kriterienkatalog verfügt. Und es besteht, zum anderen, darin, dass die didaktische Sprachkritik darüber hinaus stets prüfen muss, welche Kriterien der linguistischen Sprachkritik auch dem sprachlichen Lernen und der sprachlichen Bildung dienlich sind.

Wohl am ehesten als konsensfähig gilt in der linguistischen Sprachkritik der Ansatz, der sprachkritischen Bewertung das Konzept der »funktionalen Angemessenheit« als maßgebliches Kriterium zugrunde zu legen (vgl. dazu Kap. 2.6 und 3.3.4). Bezieht man dieses Konzept auf die verschiedenen Existenzweisen von Sprache (Sprachgebrauch, Sprachnormen, Sprachsystem), so leistet das Kriterium der kommunikativen »Angemessenheit« vornehmlich im Rahmen der Bewertung konkreter Sprachgebräuche in konkreten Kommunikationssituationen Dienste im Sinne der linguistisch fundierten Sprachkritik. Legt man der Analyse etwa die so genannte »Lasswell-Formel« (»Who says what in which channel to whom with what effect?«) zugrunde oder den klassischen Inventionshexameter (»quis, quid, ubi, quibus auxiliis, cur, quomodo, quando«) und legt man als Maßstab der Bewertung eine bestimmte, dem Typus der konkreten Kommunikationssituation konventionell zugeordnete Sprachnorm fest, so kann eine Bewertung im Sinne der Feststellung der Angemessenheit oder Unangemessenheit des Sprachgebrauchs in der konkreten Kommunikationssituation erfolgen (vgl. auch Arendt/Kiesendahl 2013; Niehr 2015a). Zumindest indirekt findet auf diesem Wege auch eine Bewertung der Norm insofern statt, als ihre Leistung relativ zu Typen von Kommunikationssituationen bewertet werden muss. So sind, um ein Beispiel aus dem Bereich der Kritik kommunikativ-pragmatischer Zeichen anzuführen, Verschriftungen von Kontraktionen (z.B. *wärs*, *haste*) und Regionalismen (z.B. »Moschä [›[Guten] Morgen‹] – isch seh, do hott eener die Nachdschischt üwanummmä«) in bestimmten Typen der privatsprachlichen internetbasierten Kommunikation (z.B. im privaten Chat-Raum) angemessen, mithin in subsistenten gruppenspezifischen Registern bzw. Sprachnormen sogar gefordert, so dass der Gebrauch geschriebener Standardsprache hier als unangemessen empfunden würde. Solche Formen von Verschriftungen erfüllen in der privat- und nähesprachlichen internetbasierten Kommunikation besondere kommunikativ-pragmatische Funktionen, zum Beispiel die Markierung sozialer Vertrautheit (vgl. Dürscheid 2005; Kilian 2011a). Aus der Perspektive der didaktischen Sprachkritik ist das Kriterium der »funktionalen Angemessenheit« als Grundlage der kritischen Sprachbetrachtung besonders dann einträglich, wenn es gilt, konkrete Sprachgebräuche (»Sprachverwendung« bei von Polenz; vgl. Kap. 1.2) mit Bezug auf situations- und gruppenspezifische Register (»Sprachbräuche« bei von Polenz) oder varietätenspezifische Sprachnormen zu bewerten.

Ein anderes Kriterium der Bewertung ist die Feststellung sprachlicher Korrektheit im Sinne einer polaren Beurteilung nach dem Maßstab »richtig« und »falsch«. Die linguistische Sprachkritik hadert mit diesem Kriterium (vgl. Kap. 2), die laienlinguistische Sprachkritik bevorzugt es (vgl. Kap. 3). Die didaktische Sprachkritik ist mit Urteilen zur sprachlichen Korrektheit fortwährend konfrontiert, sind es doch namentlich die Lehrkräfte im Deutschunterricht und in germanistischen Seminaren, von denen Entscheidungen und Positionierungen im Sinne dieses bipolaren Kriteriums bei der Bewertung und Beurteilung von mündlichen und schriftlichen Leistungen erwartet werden: »Ein Bezug auf eine rein beobachtende Position ist für Lehrkräfte, selbst wenn sie dies wollten, im institutionellen Rahmen der Regelschule nicht möglich« (Zimmermann 2012: 106; vgl. auch Kap. 4.1.5). Aus didaktischer Perspektive ist das Hadern der linguistischen Sprachkritik denn auch unbefriedigend und die Vorliebe der laienlinguistischen Sprachkritik Besorgnis erregend. Unbefriedigend ist das linguistische Hadern mit dem Kriterienpaar »richtig« und »falsch«, weil ein großer Teil der möglichen Gegenstände kritischer Sprachbetrachtung mit dem Kriterium der funktionalen Angemessenheit/Unangemessenheit allein nicht adäquat zu erfassen ist (vgl. auch Niehr 2015: 106); und Besorgnis erregend ist die Vorliebe der laienlinguistischen Sprachkritik, weil sie suggeriert, es gäbe eine »richtige« Sprache, eine »richtige« Sprachnorm und einen »richtigen« Sprachgebrauch aus sich heraus, und alles, was davon abweicht, sei eben »falsch«.

Mit »richtig« und »falsch« nicht zu erfassen sind jene Gegenstände der Sprachkritik, die allein durch einen Vergleich eines konkreten Sprachgebrauchs in einer konkreten Kommunikationssituation mit konventionellen Situationstypen und ihnen korrelierenden Sprachnormen bewertet werden sollen. In diesen Fällen kann die Bewertung grundsätzlich allein die »Angemessenheit« oder »Unangemessenheit« des Sprachgebrauchs relativ zu den Sprachnormen des Situationstypus feststellen. Mit »richtig« und »falsch« zu erfassen sind demgegenüber in erster Linie solche Gegenstände der Sprachkritik, bei denen relativ unabhängig von einer konkreten Kommunikationssituation der Sprachgebrauch oder eine Sprachnorm mit

Regeln des Sprachsystems, mit standardsprachlichen Normen oder mit konventionell als »richtig« anerkannten Konzepten der so genannten außersprachlichen Wirklichkeit konfligiert. Um mit Letzterem zu beginnen: Das Wort *Walfisch* etwa mag angemessen oder unangemessen sein; vor dem Hintergrund zoologischen Wissens und dem darauf gegründeten konventionellen Konzept ist es falsch. Das Wort *Unkraut* mag angemessen oder unangemessen sein; vor dem Hintergrund biologischen Wissens ist es falsch (sofern damit eine Gruppe von Pflanzen taxonomisch abgegrenzt werden soll). Die Form *bräuchte* mag angemessen oder unangemessen sein; vor dem Hintergrund der Regeln des Sprachsystems und den standardsprachlichen Normen ist sie falsch. Vor dem Hintergrund des Sprachgebrauchs in der Norm der deutschen Umgangssprache ist sie jedoch richtiger als die standardsprachlich korrekte Form *brauchte*. Der Relativsatzanschluss mit *wo* und Bezug auf eine Person oder Sache (*Der Mann, wo an der Haltestelle stand, ...*) mag angemessen oder unangemessen sein; standardsprachlich ist er falsch, regionalsprachlich indes mithin richtiger als die standardsprachliche Relativpartikel.

Falsches im Sinne von Fehlerhaftem – ob es vermeintliche oder tatsächliche Fehler sind, wäre ein Ergebnis der sprachkritischen Betrachtung (vgl. z.B. Eisenberg/Voigt 1990) – ist dem sprachlichen Lernen und der sprachlichen Bildung zuträglich, sofern es, von der Sache und vom Lernenden her, als eine Art kognitiver Konflikt genutzt wird, der dazu herausfordert, sich zur Erarbeitung einer Entscheidung und Positionierung mit dem Bezugsystem des Richtigen und Falschen vertraut zu machen. Und es ist zuträglich, sofern es, seitens des Lehrenden und für den Lernenden, als »Fenster« zum Denken, Wissen und Lernen genutzt wird.

Es liegt auf der Hand, dass sich die Gegenstände der philosophischen bzw. erkenntnistheoretischen Sprachkritik einer Bewertung sowohl im Sinne der Kriterien von »angemessen«/»unangemessen« wie auch im Sinne der Kriterien von »richtig«/»falsch« widersetzen. Ob etwa das Wort *Apfel* (oder eines seiner Heteronyme in anderen Sprachen) den sinnlich wahrnehmbaren Gegenstand »angemessen« oder »unangemessen«, »richtig« oder »falsch« benennt, ist nicht entscheidbar (vgl. dazu Kilian 2000 mit Bezug auf Mauthner); ebenso wenig die Frage, ob die Satzklammer im Deutschen Einfluss darauf ausübt, die Welt »angemessen« oder »unangemessen«, »richtig« oder »falsch« ins sprachliche Licht zu setzen. Auf der Grundlage einer Zusammenstellung der Konzeptualisierungen, die eine Sprachgesellschaft im Lauf der Sprachgeschichte mit einem Zeichenträger (sei er grammatischer, lexikalischer, textueller u.a. Art) verknüpft, können sprachhistorisch und sprachenvergleichend kommunikative und kognitive Leistungen menschlicher Sprache beschrieben werden; hierzu bietet sich ein fächerübergreifender oder ein fächerverbindender Unterricht an. Eine sprachkritische Bewertung dieser Leistungen, die der sprachlichen Bildung zuträglich ist, könnte etwa durch den Versuch einer Positionierung außerhalb menschlicher Sprache erfolgen, z.B. im Rahmen des Vergleichs mit kommunikativen und kognitiven Leistungen anderer Zeichensysteme, wie denen aus der Tierwelt (vgl. z.B. Tomasello 2003).

4.4.3 Methoden der didaktischen Sprachkritik im Rahmen eines sprachdidaktischen Gesamtkonzepts – am Beispiel des Grammatikunterrichts

Ein großes, wenn nicht gar das Legitimationsproblem erwuchs der didaktischen Sprachkritik (im weiteren wie im engeren Sinne) in der jüngeren Wissenschaftsgeschichte aus Modellierungen der reflexiven sowie der kritischen Sprachbetrachtung als Ersatz zum Grammatikunterricht (vgl. Kap. 4.1.4). Noch im Jahr 1999 sorgte Werner Ingendahl für eine Wiederbelebung dieser Diskussion, als er einem Buch den provokanten Titel gab: *Sprachreflexion statt Grammatik* (vgl. dazu den informativen und instruktiven Beitrag von Dürscheid 2007). In der Überzeugung, dass explizites (bzw. explizierbares) grammatisches Wissen notwendig ist für die Befähigung, unterschiedlichste kommunikative und kognitive Aufgaben der Sprachgesellschaft produktiv und rezeptiv lösen und eigene Interessen produktiv wie rezeptiv verfolgen zu können, und zwar insbesondere im Medium der geschriebenen deutschen Standardsprache, soll im Folgenden am Beispiel des Grammatikunterrichts erkundet werden, ob und inwiefern die didaktische Sprachkritik im Rahmen eines sprachdidaktischen Gesamtkonzepts (und das heißt: nicht als Ersatz des Grammatikunterrichts) auch der Erzeugung grammatischer Kompetenzen dienen könnte.

Grammatik gilt als ein zentraler Bereich des Sprachsystems; mitunter wird das Sprachsystem gar mit dem grammatischen System einer Sprache identifiziert. Die Kritik grammatischer Zeichen ist daher besonders geeignet, sprachliches Lernen und sprachliche Bildung auf Phänomene der Sprachsystemkritik und der auf das Sprachsystem bezogenen Sprachnormenkritik zu konzentrieren. Die didaktische Sprachkritik im engeren Sinne geht dabei über Ansätze der »Reflexion über Sprache« weit hinaus insofern, als die Kritik der kommunikativen und kognitiven Funktionen grammatischer Zeichen auch Wege eröffnet, der Frage nachzugehen, »wie weit wir außerhalb solcher Reflexionsprozesse Gefangene der grammatischen Ordnungsmuster unserer Muttersprache sind, ohne es recht zu wissen« (Köller 1997: 16; vgl. auch Dürscheid 2007: 14; 2011).

Grammatische Formen und Strukturen stellen Beziehungen her zwischen Strukturen der Ausdrucksseite und Strukturen der Inhaltsseite sprachlicher Zeichen. Die kritische Betrachtung grammatischer Zeichen nimmt ihren Ausgang – wie Sprachkritik grundsätzlich – von der Wahrnehmung von Abweichungen bzw. Unterschieden, die aus dem Vergleich mit Gewohntem, Üblichem hervorgehen. Insofern das Gewohnte, Übliche als Norm begriffen werden darf, setzt die Wahrnehmung von Abweichungen und Unterschieden, wie sie auch in Schritt 1 der o.g. »Schrittfolge« vorgesehen ist (vgl. Kap. 4.4.1), stets eine Norm als Bezugsgröße voraus. Die meisten dieser Abweichungen und Unterschiede im Bereich der grammatischen Zeichen lassen sich bei näherem Hinsehen als im Prozess befindliche sprachhistorische Veränderungen beschreiben. Sie erscheinen dem jeweils zu einer bestimmten sprachhistorischen Zeit das Geschehen wahrnehmenden und beobachtenden Sprecher zumeist als so genannter »grammatischer Zweifelsfall«, da der sprachhistorische Prozess in der Regel zu einem zeitweiligen Nebeneinander von älterer und neuerer Form führt (vgl. z.B. den Wechsel unregelmäßiger [»starker«] Verben in die regelmäßige [»schwache«] Konjugation: *buk – backte*; aber in der Bedeutung ›Backwaren produzieren‹ noch: *gebacken*, und nicht: **gebackt*). Es liegen seit dem Ende des 19. Jahrhunderts zahlreiche laienlinguistische und linguistische (vgl. Duden 2011a; Pons 2009; Wahrig 2003) Nachschlagewerke zu »grammatischen Zweifelsfällen« vor, und nicht wenige grammatische »Zweifelsfälle« sind schon in den ältesten Sammlungen enthalten (vgl. Kap. 3.1.2; zur Didaktik des »sprachlichen Zweifelsfalls« vgl. Dieckmann/Voigt 1989: 6f.; Dürscheid 2011).

Ein üblicher sprachdidaktischer Ansatz im Bereich der »Reflexion über Sprache« zielte nun etwa auf eine Beschreibung und auf diesem Wege Bewusstmachung des beobachtbaren Sprachwandelprozesses. Die kritische Sprachbetrachtung im engeren Sinn strebt über die Beschreibung hinaus eine linguistisch begründete Bewertung im Spannungsfeld von Sprachnorm und Sprachsystem an, und über die Bewusstmachung hinaus die kritische und eine Entscheidung herausfordernde Auseinandersetzung mit dem jeweiligen Phänomen (z.B. eine linguistische Positionierung zu Formpaaren wie *buk/backte*, *sog/saugte*, *molk/melkte*). Da dazu solides grammatisches Wissen erarbeitet werden muss, wird zugleich die Erwartung eines nachhaltigen Beitrags zum sprachlichen Lernen und zur sprachlichen Bildung im Bereich der Grammatik der deutschen Standardsprache mit den sprachkritischen Beobachtungen verknüpft.

Wird beispielsweise die Konstruktion von *weil* mit Verb-Zweitstellung für kritikwürdig erachtet (z.B. *Ich gehe jetzt essen, weil ich habe Hunger*), kann dies nur auf der Grundlage eines Vergleichs mit einer anderen Konstruktion mit *weil* erfolgen. Das folgende Beispiel aus einem Text einer Schülerin der 8. Klassenstufe sei zur Veranschaulichung herangezogen. Die Schülerin schreibt:

> Es [das lyrische Ich] wirkt sehr traurig, aber doch noch hoffnungsvoll auf mich. Weil das lyrische Ich beschreibt sie als vollkommen und wunderhübsch aber sie ignoriert ihn einfach.

Die Lehrkraft wird bei der Korrektur der Klassenarbeit diese Konstruktion zu Recht als unangemessen und innerhalb dieses Rahmens als falsch monieren (vgl. Kap. 4.1.5). Unangemessen ist diese Konstruktion, weil das epistemische *weil* mit Verb-Zweitstellung zwar in den Normen der gesprochenen Sprache und denen der geschriebenen Umgangssprache als akzeptiert gilt, nicht aber in den Normen der geschriebenen deutschen Standardsprache, deren Beachtung die Textsorte *Interpretation* in einer Klassenarbeit im Fach Deutsch erfordert. Falsch ist diese Konstruktion in diesem Zusammenhang darüber hinaus, weil das epistemische *weil* mit Verb-Zweitstellung als grammatisches Zeichen die Begründung einer Annahme anzeigt, hier aber die Begründung eines Sachverhalts zum Ausdruck gebracht werden soll.

Im Rahmen der sprachdidaktischen Modellierung von Sprachkritik wird nun nicht allein das als kritikwürdig befundene Phänomen zum Gegenstand der kritischen Sprachbetrachtung und darüber zum Gegenstand des sprachlichen Lernens und der sprachlichen Bildung, sondern auch die Vergleichsebene, die standardsprachliche Norm. In diesem Sinne notiert auch Siehr (2001: 78):

> Sprachkritik, die sprachwissenschaftlich fundiert ist, setzt einerseits systematisches Sprachwissen voraus, trägt andererseits durch den Rückgriff auf Sprachwissen aber auch zu seiner Entwicklung bei.

Damit ist auch zum Ausdruck gebracht, dass die Vermittlung und gar Stabilisierung von Normen, namentlich standardsprachlicher Normen, ein Effekt der didaktisch modellierten Sprachkritik sein kann. Im Zuge der Befähigung zur kritischen Sprachbetrachtung setzt dieser Effekt indes nicht unbewusst und unhinterfragt ein. Vielmehr wird die Voraussetzung dafür geschaffen, die kommunikative und kognitive Leistung auch der standard(schrift)sprachlichen Normen der Kritik zuzuführen. Im Falle der von der Konjunktion *weil* hervorgerufenen syntaktischen Konstruktionen könnte die Kritik unter Zuhilfenahme von Nachschlagewerken z.B. zu dem beschreibenden Ergebnis führen,
- dass die Alternative zwischen *weil* + Verb-Zweitstellung und *weil* + Verb-Letztstellung nur im Falle nachgestellter *weil*-Sätze grammatisch gegeben ist,
- dass in den meisten Grammatiken die Verb-Zweitstellung mit Bezug auf die geschriebene Sprache als »nicht standardsprachlich« dargestellt wird,
- dass in historischen und gegenwartsbezogenen Korpora der geschriebenen Sprache gleichwohl zahlreiche Belege zu finden sind, die, nach Existenzformen geordnet (z.B. Belege in dialogischer Chat-Kommunikation, Belege in formal monologischen überregionalen Pressetexten) ein etwas anderes Bild ergeben.

Die didaktisch geforderte Entscheidung und Positionierung könnte zu dem bewertenden Ergebnis führen, dass die standard(schrift)sprachliche Norm (*weil* + Verb-Letztstellung) keineswegs in allen Fällen die größere kommunikative und kognitive Leistung zu erfüllen vermag, da eine Sachverhaltsbegründung (faktisches *weil*, Verb-Letztstellung) von einer Äußerungsbegründung (epistemisches und sprachhandlungsindizierendes *weil*, Verb-Zweitstellung) unterschieden werden kann. Die kritische Sprachbetrachtung könnte Schüler und Studenten allerdings auch zu der sprachkritischen Positionierung führen, dass die kommunikativen und kognitiven Funktionen von *weil* mit Verb-Zweitstellung einer anderen Konjunktion (z.B. *denn*) vorbehalten bleiben sollten. Eine linguistische Begründung dieser Entscheidung könnte darauf aufbauen, dass die kommunikativen und kognitiven Leistungen desselben sprachlichen Zeichens relativ zu Existenzformen der gesprochenen und der geschriebenen Sprache nicht allzu weit differieren sollten (vgl. auch die Vorschläge für Unterrichtseinheiten u.a. zur kritischen Sprachbetrachtung von *weil* mit Verb-Zweitstellung in Schneider/Hackländer 2012 und Osterroth 2015a: 208f.).

Es gehört zur didaktischen Modellierung von Sprachkritik, dass die kritische Sprachbetrachtung in Bezug auf den Gegenstand zu verschiedenen Entscheidungen und Positionierungen führen kann – und die binäre Entscheidung zwischen »richtig« und »falsch« dann lediglich eine Option der Positionierung darstellt. Die didaktische Sprachkritik muss in jedem Fall lehr- und lernbar machen, auf welche Weise solche Sprachfragen, auf die in der Öffentlichkeit oft einfache und nach bipolarem »Richtig«-»Falsch«-Muster gestrickte Antworten erwartet werden, zu sprachwissenschaftlich begründeten Entscheidungen und Positionierungen geführt werden können. Insofern, als die linguistische Sprachkritik in Bezug auf die differenzierte Begründung von Entscheidungen und Positionierungen vor nicht geringen Schwierigkeiten steht, wird man von der didaktischen Sprachkritik nicht die Lösung der einzelnen sprachlichen »Zweifelsfälle« erwarten dürfen.

Es ist überdies nicht Aufgabe der didaktischen Sprachkritik, die Sprachfragen und sprachlichen »Zweifelsfälle« eindeutig zu beantworten und eine Bewertung lediglich als Produkt zu erstellen. In Bezug auf das sprachliche Lernen und die sprachliche Bildung ist vielmehr der Weg der Erarbeitung der Entscheidung, Begründung und Positionierung – und somit der Prozess der Bewertung – das Ziel.

4.4.4 Didaktische Sprachkritik und Kritik über Sprachliches hinaus

Die Herausforderung zur linguistisch begründeten Entscheidung und Positionierung in Bezug auf konkrete Sprachgebräuche und Sprachnormen (weniger in Bezug auf das Sprachsystem sowie die Leistungen von Sprache an sich) führt mitunter dazu, dass auch eine Entscheidung und Positionierung in Bezug auf eine Sprecherin und deren Einstellung oder in Bezug auf ein sprachlich erfasstes Referenzobjekt (z.B. das mit dem Zeichen *Kampfhund* erfasste Referenzobjekt) unausweichlich wird. Das ist ein Problem, mit dem die Sprachkritik seit ihren Anfängen konfrontiert ist (vgl. Kap. 2.2) und das wegen der engen Verwobenheit von Sprache und Denken, Sprache und Erkenntnis, Sprache und Wissen, Sprache und Gesellschaft kaum lösbar scheint. Nicht wenige Sprachwissenschaftler sind namentlich wegen dieses Problems zu dem Schluss gekommen, dass Sprachkritik nicht Gegenstand der Sprachwissenschaft sein könne; Aufgabe der Sprachwissenschaft sei allein die Beschreibung sprachlicher Strukturen, nicht aber deren Bewertung (vgl. Kap. 2.1). In vergleichbarer Weise wurde und wird in Teilen der Sprachdidaktik argumentiert: Aufgabe der Sprachdidaktik sei die didaktische Modellierung der Bewusstmachung sprachlicher Strukturen, nicht aber die didaktische Modellierung ihrer Bewertung. Es gibt in beiden germanistischen Teildisziplinen, der Sprachwissenschaft wie der Sprachdidaktik, allerdings auch andere Stimmen. So gibt es, wie im zweiten Kapitel dargelegt, Richtungen der Sprachwissenschaft, die die genannten Verwobenheiten von Sprache mit Denken, Erkenntnis, Wissen, Gesellschaft als ein phänomenologisches Merkmal von Sprache betrachten und gerade deshalb Sprachkritik als Teildisziplin der Sprachwissenschaft ansehen. Und auch in der Sprachdidaktik gibt es Ansätze, die davon ausgehen, dass die Herausforderung zur sprachkritischen Entscheidung und Positionierung einen besonderen sprachdidaktischen Zugriff darstellt, der mehr als ein für das lernende Subjekt letztlich unverbindliches Nachdenken über Sprache bzw. eine »Reflexion über Sprache« zu nachhaltigem sprachlichen Lernen und nachhaltiger sprachlicher Bildung führt, eben weil die phänomenologischen Verwobenheiten von Sprache Eingang in den Sprachunterricht finden. Der wissenschaftshistorische Überblick in Kapitel 4.1 hat ältere Beispiele für solche Ansätze genannt, im Kapitel 4.2 über Ansätze zu einer Neuorientierung der didaktischen Sprachkritik sind jüngere Arbeiten angeführt.

Für die sprachdidaktische Modellierung von Sprachkritik wirft das genannte Problem, dass der innere Kreis der Sprache verlassen und auch der Sprecher oder das bezeichnete Referenzobjekt in den Blick genommen wird, zahlreiche Folgeprobleme auf, die über die sprachdidaktische Legitimation kritischer Sprachbetrachtungen im Deutschunterricht und in sprachwissenschaftlichen Seminaren weit hinausreichen und letztlich gar den Bildungsauftrag staatlicher Institutionen berühren. So wird beispielsweise eine kritische Betrachtung grammatischer Zeichen zur genderspezifischen bzw. geschlechtergerechten sprachlichen Bezeichnung von Frauen und Männern (z.B. die Frage nach der Existenz eines generischen Maskulinums, die Movierung mit dem Suffix {-in} [*Lehrer/Lehrerin*] oder der Gebrauch von Formen des Partizip Präsens [*Studierende*]; vgl. Kap. 2.2.4) kaum erfolgen (können), ohne dass das gesellschaftliche Verhältnis von Frauen und Männern thematisiert wird. Die Einstellung zu diesem Verhältnis kann dann, bewusst oder unbewusst, intendiert oder nicht, in die sprachkritische Bewertung mit einfließen. Die Bewertung wäre dann – geht man einmal von der grundsätzlichen Möglichkeit der Trennung von Sprache und »Sache« aus – nicht mehr rein linguistisch begründet, die sprachdidaktischen Wirkungen der kritischen Sprachbetrachtung nicht mehr allein auf sprachliches Lernen und sprachliche Bildung konzentriert (Vorschläge zur didaktischen Modellierung genderspezifischen Sprachgebrauchs unterbreiten z.B. Schmidt/Lutjeharms 2006; Spieß 2013).

Dasselbe gilt oftmals im Bereich der Kritik lexikalisch-semantischer Zeichen, beispielsweise wenn ein konkreter Sprachgebrauch oder eine diskursspezifische Sprachnorm zum Gegenstand der kritischen Sprachbetrachtung gemacht wird (vgl. z.B. Kilian 2003; Niehr/Funken 2009). So führt beispielsweise Walther Dieckmann mit Bezug auf das »Unwort des Jahres 1991« aus, es handele sich bei der Kritik am Wort *ausländerfrei* nicht um Sprachkritik, sondern um »Kritik am (in der Sprache sich spiegelnden) Denken«, denn das Wort drücke »das rechtsradikale Denken und Wollen recht präzise aus« (vgl. Dieckmann 2012: 141; Kap. 1.2). Die Jury, die das »Unwort des Jahres« wählt, orientiert sich denn auch explizit an Kriterien, die über den linguistischen Kriterienkatalog hinausgehen (»aktuell« – »sachlich grob unangemessen« – »inhuman«; vgl. Schlosser 2000: 116), ebenso die sog. Political Correctness, die explizit gesellschaftliche Veränderungen auf dem Weg sprachkritischer Bewertungen und Beurteilungen zu erreichen sucht (vgl. Kilian 2003).

Die didaktische Sprachkritik würde von ihrer hier entfalteten Konzeption als didaktischer Schlüssel bzw. Zugriff zum sprachlichen Lernen und zur sprachlichen Bildung im Rahmen eines sprachdidaktischen Gesamtkonzepts gelöst und entfernt, sollte sie als Instrument der Ideologiekritik oder einer allgemeinen Gesellschaftskritik eingesetzt werden. Wie der kurze Überblick zur Geschichte der didaktischen Sprachkritik zeigt, hat es in diese Richtung weisende Konzeptionen schon einmal gegeben, und es ist kein Zufall, dass diese Ansätze eine im engeren Sinne sprachwissenschaftliche und sprachdidaktische Fundierung letztlich vermissen ließen, mithin vermissen lassen mussten.

Weil indes annähernd jede sprachkritische Betrachtung, sofern sie sich nicht gerade im engsten Zirkel einer Sprachsystemkritik bewegt, den Rahmen rein linguistischer Analysen und Bewertungen überschreitet und dann z.B. den Sprecher oder das Referenzobjekt mit in den Blick nimmt, mithin gar dazu tendiert, auch Gesellschaftskritik oder Ideologiekritik zu betreiben, ist es notwendig, die Kriterien der kritischen Sprachbetrachtung und die durch sie möglicherweise bewirkten Effekte offenzulegen – und die linguistischen Kriterien und sprachdidaktischen Effekte als dominant anzusetzen (vgl. Kap. 4.3.2 und Kap. 1). Der didaktischen Sprachkritik ist aufgegeben, die kritische Sprachbetrachtung auf den Zweck des sprachlichen Lernens und der sprachlichen Bildung zu konzentrieren. Die mit dem Gegenstand der kritischen Sprachbetrachtung verwobenen sprecher- oder sachspezifischen, gesellschaftlichen oder ideologischen Aspekte sind hingegen nicht Gegenstand und auch nicht Ziel der didaktischen Sprachkritik. Dass von ihnen ein über die angestrebte Veränderung der Sprachkompetenz hinausgehender Effekt der kritischen Sprachbetrachtung bewirkt werden kann, ist gleichwohl trotz aller Offenlegung nicht gänzlich auszuschließen. Mitunter sind solche Effekte, auch dies soll nicht verschwiegen, sondern muss bewusst gemacht werden, auch nicht unerwünscht. Wenn z.B. im *Rahmenlehrplan für den Unterricht in der gymnasialen Oberstufe* des Landes Brandenburg aus dem Jahr 2006 für das Fach Deutsch ausgeführt wird, die Schülerinnen und Schüler sollen in der kritischen Auseinandersetzung »mit eigenen Positionen und denen anderer« lernen, »das grundlegende demokratische Prinzip der Diskursfähigkeit« zu erfüllen (RPL-B 2006: 9), so ist damit auch eine sprachkritische Positionierung gegenüber dem undemokratischen Kommunikationsprofil von »Befehl und Gehorsam« als Effekt mitgemeint.

Weiterführende Literatur: Dieckmann (2012); Dürscheid (2007); Dürscheid (2011); Kilian (2006); Köller (1997); Osterroth (2015a); Siehr (2000).

4.5 Probleme und Potenziale der Forschung zur didaktischen Sprachkritik

Handbücher, Bildungspläne und Lehrwerke sind noch immer sehr zurückhaltend in Bezug auf die didaktische Sprachkritik. In der Regel finden in ihnen Ansätze einer Sprachkritik im weiteren Sinne (Sprachreflexion) Berücksichtigung, zumeist in isolierten Kapiteln und ohne engeren Zusammenhang mit anderen Gegenständen des sprachlichen Lernens und der sprachlichen Bildung. Ansätze einer Sprachkritik im engeren Sinne, die dieselbe als didaktischen Schlüssel zum sprachlichen Lernen und zur sprachlichen Bildung begreifen, sind nur selten vertreten, und auch von integrativen und fächerübergreifenden Angeboten kann kaum eine Rede sein (vgl. auch 4.4).

4.5.1 Empirische Forschung zur didaktischen Sprachkritik im Deutschunterricht

Empirische Untersuchungen, die die Effizienz und Effektivität der sprachdidaktisch modellierten Sprachkritik als Schlüssel zum sprachlichen Lernen und zur sprachlichen Bildung erweisen, stehen noch aus. Die in den vorangehenden Abschnitten genannten älteren Ansätze (»Sprachkunde«, »Kritischer Deutschunterricht«, »Reflexion über Sprache«) führen in der Regel Plausibilitätsnachweise aus sprachdidaktischer, lerntheoretischer und entwicklungspsychologischer Perspektive an, um die Ausgangshypothese zu belegen, dass die kritische Sprachbetrachtung (im weiteren wie im engeren Sinne) im Unterricht des Deutschen als Erstsprache das sprachliche Lernen und die sprachliche Bildung tatsächlich fördert. Empirisch erhobene und belastbare Daten liegen dazu, wie erwähnt, bislang jedoch noch nicht vor. Umso mehr ist die sprachdidaktische Forschung verpflichtet, die Ansätze, Methoden und Kriterien der linguistisch begründeten Sprachkritik und auch die Zugriffe der laienlinguistischen Sprachkritik daraufhin zu prüfen, ob und inwiefern sie über ihren Status als Gegenstände mit eigenem Bildungswert hinaus einen Beitrag leisten können – und tatsächlich leisten – zum sprachlichen Lernen und zur sprachlichen Bildung.

In solchen empirischen Studien muss über die Beantwortung dieser generellen Fragestellung hinaus geprüft werden, welche Inhalte der kritischen Sprachbetrachtung in welchen Phasen des sprachlichen Lernens und der sprachlichen Bildung welche Kompetenzen, welches sprachliche Wissen und welches sprachliche Können zu erzeugen vermögen. Es ist noch nicht einmal gesichert, ob es sich dabei um Entwicklungsphasen handelt. So wird zwar, wie unter 4.3.2 erwähnt, in der Forschung wiederholt mit Berufung auf Piaget und Wygotski angeführt, dass erst mit Beginn der Pubertät eine Befähigung zu abstrakten Denkprozessen und damit auch zur

Sprachkritik im engeren Sinne einsetze. Auf breiter empirischer Grundlage erwiesen ist diese Annahme indes noch nicht.

Zur Praxis der »Sprachkritik in der Schule« (Schiewe 2009; Arendt/Kiesendahl 2011) liegen demgegenüber erste empirische Ergebnisse vor. Osterroth (2015a) hat mit Hilfe einer Fragebogen-Untersuchung unter 241 Lehrerinnen und Lehrern sowie eines ergänzenden Leitfadeninterviews mit 11 Lehrerinnen und Lehrern in Rheinland-Pfalz dazu angesetzt, »ein möglichst umfassendes Bild über das sprachkritische$_1$ Wirken« der Lehrkräfte erstellen zu können (der Index 1 meint: ›linguistisch begründete Sprachkritik‹). Die Befunde weisen aus, dass 97% der befragten Deutschlehrkräfte angeben, sie betrieben (mit Abstufungen zwischen »selten«, »ab und zu«, »häufig« und »sehr häufig«) »Sprachgebrauchskritik« mit ihren Schülern, und sogar 100% (wiederum mit den genannten Abstufungen) führten aus, sie thematisierten »mit den Schülern unangemessene Sprachverwendung« (Osterroth 2015a: 106, 108). Osterroth (2015a: 190) kommt abschließend zu folgendem Befund:

> Die wichtigste Erkenntnis ist, dass Sprachkritik$_1$ in der Schule betrieben wird. Ohne dieses Ergebnis wäre es sehr schwierig, eine Festigung der Thematik innerhalb des Deutschunterrichts zu ermöglichen, da zunächst Grundlagenarbeit geleistet werden müsste, auf die nun verzichtet werden kann.

Dieser Befund wäre ein Indiz für eine fundierte linguistisch begründete Sprachkritik im Deutschunterricht. Er wird indes in weiteren Untersuchungen auch kritisch zu prüfen sein. So sind die beiden Items, die diesen Befund maßgeblich stützen sollen (Thematisierung »der Bedeutungsveränderung von Wörtern« [Item 10] und Thematisierung der »Verwendung von bestimmten Wörtern und Sprechweisen in verschiedenen Kontexten« [Item 11]), nicht selbsterklärend in Bezug auf ihre Validität für Aussagen über linguistisch fundierte Sprachkritik im Deutschunterricht. Des Weiteren wird durch die Aussagen in den elf Leitfadeninterviews deutlich, dass der oben genannte Befund nur eine geringe Reichweite beanspruchen darf: Die elf befragten Lehrkräfte stimmen in der Aussage überein, dass eine linguistisch begründete Sprachkritik »zu wenig in der Schule vertreten« sei (ebd.: 188). Die Beantwortung der Frage, in welchem Verhältnis dieser Befund zu dem weiteren Befund steht, dass »nichtlinguistische« Sprachkritik eine Rolle im Deutschunterricht spielt und dafür auch z.B. auf Werke Bastian Sicks zurückgegriffen wird, während für die linguistisch fundierte Sprachkritik im Deutschunterricht kaum Materialien zur Verfügung stehen (ebd.: 115f.), bedarf der weiteren Untersuchung.

4.5.2 Didaktische Sprachkritik in Bildungsplänen, Fachanforderungen, Kerncurricula, Mindeststandards

Es ist stets ein langer Weg, den neuere Ansätze und Methoden der Sprachwissenschaft und Sprachdidaktik zurückzulegen haben, bis sie Eingang finden in die Unterrichtspraxis. Eine in ihrem Einfluss kaum zu überschätzende Etappe auf diesem Weg sind bildungspolitische Vorgaben, in der Bundesrepublik Deutschland namentlich die nationalen Bildungsstandards der Kultusministerkonferenz (KMK) sowie die Bildungspläne, Fachanforderungen und Kerncurricula der Bundesländer.

In den nationalen Bildungsstandards für die Sekundarstufe I wird Sprachkritik nicht explizit erwähnt; eine Befähigung zur kritischen Sprachbetrachtung im engeren Sinne ist nicht vorgesehen. Die Ausführungen zur kritischen Sprachbetrachtung im weiteren Sinne der Sprachreflexion kommen über traditionelle Zielvorstellungen nicht hinaus und werden dem aktuellen sprachwissenschaftlichen und sprachdidaktischen Forschungsstand nicht gerecht. So eröffnen selbst die Kompetenzformulierungen zu dem vom Titel her einschlägigen Kompetenzbereich »Sprache und Sprachgebrauch untersuchen«, der Sprachkritik weder inhaltlich noch als didaktischer Zugriff eine wissenschaftlich fundierte Funktion beim sprachlichen Lernen und bei der sprachlichen Bildung im Deutschunterricht. Sie verbleiben – innerhalb des Gesamtrahmens der Standards – bei den bekannten Erwartungen an eine allgemeine Befähigung zur Sprachreflexion: Die Schülerinnen und Schüler sollen »über Verwendung von Sprache nachdenken und sie als System verstehen«, »Äußerungen/Texte in Verwendungszusammenhängen reflektieren und bewusst gestalten« sowie »ausgewählte Erscheinungen des Sprachwandels kennen und bewerten« können (vgl. KMK 2004: 8, 15f.). Der Anspruch selbst ist keineswegs gering – etwa wenn es gilt, »Erscheinungen des Sprachwandels« sprachkritisch zu »bewerten«. Das fällt selbst Sprachwissenschaftlerinnen und Sprachwissenschaftlern in konkreten Fällen (z.B. Zunahme der Verwendung der Grußformel *Hallo* in schriftlicher Kommunikation) nicht immer leicht (vgl. Kiesendahl 2011). Der Erfüllbarkeit des Anspruchs fehlt indes eine Einbettung, wie sie mit einem Hinweis auf das Konzept der funktionalen Angemessenheit gegeben wäre. Ohne eine solche Einbettung bleibt es beim unverbindlichen, frei schwebenden Nachdenken.

Die nationalen »Bildungsstandards im Fach Deutsch für die Allgemeine Hochschulreife« gehen über die Reflexion hinaus zur Kritik: Schülerinnen und Schüler sollen »auf der Grundlage sprachkritischer Texte Entwicklungstendenzen der Gegenwartssprache beschreiben und bewerten« können, ferner »persuasive und manipulative Strategien in öffentlichen Bereichen analysieren und sie kritisch bewerten« können (KMK 2012: 21). Dazu werden sogar »illustrierende Lernaufgaben« formuliert: einmal eine Aufgabe zur Bewertung von Sprachwandel auf der Grundlage von Texten Rudi Kellers und Wolf Schneiders (vgl. KMK 2012: 95) und einmal eine Aufgabe zur Begründung der These »Die deutsche Sprache ist gut in Schuss« (KMK 2012: 193).

Einige aktuelle Bildungspläne, Fachanforderungen und Kerncurricula einzelner Bundesländer haben die kritische Sprachbetrachtung mitunter an herausgehobener Position berücksichtigt, überwiegend indes nicht als didaktischen Zugriff, sondern als exemplarischen Inhalt. So wird beispielsweise in den »Fachanforderungen Deutsch« des Landes Schleswig-Holstein die allgemein gehaltene Kompetenzformulierung der KMK-Sek-I-Bildungsstandards: »Erscheinungen des Sprachwandels kennen und bewerten« auf drei »Inhalte und Wissensbestände« erstreckt, unter denen einer immerhin explizit mit »Sprachkritik/Sprachpflege« benannt ist. Als »Konkretisierung« sind dafür »z.B. Unwort/Wort des Jahres, kritischer Umgang mit Sprachnormierung« empfohlen (Fachanforderungen 2014: 32). Darüber hinaus wird »Sprachkritik« an mehreren Stellen explizit erwähnt. Für die Sekundarstufe II wird ebenfalls ein »kritischer Umgang mit Sprachnormierung« als Konkretisierung angegeben, ohne dass jedoch eine spiralcurriculare Entwicklung ausgewiesen wäre (ebd.: 70). Ein wissenschaftlich begründeter Rahmen, wie er durch das Konzept der funktionalen Angemessenheit gegeben wäre, fehlt allerdings auch hier.

Ein weiteres Beispiel ist das Kerncurriculum des Landes Niedersachsen für die gymnasiale Oberstufe im Fach Deutsch. Dort ist als eines von sieben Rahmenthemen das »Rahmenthema 6«: »Reflexion über Sprache und Sprachgebrauch« vorgesehen, in dessen Pflichtmodul drei inhaltliche Großbereiche untergebracht sind: Deutsche Gegenwartssprache, Sprachwandel und Sprachkritik (vgl. Kerncurriculum Niedersachsen 2009: 48ff.). Die auf »Sprachkritik« bezogene spezifische Kompetenzformulierung lautet (ebd.: 49):

> Die Schülerinnen und Schüler [...] kennen Positionen öffentlicher Sprachkritik und der Sprachwissenschaft und beziehen sie in ihre Urteilsbildung über Entwicklungstendenzen der deutschen Gegenwartssprache ein.

Als Grundlage werden Texte empfohlen, »die die Kontroverse zwischen öffentlich-publizistischer Sprachkritik und sprachwissenschaftlichen Positionen abbilden: z.B. Sprachglossen von Bastian Sick – André Meinunger: Sick of Sick?« (ebd.: 50). Des Weiteren wird, in einem »Wahlpflichtmodul 7«, als ein »möglicher Unterrichtsaspekt« angegeben: »Sprachskepsis und Sprachkritik in der Moderne«, wozu u.a. auf Hugo von Hofmannsthals »Brief des Lord Chandos« verwiesen wird (ebd.: 53). Diese Modellierung einer Didaktik der Sprachkritik, dies wird man prognostizieren dürfen, kann zu der zitierten spezifischen Kompetenz führen, dass Schülerinnen und Schüler »Positionen öffentlicher Sprachkritik und der Sprachwissenschaft« kennen. Und möglicherweise werden die Schülerinnen und Schüler auch dazu befähigt, dieselben in »ihre Urteilsbildung über Entwicklungstendenzen der deutschen Gegenwartssprache« einzubeziehen. Da wesentliche Aspekte, Ansätze und Methoden der kritischen Sprachbetrachtung fehlen bzw. lediglich in ausgewählten Wahlpflichtmodulen untergebracht sind (neben dem genannten gibt es z.B. noch den Unterrichtsaspekt »Sprachskepsis und Sprachkritik in der Moderne« in einem Wahlpflichtmodul zum »Rahmenthema 4«: »Vielfalt des lyrischen Sprechens«; vgl. ebd.: 38) und da je Rahmenthema neben einem Pflichtmodul nur ein einziges Wahlpflichtmodul von der Lehrkraft auszuwählen ist, bleibt die Erzeugung und Vertiefung der genannten Kompetenzen letztlich vom Zufall der Auswahl abhängig.

Die bildungspolitischen Vorgaben sind offener geworden für Ansätze und Methoden der didaktischen Sprachkritik. Die insgesamt gleichwohl noch eher zaghafte Berücksichtigung der kritischen Sprachbetrachtung im engeren Sinne in staatlichen Vorgaben übt indes einen unmittelbareren Einfluss auf die Konzeption von Lehrwerken aus als es Ergebnisse sprachwissenschaftlicher und sprachdidaktischer Forschung vermögen.

4.5.3 Sprachkritik im Schulbuch

Während Sprachkritik im weiteren Sinne der »Sprachreflexion« bzw. des »Nachdenkens über Sprache« in irgendeiner Weise in jedem aktuellen Lehrwerk für das Fach Deutsch zu finden ist, sind Lehrkräfte, die eine didaktische Sprachkritik im engeren Sinne betreiben und ihre Schülerinnen und Schüler zu linguistisch begründeten sprachkritischen Positionierungen herausfordern wollen, zumeist auf zusätzliche Materialien angewiesen (vgl. auch Osterroth 2015a: 115f.). Nur in einigen Schulbüchern wird man zu Texten, Themen und Aufgaben einer didaktischen Sprachkritik im engeren Sinne fündig (vgl. z.B. für die Sekundarstufe I *Kombi-Buch Deutsch 9*. Bamberg 2007: 28f. und für die Sekundarstufe II *P.A.U.L. D. Oberstufe*. Braunschweig [u.a.] 2013: 426-447). Auf der Grundlage einer Durchsicht von Lehrwerken für die gymnasiale Oberstufe in Nordrhein-Westfalen kommen beispielsweise Niehr/Funken (2009: 138f.) zu dem Befund:

> Eine auch nur annähernde Gesamtschau linguistischer Sprachkritik bietet im Oberstufenbereich allerdings kein Schulbuch: Feministische Linguistik wird in zwei Werken behandelt, jedoch auf völlig unterschiedliche Weise. Gleiches gilt für politischen Sprachgebrauch. Wer im Stichwortverzeichnis allerdings nach »Sprachkritik« sucht, bleibt leider erfolglos, da Sprachkritik von den Schulbuchverfassern offenbar nicht als übergreifender und eigenständiger Gegenstand wahrgenommen wird. Von dieser Tatsache abgesehen, kann bei keinem Werk von einer vertiefenden Auseinandersetzung gesprochen werden.

Dieser Befund wird durch eine Erweiterung und Aktualisierung des Korpus grundsätzlich bestätigt. Horn (2015b) kann in seiner Untersuchung aktueller Lehrwerke für den Deutschunterricht auf der gymnasialen Oberstufe zwar auch eine Berücksichtigung von Texten und Themen zur Sprachkritik im engeren Sinne feststellen, kommt bei einem genaueren Blick auf die fachlichen Grundlagen, die didaktischen Modellierungen und die Aufgabenstellungen aber ebenfalls zu einem Befund, in dem die Monita überwiegen (vgl. auch Aufgabe A 4.6).

Zusammenfassend ist festzuhalten: Sprachkritik im engeren Sinne erfährt, sofern überhaupt, in aktuellen Lehrwerken für das Fach Deutsch noch immer eher unsystematisch, mithin isoliert von anderen Inhalten Berücksichtigung. Sie ist grundsätzlich in keinen übergreifenden sprachdidaktischen Zusammenhang eingebettet, und zwar weder als Zugriff zum sprachlichen Lernen und zur sprachlichen

Bildung noch als Gegenstand mit eigenem Bildungswert. Bisweilen wird aus dem Lehrwerk nicht einmal deutlich, worauf die kritische Sprachbetrachtung aus didaktischer Perspektive hinauslaufen soll. Zwei Beispiele:

Im Lehrwerk *Facetten. Deutsch für die Oberstufe* (2. Aufl. Leipzig 2007: 336f.) wird in einem kurzen Kapitel zum »Epochenumbruch 19./20. Jahrhundert« u.a. ein Auszug aus Hugo von Hofmannsthals Text »Ein Brief« (der so genannte »Chandos-Brief«) geboten. Dazu gibt es zwei Arbeitshinweise: »Erkunden, nachschlagen: Wiener Moderne, philosophische Sprachkritik« und »Am Text erarbeiten: Sprachkrise bei Hofmannsthal«. Es kann an dieser Stelle keine eingehende Lehrwerkkritik erfolgen. Einmal ganz abgesehen aber davon, dass das Wort *Sprachkrise* alles andere als selbsterklärend und das Phänomen schon aus diesem Grund nicht aus dem Stand am Text zu »erarbeiten« ist, scheint der – auch im Register dieses Lehrwerks angeführte – Gegenstand »Sprachkritik« hier weniger als didaktischer Schlüssel zur sprachlichen Bildung oder als Gegenstand mit eigenem Bildungswert, sondern mehr als ein Gegenstand literarischer Bildung Berücksichtigung zu finden. Das ist durchaus legitim, lässt gleichwohl die Chance, am Beispiel der Literatursprache »von der Sprachkritik [zu] lernen«, ungenutzt verstreichen (vgl. Henne 1998).

Ganz anders im Aufbau und wesentlich enger der didaktischen Sprachkritik zum Zweck des sprachlichen Lernens (mittelbar auch der sprachlichen Bildung) verpflichtet ist ein Kapitel mit dem Titel »Wie man sich in sprachlichen Zweifelsfällen helfen kann« im Lehrwerk *Praxis Sprache 10* für Haupt-, Real- und Gesamtschulen. Die Aufgabenstellungen hier fordern zur sprachkritischen Positionierung heraus, lenken die kritische Sprachbetrachtung indes bisweilen auch in die Richtung von bipolaren Entscheidungen (»richtig oder falsch« bzw. »erlaubt oder nicht erlaubt«). Und wie das vorangehende Beispiel ist auch diese sprachkritische Einheit gelöst von einem sprachdidaktischen Gesamtzusammenhang.

Um eine kritische Sprachbetrachtung im engeren Sinne als didaktischen Zugriff zum sprachlichen Lernen und zur sprachlichen Bildung als festen Bestand in der Praxis des Deutschunterrichts verankern zu können, bedarf es der konzeptionellen Berücksichtigung der didaktischen Sprachkritik im Schulbuch. Zwar liegen mittlerweile zahlreiche theoretische Fundierungen und unterrichtspraktische Entwürfe in wissenschaftlichen fachdidaktischen Zeitschriften sowie in Zusatzmaterialien aus Schulbuchverlagen vor (vgl. z.B. die Literaturhinweise in Kap. 4.2.1), doch finden diese Fundierungen und Entwürfe kaum Beachtung bei Deutschlehrkräften (vgl. den entsprechenden Befund einer empirischen Erhebung in Osterroth 2015a: 109). Doch selbst wenn sich Lehrkräfte ausschließlich am Schulbuch orientierten (was keineswegs der Fall ist, vgl. Matthes 2014: 21f.), würden sie darin kaum fündig. Denn didaktische Sprachkritik im engeren Sinne findet darin, wie erwähnt, bislang keine konzeptionelle Berücksichtigung. Mit konzeptioneller Berücksichtigung ist gemeint, dass die kritische Sprachbetrachtung nicht allein als isoliert dargebotener Inhalt Eingang in Schulbücher findet, sondern darüber hinaus als didaktischer Zugriff, der einzelne Inhalte integrativ durchwirkt.

4.5.4 Sprachkritik (im engeren Sinne) in aktuellen Einführungswerken und Handbüchern der germanistischen Sprachdidaktik

Der »Kritische Deutschunterricht« zu Beginn der 1970er Jahre übte, wie oben (Kap. 4.1.3) erwähnt, aus unterschiedlichen (auch sprachdidaktischen) Gründen keinen nachhaltigen Einfluss auf die didaktische Sprachkritik aus. Als ein deutliches Indiz für die nur kurze Lebensdauer und geringe Nachhaltigkeit der didaktischen Sprachkritik dieser Zeit mag gelten, dass eines der bedeutendsten Kompendien des Faches, das *Taschenbuch des Deutschunterrichts*, nur in der 3. Auflage von 1980 und in der 4. Auflage von 1986 ein Registerstichwort »Sprachkritik« führte und dazu einige Erläuterungen enthielt. In der 2. Auflage von 1976 fehlte dieser Hinweis noch und von der 5. Auflage (1994) an fehlt er wieder. Dass gerade in dieser Zeit, seit etwa Mitte der 1990er Jahre des 20. Jahrhunderts, die Sprachkritik im engeren Sinne wieder – wenn auch zaghaft und vereinzelt – Aufmerksamkeit in der germanistischen Sprachdidaktik fand, hat wiederum bis heute noch keinen nennenswerten Niederschlag in aktuellen Kompendien und Einführungswerken gefunden.

Ein Stichwort »Sprachkritik« sucht man in den Inhaltsverzeichnissen und Registern aktueller Einführungswerke, Handbücher, Kompendien und Wörterbücher der germanistischen Sprachdidaktik denn auch oft vergeblich. Wird man fündig, verweist das Stichwort *Sprachkritik* nicht selten lediglich auf singuläre Erwähnungen im Fließtext oder einige Literaturtitel (als eine der wenigen Ausnahmen sei Neuland/Peschel [2013: 202-206] genannt). Dies verwundert etwas, wenn man bedenkt, dass das Thema »Sprachkritik« (zumeist im Sinne eines Gegenstands des Deutschunterrichts mit eigenem Bildungswert) sowohl in den neueren Bildungsstandards, Bildungsplänen und Fachanforderungen als auch als Rahmenthema für das Zentralabitur in nicht wenigen Bundesländern Berücksichtigung findet. Neulands Feststellung aus dem Jahr 2006 darf deshalb noch immer aktuelle Gültigkeit beanspruchen (Neuland 2006: 3f.):

> Obwohl die Stichwörter »Sprachbewusstsein« und »Sprachkultur« durchaus in Lehrplänen für den Deutschunterricht aufgegriffen werden, findet das Gegenstandsfeld der Sprachkritik in den neueren Einführungs- und Grundlagenwerken der Sprachdidaktik leider keine Berücksichtigung. Dies gilt mit einigen Ausnahmen auch für Lehrwerke.

4.5.5 Sprachkritik in der Lehrerinnen- und Lehrerbildung

Didaktische Sprachkritik zählt auch noch nicht zum festen Bestand der Lehrerinnen- und Lehrerbildung. Die aktuellen Bildungsstandards mit ihrem zum Teil implizit mitgemeinten, zum Teil explizit formulierten Anspruch an eine Befähigung der Schülerinnen und Schüler zu kritisch reflektierter Sprachproduktion und Sprachrezeption können dazu beitragen, diesen Zustand zu ändern. Angesichts des Umfangs des fachlichen und fachdidaktischen Professionswissens, das das Fach Deutsch in seinen beiden Fachsäulen (Sprache und Literatur) einfordert, mag der prekäre Status der Sprachkritik innerhalb der Lehrerinnen- und Lehrerbildung auf den ersten Blick indes vielleicht nicht erstaunen.

Auf den zweiten Blick erstaunt er denn aber doch, und zwar, zum einen, wenn man einen Seitenblick auf den Befund wirft, dass die laienlinguistische Sprachkritik unter Lehrkräften bekannter zu sein scheint als der aktuelle Forschungsstand ihres eigenen Faches auf diesem Gebiet (vgl. Osterroth 2015a: 115-118); und es verwundert, zum anderen, wenn Sprachkritik nicht allein als didaktischer Zugriff zum Zweck der Förderung sprachlichen Lernens und sprachlicher Bildung in den Blick genommen wird, sondern auch als professionelle Handlungskompetenz, die Lehrkräfte zur Bewertung sprachlicher Leistungen von Schülerinnen und Schülern befähigt (vgl. Kap. 4.1.5). Vor diesem Hintergrund sei eine Forderung Jürgen Schiewes wiederholt:

> Das Profil der universitären Deutschlehrerausbildung muss um das Segment ›Sprachkritik‹ erweitert werden, um die künftigen Deutschlehrerinnen und -lehrer zu befähigen, ihren Unterricht zeitgemäß, ansprechend und dauerhaft wirkungsvoll zu gestalten. Erst wenn die Schülerinnen und Schüler grundsätzlich erfahren und beurteilen können, was angemessener Sprachgebrauch überhaupt ist, werden sie auch erkennen, dass in bestimmten Situationen ›richtiger‹ (d.h. am Standard orientierter) Sprachgebrauch der angemessene ist. (Schiewe 2011: 28)

Andreas Osterroth kommt in seinen empirischen Untersuchungen zu Korrelationen zwischen einer Befähigung zur linguistisch begründeten Sprachkritik in Studium und Referendariat einerseits und einer linguistisch begründeten »sprachkritischen Lehrpraxis« im Deutschunterricht andererseits zu einem ähnlichen Befund:

> Soll Sprachkritik$_1$ [d.h. linguistisch begründete Sprachkritik, J.K./T.N./J.S.] im engeren und weiteren Sinne in der Schule vertreten sein, so muss diese sowohl in der ersten als auch in der zweiten Ausbildungsphase junger Lehrkräfte ausreichend verankert werden. (Osterroth 2015a: 134)

Weiterführende Literatur: Neuland (2006); Kilian (2009b); Niehr/Funken (2009); Osterroth (2015a).

4.6 Aufgaben

A 4.1
Die folgende Liste »grammatischer Zweifelsfälle« ist auf der Grundlage von Duden 2011a zusammengestellt; die darauf bezogene Aufgabenstellung ist an der in Kap. 4.3.1 entwickelten »Schrittfolge« orientiert und hier für Schülerinnen und Schüler der Oberstufe an Gymnasien und Gemeinschaftsschulen konzipiert:

»Richtiges und gutes Deutsch«? – Zur sprachdidaktischen Wertigkeit sprachkritischer Positionierungen im Bereich der Kritik grammatischer Zeichen				
Die grammatische Form ist	richtig.	falsch.	weder eindeutig richtig noch eindeutig falsch.	Begründungen/ Bemerkungen
1. Wegen dem schlechten Wetter sind wir zu Hause geblieben.				
2. Sie haben vier Kinder, drei Jungs und ein Mädchen.				
3. Heinrich Mann ist älter wie Thomas Mann.				
4. Sie kann nicht mitkommen, weil sie hat keine Zeit.				
5. Eine Reihe Abgeordneter verließen den Saal.				
6. Sein Gesicht lief immer röter an.				
7. Er hat vom Fenster aus gewunken.				
8. Sie sagte, dass sie aus Hamburg kommen würde.				
9. Sie tut gerade schreiben.				
10. Das Geld, wo auf der Bank liegt, ist verzinst.				

1. Geben Sie eine erste Stellungnahme zu jedem »grammatischen Zweifelsfall« ab, indem Sie jeweils in einer der drei Spalten (»richtig«, »falsch«, »weder eindeutig richtig noch eindeutig falsch«) nach Ihrem Sprachgefühl und ihrer Spracherfahrung ein Kreuz setzen.
2. Versuchen Sie sodann ohne Hilfsmittel eine erste Beschreibung des sprachlichen Phänomens im Rahmen seines ko- und kontextuellen Vorkommens und erarbeiten Sie eine begriffliche Verortung und terminologische Fassung des grammatischen Zweifelsfalls (im Plenum oder in Gruppen).
3. Untersuchen Sie das Vorkommen der von Ihnen beschriebenen sprachlichen Phänomene im Sprachverkehr und in Korpora (z.B. https://cosmas2.ids-mannheim.de/cosmas2-web/) sowie durch kontrastiven Vergleich mit historischen Erscheinungsformen des betrachteten sprachlichen Zeichens (sprachhistorische Perspektive) und mit ähnlichen Strukturen, Inhalten und Funktionen anderer sprachlicher Zeichen in anderen Varietäten des Deutschen und ggf. in anderen Sprachen (Perspektive der inneren und äußeren Mehrsprachigkeit).

4. Benennen, beschreiben und erklären Sie die »grammatischen Zweifelsfälle« nun mit Hilfe von Referenzwerken zur deutschen Grammatik (in Gruppen oder in Einzelarbeit, ggf. mit Verteilung der Zweifelsfälle).
5. Formulieren Sie abschließend eine linguistisch begründete sprachkritische Beurteilung des jeweiligen grammatischen Zweifelsfalls. Beziehen Sie in Ihre Erklärung den Ansatz der funktionalen Angemessenheit als Bewertungskriterium ein.

A 4.1.1
Arbeiten Sie an einem ausgewählten »grammatischen Zweifelsfall« die Aufgabe in der Schrittfolge 1-5 durch und beurteilen Sie die sprachdidaktische Effektivität dieser Aufgabe für das sprachliche Lernen und die sprachliche Bildung.

A 4.1.2
Erörtern Sie aus sprachdidaktischer Perspektive kritisch die Frage, ob Aufgaben dieser Art eher eine Neigung zu binären Urteilen (»richtig« oder »falsch«) und zu engem Normenverständnis befördern statt der Erzeugung einer Sprachkritikkompetenz zu dienen.

A 4.2
Diskutieren Sie kritisch aus sprachdidaktischer Perspektive, ob und inwiefern die folgenden Beispiele für kritische Sprachbetrachtungen »in entsprechender Differenzierung auf jeder Schul- und Klassenstufe eine Berücksichtigung finden können« (Wimmer 2002: 49). (Die Beispiele sind Wimmer 2002: 49ff. entnommen; als Hilfsmittel zur Orientierung über Anforderungen verschiedener »Schul- und Klassenstufe[n]« können die Bildungspläne der Bundesländer herangezogen werden, vgl. http://www.bildungsserver.de/zeigen.html?seite=400 <13.3.2016>).

> Beispiel a) »Interessant können u.a. Reflexionsanstöße sein, die mit folgenden Fragen zusammenhängen: Welche Wortbildungen sind akzeptabel, welche nicht und aus welchen Gründen? Warum werden in bestimmten Kommunikationsbereichen (z.B. in der Produktwerbung, im Sprachgebrauch der Jugend) die Normen für Wortbildungen absichtlich verletzt?«

> Beispiel b) »Welche Sätze (Prädikationen) verbindet man mit politischen Schlagwörtern wie Demokratie, Patriotismus, Leitkultur, Frieden, Terrorismus, Gleichheit, Gerechtigkeit, Solidarität, Subsidiarität, Rechtskultur, Streitkultur usw.?«

> Beispiel c) »Welche Textsorten hält man für kritikwürdig – etwa gemessen an den Zielen und Zwecken, die man damit verbindet?«

A 4.3
Zu Beginn des 4. Kapitels ist der Sprachwissenschaftler Peter von Polenz mit den Worten zitiert worden: »Das Reden gegen die Sprachbräuche sollte, eher als die Anpassung an sie, vordringliches Lernziel des primärsprachlichen Unterrichts in

einer demokratischen Schule sein.« (von Polenz 1973: 147). Diskutieren Sie diese Aussage kritisch aus der Perspektive der didaktischen Sprachkritik.

A 4.4
Entwerfen Sie eine Unterrichtseinheit, in der Schülerinnen und Schüler der Sekundarstufe II auf der Grundlage der referierten »Schrittfolge[n]« (Kap. 4.3.1) für nachstehenden Fall eine linguistisch begründete sprachkritische Expertise anfertigen sollen, die dem Gericht vorgelegt werden könnte.

> **LG: Republikaner darf Friedman »Zigeunerjude« nennen – 1/1**
> Rubrik: Nachrichten – Vor Gericht
>
> **Staatsanwaltschaft hat Revision eingelegt**
>
> Der ehemalige Kreisvorsitzende der rechtsextremen Republikaner im Allgäu, Hermann Josef Reichertz, ist am Montag vom Landgericht Kempten (LG) von dem Vorwurf der Beleidigung freigesprochen worden. Nach Ansicht des Gerichts handelte es sich bei der Äußerung des Republikaners über den Vizepräsidenten des Zentralrates der Juden in Deutschland, Michel Friedman, um eine zulässige Meinungsäußerung und nicht um eine Missachtung. Reichertz hatte Friedman im November 2000 in einer Presseerklärung als »Zigeunerjude« bezeichnet. Das Landgericht Kempten stuft diese Äußerung als Werturteil ein, das von der Meinungsfreiheit gedeckt ist. Friedman sei nicht in seinem Persönlichkeitsrecht verletzt, auch sei der Begriff kein Angriff auf die Menschenwürde. Die Worte »Zigeuner« und »Jude« bezeichnete die Berufungskammer als wertneutral, missbilligte aber die Äußerung. [...] Die Staatsanwaltschaft hat gegen den Freispruch bereits Revision eingelegt, das Urteil ist noch nicht rechtskräftig.
> http://www.123recht.net/article.asp?a=1650&ccheck=1 <25.2.2016>

A 4.5
Versuchen Sie auf der Grundlage Ihrer Untersuchungen und Ergebnisse aus 4.4 eine kritische Einschätzung der sprachdidaktischen Effektivität und Effizienz der »Schrittfolge[n]« im Vergleich zu denen von Bremerich-Vos und Wimmer.

A 4.6
Für zahlreiche Sprachphilosophen in der Geschichte der Sprachkritik stand fest, dass Sprache als Mittel der Erkenntnis vollkommen untauglich sei, mehr noch: dass Sprache Erkenntnis vorgaukele und die Weltwahrnehmung auf falsche Fährten leite. Erörtern Sie die erkenntnis(ver)leitende sowie instruktive Leistung von Sprache (z.B. an Wörtern wie *Unkraut* oder Aussagen in lyrischen Texten wie z.B. in Jakob van Hoddis: »Weltende« oder August Stramm: »Patrouille«).

A 4.7
Stellen Sie fest, welche didaktische Wertigkeit der nachfolgend wiedergegebenen Sprachbuchaufgabe aus der Perspektive der Bewusstmachung und kritischen Prüfung des Ansatzes der funktionalen Angemessenheit zugesprochen werden kann.

Wörter können wehtun

▨ Lies den Ausschnitt aus einem Lexikonartikel und unterstreiche die Namen, mit denen die Ureinwohner Grönlands bezeichnet werden (Folientechnik).

Das Wort *Eskimo* gibt es in der Sprache der Grönländer gar nicht. Es stammt aus dem Wortschatz der kanadischen Montagnais-Indianer: *Ayaskimju* heißt übersetzt *Schneeschuhflechter*. So bezeichneten sich die Montagnais mitunter selbst. Anfang des 17. Jahrhunderts muss sich ein Mönch wohl verhört haben. Er sprach von den Ureinwohnern des Nordens als *Eskimos* und übersetzte den Begriff auch noch falsch mit *Rohfleischesser*. So wollten viele Ureinwohner natürlich nicht genannt werden! Besser als *Eskimo* kommt bei ihnen daher *Inuit* an – ein Oberbegriff, der auch die Ureinwohner in vielen Gebieten nördlich des Polarkreises mit einschließt. Er bedeutet *Mensch*. Die grönländischen Ureinwohner selbst nennen sich übrigens meist *Kalaallit* – zu Deutsch schlicht: *Grönländer*.

▨ Warum wollen die Grönländer nicht Eskimos genannt werden? Welche anderen Bezeichnungen sind ihnen lieber? Warum?

> Namen und Bezeichnungen haben häufig eine **negative Bedeutung**. Oft kennt man diese Bedeutungen nicht, aber wenn man diese Wörter verwendet, kann man anderen damit wehtun: In vielen Büchern kann man noch das Wort Eskimo finden, die Ureinwohner Grönland empfinden dieses Wort aber als Beleidigung. Dies gilt auch für Bezeichnungen wir Neger oder Zigeuner. Solche Bezeichnungen sollte man daher nicht verwenden, sie tun weh! Die Betroffenen empfinden diese Wörter als Schimpfwörter.

(aus: wortstark 7. *Sprach-Lesebuch Deutsch. Differenzierende Ausgabe.* Braunschweig 2010, 228. © Bildungshaus Schulbuchverlage Westermann Schroedel Diesterweg Schöningh Winklers GmbH, Braunschweig 2010. www.schroedel.de; die im unterlegten Kasten zitierte Textquelle mit freundlicher Genehmigung durch GEOLino Extra)

A 4.8
Erörtern Sie Ansätze zur Kritik textueller Zeichen, die der folgende Auszug aus einer »Checkliste« für Textüberarbeitungen in der Sekundarstufe I (Fix 2006: 179f.) enthält, in Hinblick auf ihre sprachdidaktischen Potenziale für das sprachliche Lernen und die sprachliche Bildung durch kritische Sprachbetrachtung auf der Grundlage des Konzepts der funktionalen Angemessenheit.

1. Bei allen Entscheidungen sollte dich das gesetzte **Schreibziel** leiten:
Warum und für wen schreibst du? Was möchtest du mit deinem Text erreichen? Stelle dir dazu deine Leserinnen und Leser noch einmal genau vor. Sind es Erwachsene oder Jugendliche? Versuche, dein Schreibziel in einem Satz aufzuschreiben.

Untersuche nun die Wirkung deines Textes auf Leser. Lies ihn nochmals am Stück durch oder lasse ihn dir vorlesen. Wie ist dein **Gesamteindruck**?
- Was gefällt dir besonders gut an dem Text? Was siehst du eher kritisch?
- Welche Wirkung erzeugt der Text wohl bei den Leserinnen und Lesern, für die er geschrieben wurde? Ist er leserfreundlich?
- Je nach Schreibziel gelten hier natürlich andere Schwerpunkte!

Dein Gesamteindruck lässt sich sicher an einzelnen Teilen des Textes belegen. Dazu ist es sinnvoll, über folgende Fragen nachzudenken:

2. Inhalt:
- Ist es klar, um was es geht? Gibt es einen »roten Faden«, einen Zusammenhang?
- Sind alle wichtigen inhaltlichen Schwerpunkte berücksichtigt oder fehlt etwas?
- Sind Teile des Textes überflüssig oder doppelt vorhanden?
- Bei entsprechender Textsorte: Sind originelle Ideen enthalten?

3. Aufbau:
- Ist der Text überzeugend gegliedert? Ist die Reihenfolge sinnvoll?
- Sind die Textteile gut untereinander gewichtet, zu knapp oder zu ausführlich?
- Passt das gewählte Textmuster zur Situation?
- Sind die Textteile gut miteinander verbunden?

4. Im nächsten Schritt schaust du dir nochmals deine einzelnen **Formulierungen** an. Dazu gehst du am besten Satz für Satz durch. Stelle dir erneut deine Leser vor und frage dich bei jedem Satz:
- Ist der Satz verständlich, zu umständlich, zu verschachtelt, zu lang, zu kurz, zu einfach?
- Ist die Sprache abwechslungsreich oder eintönig (z.B. Variationen der Satzmuster, der Wortwahl)?
- Passt der Sprachstil zur Leserzielgruppe (z.B. zu kompliziert, zu plump, zu umgangssprachlich formuliert...)?

5. Nun ist ein letzter Blick auf die **sprachliche Richtigkeit** erforderlich:
- Sind Grammatikfehler im Text?
  (z.B. Fehler im Satz (Stellung der Satzglieder, Satzverbindung), Fehler im Wort (Einzahl/Mehrzahl, Fälle, Zeitformen ...)
- Stimmt die Zeichensetzung
  (z.B. fehlendes Komma, Anführungszeichen ...)?
- Stimmt die Rechtschreibung?
  (z.B. Groß- und Kleinschreibung, Getrennt- und Zusammenschreibung, das-dass, Fremdwörter ...)

6. Abschließend bleibt noch die **Darstellung** zu überprüfen:
- Ist Handschrift oder Computerausdruck die angemessene Form?
- Ist die Platzeinteilung, die Schrift leserfreundlich?
- Sollten Formatierungs- und Gestaltungselemente eingesetzt werden, z.B. verschiedene Schriftarten, Bilder oder Grafiken?

5 Lösungshinweise

L 1.1
Ganz allgemein gesagt, setzt Gauger inhaltlich-thematische, Dieckmann semiotische und von Polenz sprachtheoretische Kriterien an. In unterschiedlicher Weise berühren sie damit u.a. kultur- und sprachgeschichtliche Fragen, semantische und pragmatische Probleme, strukturbezogene Sprachbeschreibungen, den Sprachgebrauch und das Normgefüge einer Sprache sowie die Aufgaben der Sprachdidaktik.

L 1.2
Suchen Sie über das Register dieses Arbeitsheftes die Erwähnungen der genannten Begriffe auf, notieren Sie die dort hervorgehobenen Charakteristika und lesen Sie die zu den jeweiligen Begriffen angeführte Literatur. Versuchen Sie die Begriffe dann in der Reihenfolge »Sprachbewusstsein – Sprachkritik – Sprachkultiviertheit – Sprachkultur« hinsichtlich des Aspektes »funktionale Angemessenheit« näher zu bestimmten, wofür Sie Kriterien wie »Vermögen«, »Tätigkeit«, »Prozess«, »Zustand« heranziehen könnten.

L 2.1
Informieren Sie sich anhand gängiger Wortbildungslehren zunächst allgemein über Wortbildung und die Möglichkeiten der Wortbildungsbedeutung von Komposita. Versuchen Sie anschließend die Wortbildungsbedeutung der von Campe gebildeten Verdeutschungen zu beschreiben und dann zu klären, ob sie der in der Erläuterung (z.B. ein »Freistaat« ist »ein von keinem Herren, sondern nur durch Gesetze beherrschter« Staat) formulierten Sachbedeutung entsprechen (»Sachebene« nach Kienpointner). Vermutlich ist in allen Fällen eine solche Entsprechung entweder gar nicht oder nur sehr eingeschränkt gegeben. Allerdings wird man feststellen, dass durch die Wahl der Bestimmungswörter in den von Campe vorgeschlagenen Komposita (»Frei-«, »Volk-«, »Gemein-« versus »Herren-«, »Zwingherren-«) die Sachbedeutung in eine bestimmte Richtung gelenkt wird: die der »herrenlosen« Staaten ist eher positiv, die der »Herrnstaaten« eher negativ konnotiert. Aus diesem Befund ließe sich dann auf Campes (politische) Intention hinsichtlich seiner Adressaten (»Beziehungsebene«) vor dem Hintergrund gesellschaftlicher Verhältnisse (Französische Revolution – »Gesprächssituation«) schließen.

L 2.2
Hier besteht das Problem, zunächst einmal zu klären, ob Normen für E-Mails überhaupt existieren und wenn ja, welche das sind. Lesen Sie in Kiesendahl (2006; 2011) nach, wie sie dieses Normbestimmungsproblem zu lösen versucht. Zu diskutieren wäre dann – evtl. auch auf der Grundlage einer eigenen Befragung unter Studierenden und Lehrenden – ob Rechtschreib- und Grammatikfehler, informeller Sprach-

gebrauch, Anreden wie »Guten Abend« usw. in einer institutionell geprägten Kommunikationsumgebung (Universität, Lehrende und Studierende) als angemessen empfunden werden und ob die digitale Kommunikation (E-Mail) die Normerwartungen möglicherweise verändert hat.

L 2.3
Die Autoren führen v.a. etymologische und morphologisch-syntaktische Argumente an (Stichwort »inhumaner Akkusativ«). Anhand der Ausführungen in Kap. 3 kann eine Aussage darüber getroffen werden, ob die damit verbunden Maßstäbe linguistisch haltbar sind. – Schlagen Sie in verschiedenen Wörterbüchern die Bedeutung von *Betreuung* und *betreuen* nach. Suchen Sie selbst nach Beispielen, in denen man heute von *Betreuung* und *betreuen* spricht. Aufgrund dieser Kontexte sollte zu entscheiden sein, welche Bedeutung diese beiden Wörter heute haben und ob noch eine »bereichsspezifische Indikatorfunktion« hinsichtlich des Nationalsozialismus oder allgemein von Inhumanität vorliegt.

L 2.4
Anhand von Eroms (2008) können Sie sich über Stilmerkmale und ihre Funktion in bestimmten Varietäten, Textsorten und Kommunikationsbereichen informieren. Es lässt sich dann herausarbeiten, welche Stilmittel der Instruktions- und Verwaltungssprache hier auf den privaten, gar intimen Bereich übertragen werden. Die Stil- und Textkritik sollte dann von der Frage ausgehen, welche Wirkung eine solche Textsortenvermischung erzeugt.

L 2.5
Eine Möglichkeit, Sprach- und Kommunikationsideale für die genannten Kommunikationsbereiche aufzustellen, wäre es, von Sprachfunktionen (Bühler [1934] 1978; Jakobson 1972) auszugehen und dann danach zu fragen, wie diese Funktionen sprachlich-kommunikativ realisiert werden können. In der Regel wird sich eine Mischung verschiedener Sprachfunktionen und in der Folge auch von Idealen ergeben.

L 2.6
Schulze geht der Wortgeschichte und dem Wortgebrauch nach und er sucht den Begriff aus verschiedenen Gebrauchskontexten sowie persönlichen Kommunikationserlebnissen heraus zu beschreiben. Derartige Verfahren sind durchaus linguistisch zu nennen. Allerdings verfährt er – wie es für einen Essay durchaus ein Kennzeichen ist – nicht durchgehend systematisch. Seine Bewertung des Begriffs geht vermutlich über das hinaus, was eine linguistische Sprachkritik leisten kann und sollte.

L 2.7

Arendt/Kiesendahl (2013: 340ff.) zeigen in ihrem Aufsatz eine »Normenpluralität« und eine »komplexe Polyfunktionalität von Äußerungen« auf. Beide Faktoren korrespondieren mit den prototypischen Merkmalen von gesprochener, geschriebener und digital vermittelter Sprache. Stellt man diese Merkmale zusammen, dann zeigt sich beispielsweise, dass schon die medialen Produktionsbedingungen (z.B. »raumzeitliche Nähe versus Distanz« oder »Spontaneität versus Planbarkeit«) unterschiedliche Formen und auch Normen sprachlicher Äußerungen hervorbringen. Ganz allgemein gesagt wäre damit bereits »Medium« eine weitere Dimension von Angemessenheit. Darüber hinaus könnten Identitätsbildung und spezifische Handlungsmuster, denen in gesprochener Sprache und digitaler Kommunikation unterschiedliche mediale Bedingungen zugrunde liegen (Face-to-face-Kommunikation; Anonymität/Pseudonymität), aus dem Blickwinkel von Angemessenheit betrachtet werden und möglicherweise ebenfalls Dimensionen von Angemessenheit begründen.

L 3.1

W. Schneider (2009a: 58, 156ff., 170ff.) und Reiners (1944: 87ff, 124ff.) informieren die Leser ausführlich über ihre Auffassung von guter Syntax und die angemessene Verwendung von Adjektiven. Die dort abgedruckten Ratschläge widersprechen allerdings eklatant dem zitierten Text Kleists. Nimmt man die Ratschläge Reiners und Schneiders ernst, dann wird man nicht zu dem Schluss kommen, dass der zitierte Text Kleists stilistisch gut gelungen sei: Weder besteht er aus kurzen Sätzen, noch ist er besonders arm an Adjektiven.

L 3.2

Die Befolgung der Regeln für Leichte Sprache soll dazu führen, dass Texte verständlicher werden. Mithin fokussieren diese Regeln in erster Linie auf Angemessenheit im Hinblick auf die Leser bzw. Zuhörer. Die Angemessenheit hinsichtlich der Darstellung der Sache wird bei diesem Ansatz dagegen kaum berücksichtigt. So ist es beispielsweise durchaus fraglich, ob es mit Blick auf die Sachdarstellung immer angemessen oder überhaupt möglich ist, Negationen (»negative Sprache«), den Gebrauch des Passivs (»passive Sprache«) oder »alte Jahreszahlen« zu vermeiden. (Dass die in den Regeln verwendeten Termini zur Beschreibung der kritisierten Phänomene wenig sachangemessen sind, sei hier nur am Rande vermerkt.) Weiterhin blenden derartige Regeln vollkommen aus, dass sich die Angemessenheit eines Textes nicht ausschließlich an seiner Verständlichkeit bemisst, sondern auch im Hinblick auf die intendierte Textfunktion zu bewerten ist. Dies gilt beispielsweise für Texte, deren zentrale Funktion darin besteht zu werben – sei es um Zustimmung für politische Überzeugungen oder Maßnahmen, sei es für den Kauf von Produkten oder Dienstleistungen (vgl. Bock 2015: 131). Insgesamt müssen die Regeln für Leichte Sprache aus linguistischer Sicht als problematisch beurteilt werden, weil sie einerseits Verständlichkeit als unbedingtes und alleiniges Kriterium für Angemessenheit ansetzen, andererseits aber keine überzeugenden Argumente dafür liefern, warum die favorisierten sprachlichen Mittel zu verständlicheren Texten führen sollen. Weiterhin sagt das Regelwerk nichts darüber aus, wie es gelingen kann, vorliegende Texte in Leichte Sprache zu transformieren, ohne dabei »Inhalt und Sinn« zu verändern.

L 3.3
Informieren Sie sich anhand einer aktuellen Grammatik über die Flexionsklassen des Deutschen. Schlagen Sie das Lemma *fragen* im Grimm'schen Wörterbuch (http://dwb.uni-trier.de/de/) nach und beziehen Sie die dortigen Ausführungen in Ihre Überlegungen mit ein.

L 3.4
Die von Wustmann (1891) in der Einleitung gebrauchten Metaphern konzeptualisieren Sprache als einen Organismus: Sprache ist laut Wustmann »etwas lebendiges« (3), »ein Naturerzeugnis« (12). Man könne die Sprache »mit dem Pflanzenwuchs [vergleichen]« (13), sie habe einen »rohen Naturtrieb« (ebd.). Sprachlehrer werden in analoger Weise als »Gärtner, mit Bast und Schere, Rechen und Kanne« (ebd.) beschrieben. Sie haben nach Wustmanns Empfinden allerdings ihre Aufgaben nicht in zufriedenstellender Weise erledigt, denn die Sprache befinde sich »in einem Zustande der Verwilderung« (3): »Die Beete sind zertreten, auf den Wegen wächst Gras, an Bäumen und Sträuchern wuchern zahllose wilde Schößlinge, schöne Blumen sind entartet, edle Fruchtbäume verkommen« (13). Wustmanns vernichtendes Urteil lautet zusammengefasst, dass unsere Sprache bereits dem Prozess der »Verrottung« (15) ausgesetzt sei. – Die Konsequenzen, die sich aus einer organistischen Sprachauffassung ergeben, sowie die Einschätzung der Linguistik können Sie in Kap. 3.3.3 dieses Buches und bei Keller (2003) nachlesen.

L 3.5
Zum Problem von Kausalsätzen mit Verb-Zweitstellung ist eine Fülle linguistischer Literatur erschienen. Einigkeit besteht bei Linguisten darüber, dass Kausalsätze mit Verb-Zweitstellung keine bedeutungsgleiche, fehlerhafte Variante der Kausalsätze mit Verb-Letztstellung sind. Dies ist deutlich daran zu sehen, dass sie nicht beliebig austauschbar sind. So liefert der Kausalsatz in *Der hat sicher wieder gesoffen, weil sie läuft total deprimiert durch die Gegend* Antwort auf die Fragen »Woher weißt Du das« bzw. »Wie kommst Du darauf?« (vgl. Duden-Grammatik 2009: 1206f.). Hier ist der übermäßige Alkoholgenuss des Mannes der (vermutete) Grund für den psychischen Zustand der Frau (»epistemisches« *weil*). Die Variante des Kausalsatzes in *Der hat sicher wieder gesoffen, weil sie total deprimiert durch die Gegend läuft* antwortet dagegen auf die Frage »Warum ist das so?« Hier wird das Begründungsverhältnis umgekehrt und der psychische Zustand der Frau als Grund für den übermäßigen Alkoholkonsum des Mannes angeführt (»faktisches« *weil*). Weiterhin können Kau-

salsätze mit Verb-Zweitstellung – anders als solche mit Verb-Letztstellung – nicht vorangestellt werden: *Weil sie läuft total deprimiert durch die Gegend, hat der sicher wieder gesoffen* vs. *Weil sie total deprimiert durch die Gegend läuft, hat der sicher wieder gesoffen.*

Weitere Informationen – auch zur unterschiedlichen Verwendung von Kausalsätzen mit Verb-Zweitstellung in mündlicher und schriftlicher Kommunikation – finden Sie bei Keller (1993); Meinunger (2008: 86ff.); J. G. Schneider (2005 und 2009); Wegener (1999) und in der aktuellen Auflage der *Duden-Grammatik* (2009).

L 3.6

Die Kriterien, die der VDS zur Kategorisierung von Anglizismen angibt, sind in der Online-Version des Anglizismen-Indexes (http://www.vds-ev.de/einordnung-und-statistik) zu finden. Es fällt auf, dass die Beschreibung der Kategorien »ergänzend« und »differenzierend« wenig trennscharf ist. Als Unterscheidungskriterium zwischen Anglizismen, »die eine Wortlücke füllen« (also »ergänzende«) und Anglizismen, »die einen neuen Sachverhalt bezeichnen, für den eine deutsche Bezeichnung noch zu bilden und/oder wieder einzuführen ist« (also: »differenzierende«), dürfte v.a. das Sprachgefühl des jeweiligen Sprachkritikers maßgeblich sein. Dies gilt auch für die dritte Kategorie von Anglizismen, »die Verständigung erschweren und den sprachlichen Ausdruck verflachen, oder deren Verwendung für moderne Sachverhalte das Entstehen einer deutschen Bezeichnung und dadurch die Weiterentwicklung der deutschen Sprache verhindern«. – Mit großer Wahrscheinlichkeit stimmt daher Ihre Kategorisierung der in Aufgabe 3.6 aufgelisteten Anglizismen nicht mit der des Vereins Deutsche Sprache überein.

L 3.7

Der Text Dungers ist inzwischen mehr als 100 Jahre alt. Trotzdem kann man nicht behaupten, dass die dort aufgeführten Anglizismen, die indigenen Ausdrücke verdrängt hätten. Zwar ist es auch heute in synchronisierten Fernseh- und Kinofilmen noch üblich, eine bestimmte Atmosphäre dadurch zu erzeugen, dass die englischen Anreden *Mr.* und *Mrs.* beibehalten werden. Andererseits sind die Anredeformen *Herr* bzw. *Frau* dadurch offensichtlich nicht verdrängt worden. Die von Dunger erwähnten Ausdrücke *Breakfast, Luncheon, Dinner, Supper* und *Drawing-room* spielen dagegen im gegenwärtigen Sprachgebrauch keine prominente Rolle.

Weitere Informationen finden Sie bei Niehr (2002); Niehr/Funken (2009: 133f.) und von Polenz (1999: 404ff.).

L 4.1.1

Der Lösungshinweis zur didaktischen Wertigkeit solcher Aufgaben sei mit Bezug auf Beispiel 4 (*Sie kann nicht mitkommen, weil sie hat keine Zeit.*) formuliert (zum linguistischen Hintergrund bieten die Ausführungen unter Kap. 4.4.3 sowie die Lösungshinweise L 3.5 Informationen): Durch die Herausforderung zur sprachkritischen

Positionierung im Bereich der Kritik sprachlicher Zeichen sowie die Arbeit an der wissenschaftlichen Überprüfung, ggf. Revision und Begründung der Positionierung können Schülerinnen und Schüler bzw. Studentinnen und Studenten

a) mit Strukturen der deutschen Syntax (wieder) vertraut gemacht werden (Endstellung des Prädikats nach subordinierenden Konjunktionen in Nebensätzen usw.; Zweitstellung des Prädikats nach koordinierenden Konjunktionen in Hauptsätzen);
b) dazu angeleitet werden, Grammatik aus der Sprache, ihren Normen, Varianten und Gebräuchen zu lernen (und nicht Sprache aus der Grammatik) – am Beispiel etwa die historische Entwicklung kausaler Konjunktionen und ihrer syntaktischen Rahmen, die gegenwartssprachlichen subsistenten und statuierten Normen der Verteilung von *da*, *denn*, *weil* und deren syntaktische Rahmen in unterschiedlichen Varietäten und Kommunikationssituationen;
c) dazu befähigt werden, im Rahmen der eigenen Sprachproduktion im Bedarfsfall sprachbewusst und auf der Grundlage sprachkritischer Abwägung relativ zur Sprachgebrauchssituation und der kommunikativen Intention die Wahl zwischen syntaktischen Konstruktionen mit *weil* und Verb-Zweitstellung oder *weil* und Verb-Letztstellung zu entscheiden;
d) dazu befähigt werden, im Rahmen der Sprachrezeption im Bedarfsfall sprachbewusst und auf der Grundlage sprachkritischer Abwägung nach dem Konzept der funktionalen Angemessenheit relativ zur Sprachgebrauchssituation und zur angenommenen kommunikativen Intention des Produzenten die Grammatikalität (grammatische Korrektheit) und Akzeptabilität (Angemessenheit) der gewählten syntaktischen Konstruktionen mit *weil* zu beurteilen;
e) am Beispiel syntaktischer Konstruktionen mit *weil* und Verb-Zweitstellung oder *weil* und Verb-Letztstellung solche Konstruktionen als grammatische Zeichen verstehen und auf der Grundlage der in Bezug auf ihre kognitive und kommunikative Leistungsfähigkeit beurteilen lernen;
f) im Umgang mit sprachwissenschaftlichen Referenzwerken und Untersuchungsmethoden vertraut gemacht werden;
g) dazu angeleitet werden, die Ergebnisse der Untersuchung dieses Phänomens auf vergleichbare Phänomene (*obwohl*, *obgleich*) zu übertragen.

L 4.1.2
Eine eindeutige Antwort ist ohne empirische Untersuchungen zur sprachdidaktischen Effektivität dieser Aufgabe (und vergleichbarer Aufgaben) nicht zu formulieren. Wenn man unterstellt, dass zahlreiche Schülerinnen und Schüler sowie Studentinnen und Studenten nicht unbeeinflusst sind von der Neigung linguistischer Laien und der laienlinguistischen Sprachkritik zu binären Urteilen im Bereich der Kritik grammatischer Zeichen (»richtig« oder »falsch«), dann führt bereits die Existenz der Spalte »weder eindeutig richtig noch eindeutig falsch« zu einer Art kognitiven Konflikt insofern, als sie die Binarität des Urteils erschüttert. Probeweise Durchführungen solcher Aufgaben mit Studentinnen und Studenten der Germanistik haben in

den meisten Fällen zu dem Ergebnis geführt, dass im Zuge der Bearbeitung der ersten Teilaufgabe (»erste Stellungnahme«) zahlreiche »grammatische Zweifelsfälle« mit Kreuzen in den Spalten »richtig« und »falsch« beurteilt wurden. Bereits die Bearbeitung der zweiten Teilaufgabe (»Beschreibung der Stellungnahme ohne Hilfsmittel«) führte jedoch dazu, dass nicht wenige binäre Urteile in der Spalte »Begründungen/Bemerkungen« Einschränkungen erfuhren, zunächst sehr häufig in dem Sinne, dass das scheinbar eindeutige Urteil (»richtig« oder »falsch«) relativiert wurde nach dem Kriterium, ob es sich um gesprochene oder geschriebene Sprache handele. Die Bearbeitung der weiteren Teilaufgaben führte dazu, dass die Spalte »Begründungen/Bemerkungen« zunehmend mit sprachkritischen Argumenten gemäß dem Ansatz der funktionalen Angemessenheit gefüllt wurde und die Spalten »richtig« und »falsch« zunehmend geleert und die Bewertungen auf die Befunde innerhalb des Rahmens der funktionalen Angemessenheit ausgerichtet wurden.

Es stellten sich im Zuge dessen allerdings auch vermehrt Verunsicherungen ein, die u.a. explizit damit begründet wurden, dass es Aufgabe wissenschaftlicher Grammatikschreibung sei, festzustellen, ob eine sprachliche Formulierung grammatisch »richtig« oder »falsch« sei. Die Bearbeitung der Teilaufgabe 5 (»Formulierung linguistisch begründeter sprachkritischer Beurteilungen«) erwies sich auch vor diesem Hintergrund als notwendige Ordnung und Sicherung der Ergebnisse. Dass dabei die sprachkritische Bewertung vornehmlich an standardsprachlichen Normen orientiert wurde, ist aus sprachdidaktischer Perspektive gut begründet.

L 4.2
Die kritische Diskussion kann insbesondere zwei Aspekte in den Blick nehmen: 1. die von Wimmer bereits angesprochene Differenzierung, 2. die Beantwortung der Frage nach der didaktischen Wertigkeit der Beispiele in Bezug auf sprachliches Lernen und sprachliche Bildung. Zu 1. müsste mit Bezug auf Beispiel a) z.B. ermittelt werden, welches Wissen über Regeln und Normen der deutschen Wortbildung die Schülerinnen und Schüler bereits erworben haben. Erst auf dieser Grundlage wird entscheidbar, ob sie eine absichtliche Verletzung der Normen überhaupt erkennen können. Zu 2. könnte der Fokus darauf gelegt werden, dass mit der Frage nach der Akzeptabilität zur Entscheidung über »richtig/falsch« innerhalb des Rahmens von »angemessen/unangemessen« herausgefordert wird. Es müsste dann formuliert werden, welche Kompetenzen erworben werden sollen und worin sprachliches Lernen und sprachliche Bildung bestehen werden (vgl. den Lösungshinweis L 4.1.2).

L 4.3
Eine Befolgung dieser Aussage könnte dazu führen, dass Schülerinnen und Schüler sowie Studentinnen und Studenten kreativer mit der ihnen tradierten Sprache umgehen – und möglicherweise gerade solche sprachlichen Zeichen kreieren, die den Gegenständen der linguistischen, laienlinguistischen und didaktischen Sprachkritik ähnlich sind (z.B. Wörter wie *unkaputtbar*, syntaktische Strukturen wie *meinem Bru-*

der sein Fahrrad). Wieviel kreative Freiheit der Einzelne hat und wieviel normativ regulierte Begrenzung eine Sprachgesellschaft benötigt, kann in einem demokratischen Gemeinwesen nicht allgemein festgelegt werden. In die Diskussion einzubeziehen sein wird allerdings auch die Verpflichtung von Bildungsinstitutionen wie der Schule, jedem Einzelnen die produktive und rezeptive Teilhabe am standardsprachlich dominierten Sprachleben zu ermöglichen (vgl. die Ausführungen in Kap. 4.1.5).

L 4.4
Das Oberlandesgericht München hob aufgrund der Revision der Staatsanwaltschaft das Urteil des Landesgerichts Kempten auf und verwies den Fall zur erneuten Verhandlung dorthin zurück. Im Jahr 2002 wurde der Rechtsextremist zu einer Geldstrafe verurteilt (vgl. http://www.bundesverfassungsgericht.de/SharedDocs/Entscheidungen/DE/2005/07/rk20050712_1bvr209702.html <25.2.2016>).

Die linguistische Expertise auf der Grundlage der »Schrittfolge[n]« wird die Rahmendaten der Interpretation erbringen, doch muss dieser »lexikalisch-semantische Zweifelsfall« zusätzlich auf der Grundlage von Wortbildungsanalysen und der Analyse des konkreten Wortgebrauchs bewertet werden (z.B. mit Hilfe der »Lasswell-Formel«). Aus der Perspektive der didaktischen Sprachkritik können Schülerinnen und Schüler an der Erarbeitung dieses Beispiels – neben vielem anderen – besonders nachdrücklich das Wissen erwerben, dass sprachsystematisch Mögliches (mithin wortbildnerisch »Richtiges«) nicht zugleich auch kulturell und historisch sprachnormativ Angemessenes, sondern mithin eben auch »Falsches« ist.

L 4.5
Bei Beispielen wie diesem (*Zigeunerjude*) reicht ein sprachdidaktischer Gewinn weit über den kommunikativen Einzelfall hinaus insofern, als die sprachhistorische ideologische Last, die die Wortbildung *Zigeunerjude* mit sich führt, zu einer sprachkritischen Positionierung in Bezug auf den Gebrauch dieses Wortes an sich herausfordert. Die »Schritte« 1-3 können daher insbesondere zu sprachkritischer Reflexion und Suche nach linguistischen, auch sprachhistorischen Begründungen anregen. Demgegenüber ist der Ausgang von konkreten Kommunikationskonflikten (wie etwa Bremerich-Vos und Wimmer vorschlagen) grundsätzlich der Gefahr ausgesetzt, dass der sprachdidaktische Effekt auf den Einzelfall, auf den singulären Sprachgebrauch beschränkt bleibt – wie zum Beispiel der Fall einer Nürnberger Marktfrau, die in einer Auseinandersetzung einen Polizisten geduzt hatte und wegen Beleidigung angeklagt wurde (vgl. das Beispiel in dem Sprachbuch *Wort & Co 9S*, 2007: 72). Hier steht der unterrichtliche Aufwand der kritischen Sprachbetrachtung allenfalls dann in einem vertretbaren Verhältnis zum sprachdidaktischen Ertrag, wenn, wie es im genannten Sprachbuch der Fall ist, die kritische Sprachbetrachtung als Einstieg in eine grundsätzliche Behandlung von Anredepronomina genutzt wird.
L 4.6

In Kap. 4.4.2 werden Hinweise zum erkenntnis(ver)leitenden Potenzial von Wörtern wie *Unkraut* oder *Walfisch* gegeben. Bei der kritischen Sprachbetrachtung solcher Wörter ist in Rechnung zu stellen, dass sie möglicherweise gar nicht mehr in ihrer wortbildnerisch motivierten Struktur verstanden werden, sondern als arbiträre Sprachzeichen, die eine konventionelle Bedeutung annehmen wie andere Sprachzeichen eben auch. So wird wohl kaum jemand das Wort *Kotflügel* in der deutschen Gegenwartssprache als semantisch motivierte Bildung aus *Kot* und *Flügel* verstehen. Im Vergleich dazu ist beim Wort *Walfisch* gleichwohl aufgrund der Ähnlichkeit der Referenzobjekte (Wale und Fische) die Gefahr einer enzyklopädisch falschen Zuordnung von Walen zu Fischen im Lernprozess nicht ganz von der Hand zu weisen. Dass und inwiefern Sprache ganze »Weltansichten« prägen kann, ist am Beispiel von Jakob van Hoddis' Gedicht »Weltende« gut zu erkennen insofern, als van Hoddis das Titelwort des Gedichts in den Versen semantisch füllt – allerdings ganz anders als es das allgemeine Verständnis des Wortes *Weltende* nahelegt.

L 4.7

Die Schulbuchaufgabe 1 ist leider nicht konkret, denn es wird nicht deutlich, welche Namen genau die Schülerinnen und Schüler unterstreichen sollen: *Ayaskimju* und *Schneeschuhflechter* scheiden aus, denn mit ihnen werden nicht »die Ureinwohner Grönlands bezeichnet«. Falls die »Ureinwohner des Nordens« identisch sein sollen mit den »Ureinwohnern Grönlands«, verbleiben noch die Wörter *Eskimo*, *Rohfleischesser*, *Inuit*, *Mensch*, *Kalaallit* und *Grönländer*. Da jedoch auch noch von »Ureinwohner[n] in vielen Gebieten nördlich des Polarkreises« die Rede ist, von denen die »Ureinwohner Grönlands« offenbar eine Teilmenge bilden, ist auch dieses Ergebnis nicht mit letzter Sicherheit als einzig richtiges zu erklären. Man darf gleichwohl von einer Sammlung und ggf. Beschreibung des sprachlichen Phänomens ausgehen, wie sie auch im zweiten Schritt der in diesem Germanistischen Arbeitsheft entwickelten Schrittfolge vorgesehen ist. Die drei Fragen in Aufgabe 2 sind von unterschiedlichem Schwierigkeitsgrad. Wer den Text aufmerksam liest, wird aufgrund der wiederholten Formulierung »woll(t)en ... genannt werden« als Antwort auf die erste Frage angeben, dass das Wort *Eskimo* ›Rohfleischesser‹ bedeute; und weil diese Bedeutung negativ ist, lehnten die Ureinwohner Grönlands die Bezeichnung *Eskimo* ab. Auch die Antwort auf die zweite Teilfrage kann man strategisch herleiten: Da jemandem etwas, das »besser ankommt«, zumeist auch »lieber« ist, kann *Inuit* als bevorzugte Bezeichnung ohne weitere kritische Sprachbetrachtung ermittelt werden, auf dieselbe Weise dann noch *Kalaallit*. Die Antwort auf die dritte Frage (»Warum?«) ist im Grunde mit der Antwort auf die erste Frage gegeben. Durch den Text und die Instruktionen werden die Schülerinnen und Schüler also möglicherweise dafür sensibilisiert, dass zwischen Fremdbezeichnung und Eigenbezeichnung zu differenzieren ist und im Zuge einer Bewertung sprachlicher Bezeichnungen für Personen(gruppen) die Eigenbezeichnung den Maßstab abgeben sollte. Diese Sensibilisierung erfolgt indes implizit, wird nicht reflektiert.

Als problematisch, aus sprachdidaktischer Perspektive mithin bedenklich ist sodann die Information im darauffolgenden Kasten anzusehen. Die Aussage ist rein präskriptiv; sie stellt die Norm deduktiv fest, nimmt die diskriminierende Lesart als Gesamtbedeutung und spricht die Empfehlung einer Unterlassung des Wortgebrauchs aus. Eine kritische Sprachbetrachtung, gar ein Lernprozess werden nicht angeregt, hier dominiert die sprachkritische Entscheidung nach dem Prinzip »richtig« oder »falsch«. Einmal ganz abgesehen davon, dass diese einseitige Empfehlung zur Unterlassung des Wortgebrauchs linguistisch nicht begründet wird (und in dieser Form linguistisch auch nicht haltbar ist, vgl. z.B. http://www.duden.de/rechtschreibung/Eskimo_Volk_Gruppe_Stoff <25.1.2016>), wird hier sprachdidaktisch lediglich der unreflektierte Erwerb einer gesetzten Norm angestrebt. Hätten die Schülerinnen und Schüler die Gelegenheit erhalten, den Gebrauch der genannten Wörter im Rahmen einer Untersuchung auf der Grundlage des Konzepts der funktionalen Angemessenheit zu bewerten, wären sie zu differenzierten Befunden gekommen, die sie auch dazu befähigt hätten, z.B. zu entscheiden, ob im Kinderbuch »Aklak, der kleine Eskimo« oder in der Bezeichnung der Sprachenfamilie *Eskimoaleutisch* die Handlung des Beleidigens vollzogen wird.

L 4.8
Auch diese »Checkliste« ist, wie unter 4.4.1 zur »Checklisten« generell ausgeführt, Fluch und Segen zugleich. Nimmt man einmal nur die durch die Liste angeregte kritische Sprachbetrachtung in den Blick, so darf die »Checkliste« insgesamt wohl als segenreiche Anleitung zur Kritik textueller Zeichen gelesen werden. Sie setzt dazu allerdings eine sehr hohe Kompetenz bei den Schülerinnen und Schülern voraus: Um z.B. etwas »eher kritisch« am eigenen Text sehen zu können, bedarf es der Fähigkeit, diesen aus einer gewissen Distanz mit den Augen potenzieller Adressaten lesen zu können. Die Entscheidung, wann eine »Reihenfolge sinnvoll« ist, wann ein Textteil »zu knapp oder zu ausführlich« ist oder wann ein Satz »verständlich, zu umständlich, zu verschachtelt, zu lang, zu kurz, zu einfach« ist – all diese Fragen sind oft selbst für professionelle Texter in Bezug auf einen Text nur schwierig zu beantworten. Die »Checkliste« weist aber immerhin darauf hin, dass solche Fragen zu stellen sind und kann dadurch zu sprachlichem Lernen und sprachlicher Bildung im Wege der kritischen Sprachbetrachtung beitragen. Insbesondere hervorzuheben ist die grundsätzliche Ausrichtung am Konzept der funktionalen Angemessenheit: Die Perspektiven der »Checkliste« nehmen unter Punkt 1 Bezug auf die »Angemessenheit hinsichtlich situativer Normen« (vgl. Kap. 2.3.2), unter den Punkten 2 und 3 auf die Angemessenheit hinsichtlich sachlicher bzw. inhaltlicher Aspekte, unter den Punkten 4 und 5 auf die »Angemessenheit hinsichtlich ästhetischer Normen« und »Angemessenheit hinsichtlich instrumentaler Normen«.

Literatur

Mit einem * sind ausgewählte Titel gekennzeichnet, die für eine Vertiefung der drei in der vorliegenden Einführung dargestellten Zweige der Sprachkritik – den linguistischen, den laienlinguistischen und den didaktischen Zweig – besonders empfohlen seien.

Abraham, Ulf (1996): *StilGestalten. Geschichte und Systematik der Rede vom Stil in der Deutschdidaktik*. Tübingen.
Adelung, Johann Christoph (1793-1801): *Grammatisch-kritisches Wörterbuch der Hochdeutschen Mundart, mit beständiger Vergleichung der übrigen Mundarten, besonders aber der Oberdeutschen*. 4 Bände. Zweyte vermehrte und verbesserte Ausgabe. Leizpig.
Ágel, Vilmos (2008): Bastian Sick und die Grammatik. Ein ungleiches Duell. In: *Info Deutsch als Fremdsprache* 1, S. 64-84.
Andresen, Helga (1985): Schriftspracherwerb und Entstehung von Sprachbewußtheit. Opladen.
Andresen, Helga/Januschek, Franz (1995): Mit Sprache spielen: Sprachbewußtheit – Sprachkritik. In: *Praxis Deutsch* 22, H. 132, S. 23-27.
Andresen, Helga/Funke, Reinold (2006): Entwicklung sprachlichen Wissens und sprachlicher Bewusstheit. In: Ursula Bredel [u.a.] (Hgg.): *Didaktik der deutschen Sprache. Ein Handbuch*. 1. Teilband. 2. Aufl. Paderborn [u.a.], S. 438-451.
Antos, Gerd (1996): *Laien-Linguistik. Studien zu Sprach- und Kommunikationsproblemen im Alltag. Am Beispiel von Sprachratgebern und Kommunikationstrainings*. Tübingen.
Aptum. Zeitschrift für Sprachkritik und Sprachkultur. 2015: Themenheft »Angemessenheit«.
Arendt, Birte/Dreesen, Philipp (2015): Kontrastive Diskurslinguistik – Werkstattbericht zur Analyse von deutschen und polnischen Wikipedia-Artikeln. In: Heidrun Kämper/Ingo H. Warnke: *Diskurs – Interdisziplinär. Zugänge, Gegenstände, Perspektiven*. Berlin/Boston, S. 427-445.
Arendt, Birte/Kiesendahl, Jana (Hgg.) (2011): *Sprachkritik in der Schule. Theoretische Grundlagen und ihre praktische Relevanz*. Göttingen.
Arendt, Birte/Kiesendahl, Jana (2011): Die Notwendigkeit von Sprachreflexion im Unterricht: Zur Wirkung von Sprachgebräuchen. In: Arendt/Kiesendahl (Hgg.) (2011), S. 165-190.
Arendt, Birte/Kiesendahl, Jana (2013): Funktionale Angemessenheit. Gesprächs- und lehrwerkanalytische Perspektiven. In: Kilian/Niehr/Schiewe (Hgg.) (2013), S. 336-355.
Aristoteles (1995): *Rhetorik*. Übersetzt, mit einer Bibliographie, Erläuterung und einem Nachwort von Franz G. Sieveke. 5., unveränd. Aufl. München.
Arndt, Susan (2006): Mythen von Afrika. Rasse und Rassismus in der deutschen Afrikaterminologie. In: *Aptum. Zeitschrift für Sprachkritik und Sprachkultur* 2, S. 257-274.
Asmuth, Bernhard (1991): Stilprinzipien, alte und neue. Zur Entwicklung der Stilistik aus der Rhetorik. In: Eva Neuland/Helga Bleckwenn (Hgg.): *Stil – Stilistik – Stilisierung. Linguistische, literaturwissenschaftliche und didaktische Beiträge zur Stilforschung*. Frankfurt/M., S. 23-38.
Bakker, Jan Janssen [u.a.] (2015): *Schroedel Abitur. Schülerarbeitsbuch III. Abitur 2017. Deutsch. Niedersachsen. Rahmenthemen 5, 6 und 7*. Braunschweig.
Banneck, Catharina (2012): Sprachreflexionen im »Evangelienbuch« Otfrids von Weißenburg – ein paratextueller Zugang. In: *Das Mittelalter. Perspektiven mediävistischer Forschung. Zeitschrift des Deutschen Mediävistenverbandes* 17, H. 1, S. 12-22.
Bartzsch, Rudolf/Pogarell, Reiner/Schröder, Markus (Hgg.) (2009): *Wörterbuch überflüssiger Anglizismen*. Paderborn.
Becker, Karl Ferdinand (1841): *Organism der Sprache*. Zweite neubearb. Ausgabe. Frankfurt/M.

Becker-Mrotzek, Michael/Schindler, Kirsten (2007): Schreibkompetenz modellieren. In: Dies. (Hgg.): Texte schreiben. Duisburg, S. 7-26 (http://www.uni-koeln.de/phil-fak/deutsch/sprachdidaktik/koebes/koebes_05_2007.pdf <10.12.2015>.

Biere, Bernd Ulrich (2001): Politische Kommunikation als sprach- und medienkritischer Gegenstand im Deutschunterricht. In: Hajo Diekmannshenke/Iris Meißner (Hgg.): *Politische Kommunikation im historischen Wandel*. Tübingen, S. 379-400.

Bildungsplan (1969): *Bildungsplan für das Fach Deutsch an den Gymnasien des Landes Hessen*. Wiesbaden 1969, 4. Aufl. 1971.

Blume, Herbert (2013): Erfolge und Misserfolge des lexikalischen Purismus in Deutschland zur Zeit des Allgemeinen Deutschen Sprachvereins und heute. In: *Muttersprache. Vierteljahresschrift für deutsche Sprache* 123, S. 214-241.

Bock, Bettina (2015): Zur Angemessenheit Leichter Sprache: aus Sicht der Linguistik und aus Sicht der Praxis. In: *Aptum. Zeitschrift für Sprachkritik und Sprachkultur* 11, S. 131-140.

Böke, Karin [u.a.] (2000): Vergleichende Diskurslinguistik. Überlegungen zur Analyse internationaler und intralingualer Textkorpora. In: Martin Wengeler (Hg.): *Sprachgeschichte als Zeitgeschichte*. Hildesheim [u.a.], S. 247-283.

Boueke, Dietrich (1984): Reflexion über Sprache. In: Norbert Hopster (Hg.): *Handbuch »Deutsch« für Schule und Hochschule. Sekundarstufe I*. Paderborn [u.a.], S. 334-372.

Braun, Peter (1979): Beobachtungen zum Normverhalten bei Studenten und Lehrern. In: Ders. (Hg.): *Deutsche Gegenwartssprache. Entwicklungen, Entwürfe, Diskussionen*. München, S. 149-155.

Bredel, Ursula (2007): *Sprachbetrachtung und Grammatikunterricht*. Paderborn [u.a.].

Bremerich-Vos, Albert (1987): Politische Sprachkritik im Verbund der Fächer Deutsch und Politik in der Berufsschule. In: Franz Hebel (Hg.): *Deutschunterricht im Spannungsfeld von Allgemeinbildung und Spezialbildung*. Frankfurt/M., S. 64-80.

Bremerich-Vos, Albert (1990): Sprache in der Politik, reflektierte Sprachkritik und Deutschunterricht – eine Skizze. In: *Diskussion Deutsch 21*, S. 436-478.

Bremerich-Vos, Albert (1992): Zur Förderung von Sprachkritik und reflexivem Sprachgebrauch in der Sekundarstufe II. In: *Der Deutschunterricht* 44, H. 4, S. 50-62.

Brommer, Sarah: Sprachliche Muster als Indikator für die Angemessenheit eines Textes – Grundlagen einer automatisierten Text- und Stilanalyse. In: *Aptum. Zeitschrift für Sprachkritik und Sprachkultur* 11, S. 121-130.

Buffon, Georges-Louis Leclerc, Comte de (1954): Discours pronounce à l'Académie Françoise par M. de Buffon, le jour de sa réception (1753). In: *Œuvres philosophiques de Buffon*. Hg. von Jean Piveteau. Paris, S. 500-504.

Bühler, Karl ([1934] 1978): Sprachtheorie. Die Darstellungsfunktion der Sprache. Frankfurt/M.

Burkhardt, Armin (Hg.) (2007): *Was ist gutes Deutsch? Studien und Meinungen zum gepflegten Sprachgebrauch*. Mannheim [u.a.]

Burkhardt, Armin (2014): Sprachpflege aus sprachwissenschaftlicher Sicht: Die Position der Gesellschaft für deutsche Sprache. In: Niehr (Hg.) (2014), S. 39-61.

Busch, Albert (2007): Der Diskurs: ein linguistischer Proteus und seine Erfassung – Methodologie und empirische Gütekriterien für die sprachwissenschaftliche Erfassung von Diskursen und ihrer lexikalischen Inventare. In: Ingo Warnke (Hg.): *Diskurslinguistik nach Foucault. Theorie und Gegenstände*. Berlin/New York, S. 141–163

Busse, Dietrich (1987): *Historische Diskurssemantik. Analyse eines Programms*. Wiesbaden.

Busse, Dietrich (1996): Sprachstil – Sprachnorm – Sprachgebrauch. Zu einem prekären Verhältnis. In: Ulla Fix/ Gottfried Lerchner (Hgg): *Stil und Stilwandel. Bernhard Sowinski zum 65. Geburtstag gewidmet*. Frankfurt/M., S. 63-81.

Busse, Dietrich (2013): Linguistische Diskurssemantik: Rückschau und Erläuterungen nach 30 Jahren. In: Dietrich Busse/Wolfgang Teubert (Hgg.): *Linguistische Diskursanalyse. Neue Perspektiven*. Wiesbaden, S. 31-53.

Busse, Ulrich (2011): Anglizismen. Versuch einer Bestandsaufnahme. In: *Aptum. Zeitschrift für Sprachkritik und Sprachkultur* 7, S. 98-120.

Byram, Michael (ed.) (2004): *Routledge Encyclopedia of Language Teaching and Learning*. London/ New York.

Campe, Joachim Heinrich (1790a): *Briefe aus Paris zur Zeit der Revolution geschrieben. Aus dem Braunschweigischen Journal abgedruckt*. Braunschweig (Reprographischer Nachdruck Hildesheim 1972)

Campe, Joachim Heinrich (1790b): Proben einiger Versuche von deutscher Sprachbereicherung. In: *Braunschweigisches Journal philosophischen, philologischen und pädagogischen Inhalts*. Elftes Stück, S. 257-296.

Campe, Joachim Heinrich (1794): *Ueber die Reinigung und Bereicherung der Deutschen Sprache. Dritter Versuch welcher den von dem königl. Preuß. Gelehrtenverein zu Berlin ausgesetzten Preis erhalten hat*. Verbesserte und vermehrte Ausgabe. Braunschweig.

Campe, Joachim Heinrich (1813): *Wörterbuch zur Erklärung und Verdeutschung der unserer Sprache aufgedrungenen fremden Ausdrücke. Ein Ergänzungsband zu Adelung's und Campe's Wörterbüchern*. Neue starkvermehrte und durchgängig verbesserte Ausgabe. Braunschweig.

Cherubim, Dieter/Walsdorf, Ariane (2005): *Sprachkritik als Aufklärung. Die Deutsche Gesellschaft in Göttingen im 18. Jahrhundert. Katalog zur Ausstellung der Niedersächsischen Staats- und Universitätsbibliothek Göttingen. Mit einem Beitrag von Helmut Henne*. 2., verbesserte u. erweiterte Aufl. Göttingen.

Christ, Hannelore [u.a.] (1974): *Hessische Rahmenrichtlinien Deutsch. Analyse und Dokumentation eines bildungspolitischen Konflikts*. Düsseldorf.

Cicero (1976): *De oratore/Über den Redner*. Hg. und übersetzt von Harald Merklin. Stuttgart.

Conermann, Klaus (2013): Purismus in der Spracharbeit der Fruchtbringenden Gesellschaft? Zur Bedeutung von Richtigkeit und Reinheit in der Puritas- und Decorum-Rhetorik der deutschen Sprachreform im 17. Jahrhundert. In: *Muttersprache. Vierteljahresschrift für deutsche Sprache* 123, S. 181-205.

Coseriu, Eugenio (1971): System, Norm und ›Rede‹. In: Ders.: *Sprache. Strukturen und Funktionen. XII Aufsätze zur allgemeinen und romanischen Sprachwissenschaft*. Hg. von Uwe Petersen. 2. verb. Aufl. Tübingen, S. 53-72

Corr, Andreas (2014): Über die konservative Traditionslinie populärer Sprach- und Stilratgeber. In: Niehr (Hg.) (2014), S. 89-100.

Czachur, Waldemar (2009): Was kontrastieren wir in der kontrastiven Diskursanalyse? In: *Studia Niemcoznawcze* XLIV, S. 433-443.

Czachur, Waldemar (2011): *Diskursive Weltbilder im Kontrast. Linguistische Konzeption und Methode der kontrastiven Diskursanalyse deutscher und polnischer Medien*. Wrocław.

Czachur, Waldemar (2013): Kontrastive Diskurslinguistik – sprach- und kulturkritisch durch Vergleich. In: Meinhof/ Reisigl/Warnke (Hgg.) (2013), S. 325-350.

Dahle, Wendula (1973): Neutrale Sprachbetrachtung? Zur Didaktik des Deutschunterrichts. In: Heinz Ide (Hg.): *Bestandsaufnahme Deutschunterricht. Ein Fach in der Krise*. 4., unveränderte Aufl. Stuttgart, S. 133-145.

Daniels, Karlheinz (1979): Erfolg und Mißerfolg der Fremdwortverdeutschung (Schicksal der Verdeutschungen Joachim Heinrich Campes). In: Peter Braun (Hg.): *Fremdwort-Diskussion*. München, S. 145-181.

Davies, Winifred V. (2000): Linguistic Norms at School. A Survey of Secondary-School Teachers in a Central German Dialect Area. In: *Zeitschrift für Dialektologie und Linguistik* 67, S. 129-147.

Davies, Winifred V. (2006): Normbewusstsein, Normkenntnis und Normtoleranz von Deutschlehrkräften. In: Eva Neuland (Hg.): *Variation im heutigen Deutsch: Perspektiven für den Sprachunterricht.* Frankfurt/M., S. 483-491.

Davies, Winifred V./Langer, Nils (2014): Die Sprachnormfrage im Deutschunterricht: das Dilemma der Lehrenden. In: Albrecht Plewnia/Andreas Witt (Hgg.): *Sprachverfall? Dynamik – Wandel – Variation.* Berlin/ Boston, S. 299-322.

Dieckmann, Walther (1981): Politische Sprache. Maßstäbe ihrer Bewertung. In: Ders.: *Politische Sprache, politische Kommunikation. Vorträge, Aufsätze, Entwürfe.* Heidelberg, S. 137-158.

Dieckmann, Walther (2006): Sprachkritik – ein Haus mit vielen Wohnungen. Spielarten wortbezogener Sprachkritik. In: *Der Deutschunterricht*, H. 5, S. 17-26.

Dieckmann, Walther (2007): »Belastete Wörter« als Gegenstand und Resultat sprachkritischer Reflexion. In: *Aptum. Zeitschrift für Sprachkritik und Sprachkultur* 3, S. 62-80.

Dieckmann, Walther (2012): *Wege und Abwege der Sprachkritik.* Bremen.

Dieckmann, Walther /Voigt, Gerhard (1989): *Richtiges und falsches Deutsch. Überlegungen zum Umgang mit einem Bewertungskriterium. Unterrichtsvorschlag für die Ausgestaltung des Schwerpunktes 1 »Sprechen und Schreiben als regelhaftes Verhalten« im Grund- und Leistungskurs des ersten Semesters.* Berlin.

Dodd, William J. (2007): *Jedes Wort wandelt die Welt. Dolf Sternbergers politische Sprachkritik.* Göttingen.

Dreesen, Philipp (2013): Kritik als Erkenntnismodus, Praxis und Untersuchungsgegenstand in der Diskurslinguistik. In: Meinhof/Reisigl/Warnke (Hgg.) (2013), S. 169-201.

Dreesen, Philipp/Judkowiak, Joanna (2011): Passiv im Osten, kollektiv schuldig und selbstverständlich in Europa – Kritik an deutschen und polnischen Schulbüchern des Faches Geschichte mittels kontrastiver Diskurslinguistik. In: *Aptum. Zeitschrift für Sprachkritik und Sprachkultur* 7, S. 1-31.

Duden (1984/2009): *Die Grammatik* (Duden Bd. 4). 4. völlig neu bearb. u. erw. Aufl. sowie 8. überarb. Aufl. Mannheim [u.a.].

Duden (2011a): *Richtiges und gutes Deutsch. Wörterbuch der sprachlichen Zweifelsfälle.* 7., vollständig überarb. Aufl. Hg. und überarbeitet von der Dudenredaktion unter Mitwirkung von Peter Eisenberg und Jan Georg Schneider. Mannheim [u.a.].

Duden (2011b): *Deutsches Universalwörterbuch.* 7., überarb. und erw. Aufl. Mannheim [u.a.]

Dürscheid, Christa (2002): *SMS-Schreiben als Gegenstand der Sprachreflexion* (= Networx 28). http://www.mediensprache.net/de/networx/docs/networx-28.aspx <11.2.2016>.

Dürscheid, Christa (2005): Normabweichendes Schreiben als Mittel zum Zweck. In: *Muttersprache. Vierteljahresschrift für deutsche Sprache* 115, S. 40-53.

Dürscheid, Christa (2007): Damit das grammatische Abendland nicht untergeht. Grammatikunterricht auf der Sekundarstufe II. In: Klaus-Michael Köpcke/Arne Ziegler (Hgg.): *Grammatik in der Universität und für die Schule. Theorie, Empirie und Modellbildung.* Tübingen, S. 45-66.

Dürscheid, Christa (2011): Zweifeln als Chance? Zweifeln als Problem? Sprachliche Zweifelsfälle im Deutschunterricht. In: Klaus-Michael Köpcke/Arne Ziegler (Hgg.): *Lehren, Lernen, Verstehen. Zugänge zur Grammatik des Gegenwartsdeutschen.* Berlin/Boston, S. 155-174.

Dürscheid, Christa (2012): Reich der Regeln, Reich der Freiheit. System, Norm und Normenreflexion in der Schule. In: Susanne Günthner [u.a.]: *Kommunikation und Öffentlichkeit. Sprachwissenschaftliche Potenziale zwischen Empirie und Norm.* Berlin/Boston, S. 105-120.

Dunger, Hermann (1899): *Wider die Engländerei in der deutschen Sprache.* Berlin.

Dunger, Hermann (1909): *Engländerei in der deutschen Sprache. Zweite, umgearbeitete und starck vermehrte Auflage des Vortrags Wider die Engländerei in der deutschen Sprache.* Berlin.

Ehlich, Konrad (Hg.) (1995): *Sprache im Faschismus.* 3. Aufl. Frankfurt/M.

Eisenberg, Peter (1999): Stirbt das Deutsche an den Internationalismen? Zur Integration von Computerwörtern. In: *Der Deutschunterricht* 3, S. 17-24.
Eisenberg, Peter (2001): Die grammatische Integration von Fremdwörtern. Was fängt das Deutsche mit seinen Latinismen und Anglizismen an? In: Gerhard Stickel (Hg.): *Neues und Fremdes im deutschen Wortschatz. Aktueller lexikalischer Wandel.* Berlin/New York, S. 183-209.
Eisenberg, Peter (2006): Gesotten und gesiedet. Das kuriose Deutsch der Sprachentertainer. In: *Süddeutsche Zeitung*, 11./12. November 2006.
Eisenberg, Peter (2012): *Das Fremdwort im Deutschen*. 2., überarb. Aufl. Berlin/New York.
Eisenberg, Peter (2013): Anglizismen im Deutschen. In: Deutsche Akademie für Sprache und Dichtung/Union der deutschen Akademien der Wissenschaften (Hgg.): *Reichtum und Armut der deutschen Sprache. Erster Bericht zur Lage der deutschen Sprache.* Berlin/Boston, S. 57-119.
Eisenberg, Peter/Voigt, Gerhard (1990): Grammatikfehler? In: *Praxis Deutsch* 17, H. 102, S. 10-15.
Eitz, Thorsten/Stötzel, Georg (2006): Sprachliche »Vergangenheitsbewältigung«? Neue Perspektiven der Sprachkritik im brisanten Spannungsfeld von Sprache und Nationalsozialismus. In: *Der Deutschunterricht* 58, H. 5, S. 28-37.
Elsner-Petri, Sabine (2015): *Political Correctness im Duden-Universalwörterbuch. Eine diskurslinguistische Analyse.* Bremen.
Engel, Eduard (1911): *Deutsche Stilkunst.* Wien/Leipzig.
Engel, Eduard (1917): *Sprich Deutsch! Ein Buch zur Entwelschung.* 2., durchges. Aufl. (11.-20. Tausend). Leipzig.
Engel, Eduard (1918): *Entwelschung. Verdeutschungswörterbuch für Amt, Schule, Haus, Leben.* Neue durchges. Ausgabe (31.-40. Tausend). Leipzig.
Erdl, Marc Fabian (2004): *Die Legende von der politischen Korrektheit. Zur Erfolgsgeschichte eines importierten Mythos.* Bielefeld.
Erlach, Dietrich/Schurf, Bernd (2006): *Sprache im Wandel: Sprachkritik und Sprachgeschichte.* Erarbeitet von Lisa Böcker und Gerd Brenner. 2. Aufl. Berlin.
Eroms, Hans-Werner (2008): *Stil und Stilistik. Eine Einführung.* Berlin.
Fachanforderungen (2014): *Fachanforderungen Deutsch. Allgemeinbildende Schulen. Sekundarstufe I. Sekundarstufe II.* Hg. vom Ministerium für Bildung und Wissenschaft des Landes Schleswig-Holstein. Kiel 2014.
Feilke, Helmuth/Jost, Jörg (2015): Sprache und Sprachgebrauch reflektieren. In: Michael Becker-Mrotzek [u.a.] (Hgg.): *Bildungsstandards aktuell: Deutsch in der Sekundarstufe II.* Braunschweig, S. 236-296.
Feilke, Helmuth/Lehnen, Kathrin (Hgg.) (2012): *Schreib- und Textroutinen.* Frankfurt/M. [u.a.].
Fertig, Ludwig (1977): *Campes politische Erziehung. Eine Einführung in die Pädagogik der Aufklärung.* Darmstadt.
Fix, Martin (2006): *Texte schreiben. Schreibprozesse im Deutschunterricht.* Paderborn [u.a.].
Fix, Ulla (1990): Redebewertung – Stilbewertung. Zu theoretischen Fragen der Bewertung sprachlicher Äußerungen. In: Dies. (Hg.): *Beiträge zur Stiltheorie.* Leipzig, S. 73-104.
Fix, Ulla (1995): Textmusterwissen und Kenntnis von Kommunikationsmaximen. Voraussetzung, Gegenstand und Ziel einer kommunikationsbezogenen Sprachberatung. In: Bernd Ulrich Biere/Rudolf Hoberg (Hgg.): *Bewertungskriterien in der Sprachberatung.* Tübingen, S. 62-73.
Fix, Ulla (2008): Ansprüche an einen guten (?) Text. In: *Aptum. Zeitschrift für Sprachkritik und Sprachkultur* 4, S. 1-20.
Fluck, Hans-Rüdiger (1996): *Fachsprachen. Einführung und Bibliographie.* 5., überarb. u. erw. Aufl. Tübingen/Basel.
Förster, Uwe (1981): Georg Möller und die Lehre vom Stil. In: *Muttersprache. Vierteljahresschrift für deutsche Sprache* 91, S. 241-243.

Forster, Iris/Heinz, Tobias (Hgg.) (2010): *Deutsche Gegenwartssprache. Globalisierung, Neue Medien, Sprachkritik.* Stuttgart.
Foucault, Michel (1973): *Archäologie des Wissens.* Frankfurt/M.
Foucault, Michel (1974): *Die Ordnung des Diskurses. Inauguralvorlesung am Collège de France, 2. Dez. 1970.* München.
Frank, Horst Joachim (1976): *Dichtung, Sprache, Menschenbildung. Geschichte des Deutschunterrichts von den Anfängen bis 1945.* 2 Bde. München.
Frentz, Hartmut/Lehmann, Christian (2003): Der gymnasiale Lernbereich »Reflexion über Sprache« und das Hochschulzugangsniveau für sprachliche Fähigkeiten. In: *Didaktik Deutsch* 14, S. 92-98.
Funke, Reinold (2008): Einleitung. In: Reinold Funke/Olaf Jäkel/Franz Januschek (Hgg.): *Denken über Sprechen: Facetten von Sprachbewusstheit.* Flensburg, S. 9-23.
Gardt, Andreas (1999): *Geschichte der Sprachwissenschaft in Deutschland. Vom Mittelalter bis ins 20. Jahrhundert.* Berlin/New York.
Gardt, Andreas (2007): Diskursanalyse – Aktueller theoretischer Ort und methodische Möglichkeiten. In: Ingo H. Warnke (Hg.): *Diskurslinguistik nach Foucault. Theorie und Gegenstände.* Berlin/New York, S. 27-52.
Gauger, Hans Martin (1971): *Durchsichtige Wörter. Zur Theorie der Wortbildung.* Heidelberg.
Gauger, Hans Martin (1995): Was ist und was soll Sprachkritik? In: Ders.: *Über Sprache und Stil.* München, S. 29-61.
Glück, Helmut (2000): Sprachwissenschaft. In: *Metzler Lexikon Sprache.* Hg. von Helmut Glück. 2., überarb. und erweiterte Aufl. Stuttgart/Weimar, S. 676.
Gogolin, Ingrid/Duarte, Joana (2016): Bildungssprache. In: Jörg Kilian/Birgit Brouër/Dina Lüttenberg (Hgg.): *Handbuch Sprache in der Bildung.* Berlin/Boston, S. 478-499.
Gornik, Hildegard (Hg.) (2014a): *Sprachreflexion und Grammatikunterricht.* Baltmannsweiler.
Gornik, Hildegard (2014b): Sprachreflexion, Sprachbewusstheit, Sprachwissen, Sprachgefühl und die Kompetenz der Sprachthematisierung – ein Einblick in ein Begriffsfeld. In: Dies. (Hg.): *Sprachreflexion und Grammatikunterricht.* Baltmannsweiler, S. 41-58.
Göttert, Karl-Heinz (2013): *Abschied von Mutter Sprache. Deutsch in Zeiten der Globalisierung.* Frankfurt/M.
Gottsched, Johann Christoph (1762): *Vollständigere und Neuerläuterte Deutsche Sprachkunst. Nach den Mustern der besten Schriftsteller des vorigen und itzigen Jahrhunderts abgefasset, und bei dieser fünften Auflage merklich verbessert.* Leipzig.
Greule, Albrecht (1986): Besseres Deutsch – größere Chancen. Die Sprachförderung Erwachsener als Aufgabe der Germanistik. In: *Muttersprache. Vierteljahresschrift für deutsche Sprache* 96, S. 202-214.
Greule, Albrecht/Ahlvers-Liebel, Elisabeth (1986): *Germanistische Sprachpflege. Geschichte, Praxis und Zielsetzung.* Darmstadt.
Griesbach, Thorsten (2006): *Unwort und laienlinguistische Wortkritik. Zur Erforschung des sprachkritischen Denkens in Deutschland.* Aachen.
Grimm, Jacob (1890): Deutsche Grammatik. Vorrede (1819). In: Ders.: *Kleinere Schriften. Bd. 8: Vorreden, Zeitgeschichtliches und Persönliches.* Gütersloh, S. 29-45.
Grobe, Myriam (Hg.) (2015): *Der Anglizismen-Index.* Ausgabe 2015. Paderborn.
Grundler, Elke (2008): Gesprächskompetenz – ein Systematisierungsvorschlag im Horizont schulischer Bildungsstandards und Kompetenzen. In: *Didaktik Deutsch* 24, S. 48-69.
Günthner, Susanne/Hüpper, Dagmar/Spieß, Constanze (Hgg.) (2012): *Genderlinguistik. Sprachliche Konstruktionen von Geschlechtsidentität.* Berlin/Boston.

Gür-Şeker, Derya (2012): *Transnationale Diskurslinguistik. Theorie und Methodik am Beispiel des sicherheitspolitischen Diskurses über die EU-Verfassung in Deutschland, Großbritannien und der Türkei*. Bremen.

Hahn, Heidi/Laudenberg, Beate/Rösch, Heidi (Hgg.) (2015): *»Wörter raus!?« Zur Debatte um eine diskriminierungsfreie Sprache im Kinderbuch*. Weinheim.

Hartmann, Peter (1968): Zum Begriff des sprachlichen Zeichens. In: *Zeitschrift für Phonetik, Sprachwissenschaft und Kommunikationsforschung* 21, S. 205-222.

Hartmann, Wilfried (1978): Semantische Verfahren als Hilfsmittel der Sprachkritik. In: Bodo Lecke (Hg.) in Verbindung mit dem Bremer Kollektiv: *Projekt Deutschunterricht 12: Kommunikationsanalyse II – Sprachkritik*. Stuttgart, S. 82-107.

Hartung, Wolfdietrich (1977): Zum Inhalt des Normbegriffs in der Linguistik. In: Ders. (Hg.): *Normen in der sprachlichen Kommunikation*. Berlin, S. 9-69.

Heine, Heinrich (1972): Zur Geschichte der Religion und Philosophie in Deutschland. In: Ders.: *Werke und Briefe in zehn Bänden*. Hg. von Hans Kaufmann. 2. Aufl., Berlin/Weimar, S. 123-343.

Heinemann, Margot (2007): Was ist ein guter Text? In: Burkhardt (Hg.) (2007), S. 162-170.

Heinz, Tobias/Horn, Alexander (2013): Diskursive Entfaltung sprachkritischen Wissens. In: *Sprachreport* 29, H. 1-2, S. 19-27.

Heinz, Tobias/Baunsgaard Koll, Philipp (2016): Didaktisch-methodische Perspektiven auf nationale Stereotype: Facetten einer unterrichtspraktischen Konkretisierung. In: Erla Hallsteinsdóttir/ Jörg Kilian (Hgg.): *{deutsch} und {dänisch} im Stereotyp: Stereotypenwelten und ihre sprachlich-kulturellen Konstituierungsformen* (= Linguistik online; in Vorb.).

Helmers, Hermann (1970): *Didaktik der deutschen Sprache. Einführung in die Theorie der muttersprachlichen und literarischen Bildung*. 5., neu bearb. und erw. Aufl. Stuttgart.

Henne, Helmut (1965): Punktuelle und politische Sprachlenkung. Zu 13 Auflagen von Gustav Wustmanns »Sprachdummheiten«. In: *Zeitschrift für deutsche Sprache* 21, S. 175-184.

Henne, Helmut (1975): *Sprachpragmatik. Nachschrift einer Vorlesung*. Tübingen.

Henne, Helmut (1998): Von der Sprachkritik lernen. Rede zum Fritz-Mauthner-Tag 1997. In: Jörg Kilian/Iris Forster (Hgg.): *Helmut Henne: Reichtum der Sprache. Studien zur Germanistik und Linguistik*. Tübingen 2006, S. 393-402.

Henne, Helmut (2013): »Nun sage doch Freund, wie man Pedant uns verdeutscht«: Campes nachdenkliche Antwort. In: *Muttersprache. Vierteljahresschrift für deutsche Sprache* 123, S. 206-213.

Hermanns, Fritz (1994): *Schlüssel-, Schlag- und Fahnenwörter. Zu Begrifflichkeit und Theorie der lexikalischen »politischen Semantik«*. Heidelberg/Mannheim.

Hiecke, Robert Heinrich (1842): *Der deutsche Unterricht auf deutschen Gymnasien. Ein pädagogischer Versuch*. Leipzig.

Hildebrand, Rudolf (1867/1913): *Vom deutschen Sprachunterricht in der Schule und von deutscher Erziehung und Bildung überhaupt [...]*. 13. Aufl. Leipzig/Berlin.

Hoberg, Rudolf (2009): Die deutsche Sprache wächst, blüht und gedeiht. In: *Mitteilungen des Deutschen Germanistenverbandes* 56, S. 24-34.

Höffe, Otfried (Hg.) (2005): *Aristoteles-Lexikon*. Stuttgart.

Holle, Karl (2006): Sprachbewusstsein und Sprachbewusstheit. Vorschlag für eine begriffliche Unterscheidung im Rahmen einer prozess- und strategieorientierten Didaktik sprachlichen Handelns. In: Tanja Kurzrock/Ann Peyer (Hgg.): *Sprachreflexion im medialen Umfeld*. Lüneburg, S. 99-226.

Horn, Alexander (2015a): »Die Sprache setzt ein Zeichen für etwas, das sie nicht ausdrücken kann.« Perspektiven auf Sprachreflexion im Deutschunterricht. In: *Der Deutschunterricht* 67, H. 6, S. 76-80.

Horn, Alexander (2015b): Sprachreflexion im Deutschlehrbuch. Positionen und Perspektiven. In: *Mitteilungen des Deutschen Germanistenverbandes* 62, S. 395-408.

Hornscheidt, Antje (2007): Sprachliche Kategorisierungen als Grundlage und Problem des Redens über Interdependenzen, Aspekte sprachlicher Normalisierung und Privilegierung. In: Katarina Walgenbach [u.a.] (Hgg.): *Gender als interdependente Kategorie. Neue Perspektiven auf Intersektionalität, Diversität und Heterogenität*. Opladen/Farmington Hills, S. 65-105.

Humboldt, Wilhelm von (1979): Ueber das vergleichende Sprachstudium in Beziehung auf die verschiedenen Epochen der Sprachentwicklung (1820). In: Ders.: *Werke in fünf Bänden*. Hg. von Andreas Flitner und Klaus Giel. Band III: Schriften zur Sprachphilosophie. 5. Aufl. Darmstadt, S. 1-25.

Hundt, Markus (2000): *»Spracharbeit« im 17. Jahrhundert. Studien zu Georg Philipp Harsdörffer, Justus Georg Schottelius und Christian Gueintz*. Berlin/New York.

Hundt, Markus (2010): Bastian Sick: Der Dativ ist dem Genitiv sein Tod. In: *Mitteilungen des Deutschen Germanistenverbandes* 47, S. 174-196.

Ingendahl, Werner (1999): *Sprachreflexion statt Grammatik. Ein didaktisches Konzept für alle Schulstufen*. Tübingen.

Ingendahl, Werner /Hartmann, Wilfried/Kügler, Hans (1975): Sprachreflexion als zentrale kategorie des deutschunterrichts. In: *Wirkendes Wort* 25, S. 165-181.

Ivo, Hubert (1969/1970): *Kritischer Deutschunterricht*. 2. Aufl. Frankfurt/M. [u.a.].

Ivo, Hubert (1975): *Handlungsfeld: Deutschunterricht. Argumente und Fragen einer praxisorientierten Wissenschaft*. Frankfurt/M.

Ivo, Hubert (1989): Jacob Grimm und die sprachdidaktischen Häresien. In: *Diskussion Deutsch* 20, S. 586-593.

Jäger, Siegfried (2005): Diskurs als »Fluß von Wissen durch die Zeit«. Ein transdisziplinäres politisches Konzept. In: *Aptum. Zeitschrift für Sprachkritik und Sprachkultur* 1, S. 52-72.

Jäger, Siegfried ([1993] 2009): *Kritische Diskursanalyse. Eine Einführung*. 5. Aufl. Münster.

Jahnich, Thomas (2006): Unterrichtsanregung zur Förderung der Sprachkritik im Deutschunterricht der SEK I. »Mamchen« und »Warmduscher« – Unwörter der Gegenwart? In: *Der Deutschunterricht* 58, H. 5, S. 89-93.

Jakobson, Roman (1972): Linguistik und Poetik (engl. Original 1960). In: Jens Ihwe (Hg.): *Literaturwissenschaft und Linguistik. Eine Auswahl. Texte zur Theorie der Literaturwissenschaft*. Bd. 1. Frankfurt/M., S. 99-135.

Janich, Nina (2005): Sprachkultur und Sprachkultiviertheit – ein methodisch-kulturalistischer Theorieentwurf. In: *Aptum. Zeitschrift für Sprachkritik und Sprachkultur* 1, S. 14-38.

Janich, Nina /Rhein, Lisa (2010): *Sprachkultur, Sprachkultivierung, Sprachkritik*. Tübingen (= Studienbibliografien Sprachwissenschaft 37).

Janle, Frank (2011): Sprachreflexion und Sprachkritik in der Schule: Das Beispiel Orthographieunterricht. In: *Mitteilungen des Deutschen Germanistenverbandes* 58, S. 66-83.

Janle, Frank /Klausmann, Hubert (2009): Was zeichnet gute Schülertexte aus? Beobachtungen und Erkenntnisse aus dem Schulalltag. In: *Aptum. Zeitschrift für Sprachkritik und Sprachkultur* 5, S. 168-192.

Januschek, Franz/Paprotté, Wolf/Rohde, Wolfgang (1981): Editorial. In: *Osnabrücker Beiträge zur Sprachtheorie* 20, S. 4-8.

Juhász, János (1967): Zur sprachlichen Norm. Aus Anlaß der 14. Auflage von Wustmanns Sprachdummheiten. In: *Muttersprache. Vierteljahresschrift für deutsche Sprache* 77, S. 333-343.

Kainz, Friedrich (1972): *Über die Sprachverführung des Denkens*. Berlin.

Kaluza, Manfred (2008): »Der Laie ist dem Linguisten sein Feind«. Anmerkungen zur Auseinandersetzung um Bastian Sicks Sprachkolumnen. In: *Info Deutsch als Fremdsprache* 4, S. 432-442.

Kalwa, Nina (2015): *Theorie, Methode* oder *Disziplin*. Plastikwörter innerhalb der Sprachwissenschaft? In: Claudia Brinker-von der Heyde [u.a.] (Hgg.): *Eigentlichkeit. Zum Verhältnis von Sprache, Sprechern und Welt*. Berlin/Boston, S. 195-218.

Karl, Tobias (2000): ›Political Correctness‹ im Sprachunterricht. In: *Zielsprache Deutsch* 31, H. 2/3, S. 53-61.

Keller, Rudi (1993): Das epistemische weil. Bedeutungswandel einer Konjunktion. In: Hans Jürgen Heringer/Georg Stötzel (Hgg.): *Sprachgeschichte und Sprachkritik. Festschrift für Peter von Polenz zum 65. Geburtstag*. Berlin/New York, S.219-247.

Keller, Rudi (2000): *Sprachwandel*. (http://www.phil-fak.uni-duesseldorf.de/uploads/media/Sprachwandel.pdf <17.2.2016>).

Keller, Rudi ([1990] 2003): *Sprachwandel. Von der unsichtbaren Hand in der Sprache*. 3., überarb. u. erw. Aufl. Tübingen/Basel.

Kerncurriculum Niedersachsen (2009): *Kerncurriculum für das Gymnasium – gymnasiale Oberstufe [...] Deutsch*. Hg. vom Niedersächsischen Kultusministerium. Hannover 2009. http://db2.nibis.de/1db/cuvo/datei/kc_deutsch_go_i_2009.pdf <20.2.2010>.

Kienpointner, Manfred (2005): Dimensionen der Angemessenheit. Theoretische Fundierung und praktische Anwendung linguistischer Sprachkritik. In: *Aptum. Zeitschrift für Sprachkritik und Sprachkultur* 1, S. 193-219.

Kiesendahl, Jana (2006): »Guten Abend«, »Gute Nacht«, »Hallöchen« und »Liebe Grüsse«. Angemessenheit in studentischen E-Mails. In: *Aptum. Zeitschrift für Sprachkritik und Sprachkultur* 3, S. 275-288.

Kiesendahl, Jana (2011): *Status und Kommunikation. Ein Vergleich von Sprechhandlungen in universitären E-Mails und Sprechstundengesprächen*. Berlin.

Kilian, Jörg (2000): »... die Geschichte ist die wahre Kritik jedes Worts« – Fritz Mauthner und die klassische Semasiologie. In: Helmut Henne/Christine Kaiser (Hgg.): *Fritz Mauthner – Sprache, Literatur, Kritik. Festakt und Symposion zu seinem 150. Geburtstag*. Tübingen, S. 109-131.

Kilian, Jörg (2001): Kritische Semantik. Für eine wissenschaftliche Sprachkritik im Spannungsfeld von Sprachtheorie, Sprachnorm, Sprachpraxis. In: *Zeitschrift für germanistische Linguistik* 29, S. 293-318.

Kilian, Jörg (2003): Sprachpolitik im Alltag: »Political Correctness«. In: *Der Deutschunterricht* 55, H. 2, S. 52-63.

Kilian, Jörg (2006): Standardnorm versus »Parlando« in Schüler/innen-Chats. Kontrastiv-kritische Spracharbeit im Bereich mündlich und schriftlich entfalteter Schriftlichkeit. In: *Der Deutschunterricht* 58, H. 4, S. 74-83.

Kilian, Jörg (2007): Pippi Langstrumpf als *Negerprinzessin*. Tabuwörter, Euphemismen und kritische Semantik im Deutschunterricht: In: *Deutschunterricht* 60, H. 2, S. 15-19.

Kilian, Jörg (2008): Kritische Semantik, sprachliches Lernen und sprachliche Bildung. Aspekte einer linguistisch fundierten kulturwissenschaftlichen Sprachdidaktik. In: Gerhard Härle/Bernhard Rank (Hgg.): *»Sich bilden, ist nichts anders, als frei werden.« Sprachliche und literarische Bildung als Herausforderung für den Deutschunterricht*. Baltmannsweiler, S. 261-283.

Kilian, Jörg (2009a): Wie der Mensch seine Sprache (er)findet: Herders »Abhandlung über den Ursprung der Sprache«. In: *Deutschunterricht extra*, H. 4, S. 4-7.

*Kilian, Jörg (2009b): Didaktische Konzepte zur Sprachkritik im Unterricht des Deutschen als Erstsprache. In: *Aptum. Zeitschrift für Sprachkritik und Sprachkultur* 5, S. 106-129.

Kilian, Jörg (2011a): »Isch muss noch uffem Sörfa gugge«. Areal- und soziolinguistische Beobachtungen zur Dialektverschriftung in der internetbasierten Kommunikation. In: Michael Elmentaler/Ulrich Hoinkes (Hgg.): *Gute Sprache, schlechte Sprache. Sprachnormen und regionale Vielfalt im Wandel*. Frankfurt/M., S. 155-173.

Kilian, Jörg (2011b): Kritische Wortschatzarbeit. In: Inge Pohl/Winfried Ulrich (Hgg.): *Wortschatzarbeit*. Baltmannsweiler, S. 330-347.

Kilian, Jörg (2014a): Grammatikunterricht, Sprachreflexion und Sprachkritik. In: Hildegard Gornik (Hg.): *Sprachreflexion und Grammatikunterricht*. Baltmannsweiler, S. 326-340.

Kilian, Jörg (2014b): Sprachtheorie, sprachliches Wissen und kritische Sprachbetrachtung. Grundlagen einer didaktischen Sprachkritik in der Lehrer(fort)bildung. In: Niehr (Hg.) (2014), S. 173-186.

Kilian, Jörg (2015): Von *blonden Däninnen* aus deutscher Sicht. Nationale Stereotype und didaktische Sprachkritik – ein Zwischenbericht aus einem laufenden Forschungsprojekt. In: Corinna Peschel/Kerstin Runschke (Hgg.): *Sprachvariation und Sprachreflexion in interkulturellen Kontexten*. Frankfurt/M., S. 155-181.

Kilian, Jörg (2016): *Der Däne*[NGr Nom] *ist*[Vfin] *gemütlich*[ADJGr]. Nationale Stereotype aus dem SMiK-Projekt und Kritische Grammatik im Deutschunterricht. In: Erla Hallsteinsdóttir/Jörg Kilian (Hgg.): *{deutsch} und {dänisch} im Stereotyp: Stereotypenwelten und ihre sprachlich-kulturellen Konstituierungsformen* (= Linguistik online; in Vorb.).

Kilian, Jörg/Niehr, Thomas/Schiewe, Jürgen (2013): Es gibt kein Falsches im Angemessenen. Überlegungen zu einem sprachkritischen Analysemodell. In: Kilian/Niehr/Schiewe (Hgg.) (2013), S. 300-320.

Kilian, Jörg/Niehr, Thomas/Schiewe, Jürgen (Hgg.) (2013): *Sprachkritik* (= Mitteilungen des Deutschen Germanistenverbandes 60, H. 4).

Kirkness, Alan (1975): *Zur Sprachreinigung im Deutschen 1789 - 1871. Eine historische Dokumentation*. Teil I und II. Tübingen.

Klann-Delius, Gisela (2005): *Sprache und Geschlecht. Eine Einführung*. Stuttgart.

Klein, Wolf Peter (2009): Auf der Kippe? Zweifelsfälle als Herausforderung(en) für Sprachwissenschaft und Sprachnormierung. In: Marek Konopka/Bruno Strecker (Hgg.): *Deutsche Grammatik – Regeln, Normen, Sprachgebrauch*. Berlin/New York, S. 141-165.

Klein, Wolf Peter (2014): Das Sprachgefühl zwischen methodologischem Instrument und antisemitischem Agitationsmuster. Zu einem schillernden Begriff der Sprachwissenschaft. In: Lenka Vaňková (Hg.): *Emotionalität im Text*. Tübingen, S. 19-33.

Kliewer, Heinz-Jürgen/Pohl, Inge (Hgg.) (2006): *Lexikon Deutschdidaktik*. 2 Bde. Baltmannsweiler.

Klösel, Horst (2009): *Themenheft Zentralabitur: Deutsche Sprache der Gegenwart*. Stuttgart/Leipzig.

Klotz, Peter (2004): Sprachreflexionskompetenz und kompetenter Sprachgebrauch. In: Michael Kämper-van den Boogaart (Hg.): *Deutschunterricht nach der PISA-Studie*. Frankfurt/M., S. 153-168.

Kluge, Wolfhard (1983): Lehrziel: Sprachaufmerksamkeit. Für eine Grammatik der fakultativen Formen. In: Peter Braun/Dieter Krallmann (Hgg.): *Handbuch Deutschunterricht*. Bd. 1: Sprachdidaktik. Düsseldorf, S. 33-46.

KMK (2004): *Bildungsstandards im Fach Deutsch für den Mittleren Schulabschluss*. http://www.kmk.org/fileadmin/veroeffentlichungen_beschluesse/2003/2003_12_04-BS-Deutsch-MS.pdf <27.11.2015>.

KMK (2012): *Bildungsstandards im Fach Deutsch für die Allgemeine Hochschulreife*. http://www.kmk.org/fileadmin/veroeffentlichungen_beschluesse/2012/2012_10_18-Bildungsstandards-Deutsch-Abi.pdf <27.11.2015>.

Knopf, Julia/Rieder, Adelheid (2013): *Reflexion über Sprache. Grundlagentexte für den Deutschunterricht in der Oberstufe*. Braunschweig.

Köller, Wilhelm (1997): *Funktionaler Grammatikunterricht. Tempus, Genus. Modus: Wozu wurde das erfunden?* Baltmannsweiler.

Köller, Wilhelm (2004): *Perspektivität und Sprache. Zur Struktur von Objektivierungsformen in Bildern, im Denken und in der Sprache*. Berlin/New York.
Köller, Wilhelm (2012): *Sinnbilder für Sprache. Metaphorische Alternativen zur begrifflichen Erschließung von Sprache*. Berlin/Boston.
Kreuz, Christian (2014): Anglizismenjagd auf dem Prüfstand – eine korpuslinguistische Annäherung an die Sprachkritik des Vereins Deutsche Sprache. In: *Aptum. Zeitschrift für Sprachkritik und Sprachkultur* 10, S. 155-172.
Kungfutse (1976): *Gespräche. Lun Yü*. Aus dem Chinesischen übertragen und erläutert von Richard Wilhelm. Düsseldorf/Köln, S. 131.
Lanthaler, Franz [u.a.] (2003): Sprachkritik und Sprachwissenschaft. Anmerkungen zu einer komplizierten Beziehung. In: *Sprachreport* 19, H. 2, S. 2-5.
Law, Claudia (2007): *Sprachratgeber und Stillehren in Deutschland (1923-1967). Ein Vergleich der Sprach- und Stilauffassung in vier politischen Systemen*. Berlin/New York.
Lecke, Bodo (Hg.) (1978) in Verbindung mit dem Bremer Kollektiv: *Projekt Deutschunterricht 12: Kommunikationsanalyse II – Sprachkritik*. Stuttgart.
Lehrplan Hessen (2010): *Lehrplan Deutsch. Gymnasialer Bildungsgang. Jahrgangsstufen 5G bis 9G*. https://kultusministerium.hessen.de/sites/default/files/media/g8-deutsch.pdf <16.2.2016>.
Leibniz, Gottfried Wilhelm (1983): *Unvorgreifliche Gedanken, betreffend die Ausübung und Verbesserung der deutschen Sprache. Zwei Aufsätze*. Hg. von Uwe Pörksen. Kommentiert von Uwe Pörksen und Jürgen Schiewe. Stuttgart.
Lersch-Schumacher, Barbara (2008): *Sprachkritik: Philisterei, Philologie, Philosophie*. Aachen (= Deutsch betrifft uns, H. 1).
Lessing, Gottfried Ephraim (1979): Anti-Goeze. D.i. notgedrungener Beiträge zu den freiwilligen Beiträgen des Hrn. Pastor Goeze. In: Ders.: *Werke*. Hg. von Herbert G. Göpfert. Bd. 8. München, S. 160-308.
Leweling, Beate (2005): *Reichtum, Reinigkeit und Glanz – Sprachkritische Konzeptionen in der Sprachreflexion des 18. Jahrhunderts. Ein Beitrag zur Sprachbewusstseinsgeschichte*. Frankfurt/M.
Linke, Angelika/Voigt, Gerhard (1995): Sprache kritisieren – Sprachkritik. In: *Praxis Deutsch* 22, H. 132, S. 18-22.
Linke, Angelika/Ortner, Hanspeter/Portmann-Tselikas, Paul R. (Hgg.) (2003): *Sprache und mehr. Ansichten einer Linguistik der sprachlichen Praxis*. Tübingen.
Lipczuk, Ryszard (2007): *Geschichte und Gegenwart des Fremdwortpurismus in Deutschland und Polen*. Frankfurt/M.
Lipczuk, Ryszard [u.a.] (Hgg.) (2010): *Diskurslinguistik – Systemlinguistik. Theorien – Texte – Fallstudien*. Hamburg.
Loo, Johanna van/Freytag, Gerald (2009): *Abi-Box Deutsch. Deutsche Sprache der Gegenwart*. Hannover.
Luchtenberg, Sigrid (1995): Language-Awareness-Konzeptionen. Ein Weg zur Aktualisierung des Lernbereichs »Reflexion über Sprache«. In: *Der Deutschunterricht* 47, H. 4, S. 93-108.
Maas, Utz (1984): *»Als der Geist der Gemeinschaft eine Sprache fand«. Sprache im Nationalsozialismus. Versuch einer historischen Argumentationsanalyse*. Opladen.
Maitz, Péter (2014): Kann – soll – darf die Linguistik der Öffentlichkeit geben, was die Öffentlichkeit will? In: Niehr (Hg.) (2014), S. 9-26.
Maitz, Péter/Elspaß, Stephan (2007): Warum der »Zwiebelfisch« nicht in den Deutschunterricht gehört. In: *Info Deutsch als Fremdsprache* 5, S. 515-526.
Matthes, Eva (2014): Aktuelle Tendenzen der Schulbuch- bzw. Bildungsmedienforschung. In: Dieter Wrobel/Astrid Müller (Hgg.): *Bildungsmedien für den Deutschunterricht. Vielfalt – Entwicklungen – Herausforderungen*. Baltmannsweiler, S. 17-26.

Meinhof, Ulrike Hanna/Reisigl, Martin/Warnke, Ingo H. (Hgg.) (2013): *Diskurslinguistik im Spannungsfeld von Deskription und Kritik*. Berlin.

Meinunger, André (2008): *Sick of Sick? Ein Streifzug durch die Sprache als Antwort auf den »Zwiebelfisch«*. Berlin.

Meinunger, André (2009): Mosern wir halt ein bisschen ... über den Zustand der deutschen Sprache. In: *Mitteilungen des Deutschen Germanistenverbandes* 56, S. 36-61.

Mell, Ruth Maria (2015): Das Wort in der Sprachkritik. In: Ulrike Haß/Petra Storjohann (Hgg.): *Handbuch Wort und Wortschatz*. Berlin/Boston, S. 439-463.

Meyer, Kerstin (1993): Wustmanns ›Sprachdummheiten‹. Untersuchungen zu einem Sprachratgeber des 19. Jahrhunderts. In: *Sprachwissenschaft* 18, S. 223-315.

Möller, Georg ([1968] 1986): *Praktische Stillehre*. 5., unveränderte Auflage. Bearbeitet von Ulla Fix. Leipzig.

Motschenbacher, Heiko (2012): Queere Linguistik: Theoretische und methodologische Überlegungen zu einer heteronormativitätskritischen Sprachwissenschaft. In: Günthner/Hüpper/Spieß (Hgg.) (2012), S. 87-125.

Morris, Charles (1972): *Grundlagen der Zeichentheorie*. München.

Mückel, Wenke (2009): Denglisch – auf dem Weg zu einer neuen Sprache?. In: *Deutschunterricht extra*, H. 4, S. 48-56.

Müller, Karla (2014): Gewaltverschleiernder Sprachgebrauch im Nationalsozialismus. In: *Praxis Deutsch* 246, S. 31-39.

Neuland, Eva (1988): Kompensatorische/emanzipatorische Spracherziehung. In: Ulrich Ammon/Norbert Dittmar/Klaus J. Mattheier (Hgg.): *Soziolinguistik. Ein internationales Handbuch zur Wissenschaft von Sprache und Gesellschaft*. 2. Halbbd. Berlin/New York, S. 1734-1744.

Neuland, Eva (1992): Sprachbewußtsein und Sprachreflexion innerhalb und außerhalb der Schule. Zur Einführung in die Themenstellung. In: *Der Deutschunterricht* 44, H. 4, S. 3-14.

Neuland, Eva (1993): Reflexion über Sprache. Reformansatz und uneingelöstes Programm der Sprachdidaktik. In: Albert Bremerich-Vos (Hg.): *Handlungsfeld Deutschunterricht im Kontext. Festschrift für Hubert Ivo*. Frankfurt/M., S. 85-101.

Neuland, Eva (2002): Sprachbewusstsein – eine zentrale Kategorie für den Sprachunterricht. In: *Der Deutschunterricht* 54, H. 3, S. 4-10.

Neuland, Eva (2006): Lernziel Sprachkritik. In: *Der Deutschunterricht* 58, H. 5, S. 2-5.

Neuland, Eva/Peschel, Corinna (2013*)*: *Einführung in die Sprachdidaktik*. Stuttgart/Weimar.

Neuland, Eva/Volmert, Johannes (2009): Jugendsprachen als Objekt und als Mittel von Sprachkritik. In: *Aptum. Zeitschrift für Sprachkritik und Sprachkultur* 5, S. 149-167.

Neumann, Werner (1988): Über das Verhältnis von Sprachtheorie und Sprachsituation in Deutschland gegen Ende des 19. Jahrhunderts. In: *Beiträge zur Erforschung der deutschen Sprache* (Leipzig) 8, S. 5-33.

Newbrook, Mark (2013): *Strange Linguistics. A skeptical linguist looks at non-mainstream ideas about language*. München.

Nickisch, Reinhard M. G. (1975): *Gutes Deutsch? Kritische Studien zu den maßgeblichen praktischen Stillehren der deutschen Gegenwartssprache*. Göttingen.

Niehr, Thomas (2000): Die Asyldebatte in Deutschen Bundestag – eine »Sternstunde« des Parlaments? Untersuchungen zur Debattenkultur im Deutschen Bundestag. In: Armin Burkhardt/Kornelia Pape (Hgg.): *Sprache des deutschen Parlamentarismus*. Wiesbaden, S. 214-260.

*Niehr, Thomas (2002): Linguistische Anmerkungen zu einer populären Anglizismen-Kritik. Oder: Von der notwendig erfolglos bleibenden Suche nach dem treffenderen deutschen Ausdruck. In: *Sprachreport* 18, H. 4, S. 4-10. (Erweiterte Fassung unter: http://www.isk.rwth-aachen.de/uploads/Downloads/Aufsätze Niehr/Anmerkungen_zu_einer_populaeren_Anglizismen-Kritik.pdf <16.2.2016>).

Niehr, Thomas (2004): *Der Streit um Migration in Deutschland, Österreich und der Schweiz. Eine vergleichende diskursgeschichtliche Untersuchung.* Heidelberg
Niehr, Thomas (2006): Investigativer Lingualismus. Eine Replik zur Replik von Hermann Zabel. In: *Aptum. Zeitschrift für Sprachkritik und Sprachkultur* 2, S. 186-192.
Niehr, Thomas (2009): Frakturschrift und Purismus – eine unheilige Allianz. Die Re-Ideologisierung von Schriftarten im 21. Jahrhundert. In: Elisabeth Birk/Jan Georg Schneider (Hgg.): *Philosophie der Schrift.* Tübingen, S. 183-201.
Niehr, Thomas (2011a): Politische Sprache und Sprachkritik. In: *Mitteilungen des Deutschen Germanistenverbandes* 58, S. 278-288.
Niehr, Thomas (2011b): Von der »Fremdwörterseuche« bis zur »Sprachpanscherei«. Populäre Fremdwortkritik gestern und heute. In: Arendt/Kiesendahl (Hgg.) (2011), S. 91-104.
Niehr, Thomas (2012): »In dieser Arbeit wird sich mit der Theorie Chomskys auseinandergesetzt.« Passivkonstruktionen und ihre (vermeintlichen) Tücken. In: *Der Deutschunterricht* 64, H. 1, S. 66-78.
Niehr, Thomas (2013): Politolinguistik – Diskurslinguistik: Gemeinsame Perspektiven und Anwendungsbezüge. In: Kersten Sven Roth/Carmen Spiegel (Hgg.): *Angewandte Diskurslinguistik. Felder, Probleme, Perspektiven.* Berlin, S. 73-88.
Niehr, Thomas (2014a): *Einführung in die linguistische Diskursanalyse.* Darmstadt.
Niehr, Thomas (2014b): *Einführung in die Politolinguistik. Gegenstände und Methoden.* Göttingen/Bristol.
Niehr, Thomas (Hg.) (2014): *Sprachwissenschaft und Sprachkritik – Perspektiven ihrer Vermittlung.* Bremen.
Niehr, Thomas (2015a): Angemessenheit: Eine Kategorie zwischen Präskriptivität und Inhaltsleere? Überlegungen zum Status einer für die Sprachkritik fundamentalen Kategorie. In: *Aptum. Zeitschrift für Sprachkritik und Sprachkultur* 11, S. 101-110.
Niehr, Thomas (2015b): Politolinguistik und/oder Sprachkritik? Das Unbehagen in und an der Deskriptivität. In: *Linguistik online. Sonderheft »Sprache und Demokratie«.* https://bop.unibe.ch/linguistik-online/article/view/2197/3368 <18.2.2016>.
Niehr, Thomas/Funken, Jan (2009): Sprachkritik im Unterricht. Das Beispiel »Lexik und Semantik«. In: *Aptum. Zeitschrift für Sprachkritik und Sprachkultur* 5, S. 130-148.
Nussbaumer, Markus (1991): *Was Texte sind und wie sie sein sollen. Ansätze zu einer sprachwissenschaftlichen Begründung eines Kriterienrasters zur Beurteilung von schriftlichen Schülertexten.* Tübingen.
Nussbaumer, Markus (2006): Sprachkritischer Staat und Sprachkritik am Staat. In: *Der Deutschunterricht* 58, H. 5, S. 52-63.
Ogden, Charles K./Richards, Ivor A. (1974): *Die Bedeutung der Bedeutung (The Meaning of Meaning). Eine Untersuchung über den Einfluß der Sprache auf das Denken und über die Wissenschaft des Symbolismus.* Frankfurt/M. (Originalausgabe London 1923).
Oomen-Welke, Ingelore (2006): Entwicklung sprachlichen Wissens und Bewusstseins im mehrsprachigen Kontext. In: Ursula Bredel [u.a.] (Hgg.): *Didaktik der deutschen Sprache. Ein Handbuch.* 1. Teilband. 2. Aufl. Paderborn [u.a.], S. 452-463.
Ortner, Hanspeter/Sitta, Horst (2003): Was ist der Gegenstand der Sprachwissenschaft? In: Linke/Ortner/Portmann-Tselikas (Hgg.) (2003), S. 3-64.
Ossner, Jakob (2006): *Sprachdidaktik Deutsch. Eine Einführung für Studierende.* 2., überarb. Aufl. Paderborn [u.a.].
*Osterroth, Andreas (2015a): *Linguistisch begründete Sprachkritik in der Schule.* Baltmannsweiler.
Osterroth, Andreas (2015b): Sprachkritisches Arbeiten in der Schule. In: *Aptum. Zeitschrift für Sprachkritik und Sprachkultur* 11, S. 200-208.

Ott, Margarete (2006): Sprachkritische Beobachtungen im Bereich Deutsch als Zweitsprache. In: *Der Deutschunterricht* 58, H. 2, S. 87-94.
Paul, Gunter (1995): »Das kann man so nicht sagen!«. In: *Praxis Deutsch* 22, H. 132, S. 47-51.
Pettersson, Magnus (2011a): *Geschlechtsübergreifende Personenbezeichnungen. Eine Referenz- und Relevanzanalyse an Texten.* Tübingen.
Pettersson Ängsal, Magnus (2011b): Der Unterstrich bei Personenbezeichnungen im Deutschen als Ausdruck einer postfeministischen Sprachkritik. In: *Aptum. Zeitschrift für Sprachkritik und Sprachkultur* 7, S. 270-287.
Peyer, Ann (2003): Language Awareness: Neugier und Norm. In: Linke/Ortner/Portmann-Tselikas (Hgg.) (2003), S. 323-345.
*Pfalzgraf, Falco (2006): *Neopurismus in Deutschland nach der Wende*. Frankfurt/M. [u.a.].
Platon (1957): Kratylos. In: Ders.: *Sämtliche Werke*. In der Übersetzung von Friedrich Schleiermacher mit der Stephanus-Numerierung hg. von Walter F. Otto [u.a.] Band 2. Hamburg, S. 123-181.
Pörksen, Uwe (Hg.) (1983): Nachwort. In: Leibniz (1983), S. 107-131.
Pörksen, Uwe (1988): *Plastikwörter. Die Sprache einer internationalen Diktatur.* Stuttgart.
Pörksen, Uwe (1994a): *Wissenschaftssprache und Sprachkritik. Untersuchungen zu Geschichte und Gegenwart.* Tübingen.
Pörksen, Uwe (1994b): Genauigkeit, Durchsichtigkeit und Form. Was ist eine vollkommene Sprache? In: Pörksen (1994a), S. 297-321.
Pörksen, Uwe (1994c): Platons Dialog über die Richtigkeit der Wörter und das Problem der Sprachkritik. In: Pörksen (1994a), S. 175-187.
*Polenz, Peter von (1967): Sprachpurismus und Nationalsozialismus. Die »Fremdwort«-Frage gestern und heute. In: *Germanistik – eine deutsche Wissenschaft*. Beiträge von Eberhard Lämmert, Walther Killy, Karl Otto Conrady und Peter von Polenz. Frankfurt/M., S. 111-165.
*Polenz, Peter von (1973): Sprachkritik und Sprachnormenkritik. In: Gerhard Nickel (Hg.): *Angewandte Sprachwissenschaft und Deutschunterricht*. München, S. 118-167.
Polenz, Peter von (1994): *Deutsche Sprachgeschichte vom Spätmittelalter bis zur Gegenwart. Bd. II: 17. und 18. Jahrhundert.* Berlin/New York.
Polenz, Peter von (1999): *Deutsche Sprachgeschichte vom Spätmittelalter bis zur Gegenwart. Bd. III: 19. und 20. Jahrhundert.* Berlin/New York.
Polenz, Peter von (2000): *Deutsche Sprachgeschichte vom Spätmittelalter bis zur Gegenwart. Bd. I: Einführung – Grundbegriffe – 14. bis 16. Jahrhundert.* 2. überarbeitete und ergänzte Auflage. Berlin/New York.
Polenz, Peter von (2005): Streit über Sprachkritik in den 1960er Jahren. In: *Aptum. Zeitschrift für Sprachkritik und Sprachkultur* 1, S. 97-111.
Pons (2009): *Perfektes Deutsch.* [Der Ratgeber in sprachlichen Zweifelsfällen]. Von Ines Balcik, Jürgen Volz, Klaus Röhe. Stuttgart
Pusch, Luise (1984): *Das Deutsche als Männersprache. Aufsätze und Glossen zur feministischen Linguistik.* Frankfurt/M.
Quintilianus, Marcus Fabius (1995): *Ausbildung des Redners. Zwölf Bücher.* Lateinisch und Deutsch. Hg. und übersetzt von Helmut Rahn. 3. Aufl. Darmstadt.
RLP-B (2006): *Rahmenlehrplan für den Unterricht in der gymnasialen Oberstufe im Land Brandenburg. Deutsch.* http://bildungsserver.berlin-brandenburg.de/fileadmin/bbb/unterricht/rahmenlehrplaene/gymnasiale_oberstufe/rlp/pdf/RLP_Deutsch.pdf <16.2.2016>.
Reiners, Ludwig (1944): *Deutsche Stilkunst. Ein Lehrbuch deutscher Prosa.* München.
Reiners, Ludwig (1991): *Stilkunst. Ein Lehrbuch deutscher Prosa.* Neubearbeitung von Stephan Meyer und Jürgen Schiewe. München.
Reiners, Ludwig (2001): *Stilfibel.* Ungekürzte Taschenbuchausgabe der 1. Auflage von 1951. München.

Reuschel, Heidi (2015): *Tradition oder Plagiat? Die ›Stilkunst‹ von Ludwig Reiners und die ›Stilkunst‹ von Eduard Engel im Vergleich*. Bamberg.
Riecke, Gustav Adolph (1846): *Anleitung zur methodischen Behandlung der Sprachmusterstücke als Grundlage eines bildenden Unterrichts in der Muttersprache*. Reutlingen.
Riegel, Herman (1888): *Ein Hauptstück von unserer Muttersprache, der allgemeine deutsche Sprachverein und die Errichtung einer Reichsanstalt für die deutsche Sprache. Mahnruf an alle national gesinnten Deutschen*. 2. umgearbeitete und sehr vermehrte Auflage. Braunschweig.
Roggausch, Werner (2009): Repliken reizen. Neuerliche Entgegnung auf Péter Maitz und Stephan Elspaß. In: *Info Deutsch als Fremdsprache* 1, S. 76-82.
Roth, Kersten Sven (2002): »Man nimmt Sprache immer nur dann wahr, wenn man ein Problem hat ...«. Thesen zum Sprachbewusstsein von Politikern. In: *Zeitschrift für germanistische Linguistik* 30, S. 73-99.
Roth, Kersten Sven (2004): *Politische Sprachberatung als Symbiose von Linguistik und Sprachkritik. Zu Theorie und Praxis einer kooperativ-kritischen Sprachwissenschaft*. Tübingen.
Roth, Kersten Sven (2009): Weltbildtransfer. Uwe Pörksens *Plastikwörter* im Kontext der Diskurslinguistik. In: Oliver Stenschke/Sigurd Wichter (Hgg.): *Wissenstransfer und Diskurs*. Frankfurt/M., S. 77-95.
Samel, Ingrid (2000): *Einführung in die feministische Sprachwissenschaft*. 2., überarbeitete und erweiterte Auflage. Berlin.
Sanders, Willy (1988): Die Faszination schwarzweißer Unkompliziertheit. Zur Tradition deutscher Stillehre im 20. Jahrhundert (E. Engel – L. Reiners – W. Schneider). In: *Wirkendes Wort* 38, S. 376-394.
*Sanders, Willy (1992): *Sprachkritikastereien und was der »Fachler« dazu sagt*. Darmstadt.
Sanders, Willy (1995): *Stil und Stilistik*. Heidelberg.
Sauer, Wolfgang (2000): Sprachkritik. In: *Metzler Lexikon Sprache*. Hg. von Helmut Glück. 2., überarb. und erweiterte Aufl. Stuttgart/Weimar, S. 662-663.
Saussure, Ferdinand de (2001): *Grundfragen der allgemeinen Sprachwissenschaft*. Hg. von Charles Bally und Albert Sechehaye. 3. Aufl. Mit einem Nachwort von Peter Ernst. Berlin/New York.
Sauter, Anke (2000): *Eduard Engel. Literaturhistoriker, Stillehrer, Sprachreiniger. Ein Beitrag zur Geschichte des Purismus in Deutschland*. Bamberg.
Schäfer, Stefan (2010): *Sprache. Sprachursprung, Spracherwerb, Sprachwandel, Sprachkritik, Sprachskepsis, Sprachnot*. Stuttgart.
Schiewe, Jürgen (1988): *Sprachpurismus und Emanzipation. Joachim Heinrich Campes Verdeutschungsprogramm als Voraussetzung für Gesellschaftsveränderungen*. Hildesheim/Zürich/New York (= Germanistische Linguistik 96-97).
Schiewe, Jürgen (1989): *Sprache und Öffentlichkeit. Carl Gustav Jochmann und die politische Sprachkritik der Spätaufklärung*. Berlin.
*Schiewe, Jürgen (1998): *Die Macht der Sprache. Eine Geschichte der Sprachkritik von der Antike bis zur Gegenwart*. München.
Schiewe, Jürgen (2001): Aktuelle wortbezogene Sprachkritik in Deutschland. In: Gerhard Stickel (Hg.): *Neues und Fremdes im deutschen Wortschatz. Aktueller lexikalischer Wandel*. Berlin/New York, S. 280-296.
Schiewe, Jürgen (2002a): »Brüderlichkeit« und »Schwesterlichkeit«. Über Gemeinsamkeiten zwischen aufklärerischer und feministischer Sprachkritik. In: Elisabeth Cheauré/Ortrud Gutjahr/Claudia Schmidt (Hgg.): *Geschlechterkonstruktionen in Sprache, Literatur und Gesellschaft. Gedenkschrift für Gisela Schoenthal*. Freiburg i.Br., S. 211-232.
Schiewe, Jürgen (2002b): Wörter auf dem Prüfstand. Grundzüge der Sprachkritik. In: Jürgen Dittmann/Claudia Schmidt (Hgg.): *Über Wörter. Grundkurs Linguistik*. Freiburg i.Br., S. 189-210.

Schiewe, Jürgen (2003a): Über die Ausgliederung der Sprachwissenschaft aus der Sprachkritik. Wissenschaftsgeschichtliche Überlegungen zum Verhältnis von Normsetzung, Normreflexion und Normverzicht. In: Linke/Ortner/Portmann-Tselikas (Hgg.) (2003), S. 401-416.
Schiewe, Jürgen (2003b): Wege der Sprachkritik nach 1945. In: Martin Wengeler (Hg.): *Deutsche Sprachgeschichte nach 1945. Diskurs- und kulturgeschichtliche Perspektiven. Beiträge zu einer Tagung anlässlich der Emeritierung Georg Stötzels*. Hildesheim [u.a.], S. 125-138.
Schiewe, Jürgen (2007): Angemessenheit, Prägnanz, Variation. Anmerkungen zum guten Deutsch aus sprachkritischer Sicht. In: Burkhardt (Hg.) (2007), S. 369-380.
Schiewe, Jürgen (2009): Sprachkritik in der Schule. Vorüberlegungen zu Möglichkeiten und Zielen eines sprachkritischen Unterrichts. In: *Aptum. Zeitschrift für Sprachkritik und Sprachkultur* 5, S. 97-105.
Schiewe, Jürgen (2011): Was ist Sprachkritik? Einige programmatische Überlegungen. In: Arendt/Kiesendahl (Hgg.) (2011), S. 19-30.
Schiewe, Jürgen (Hg.) (2011): *Sprachkritik und Sprachkultur. Konzepte und Impulse für Wissenschaft und Öffentlichkeit*. Bremen.
Schiewe, Jürgen (2016): Sprache – Wissen – Wissenschaft. Denkstile und Diskurse in der Linguistik des 20. Jahrhunderts. In: Eglė Kontutytė/Vaiva Žeimantienė (Hgg.): *Sprache in der Wissenschaft. Germanistische Einblicke*. Frankfurt/M., S. 31-48.
Schiewe, Jürgen/Kilian, Jörg/Niehr, Thomas (Hgg.) (2015): *Texte zur Sprachkritik und Sprachreflexion*. Stuttgart.
Schiewe, Jürgen/Wengeler, Martin (2005): Zeitschrift für Sprachkritik und Sprachkultur. Einführung der Herausgeber zum ersten Heft. In: *Aptum. Zeitschrift für Sprachkritik und Sprachkultur* 1, S. 1-13.
Schlobinski, Peter (2001): Anglizismen im Internet. In: Gerhard Stickel (Hg.): *Neues und Fremdes im deutschen Wortschatz. Aktueller lexikalischer Wandel*. Berlin/New York, S. 239-257.
Schlosser, Horst Dieter (2001): Unwörter zwischen »ätzend« und »inhuman«. Sprachkritische Reflexionen im Deutschunterricht. In: *Der Deutschunterricht 53*, H. 4, S. 51-59.
Schmidt, Claudia/Lutjeharms, Madeline (2006): Sprachliche Diskriminierung der Frau – Gibt es das noch? Sprachkritik aus der Gender-Perspektive. In: *Der Deutschunterricht* 58, H. 6, S. 64-73.
Schneider, Frank (2009): *Sprachursprung, Sprachskepsis, Sprachwandel. Diskussionen über die Sprache von Herder bis heute*. Braunschweig [u.a.]
Schneider, Jan Georg (2005): Was ist ein sprachlicher Fehler? Anmerkungen zu populärer Sprachkritik am Beispiel der Kolumnensammlung von Bastian Sick. In: *Aptum. Zeitschrift für Sprachkritik und Sprachkultur* 1, S. 154-177.
Schneider, Jan Georg (2007): Sprache als kranker Organismus. Linguistische Anmerkungen zum Spiegel-Titel »Rettet dem Deutsch!« In: *Aptum. Zeitschrift für Sprachkritik und Sprachkultur* 3, S. 1-23.
Schneider, Jan Georg (2009a): Was ist richtiges und gutes Deutsch? Sprachratgeber auf dem Prüfstand. In: *Der Deutschunterricht* 61, H. 5, S. 22-32.
Schneider, Jan Georg (2009b): Sprachkompetenz als Sprachspielkompetenz. In: Mareike Buss [u.a.] (Hgg.): *Theatralität des sprachlichen Handelns. Eine Metaphorik zwischen Linguistik und Kulturwissenschaften*. München, S. 59-78.
Schneider, Jan Georg/Hackländer, Astrid (2012): »Korrektes Deutsch?« Eine Spracherkundung im Unterricht. In: *Deutschunterricht* 65, H. 4, S. 38-44.
Schneider, Wolf (2008): *Deutsch! Das Handbuch für attraktive Texte*. Reinbek bei Hamburg.
Schneider, Wolf (2009a): *Deutsch für Kenner. Die neue Stilkunde*. München.
Schneider, Wolf (2009b): *Speak German! Warum Deutsch manchmal besser ist*. Reinbek bei Hamburg.

Schoenthal, Gisela (1989): Personenbezeichnungen im Deutschen als Gegenstand feministischer Sprachkritik. In: *Zeitschrift für germanistische Linguistik* 17, S. 296-314.

Schübel, Adelbert (2001): Aufklärung tut not: Über Sprachreflexion, Sprachkritik und Victor Klemperer im Deutschunterricht. In: Karl-Heinz Siehr (Hg.): *Victor Klemperers Werk. Texte und Materialien für Lehrer*. Berlin, S. 94-114.

Schulze, Ingo (2009): Das Wort für die Sache halten. Über den Begriff »Verlierer«. In: Ders.: *Was wollen wir? Essays, Reden, Skizzen*. Berlin, S. 287-313.

Schümann, Michael (2007): Wer hat Angst vor Bastian Sick? Das Verhältnis der Sprachwissenschaft zu einem Bestsellerautor und Unterhaltungskünstler. In: *Der Sprachdienst* 5, S. 201-208.

Schuster, Karl (2003): *Einführung in die Fachdidaktik Deutsch*. 10., unveränderte Aufl. Baltmannsweiler.

Sick, Bastian (2008): *Der Dativ ist dem Genitiv sein Tod. Ein Wegweiser durch den Irrgarten der deutschen Sprache*. Folge 1-3 in einem Band. Köln.

Siebert, Hans-Joachim (1994): Georg Möller – Deutschlehrer, Sprachforscher, Lehrbuchautor. In: Horst Ehrhardt (Hg.): *Linguistik, Sprachunterricht und Sprachlehrerstudium in Ostdeutschland (1946-1990)*. Frankfurt/M./New York, S. 271-285.

Siehr, Karl-Heinz (1996): ›Sprachkritik‹. Anmerkungen zu einem vielschichtigen Begriff. In: *Deutschunterricht* 49, H. 2, S. 77-86.

*Siehr, Karl-Heinz (2000): Sprachkritik und Muttersprachunterricht. Anmerkungen aus linguistischer Sicht. In: Rolf Thieroff [u.a.] (Hgg.): *Deutsche Grammatik in Theorie und Praxis*. Tübingen, S. 287-297.

Siehr, Karl-Heinz (2001): Die Sprachkritik Victor Klemperers im Muttersprachunterricht. Anmerkungen aus linguistischer Sicht. In: Ders. (Hg.): *Victor Klemperers Werk. Texte und Materialien für Lehrer*. Berlin, S. 70-93.

Sowinski, Bernhard (1991): Stilauffassung in der Sprachwissenschaft und Sprachdidaktik. In: Eva Neuland/Helga Bleckwenn (Hgg.): *Stil – Stilistik – Stilisierung. Linguistische, literaturwissenschaftliche und didaktische Beiträge zur Stilforschung*. Frankfurt/M., S. 13-22.

Sowinski, Bernhard (1999): *Stilistik. Stiltheorien und Stilanalysen*. 2., überarb. und akt. Aufl. Heidelberg.

Spieß, Constanze (2013): Binnen-I, Beidbenennung, Neutralform oder Unterstrich? Sprachliche Formen der Geschlechtsmarkierung im Deutschen – ein Beitrag zur Sprachreflexion im Unterricht. In: *Der Deutschunterricht* 65, H. 5, S. 70-74.

Spieß, Constanze (2014): Sozial*tourismus*, Rentner*schwemme*, Wohlstands*müll*. Zum diskriminierenden Handlungspotenzial von Unwörtern. In: *Praxis Deutsch* 246, S. 24f.

Spiewok, Wolfgang (1969): Georg Möller: Praktische Stillehre. In: *Deutschunterricht* 22, H. 4, S. 552-555.

Spitzmüller, Jürgen (2005a): *Metasprachdiskurse. Einstellungen zu Anglizismen und ihre wissenschaftliche Rezeption*. Berlin/New York.

Spitzmüller, Jürgen (2005b): Das Eigene, das Fremde und das Unbehagen an der Sprachkultur. Überlegungen zur Dynamik sprachideologischer Diskurse. In: *Aptum. Zeitschrift für Sprachkritik und Sprachkultur* 1, S. 248–261.

Spitzmüller, Jürgen (2006): Eine Frage der Einstellung? Bewertungen des Sprachwandels in Linguistik und Öffentlichkeit. In: *Der Sprachdienst* 2-3, S. 41-54.

Spitzmüller, Jürgen/Warnke, Ingo H. (2011): *Diskurslinguistik. Eine Einführung in Theorien und Methoden der transtextuellen Sprachanalyse*. Berlin/Boston.

Sprachnachrichten. Nr. 41/2009, 42/2009, 45/2010.

Steinbrenner, Marcus (2007): Freiheit und Bindung – Sprachlich-literarische Bildung und die Suche nach einem Denkrahmen für die Deutschdidaktik. In: Susanne Gölitzer/Jürgen Roth (Hgg.):

Wirklichkeitssinn und Allegorese. Festschrift für Hubert Ivo zum achtzigsten Geburtstag. Münster, S. 390-420.
Steinig, Wolfgang/Huneke, Hans-Werner (2015): *Sprachdidaktik Deutsch. Eine Einführung.* 5., neu bearb. und erw. Aufl. Berlin.
Stenschke, Oliver (2007): »Ende diesen Jahres«: Die Flexionsvarianten von Demonstrativpronomina als ein Beispiel für Degrammatikalisierung. In: *Deutsche Sprache* 35, S. 63-85.
Sternberger, Dolf/Storz, Gerhard/Süskind, Wilhelm E. (1957): *Aus dem Wörterbuch des Unmenschen.* Hamburg.
*Sternberger, Dolf/Storz, Gerhard/Süskind, Wilhelm E. (1986): *Aus dem Wörterbuch des Unmenschen.* Neue erweiterte Ausgabe mit Zeugnissen des Streites über die Sprachkritik. 3. Aufl., nach der erweiterten Ausgabe 1967. Frankfurt/M./Berlin.
Stirnemann, Stefan (2004): Ein Betrüger als Klassiker. Eduard Engels Deutsche Stilkunst und Ludwig Reiners. In: *Kritische Ausgabe* 2, S. 48-50. Auch unter: http://www.kritische-ausgabe.de/hefte/reich/stirnemann.pdf <18.2.2016>.
Stötzel, Georg/Wengeler, Martin (1995): *Kontroverse Begriffe. Geschichte des öffentlichen Sprachgebrauchs in der Bundesrepublik Deutschland.* In Zusammenarbeit mit Karin Böke, Hildegard Gorny, Silke Hahn, Matthias Jung, Andreas Musolff, Cornelia Tönnesen. Berlin/New York.
Stukenbrock, Anja (2005): *Sprachnationalismus. Sprachreflexion als Medium kollektiver Identitätsstiftung in Deutschland (1617-1945).* Berlin/New York.
Taschenbuch des Deutschunterrichts [...]. 2., überarb. und erg. Aufl., hg. von Erich Wolfrum. Baltmannsweiler 1976. 3., völlig neubearb. und erw. Aufl., hg. von Erich Wolfrum. Baltmannsweiler 1980. 4. neubearb. und erw. Aufl., hg. von Günter Lange, Karl Neumann, Werner Ziesenis. Baltmannsweiler 1986. 5., vollständig überarb. Aufl., hg. von Günter Lange, Karl Neumann, Werner Ziesenis. Baltmannsweiler 1994.
Thomasius, Christian (1691): Christian Thomas [...] / eröffnet / Der Studirenden / Jugend in Halle / in einem gemischten Diskurs / fünff neue Collegia [...]. In: Ders.: *Kleine Teutsche Schriften.* Reprographischer Nachdruck. Hg. von Werner Schneiders. Hildesheim/Zürich/New York 1994, S. 254-392.
Tomasello, Michael (2003): *Die kulturelle Entwicklung des menschlichen Denkens. Zur Evolution der Kognition.* Aus dem Englischen von Jürgen Schröder. Darmstadt.
Trömel-Plötz, Senta (1982): *Frauensprache – Sprache der Veränderung.* Frankfurt/M.
Tucholsky, Kurt (1975): *Gesammelte Werke in zehn Bänden.* Hg. von Mary Gerold-Tucholsky und Fritz J. Raddatz. Reinbek bei Hamburg.
Ueding, Gert/Steinbrink, Bernd (1994): *Grundriß der Rhetorik. Geschichte, Technik, Methode.* 3., überarbeitete und erweiterte Auflage. Tübingen.
Ulshöfer, Robert (1957): *Methodik des Deutschunterrichts Mittelstufe II.* Stuttgart.
Vesper, Wilhelm (2007): Ist gutes Deutsch heutzutage schon das weniger schlechte Deutsch? Einige Überlegungen zu der Frage nach dem guten Deutsch im schulischen Unterricht. In: Burkhardt (Hg.) (2007), S. 255-264.
Wahrig (2003): *Fehlerfreies und gutes Deutsch.* Gütersloh/München.
Warnke, Ingo H. (2002): Texte in Texten – Poststrukturalistischer Diskursbegriff und Textlinguistik. In: Kirsten Adamzik (Hg.): *Texte, Diskurses, Interaktionsrollen.* Tübingen, S. 1-17.
Warnke, Ingo H./Spitzmüller, Jürgen (2008): Methoden und Methodologie der Diskurslinguistik.– Grundlagen und Verfahren einer Sprachwissenschaft jenseits textueller Grenzen. In: Dies. (Hgg.): *Methoden der Diskurslinguistik. Sprachwissenschaftliche Zugänge zur transtextuellen Ebene.* Berlin/New York, S. 3-54.
Weber, Tilo (2015): Orthographie als Anlass didaktischer Sprachnormkritik. In: Jörg Bücker/Elke Diedrichsen/Constanze Spieß (Hgg.): *Perspektiven linguistischer Sprachkritik.* Stuttgart, S. 255-273.

Wegener, Heide (1999): Syntaxwandel und Degrammatikalisierung im heutigen Deutsch? Noch einmal zu weil-Verbzweit. In: *Zeitschrift für Deutsche Sprache* 1, S. 3-26.
Weinert, Michaela (2010): Der »Chandos-Brief«. Hugo von Hofmannsthals berühmter Text zur Sprachkrise. In: *Deutschmagazin*, H. 2, S. 21-25.
Weinrich, Harald (2000): *Linguistik der Lüge*. 6., durch ein Nachwort erw. Aufl. München.
Weisgerber, Bernhard (1972[1975]): *Elemente eines emanzipatorischen Sprachunterrichts*. 2., durchges. und erw. Aufl. Heidelberg.
Weisgerber, Bernhard (1985): Reflexion über Sprache im Unterricht. In: Ders.: *Vom Sinn und Unsinn der Grammatik*. Bonn-Bad Godesberg, S. 56-72.
Wengeler, Martin (2002): »1968«, öffentliche Sprachsensibilität und *political correctness*. Sprachgeschichtliche und sprachkritische Anmerkungen. In: *Muttersprache. Vierteljahresschrift für deutsche Sprache* 112, S. 1-14.
Wengeler, Martin (2003): *Topos und Diskurs. Begründung einer argumentationsanalytischen Methode und ihre Anwendung auf den Migrationsdiskurs (1969-1985)*. Tübingen.
Wengeler, Martin (2005): »Das Szenario des kollektiven Wissens einer Diskursgemeinschaft entwerfen«. Historische Diskurssemantik als »kritische Linguistik«. In: *Aptum. Zeitschrift für Sprachkritik und Sprachkultur* 1, S. 262-282.
Wengeler, Martin (2013): Unwörter. Eine medienwirksame Kategorie zwischen linguistisch begründeter und populärer Sprachkritik. In: Hajo Diekmannshenke/Thomas Niehr (Hgg.): *Öffentliche Wörter. Analysen zum öffentlich-medialen Sprachgebrauch*. Stuttgart, S. 13-32.
Wengeler, Martin (2014): Sprachwissenschaft – nur wissenschaftlich oder auch kritisch? In: Niehr (Hg.) (2014), S. 27-37.
Wierlemann, Sabine (2002): *Political Correctness in den USA und in Deutschland*. Berlin.
Wilczek, Reinhard (2009): »Wie um sich fressender Rost« – die Sprachkrise im Chandos-Brief. In: *Deutschunterricht extra*. Heft 4, S. 34-44.
*Wimmer, Rainer (1982): Überlegungen zu den Aufgaben und Methoden einer linguistisch begründeten Sprachkritik. In: Hans Jürgen Heringer (Hg.): *Holzfeuer im hölzernen Ofen. Aufsätze zur politischen Sprachkritik*. Heidelberg, S. 290-313.
Wimmer, Rainer (1986): Neue Ziele und Aufgaben der Sprachkritik. In: Peter von Polenz/Johannes Erben/Jan Goossens (Hgg.): *Sprachnormen: lösbare und unlösbare Probleme [...]*. Tübingen, S. 146-158.
Wimmer, Rainer (2002): Sprachreflexion – Spracharbeit. Anlässe und Gegenstände der Reflexion über Sprache. In: *Der Deutschunterricht* 54, H. 3, S. 47-52.
Wimmer, Rainer (2003): Wie kann man Sprachkritik begründen? In: Linke/Ortner/Portmann-Tselikas (Hgg.) (2003), S. 417-450.
Wodak, Ruth (2002): Aspects of Critical Discourse Analysis. In: *Zeitschrift für Angewandte Linguistik* 36, S. 5-31.
Wodak, Ruth (2005): Sprache und Politik – Sprache in der Politik – Sprache/Sprechen über (Sprache in/und) Politik. Möglichkeiten und Grenzen diskursanalytischer Vorgangsweisen. In: *Aptum. Zeitschrift für Sprachkritik und Sprachkultur* 1, S. 135-153.
Wrobel, Dieter (2014): Spricht Pippis Papa »Negersprache« oder »Taka-Tuka-Sprache«? Streit über diskriminierenden Sprachgebrauch in Kinderbüchern. In: *Praxis Deutsch* 246, S. 19-23.
Wustmann, Gustav (1891): *Allerhand Sprachdummheiten. Kleine deutsche Grammatik des Zweifelhaften, des Falschen und des Häßlichen. Ein Hilfsbuch für alle, die sich öffentlich der deutschen Sprache bedienen*. Leipzig.
Zeitschrift des Allgemeinen Deutschen Sprachvereins. Nr. 1/1886, Nr. 9/1914.
Ziem, Alexander (2009): Diskurse, konzeptuelle Metaphern, Visiotype. Formen der Sprach- und Bildkritik am Beispiel der Kapitalismus-Debatte. In: *Aptum. Zeitschrift für Sprachkritik und Sprachkultur* 5, S. 18-37.

Zimmer, Dieter E. (1995): *So kommt der Mensch zur Sprache. Über Spracherwerb, Sprachentstehung und Sprache und Denken*. 2. Aufl. München.
Zimmer, Dieter E. (1998): *Deutsch und anders – die Sprache im Modernisierungsfieber*. Reinbek bei Hamburg.
Zimmer, Dieter E. (2005): *Sprache in Zeiten ihrer Unverbesserlichkeit*. Hamburg.
Zimmer, Dieter E. (2006): *Die Wortlupe. Beobachtungen am Deutsch der Gegenwart*. Hamburg.
Zimmermann, Holger (2012): Von der (Un-)Lust am Werten – Sprachwandel und Sprachkritik im Deutschunterricht. In: Sabine Anselm [u.a.] (Hgg.): *Werte – Worte – Welten. Werteerziehung im Deutschunterricht*. Baltmannsweiler, S. 105-115.

Abbildungen

Abb. 1: Semiotisches Dreieck 31
Abb. 2: Eintrag *Aristocrat*, *Aristocratie* in Campes Verdeutschungswörterbuch 32
Abb. 3: Herausbildung der normativen Stilformenlehre 48
Abb. 4: Sprachberatungsmodell 60
Abb. 5: Angemessenheit: Das Stildreieck 63
Abb. 6: Ausschnitt aus Wustmanns *Sprachdummheiten* 78
Abb. 7: Ausschnitt aus Engels *Deutsche Stilkunst* 81
Abb. 8: Ausschnitt aus Reiners' *Deutsche Stilkunst* 87
Abb. 9: Ausschnitt aus W. Schneiders *Deutsch für Kenner* 95
Abb. 10: Zur Differenzierung der didaktischen Sprachkritik im weiteren und im engeren Sinne 131
Abb. 11: Das »Organon-Modell« Karl Bühlers 136
Abb. 12: Entwurf einer systematischen Ordnung von Gegenständen der didaktischen Sprachkritik und Ansätze ihrer curricularen Entwicklung 138
Abb. 13: Kompetenzmodell der didaktischen Sprachkritik 146
Abb. 14: »Schrittfolgen« für Sprachkritik nach Wimmer und Bremerich-Vos 152

Personenregister

Das Personenregister verweist nicht auf jeden Namen und nicht auf jede Nennung eines Namens im Text, sondern nur auf ausgewählte Fundstellen, an denen nähere Informationen über Beiträge des Namenträgers zu Ansätzen und Methoden der kritischen Sprachbetrachtung gegeben werden.

Abraham, Ulf 47
Adelung, Johann Christoph 19
Ágel, Vilmos 100
Andresen, Helga 123
Arendt, Birte 70, 181
Aristoteles 2ff.
Becker, Karl Ferdinand 118
Benn, Gottfried 94
Böke, Karin 56
Bremerich-Vos, Albert 152, 186
Büchner, Georg 94
Buffon, Georges-Louis Leclerc, Comte de 47
Bühler, Karl 136f., 149, 180
Busse, Dietrich 56
Busse, Ulrich 106
Campe, Joachim Heinrich 15, 28ff., 32ff., 50, 68, 179
Cicero 3f., 51, 63
Coseriu, Eugenio 11, 13
Dieckmann, Walther 9f., 16, 164, 179
Dreesen, Philipp 56
Dunger, Hermann 72f., 113, 183
Eisenberg, Peter 106
Engel, Eduard 74, 80f., 83ff., 88, 93f., 97, 105, 108, 112
Eroms, Hans-Werner 46, 48, 50, 180
Fix, Ulla 46, 64f., 88
Foucault, Michel 53
Freytag, Gustav 82
Gardt, Andreas 54
Gauger, Hans Martin 4, 6ff., 16, 21, 110, 179
Goethe, Johann Wolfgang von 82ff., 94, 97
Gottsched, Johann Christoph 50
Grimm, Jacob 19f., 82, 118
Halliday, Michael A. K. 123
Hamann, Johann Georg 86
Hartmann, Peter 46
Hegel, Georg Wilhelm Friedrich 86
Heine, Heinrich 46, 83, 94
Helmers, Hermann 119, 121
Henne, Helmut 12
Herder, Johann Gottfried 14, 140

Heringer, Hans Jürgen 23
Hiecke, Heinrich 118
Hildebrand, Rudolf 118
Hoberg, Rudolf 108f.
Hofmannsthal, Hugo von 5, 14, 72, 140, 145, 169, 171
Holly, Werner 23
Hornscheidt, Lann 40
Humboldt, Wilhelm von 14, 20, 119, 140
Hundt, Markus 97
Ingendahl, Werner 160
Ivo, Hubert 19f., 120
Jäger, Siegfried 53
Jakobson, Roman 1, 180
Janich, Nina 16, 66, 68
Jean Paul 94
Jochmann, Carl Gustav 14
Jung, Matthias 56
Kafka, Franz 94
Kalwa, Nina 43
Kant, Immanuel 86
Keller, Rudi 82, 168
Kienpointner, Manfred 3, 63f., 179
Kiesendahl, Jana 69f., 179, 181
Kilian, Jörg 43ff., 154
Kleist, Heinrich von 94, 112, 181
Klemperer, Victor 72
Klotz, Peter 123, 129
Kolb, Herbert 139
Konfuzius 6
Krämer, Walter 92
Kraus, Karl 5, 14, 72
Kreuz, Christian 106
Kungfutse 14, 24, 28
Leibniz, Gottfried Wilhelm 13ff., 50, 140
Lessing, Gotthold Ephraim 46, 82, 84, 94, 97
Lichtenberg, Georg Christoph 94
Luther, Martin 82f.
Mann, Thomas 94
Mauthner, Fritz 5, 13f., 72, 140, 149, 159
Meinunger, André 151, 169
Möller, Georg 88f.

Moltke, Maximilian Leopold 82
Musil, Robert 94
Neuland, Eva 111
Neumann, Werner 20
Niehr, Thomas 56
Nietzsche, Friedrich 5, 14, 72, 94, 140, 145
Ogden, Charles K. 31
Osterroth, Andreas 126, 167, 173
Otfrid von Weißenburg 15
Piaget, Jean 145, 149, 166
Platon 5, 14, 25, 140
Pörksen, Uwe 6, 41ff.
Polenz, Peter von 11, 13f., 16, 21f., 37, 117, 149f., 175, 179
Quintilian 3f., 46
Reiners, Ludwig 49f., 85f., 88, 93, 98, 108, 181
Richards, Ivor Amstrong 31
Riegel, Herman 72f.
Roth, Kersten Sven 23, 38, 43, 59ff., 70
Sanders, Willy 71, 98, 105
Sarrazin, Otto 74
Saussure, Ferdinand de 7, 21f., 24
Schiewe, Jürgen 62, 85, 173
Schiller, Friedrich 82, 84
Schneider, Jan Georg 67, 97, 124
Schneider, Wolf 90, 93f., 96, 107f., 111, 168, 181
Schoenthal, Gisela 41
Schopenhauer, Arthur 82
Schulze, Ingo 70, 180

Sick, Bastian 90, 96, 98f., 113, 135, 151, 167, 169
Siehr, Karl-Heinz 152, 162
Sokrates 25ff.
Sowinski, Bernhard 48
Spitzmüller, Jürgen 53ff.
Sternberger, Dolf 21f., 34ff., 69
Storz, Gerhard 21, 34, 69
Stötzel, Georg 56
Süskind, Wilhelm E. 21, 34, 69
Thomasius, Christian 50
Tomasello, Michael 12
Treitschke, Heinrich von 82
Tucholsky, Kurt 69
Volmert, Johannes 111
Walser, Robert 94
Warnke, Ingo H. 53f.
Weinrich, Harald 37
Weisgerber, Bernhard 120, 142, 149, 152
Weisgerber, Leo 139
Wengeler, Martin 56, 58, 62
Wierlemann, Sabine 38
Wimmer, Rainer 23, 58, 152, 186
Wodak, Ruth 53
Wustmann, Gustav 13, 75ff., 82, 97, 109, 113, 182
Wygotski, Lew Semjonowitsch 145, 166
Zimmer, Dieter Eduard 100, 102ff.

Sachregister

Das Sachregister verweist nicht auf jede Nennung eines Sachstichwortes im Text, sondern nur auf ausgewählte Fundstellen, an denen nähere Informationen über die bezeichneten Sachen zu finden sind.

Adäquatheit 64
Adressatenorientierung 83, 108, 110f.
Aktion lebendiges Deutsch 96
Allgemeiner Deutscher Sprachverein 20, 33, 72ff., 80, 92
Allgemeinverständlichkeit 29, 33
Amtsdeutsch 86
angemessen vs. *unangemessen* 68
Angemessenheit 2f., 8, 39, 48, 51f., 58, 61f., 65, 83, 86, 88, 107f., 133, 142, 181
Angemessenheit, funktionale 4, 8, 15ff., 68, 107f., 124, 128, 137, 147f., 156ff.
Anglisierung 90f., 101
Anglizismen 73, 90, 92f., 96, 102f., 107, 110, 113, 134f., 143, 183
Anglizismengebrauch 106
Anglizismen-Index 91, 106, 183
Anglizismenkritik 79
anscheinend vs. *scheinbar* 98f.
aptum 2, 51, 62
Arbitrarität 149
Aristocrat, Aristocratie 32
ausländerfrei 10, 164
backen 161
Backfisch 109
backupen 102
Bedeutungsnuancierung 107
Begriff 30f., 37
Betreuung, betreuen 69, 180
Bewertung, sprachkritische 153
Beziehungsebene 64
Bildungssprache 125
Binnendifferenzierung der Sprache 11
bräuchte 153, 159
Brüderlichkeit 30
Chat-Kommunikation 66, 158, 162
Denglisch 92, 103
Deutschunterricht 121, 127, 133, 135, 167, 171
dieses Jahres vs. *diesen Jahres* 99f.
Dimensionen der Angemessenheit 68, 70
Diskurs 53f., 58, 61f., 134f.
Diskursanalyse, kritische 53

Diskursfähigkeit 165
Diskurskritik 18, 55
Diskurslinguistik 53f.
Diskurslinguistik, kontrastive 56, 58
Diskursnorm 13
downloaden, downgeloadet 96, 102f.
Endlösung 44, 134
Ethik und Sprachgebrauch 3
Euphemismus 134
Existenzweisen von Sprache 11
fachsprachlich 111
Fehler 52, 125f., 159
Formulierungsmaximen 65
Fremdwörter 33, 72f., 75, 77, 79, 84f., 88f., 91, 94, 96, 100, 103ff., 134, 143
Fremdwortgebrauch 77, 79, 83f., 102, 105f.
Fremdwortkritik 17, 72, 74, 105
Fremdwortpurismus 28, 73, 75
Fremdwortverwendung 90, 94, 103, 105
Funktion, metasprachliche 1, 14
Gender 40
Genderlinguistik 40f.
generisches Maskulinum 39, 164
Genus 39
Gesellschaft für deutsche Sprache 93
Gesprächssituation 64
Grammatikunterricht 160
Handlung 62
herunterladen 96, 102
historische Diskurssemantik 58
historische Semantik 56
hysterisch 110
Ideologiekritik 121
indigene Ausdrücke 183
inhumaner Akkusativ 139, 148, 150
jugendsprachlich 111
Kampfhund 163
kids 91
Klarheit 51
Kommunikation, gelingende 66f.
Kommunikationsideal, demokratisches 61
Kommunikationskonflikte 23, 58

Kommunikationsmaximen 65
Kommunikationssituation 3, 51, 89, 99, 107
kommunikative Ethik 23
Komposita 9
Kontext 37, 45, 51, 67, 111
Kontraktion 157
kontroverse Begriffe 57
Konzeptualisierung 44
Kritik am kommunikativen Handeln 18
Kritik an der Sache 9
Kritik an Sprachnormen 71
Kritik kommunikativen Handelns 60
kritische Deutschdidaktik 142
kritische Semantik 43f.
kritischer Deutschunterricht 120
Language Awareness 123
Lasswell-Formel 157
Lehnwörter 101
Leichte Sprache 112, 181
Maßstäbe der Sprachkritik 2, 67
Maus 109
Medium 181
Mehrsprachigkeit 67, 154
Menschenbehandlung 34, 36f.
Motivierbarkeit 28
Nationalsozialismus 33, 74
Nationalsozialismus, Sprache des 34
Nazi-Vokabular 134
Neger 153
nomos-These 25
Norm, deskriptive 12
Norm, präskriptive 12
Norm(en) 2, 12, 15f., 66, 116, 120, 127, 154, 162
Normen, ästhetische 64
Normen, instrumentale 64
Normen, parasprachliche 64
Normen, situative 64
Normenkonflikte 151, 154f.
normenkritisch 45
Normenvermittlung 116, 124
Normerwartungen 180
Normkonflikt 45, 58
Normreflexion 67
Organismus 182
organistische Sprachauffassung 109, 182
Orthographie 135
Partner 41
Perspektiviertheit 10, 150
physei-These 25

Pidginisierung 102
Plastikwörter 41f.
Pluralform 147
Political Correctness 38, 61, 134, 165
Politolinguistik 60
Poseidon 26f.
Prägnanz 51f.
prepon 2
Publikum 3
Purismus 72, 83
Purismus, aufklärerischer 28
Purist 85, 105
recyclen 102
Redeschmuck 51
Reflexion über Sprache 118, 122f., 128f., 164
Regionalismen 157
Relativsatzanschluss mit *wo* 159
Rhetorik 1f., 46f., 61f.
richtig vs. *falsch* 67, 141, 154, 158f., 163, 174f.
Richtigkeit 4
Richtigkeit der Wörter, konventionelle 26
Richtigkeit der Wörter, natürliche 25
Richtigstellung der Begriffe 24
Sachebene/Inhaltsebene 64
semantische Kämpfe 57
Semiotisches Dreieck 31, 39
Sexus 39
Sinn machen 97
Situation 3
Spracharbeit 28
Sprachaufmerksamkeit 123, 129
Sprachäußerung 7f.
Sprachberatung 59f.
Sprachbesitz 7
Sprachbewertung 147
Sprachbewusstheit 118, 123, 128
Sprachbewusstsein 16, 52, 76, 118, 123, 128
Sprachbrauch 12
Sprachbrauchskritik 13
Sprache als Gebrauch 22
Sprache als Organismus 20f.
Sprache als System 22
Spracherfahrung 147, 151, 155
Sprachförderung 116, 127
Sprachfunktionen 1, 180
Sprachgebrauch 2, 11, 16, 40, 51, 67, 71, 76, 106, 108f., 111
Sprachgebrauchskritik 126, 153
Sprachgefühl 71, 76, 147, 151, 155, 183

Sprachgeschichte 57, 85, 108, 110, 154
Sprachgesellschaft 73
Sprachideal 50, 68
Sprachkompetenz 11ff.
Sprachkompetenzkritik 13, 126
Sprachkonservativismus 109f.
Sprachkritik 1, 16, 18, 20ff., 59, 65
Sprachkritik, didaktische 15, 114, 124, 132, 163
Sprachkritik, explizite 56
Sprachkritik, feministische 39f., 135
Sprachkritik, feuilletonistische 66
Sprachkritik, Geschichte der 4, 17
Sprachkritik, implizite 56
Sprachkritik, laienlinguistische 4, 6, 14, 23
Sprachkritik, linguistische 3f., 8, 14, 39, 62, 66
Sprachkritik, literarische 6
Sprachkritik, moralische 5
Sprachkritik, nicht-normative 59
Sprachkritik, philologische 6
Sprachkritik, philosophische 5
Sprachkritik, theologische 6
Sprachkritik, wortbezogene 9
Sprachkritikkompetenz 67, 115, 124, 129f., 141, 150
Sprachkultiviertheit 16, 66, 68
Sprachkultur 16
sprachliche Bildung 15, 114, 124, 141
sprachliches Lernen 15, 114, 124, 141
Sprachnorm 11f.
Sprachnormenkritik 13, 160
Sprachnormierung 12
Sprachpflege 15, 22, 116
Sprachpurismus 74f.
Sprachratgeber 111
Sprachreflexion 18
Sprachreflexionskompetenz 123, 129f.
Sprachreinheit 33
Sprachrichtigkeit 51
Sprachspielkompetenz 67, 123
Sprachsystem 11ff., 21, 102
Sprachsystemkritik 160
Sprachtabu 134
Sprachvereine 20
Sprachverfall 66, 76, 82, 90, 100, 109
Sprachverkehr 11ff.
Sprachverkehrskritik 13
Sprachverwendung 11f., 13
Sprachverwendungskritik 13
Sprachwandel 67, 82, 99, 103, 109

Sprachwissenschaft 8, 14, 17ff.
Sprachwissenschaft, anwendungsbezogene 67
Sprachwissenschaft, historisch-vergleichende 20
Sprachwissenschaft, kooperativ-kritische 59
Staatsumwälzung 30
Standardsprache 13, 44, 67, 116, 124, 160
Stereotypisierung von Ausdrucksweisen 43
Stigma-Wörter 38
Stil 46f., 48f., 49, 52, 62, 77, 81ff., 86, 88, 93f., 105, 108
Stil, guter 52
Stilanalyse 49
Stildreieck 63
Stilformenlehre, normative 47
Stilgefühl 50
Stilistik 46f.
Stilistik, normative 50
Stilkritik 17, 49f., 71, 104, 108, 110, 135
Stillehre 49, 71, 89f., 105, 108
Stilmittel 180
Stilratgeber 71, 93, 97
Streckverben 86
Streit um Sprachkritik 21, 37, 58
Subjektschub 153
Text 46, 54, 62, 64, 80, 88, 94, 106, 108, 181
Textkritik 17
Textlinguistik 46
Textsorte 51, 107f.
Theorie des sprachlichen Zeichens 25
Tiefencode 101f., 105
Umgangssprache 41
unkaputtbar 153
Unkraut 159
Unmenschlichkeit von Wörtern 34
Unterstrich 40
Unwort 10, 164, 134, 169
uploaden 104
Vagheit von Wortbedeutungen 9
Variation 52
Varietätennorm 13
Verb-Letztstellung 162
Verb-Zweitstellung 113, 161f., 182
Verdeutschung 29, 33, 68
Verein Deutsche Sprache 90, 92f., 102, 104, 106, 113, 183
Verständlichkeit 181
Walfisch 159
weil 161f.

Wirkung 4
Wort 62
Wortbildung 179
Wörter der deutschen Sprache 90
Wörter deutscher Herkunft 94
Wörter, deutsche 91
Wörter, indigene 105f.
Wörterbuch überflüssiger Anglizismen 91, 102

Wortgut, indigenes 107
Wortkritik 17, 23, 28
Wortkritik, moralische 34
Zeichen, primäre 27
Zeichen, sekundäre 27, 33
Zigeunerjude 176, 186
Zweifelsfälle 151, 161, 163, 173